耽讀

段 华 编著

孙犁年谱

人民出版社

封面题签：沈　鹏
责任编辑：罗少强
装帧设计：黄桂敏

图书在版编目(CIP)数据

孙犁年谱/段华 编著. —北京：人民出版社，2022.3
ISBN 978－7－01－023086－3

Ⅰ.①孙… Ⅱ.①段… Ⅲ.①孙犁(1913-2002)-年谱　Ⅳ.①K825.6

中国版本图书馆 CIP 数据核字(2021)第 016806 号

孙犁年谱
SUNLI NIANPU

段　华　编著

人民出版社 出版发行
(100706　北京市东城区隆福寺街99号)

北京新华印刷有限公司印刷　新华书店经销

2022年3月第1版　2022年3月北京第1次印刷
开本:710毫米×1000毫米 1/16　印张:34.5　插页:2
字数:420千字

ISBN 978－7－01－023086－3　定价:198.00元

邮购地址　100706　北京市东城区隆福寺街99号
人民东方图书销售中心　电话　(010)65250042　65289539

版权所有·侵权必究
凡购买本社图书，如有印制质量问题，我社负责调换。
服务电话:(010)65250042

20世纪70年代末,孙犁先生在天津市多伦道宿舍

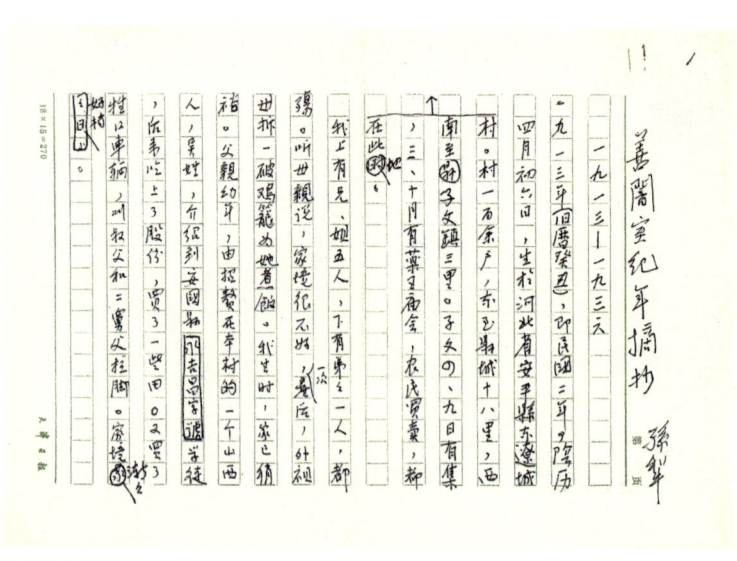

孙犁先生手迹

《荷花淀》书影

孙犁先生最后的书房

目录

1913 年 ……………………………………………… 01
1919 年　6 岁 ……………………………………… 02
1924 年　11 岁 …………………………………… 02
1926 年　13 岁 …………………………………… 02
1927 年　14 岁 …………………………………… 03
1928 年　15 岁 …………………………………… 04
1929 年　16 岁 …………………………………… 04
1930 年　17 岁 …………………………………… 06
1931 年　18 岁 …………………………………… 06
1932 年　19 岁 …………………………………… 07
1933 年　20 岁 …………………………………… 08
1934 年　21 岁 …………………………………… 08
1935 年　22 岁 …………………………………… 09
1936 年　23 岁 …………………………………… 10
1937 年　24 岁 …………………………………… 10
1938 年　25 岁 …………………………………… 12
1939 年　26 岁 …………………………………… 14
1940 年　27 岁 …………………………………… 18
1941 年　28 岁 …………………………………… 21
1942 年　29 岁 …………………………………… 28

1943 年	30 岁	……………………………………………	33
1944 年	31 岁	……………………………………………	37
1945 年	32 岁	……………………………………………	39
1946 年	33 岁	……………………………………………	46
1947 年	34 岁	……………………………………………	55
1948 年	35 岁	……………………………………………	62
1949 年	36 岁	……………………………………………	66
1950 年	37 岁	……………………………………………	79
1951 年	38 岁	……………………………………………	93
1952 年	39 岁	……………………………………………	110
1953 年	40 岁	……………………………………………	113
1954 年	41 岁	……………………………………………	120
1955 年	42 岁	……………………………………………	124
1956 年	43 岁	……………………………………………	129
1957 年	44 岁	……………………………………………	135
1958 年	45 岁	……………………………………………	138
1959 年	46 岁	……………………………………………	139
1960 年	47 岁	……………………………………………	142
1961 年	48 岁	……………………………………………	143
1962 年	49 岁	……………………………………………	145
1963 年	50 岁	……………………………………………	160
1964 年	51 岁	……………………………………………	172
1965 年	52 岁	……………………………………………	179
1966 年	53 岁	……………………………………………	181
1967 年	54 岁	……………………………………………	183
1968 年	55 岁	……………………………………………	185

1969 年	56 岁	186
1970 年	57 岁	186
1971 年	58 岁	188
1972 年	59 岁	190
1973 年	60 岁	194
1974 年	61 岁	199
1975 年	62 岁	208
1976 年	63 岁	238
1977 年	64 岁	248
1978 年	65 岁	252
1979 年	66 岁	259
1980 年	67 岁	275
1981 年	68 岁	296
1982 年	69 岁	328
1983 年	70 岁	346
1984 年	71 岁	355
1985 年	72 岁	365
1986 年	73 岁	375
1987 年	74 岁	387
1988 年	75 岁	400
1989 年	76 岁	411
1990 年	77 岁	419
1991 年	78 岁	439
1992 年	79 岁	456
1993 年	80 岁	473
1994 年	81 岁	488

1995 年	82 岁	515
1996 年	83 岁	529
1997 年	84 岁	530
1998 年	85 岁	531
1999 年	86 岁	531
2000 年	87 岁	532
2001 年	88 岁	532
2002 年	89 岁	534
附　录		536
后　记		541

1913 年

5 月

11 日（农历四月初六），孙犁出生于直隶省范阳道安平县东辽城村（自述生于河北省安平县东辽城村）一户农民家庭。孙犁父亲叫孙墨池，在安国县经商；母亲叫张翠珠，系农村妇女。

> 按：东辽城村现名孙遥城，位于安平县人民政府驻地西偏南 9.5 公里处。据传，明永乐二年（1404 年），曹、孙、张、贾四氏奉诏从山西小兴州洪洞县迁至此地，占产立庄，因路途遥远而来，故取名遥城。1850 年分为东遥城、西遥城，后改为东辽城、西辽城。1946 年东辽城又分为孙辽城、曹辽城。1966 年"文化大革命"开始后，孙辽城改为红林村，曹辽城改为革新村。1982 年村名复查，红林村复改为孙遥城。

孙犁乳名振海，学名树勋。上有兄姊五人，皆殇。孙犁自幼体弱多病，10 岁左右，叔父连续 3 年清明日带着到安国县伍仁桥一家针手腕，病乃愈。

1919年　6岁

开始在本村小学洋学堂读书,以读古文及习大字为主。除了听说书,此时也开始接触《封神演义》《红楼梦》等中国古典文学名著,引起对文学的兴趣。

1924年　11岁

随父亲到安国县上高级小学,同母亲、表姐借住在安国县西门里路南胡姓干娘家。胡家大哥胡志贤及其夫人对孙犁很好,其女胡俊乔后来在天津生活、工作,与孙犁还有来往。

孙犁在安国开始接触"五四"以后的新文学作品,包括鲁迅等人的小说、商务印书馆出版的杂志和新儿童读物等,受到不小的影响。

阅读第一部新文学作品叶圣陶小说集《隔膜》。

1926年　13岁

投考保定第二师范学校未被录取,投考保定育德中学被录取。

育德中学是一所在北方颇有名气的私立学校,始建于清光绪三十一年(1905年)。五四运动爆发,育德中学师生率先罢课集会。1920年夏,育德中学成立文学研究会,王锡疆、安志成、王斐然等是主要骨干,接受李大钊《我的马克思主义观》思想。1921年夏,邓中夏受邀来校演讲《文学与社会改造》。民主的思想很早就在育德中学学生中广泛传播,就在此时,孙犁入学。

孙犁的文学启蒙与创作开始于育德中学，校刊《育德月刊》和国文教师谢采江先生皆功不可没。《育德月刊》的文艺栏目经常刊登学生的优秀习作，谢采江是海音文艺社的知名诗人，由他兼任着月刊的文艺编辑。

孙犁初中阶段在《育德月刊》上共发表过5篇作品，分别为小说《自杀》《孝吗？》《弃儿》《麦田中》，剧本《顿足》。

谢采江是河北定兴县人，生于1893年，原名谢庚宸，又名谢长枢。谢采江深受来校演讲的邓中夏革命思想的影响，成为本校文学研究会的核心成员。他在学校担任初中部国文教员。1925年文学研究会更名为海音文艺社。谢与同学张秀中共同集资创办海音书局，主要出版了收录同人新文学著译作品的"短歌丛书"。谢采江曾著《荒山野唱》《梦痕》《野火》和《不快之意歌》等9部诗集，还著有小说《爱的浪费》。1929年后，海音文艺社停止了活动，谢采江也与社内同人中断来往，停止文学创作，专事教学工作。1937年七七事变后，育德中学南迁，谢回定兴老家隐居。抗战胜利后，到唐山开滦一中教书，曾在《河北教育》杂志上发表文章多篇，为中学语文教育做出了一定贡献。1962年退休，1984年病故。

1927年　14岁

4月，"四·一二"政变，大革命失败。保定的革命气氛仍然很浓厚。

8月，入学进入育德中学初级第15班，全班83人。学制为四二制，即初中四年，高中二年。

1927年，订婚。

　　按：孙犁回忆文章及其他研究文章说孙犁是1926年入学，不确。据《育德同学录》，孙犁系 1927 年 8 月入学。李之琏、张砚方系 1926 年 8 月入学，在初级第 12 班，全班 64 人。黄振宗系 1927 年 8 月入学，在初级第 17 班，全班 54 人。刁之安、侯世珍（侯平、侯聘之）、陈耀宗系 1929 年 8 月入学，在高中示范班，全班 33 人。

1928 年　15 岁

年初，因年幼想家，休学一年。

6 月 20 日，国民政府决定将直隶省改为河北省，省会为保定，北京改为北平。

1929 年　16 岁

寒假后复学。

本年结婚，夫人为黄城村人，姓王，最初没有名字，新中国成立后，孙犁全家搬入天津，进城初期，孙犁夫人参加街道识字班，报名时孙犁给她取名王小丽。

10 月

1 日，发表小说《自杀》。载《育德月刊》第 1 卷第 10 期，1929 年 10 月 1 日出版。署名十五班孙树勋。重刊于 2013 年 12 月 12 日《天津日报》。

按一：这是目前能查到的孙犁最早发表的作品。

按二：孙犁在答吴泰昌问时说，"我写的第一篇小说，发表在保定育德中学的校刊《育德月刊》上，时间大概是 1929 年……但是那篇小说的题目我忘记了，内容记得是写一家盲人的不幸。我的作品，从同情和怜悯开始，这是值得自己纪念的。第二篇发表的是写一个女戏子的小说，也是写她的不幸的"。孙犁说这话时是1980年9月16日，距离1929年已经过去五十多年，他记述的发表作品的年代不错，但篇目有误。

按三：《育德月刊》是由育德中学校友会为联络同学感情而创办的，安志成任总编辑。安志成教经济，安新县人，中共地下党员，孙犁作品中提到了这位老师。

《育德月刊》于1928年（民国十七年）10月1日创刊，为"中华邮局特准挂号认为新闻纸类"（印在每期封面右侧靠上）。32开本，每期约150页左右（两个月的合刊本页码更多些），目录前有三四幅有关学习生活的图片。这是一种以政治、经济、社会生活、文化教育为主的综合性月刊，每期有二三篇或四五篇文学创作，包括小说、诗歌或剧本。最初几期，刊载有学校校长和主任等人指导性的文章，还有名家如胡适的作品。

孙犁的作文是经国文老师谢采江推荐给月刊发表的，只在初中，高中没有。

现有的《育德月刊》共27期，从创刊开始，没有间断或缺失，即从1928年10月1日到1931年，其间包括了孙犁的初中阶段。所以，他在《育德月刊》上共发表的5篇作品，是他初中阶段创作的全部作品。

现在见到的这27期，装订成5个合订本，保存在北京大学图书馆。

1930年　17岁

5月

5日，写作小说《孝吗？》。文末自注：(民国)"十九、五、五"。载《育德月刊》第2卷第5期（无出版日期）。署名孙树勋。重刊于1995年6月17日《文艺报》。

1930年，发表小说《弃儿》。载《育德月刊》第2卷第9、10期合刊号（无出版日期）。署名孙树勋。重刊于1995年6月17日《文艺报》。

10月

1日，写作剧本《顿足》。文末自注：(民国)"十九、十、一"。载《育德月刊》第3卷第1期，1930年12月1日出版。署名孙树勋。重刊于1995年6月17日《文艺报》。

按：孙犁在《保定旧事》一文中说"我写了韩国志士谋求独立的剧本"，即指此剧本。

1931年　18岁

5月

23日，写作小说《麦田中》。文末自注：(民国)"二十、五、二十三"。载《育德月刊》第3卷第7期（无出版日期）。署名孙树勋。重刊于2013年12月12日《天津日报》。

1931年，发表小说《麦田中》。

  按：剧本《顿足》发表于1930年第3卷第1期《育德月刊》，小说《麦田中》发表于第3卷第7期《育德月刊》，按常理推测出版年份应是1931年。

夏季，初中毕业，升入本校高中(亦称普通科第一部，近似文科)。

9月

18日，日军进攻东北，"九·一八"事变爆发。中国开始了长达14年的抗日战争。

此时，保定政治、社会等方面也发生很多变化，特别是有些进步的书局，出版了不少新兴的社会科学书籍和十月革命后的苏联文学作品，在地下出售。孙犁此时期不仅对文艺理论产生兴趣，更是广泛接触那些进步书局出售的马列经典著作，并学习唯物辩证法和唯物主义常识，大量阅读鲁迅、茅盾等人的作品及译作，从此打下了为国家富强、民族独立、人民自由而奋斗的革命文学基础。

1932年　19岁

1月，日军进攻上海，"一·二八"事变爆发。

7月，育德中学相邻的保定第二师范学校发生学潮。这是中国现代史上一次著名的共产党领导下的学生运动。梁斌多有回忆文章。

8月27日—31日，冀中爆发了共产党领导的"高蠡暴动"，保定多有波及。梁斌后来据此创作了《红旗谱》。

1932年，上高二，应要好同学侯世珍之邀，兼任平民学校女高小二年级国文课，为学生介绍法国、波兰的爱国小说，以及苏联十月革命后的文学作品。

学校里有同乡会，都是高年级的学生主持。孙犁在高中主持过同乡会。

1932年，河北省政府决定中学改为三三制。

1933年　20岁

1月，山海关失守，华北危急。保定各校爆发反日学潮。

春季，写作论文《唯物史观艺术论》，投寄胡秋原主编的《读书杂志》。胡回信"稍迟即登"，但最后未登，亦未退稿。

夏季，从育德中学高中毕业。

1934年　21岁

高中毕业后，北漂于北平。经人介绍到北平市政府工务局工作，在工务局第四科登记股任书记。此科负责市民建筑的登记、测量、绘图事宜。书记系当时级别最低的公务人员，月薪二十元。

工务局地址在城西六部口处，遂租住于宣内东太平街天仙庵公寓。

工务局距北平图书馆甚近，工作之余，入馆借阅大量的社会科学、文艺理论书籍。

1月

1月，发表论文《〈子夜〉中所表现中国现阶段的经济的性质》。载《中学生》杂志1934年1月第41号。署名芸夫。

按：这是目前所能找到的孙犁最早的文艺理论作品。

4月

4月，发表诗歌《我决定了》。载1934年4月26日天津《大公报》副刊《小公园》。署名芸夫。

夏季，同学鲁承宗到北平旅行，至天仙庵公寓看望孙犁。

8月

10日，写作杂文《故都旧书摊巡礼》。文末自注：1934年8月10日，于故都。载1934年10月25日、26日天津《大公报》第13版。因编辑疏忽，未署名。

　　按：本文未收入《孙犁全集》《孙犁文集》。

27日，《大公报》刊登"本刊小启"，说明《故都旧书摊巡礼》为孙芸夫君所作，因编辑疏忽署名漏未刊登，特为补志。

11月

11月，发表论文《北平的地台戏》。载1934年11月29日、30日、12月1日天津《大公报·本市副刊》。署名芸夫。

1934年，常作电影评介、新书评介，写作论文《同路人文学论》等。

1935年　22岁

春季，左联作家田汉被捕，孙犁写文章驳斥国民党御用文人王平陵攻击田汉的反动文章，投寄《现代》杂志，未被录用。

5月，日军进攻华北，平津震动。

9月23日（农历八月二十六日），大女儿孙晓平出生。

12月，北平爆发"一二·九"学生爱国运动。

1935年,父亲托人谋取北平象鼻子中坑小学事务员一职,看不惯学校师德不良,辞职回乡。

1936年　23岁

暑假后,经同学侯世珍、黄振宗介绍,到安新县同口小学教书,是级任,月薪24元。与侯世珍、陈乔、阎素、宋寿昌等过从甚多。订阅鲁迅曾任主编的《译文》杂志,常常通过邮政代办所汇款到北京、上海购买进步书籍,并抄写作品中的警句贴在室内墙上,反复诵读。还给学生讲进步作品,讲国家的危亡。

教学之余,除了苦读,经常在白洋淀边散步,长堤、垂柳、春水、烟云……深深烙在他的心底,为以后写作白洋淀风土人情打下很好的基础。

1981年6月17日,创作散文《同口旧事》,对这一时期生活作了深情回忆。

1937年　24岁

7月

7日,日本帝国主义发动"卢沟桥事变",抗日战争全面爆发。孙犁没办法回同口教书,求人把衣物等带到安国父亲所在商铺。

8日,中共中央向全国发出全民族抗战的紧急通电。

29日,天津沦陷。

30日,北平沦陷。

托人把在同口的两柳条箱书籍运回来,其中《萌芽》《文学月报》

《北斗》《拓荒者》《世界文学》《译文》杂志都是全套。

8月

下旬，日军进攻保定方向。

下旬，中共中央派遣红军干部孟庆山赴冀中平原发动群众，组建人民抗日武装，开展抗日游击战争。孟是《风云初记》中高庆山原型之一。

9月

24日，国民党蠡县县长逃跑，路一、梁斌等带领几十名救国会成员在蠡县成立"华北抗日自卫军第一大队"，刘通庸任政治部主任，路一任副主任。

24日，保定沦陷。

10月

14日，吕正操在晋县小樵镇成立人民自卫军，任司令员。

冬季，人民自卫军司令部设在安平县城。孙犁每天往来于县城与家乡，为抗日战争奔波。开始编革命诗集《海燕之歌》等，并写了一些有关配合抗日战争的文论。

冬季，初识王林于子文镇街头。

12月

下旬，河北游击军成立，孟庆山任司令员，侯平（侯世珍）任政治部主任，阎久祥任参谋长。侯邀请孙犁到肃宁。

1938年　25岁

春季，受李之琏、陈乔亲自至家里邀请，到人民自卫军政治部参加抗日工作，从此正式开始革命宣传工作。

春季，晋察冀边区文化工作者救亡协会（简称"文协"）在阜平县成立，主要负责人为洪水（越南人）、刘平等。刘平后来为《论通讯员及通讯写作诸问题》写了序言。

3月

20日，发表论文《现实主义文学论》，首次署名孙犁。在冀中第一次提出现实主义的口号。载冀中人民自卫军政治部《红星》杂志创刊号，1938年3月20日出版。此杂志铅印，16开本，半月刊，在安平县城共出版三期。主编为路一。路一后来回忆，认为当时在冀中孙犁几乎是唯一的文艺理论家，誉之为"冀中的吉尔波丁"。

3月，冀中文化工作者协会成立，路一任主任。

4月

1日，晋察冀边区冀中行政主任公署在安平县城成立。李耕涛为主任，不久后吕正操为主任，李改为副主任，下辖39个县，华北敌后第一个平原抗日根据地形成。

5日，写作论文《民族革命战争与戏剧》，由人民自卫军政治部油印发行。文末自注：1938年4月5日。

5日，发表论文《战斗文艺的形式论》。载《红星》杂志第2期。

21日—5月2日，中共冀中区第一次党代会在安平县城召开。会后，重新组建了冀中省委领导机构：黄敬任书记，鲁贲为副书记，张君任组织部部长,周小舟任宣传部部长。

4月,晋察冀省委第一次党代表大会在阜平召开后,晋察冀省委改为晋察冀区党委,由刘澜涛任书记;将冀中省委改为冀中区党委,由黄敬任书记。冀中军区成立,吕正操、孟庆山分别任正、副司令员,下设四个军分区。

4月,晋察冀边区文协机关刊物《边区文化》创刊。

5月

5月初,冀中区正式成立,各种群众救亡组织先后诞生。

4日,根据八路军总部命令,冀中人民自卫军和河北游击军合编为八路军第三纵队兼冀中军区。吕正操任司令员,王平任政治委员,孟庆山任副司令员,孙志远任政治部主任,熊大正任供给部部长。政治部下设一些部,干部为:组织部部长李梦龄,宣传部部长林扬,民运部部长李之琏,总务处处长刘亦瑜等。

上旬,冀中区农民、工人、青年抗日救国会分别在安平县城召开代表会议。冀中人民武装抗日自卫委员会成立,史立德任主任,李英儒任秘书长,孙犁任宣传部部长,任志远任组织部部长。会后,孙犁深入蠡县、高阳、河间组织分会。不久,这个组织被"抗联"代替。

5月,和王林一起到蠡县新世纪剧社,初识22岁的梁斌。在此讲了"旧瓶装新酒"问题。

春季,编辑完成中外革命诗人的诗集《海燕之歌》,并写作"前记",在县城铅印出版。佚。

7月

抗战学院在深县旧城成立,陈乔邀请至抗战学院任教官。第一期在民运院教"抗战文艺";第二期在军事院教"中国近代革命史"。

8月

与陈乔一起,组建抗战学院抗战剧团,作话剧《鹰燕记》,描写青年知识分子对抗战的不同认识。因日本鬼子进攻,此剧未来得及在学院演出,但在部队多次演出。佚。

8月,写作歌词《抗战学院校歌》。原词已佚,后由陈乔夫人张子舫回忆背出。

10月

7日,《抗敌报》发表塞东小说《祖国的孩子》,这是目前所知晋察冀边区报刊上发表最早的一篇小说。

11月

王平到冀中军区任政治委员。

12月

钱丹辉、邓康等随东北文化干部队从延安到晋察冀,并成立诗歌团体"铁流社",钱丹辉任社长。

冀中《导报》创刊,孙犁发表《鲁迅论》,占了一整版。佚。

1939年　26岁

1月

3日,西北战地服务团历时44天,到达晋察冀,田间、周巍峙等之后陆续到达。

上旬，中共中央决定撤销晋察冀分局，成立中共北方分局，彭真任书记。分局召开晋察冀边区第二次党代表大会。分局下辖晋察冀、冀中、冀热察三个区党委。

中旬，程子华带领百余名干部从延安出发到达冀中，任冀中军区和三纵队政委，王平改任副政委。

25日，根据党中央决定，贺龙率领八路军120师到冀中河间县惠伯口（现属任丘市辛中驿镇），同冀中党政军民领导机关会合，帮助巩固冀中抗日根据地。由于日寇进攻，抗战学院解散，孙犁随贺龙带领的120师，开始游击战争生活，在《风云初记》中多有描绘；在这期间，话剧《鹰燕记》多次演出，并见到随120师出征的沙汀、何其芳。

4月

12日，王林日记记载："据孙犁从军区来说，120师战斗剧社技术非常好，因而引起冀中区火线剧社的复活。"

5月

14日，晋察冀通讯社成立，负责人为刘平；出版《通讯往来》《文艺通讯》等内部油印刊物。

16日，王林日记记载："前几天在深县时，孙犁说如何将敌人的残酷劲动人地写出……"

中旬，奉命调往晋察冀边区工作，初夏至晋察冀边区首脑机关所在地阜平，一同到达的有董逸峰等人。王林代七地委写了介绍信，对孙犁大加赞赏。孙犁认为王林代拟的介绍信把自己说得太好，扔掉这封信，因此工作迟迟没得到安排。中间，刘仁同志找他谈话一次。后来，黄敬过路西，才把他的事讲清楚，分配工作。

最初被分配在晋察冀通讯社做通讯指导工作，每天给各地通讯员写信十数封至数十封。并负责编辑《通讯往来》《文艺通讯》刊物，还在三将台等村参加办识字班的工作。

开始写作《论通讯员及通讯写作诸问题》。虽标明集体创作，孙犁执笔，其实既没有讨论，也没有其他任何人写一个字，全部由孙犁一人创作。

9月

11日，由陕北公学、鲁艺、青训班等学校师生组成的华北联合大学（简称"华北联大"）在成仿吾校长带领下，进入晋察冀边区，下设社会科学部、文艺部、工人部、青年部，文艺部部长沙可夫，任教的有秦兆阳、丁克辛等。

20日，华北联大文艺工作团到达晋察冀边区，康濯、侯金镜、玛金等在内。

10月

7日，写作叙事诗《梨花湾的故事》。诗末自注：1939年10月7日百花湾。载北岳区文救会主办的刊物《边区诗歌》。署名林冬苹。

按：苹，源自大女儿名字平（苹）。

10日，单行本《论通讯员及通讯写作诸问题》发行。文末自注：1939年10月10日阜平，百花湾，边区抗敌报社经售（1940年4月）。此书目前存世3册，分别在国家图书馆、中国现代文学馆、中国人民大学图书馆。

28日，李公朴到晋察冀边区访问，后出版《华北敌后——晋察冀》一书。其秘书系孙犁育德中学同学黄振宗。

秋季,冀中文化界抗战建国联合会成立(简称"冀中文建会"),史立德任主任,路一任副主任。

初冬,赴雁北地区的应县、繁峙一带采访,同行二人:董逸峰、夏风(黄朱汉)。遇行署主任、育德中学老师王斐然,及同村东邻崔立国、同街道孙建章。

11月

15日,写作通讯(后视作短篇小说)《一天的工作》。文末自注:1939年11月15日于灵丘下石矶。载晋察冀通讯社编印之《文艺通讯》。

> 按:山西省大同市灵丘县有石矾村、中石矾村、下石矾村,而无下石矶村。疑矶乃矾之误。

12月

20日,写作叙事诗《白洋淀之曲》。文末自注:1939年12月20日阜平东湾。载晋察冀通讯社编印之《文艺通讯》。

> 按:今河北省保定市阜平县东湾村,在康家峪村东北角。孙犁当年打游击,与康濯等多次在这一带活动。

1939年,写作叙事诗《儿童团长》。

冬天,初识田间。

> 按:写于1985年9月2日的散文《悼念田间》说调到边区文协之后才认识田间,回忆有误。《田间自述》第26节说,田间1939年下半年调进晋察冀通讯社,彼时认识孙犁,这是准确的。后孙犁、田间、邓康一起调到边区文协驻会。载1985年第1期《新文学史料》。

1939年,刘秉彦到路西,刘系育德中学校友,送给孙犁一支小手枪。1943年在山西省繁峙县蒿儿梁村,带着的就是这支手枪。

1940年　27岁

1月

19日,写作散文《识字班》。文末自注：1940年1月19日于阜平鲜姜台。载晋察冀通讯社编印之《文艺通讯》。

> 按：河北省保定市阜平县现有三将台村,在康家峪村东南不远,与东湾村呈三角形。当地发音三将台和鲜姜台相似。该诗似写于三将台。

3月

23日,写作短篇小说《邢兰》。文末自注：1940年3月23日夜记于阜平。载晋察冀《五十年代》创刊号,1941年5月。

5月

29日,写作论文《晋察冀边区村剧团的组织、工作和特点》。文末自注：1940年5月29日。载《抗敌周报》第2卷第11、12期。

7月

7日,发表长诗《"七七"画十景》。文末自注："七七"三周年纪念。载1940年7月7日《抗敌报》。

10日,晋察冀边区文化界抗日救国会召开第一次代表会议。

25日,中华全国文艺界抗敌协会晋察冀边区分会成立(简称"文协")。沙可夫为主任。孙犁、田间、邓康等调入文协工作。

8月

9日，发表论文《写作问题手记》。载1940年8月9日《抗敌三日刊》。署名林冬苹。

28日，边区文协公布《晋察冀文化界抗日救国会暂行章程》，发表《边区文救会为实行新的工作方针，告边区各界同胞书》。

8月，初识康濯。

> 按：孙犁写于1991年1月19日下午的散文《悼康濯》中说："从1939年春季和康濯认识，到1944年春季，我离开晋察冀边区……"这回忆有误。因：一是孙犁1939年春季才到边区，因他把介绍信扔掉，一时没有安排工作，认识人很少；二是1939年9月20日康濯才随华北联大文工团到达边区。康濯回忆："我和孙犁同志认识是在1940年8月。当时，中华全国文艺界抗敌协会晋察冀边区分会刚刚成立，我和他同被调为文协驻会干部……"此似更接近历史实际。见《孙犁致康濯信——一九四六年至一九四八年》"前言"，康濯注释。载1985年第1期《新文学史料》。

9月

6日，边区文艺界召开选举大会，选举华北联大文艺部主任沙可夫为边区文艺界出席国大代表。

14日，写作论文《关于墙头小说》。文末自注：1940年9月14日。载1941年3月7日《晋察冀日报》第8期《晋察冀艺术》。

20日，晋察冀边区文协、剧协、音协、美协等倡议，规定每年11月7日（军区成立纪念日、十月革命节）为艺术节。艺术节筹委会公布《晋察冀边区首届艺术节宣传大纲》。

10月

10日,晋察冀边区文化界抗日救国会召开第一次代表大会,通过了组织章程、工作纲领,宣布正式成立"文联",选举周巍峙为主任,康濯为宣传部部长等。

16日,《抗敌报》刊载边区艺术节筹委会9月20日发出的《晋察冀边区首届艺术节宣传大纲》,宣布艺术节11月7日举行。

10月,写作论文《谈儿童文艺的创作》。文末自注:1940年10月。载1941年2月16日《晋察冀日报》副刊《晋察冀艺术》第6期。署名林冬苹。原题为《儿童文艺的创作》。

10月,根据中共北方局指示,华北联大向正规化发展,文艺部改为文艺学院,华北联大文工团划归文艺学院领导,沙可夫为名誉团长,丁里为团长。

10月,冀中区召开第一次文代会,史立德当选为主任,王林、路一当选为副主任,路一兼宣传部部长,梁斌为文艺部部长。

11月

7日,《抗敌报》改为《晋察冀日报》,邓拓任社长兼总编辑。

7日,晋察冀边区首届艺术节开幕。

20日,二女儿孙晓淼出生。(孙晓淼身份证上的生日为1940年11月20日。)

12月

写作通讯《冬天,战斗的外围——这是我们报告于世界的……》。载1940年12月24日、26日《晋察冀日报》。1983年8月25日重刊于《天津日报》。

1941年　28岁

1月

年初，开始写作青少年文学读物《鲁迅·鲁迅的故事》。

1日，中共晋察冀边区党委改称为北岳区党委，刘澜涛任书记。

1日，冀中文化界抗战救国联合会主办的《冀中文化》创刊，不定期油印出版，主编路一。

9日，边区文学、戏剧、美术、音乐四个协会联合编辑的《晋察冀艺术》（周刊）在《晋察冀日报》创刊，主编为田间，孙犁参加编辑工作。

15日，写作杂文《1940年边区文艺活动琐记》。文末自注：1941年1月15日。载1941年1月26日《晋察冀日报》。

1月，写作论文《我们的主题》。文末自注：1941年1月。载1941年1月31日《晋察冀日报》副刊《晋察冀艺术》第4期。署名林冬苹。

> 按：本文未收入《孙犁全集》《孙犁文集》。

2月

5日，《晋察冀日报》报道：沙可夫、远千里、田间、孙犁、周巍峙等组织的鲁迅研究会即将成立。

24日，发表论文《连队通讯写作课本》第1课——《用什么话写呢？》。文末留下讨论题3个。载1941年2月24日《抗敌三日刊》。

25日，于滹沱河北岸写作《〈鲁迅·鲁迅的故事〉后记》。

2月，写作叙事诗《春耕曲》。诗末自注：1941年2月。

2月，写作论文《接受"遗产问题"》（提要）。文末自注：1941年2月。载1941年3月15日《晋察冀日报》第9期《晋察冀艺术》。

3月

20日，发表论文《连队通讯写作课本》第2课——《材料问题》。文末留下讨论题3个。载1941年3月20日《抗敌三日刊》。

24日，发表论文《连队通讯写作课本》第3课——《怎样表现？》。文末留下讨论题3个。载1941年3月24日《抗敌三日刊》。

3月，冀中军区政治部宣传部决定出版油印刊物《连队文艺》，陈乔参与编辑。

3月，冀中区召开第二次文代会。

春季，冀中区开展轰轰烈烈的"冀中一日"写作运动。全区近十万人动笔写稿。这是一次名副其实的群众文艺运动，它提高了冀中人民对文学的认识，对现实的认识，涌现出了许多有才能的写作者，堪称冀中文学史成就卓著的篇章。

4月

3日，发表论文《连队通讯写作课本》第4课——《政治性·新闻性·故事性》。文末留下讨论题2个。载1941年4月3日《抗敌三日刊》。

7日，发表论文《连队通讯写作课本》第5课——《叙事性和抒情性》。文末留下讨论题3个。载1941年4月7日《抗敌三日刊》。

至此，《连队通讯写作课本》连载完毕。

5月

9日—14日，边区文化界人士召开"民族形式"座谈会，由边区文协、剧协、音协、美协及文化俱乐部联合召开，常青、沙可夫、何干之、杨朔、金肇野、周巍峙、田间、孙犁、周而复、何洛、邵子南等150余人参加。孙犁作了发言。

10日，边区综合性大型文学艺术刊物《五十年代》创刊号出版，主编何干之、沙可夫。

14日，《晋察冀日报》刊出第14期《晋察冀艺术》，出版诗歌专号。孙犁发表《关于诗的语言》。文末自注：1941年5月。

> 按：此期《晋察冀艺术》除发表孙犁论文之外，还发表了田间的《怎样写街头诗》、鲁藜的诗《五月一日在这里》、邵子南的诗《南乡的诗章》。

> 按：冉淮舟《孙犁著作年表》记录此文题目为《谈诗的语言》。

15日，晋察冀边区文协召开创作会议。孙犁、杨朔、田间、周而复、金肇野、韦明、林采、邓康、丁克辛等参加会议。会议讨论了文艺作品的题材、形式等问题，制定了《文学创作纲领》，决定成立"文学创作会"。

5月，写作短篇小说《懒马的故事》。文末自注：1941年5月。

6月

14日，冀中文建会主办的《文艺学习》创刊，主要发表文艺作品，不定期，油印，李英儒参与编辑。

16日，晋察冀边区第一次文代大会开幕，会期6天。代表大会决定成立晋察冀边区文化界抗日救国联合会（简称"边区文联"），选举沙可夫为主任，公布《晋察冀边区文化界抗日救国联合会工作》。

路一和傅铎作为冀中区代表赴路西参加会议。

18日，发表论文《壮健性——纪念高尔基》。载1941年6月18日《晋察冀日报》第16期《晋察冀艺术》。署名力编。

27日，边区文联正式成立。

7月

1日—7日，边区第二届艺术节在平山县举行。路一、傅铎皆参加艺术节，进行观摩。

艺术节结束后，与路一、傅铎一起，出差回冀中，为新世纪剧社讲课。反"扫荡"时，随剧团在南边几个县打游击，后又回到安平。

关于这次回冀中，1985年8月1日抄《善闇室纪年摘抄》记述："秋季，路一过路西，遂请假同他们回冀中，傅铎同行。路一有一匹小驴。"傅铎的回忆录《往事沧桑》记述不多。路一对此次过路有专门回忆文章。大意是：孙犁文章中写得轻巧，其实过路充满紧张。冀中区党委让他们三人跟着一个战斗团一块过平汉路。因为他们是人才，还专门对团里领导做了交代。他们吃过午饭，有人领他们去见团长，团长笑着说丢了三个大作家可赔不起。下午3点多，在距离平汉路50多公里处出发，途中行军困难。孙犁营养不良，很瘦，跑不动。路一有一条小驴，路一让孙犁拉着驴尾巴走，孙犁不拉。傅铎小声开玩笑："怕失了书生的身份"。过路的时候，因为是封锁沟，部队又和敌人互相射击，战斗中他们走散了。路一过路后，在一个小村西头赶上了孙犁、傅铎，他们互相间才喘口气。团长赶上来，看他们都在，和他们握手后去执行战斗任务。他们三人走到定县孙村，凑钱买只鸡，四两枣酒，庆贺这次胜利（见路一《补孙犁〈善闇室纪年摘抄〉》一文，文在《漫漫征程》，路一著，河北人民出版社1996年12月版）。

回冀中后，应王林之邀，在安平县郝村协助编辑《冀中一日》，主编第二辑《铁的子弟兵》。

关于参加这次编辑《冀中一日》，记述文章比较多。曾任冀中抗联主任的史立德，在回忆录中有一个关于孙犁的细节，实录如下："他（指孙犁）为《冀中一日》的出版，付出了极大的心血。一天，我和梁斌、齐岩、白力行、刘大风等同志去看他，只见他和王林、李英儒、路一等同志，都打着赤膊，肩上搭着毛巾，在一个庭院槐树下，围着炕桌，用砖头压着大堆稿件，在紧张地工作着"（《历史的记忆》，史立德著，民族出版社1993年4月版）。王林提议要史立德请客，史立德托人买了几只鸡，几斤面，大家分别下手，梁斌烧火，完成了这次请客。

9月

9月，在冀中二分区文建会等待机会过平汉路回晋察冀边区。

9月，《鲁迅·鲁迅的故事》由新华书店晋察冀分店出版，列为"青年儿童文艺丛书"第一辑。沙可夫为此书作序。全书分两部分。第一部分：救救孩子（一）、救救孩子（二）、小兄弟、闰土、写在《祝福》里的中国妇女、母亲、一件小事、二员闯将、最大的故事（一）、最大的故事（二）；第二部分：美丽的夜晚、长妈妈、郭巨埋儿、看会、看戏、兔和猫的故事、赵七爷、九斤老太、散媳妇、长明灯、香胰子的故事、续香胰子的故事、贤良女学校的西洋景、阿Q（一）、阿Q（二）、阿Q（三）、阿Q（四）；共27篇。后记文末自注：1941年2月25日孙犁记于滹沱河北岸。

10月

19日，《冀中一日》蜡纸刻印完毕，装订200册发行。孙犁提议出一册《纪念鲁迅先生逝世五周年特辑》，随《冀中一日》同时发行，意见被采纳。

10月，在冀中二分区文建会等待机会过平汉路回晋察冀边区。并随梁斌等人反击日本鬼子"扫荡"，打游击。

10月，发表论文《报告文学的感情和意志》。载1941年10月冀中区油印刊物《通讯与学习》。系冀中区老人、河北省博物馆张树欣1983年从原件抄寄。1983年8月25日重刊于《天津日报》。

> 按：《通讯与学习》系冀中通讯社（当时与《冀中导报》一套人马两个牌子）创办于1940年10月，为指导通讯员写作的刊物，油印，不定期，32开本，主编为沈蔚。1942年5月，在日本鬼子残酷的"五一"大扫荡时沈蔚牺牲，杂志停刊。1945年6月，《冀中导报》复刊，《通讯与学习》也于11月1日复刊，但改名为《通讯往来》，刊物性质不变，主编为李麦（力麦）。至1949年《冀中导报》改为《河北日报》时停刊。画家林浦藏有4期，送给李麦，现存天津日报社资料室。赵俊义藏有14期。段华藏有17期。

10月，发表论文《用什么话写通讯》。载1941年10月冀中区《通讯与学习》。刊物现存河北省博物馆张树欣处。

> 按：1962年8月1日致冉淮舟信："《用什么话写通讯》一文，语既粗俗，立论亦甚矛盾，废弃之可也。此文想是我在什么地方的讲话，惭愧之至。"说明上世纪六十年代找到了此文，但孙犁不同意往集子里编。

12月

16日，发表论文《论战时的英雄文学——在冀中〈前线报〉文艺小组座谈会上的发言》。文末自注：1941年12月。载1941年12月16日《晋察冀日报》第24期《晋察冀艺术》。

冬季，根据编辑《冀中一日》心得，写作《区村和连队的文学写作课本》，副题为"给《冀中一日》的作者们"。此书即后来的《文艺学习》。文末自注：1941年。书中体现了孙犁的文学观，论述了文学的特性，以及文学与生活、文学与人民之间的血肉关系。全书充满着奋发向上的革命精神，文字深入浅出，在晋察冀边区文学界影响深远。

1941年，文学普及读物《少年鲁迅读本》连载于晋察冀《教育阵地》杂志，共14课：家、姥姥家、小伙们、私塾、图画书、童话、环境、科学知识的重要、老师、为了拯救祖国、完全解放了我们、格言、他写下少年们的历史、战术。

1941年，写作散文《摘树叶》，佚。

1941年，写作散文《投宿》，副题为"故乡纪事"。文末自注：1941年。载1946年6月8日《晋察冀日报》。

1941年，写作小说《战士》。文末自注：1941年于平山。载1946年4月16日第1卷第4期《北方文化》。署名纪普。

1941年，写作小说《芦苇》。文末自注：1941年于平山。载1946年4月16日第1卷第4期《北方文化》。署名纪普。

1941年，写作小说《女人们》(三篇)，包括《红棉袄》《瓜的故事》《子弟兵之家》。文末自注：1941年于平山。载晋察冀《新长城》月刊。

1941年，发表论文《观察和思维——从王隽闻的长篇〈平原上〉引起的二三问题》。载1941年《抗敌三日刊》。

1942年　29岁

1月

12日，写作《〈区村和连队的文学写作课本〉油印本后记》。文末自注：1942年1月12日晚孙犁记于冀中南郝村。

20日，发表散文《王福绿——人物杂记之一》。载1942年1月20日《晋察冀文艺》第1期。

20日，发表论文《〈铁的子弟兵〉读后》。载1942年1月20日《晋察冀文艺》第1期。署名林冬苹。

29日，边区文联和鲁迅文艺奖金委员会公布"军民誓约运动征文"首批应征作品评选结果。康濯、丁克辛、钱丹辉、鲁藜、商展思、邵子南、邓康等获奖。

2月

1日，《晋察冀日报》报道了边区文联及鲁迅文艺奖金委员会公布"军民誓约运动征文"首批入选作品。

11日，《晋察冀日报》报道：2月1日中共中央党校举行开学典礼，毛泽东同志作了《整顿党的作风》报告。

18日，《晋察冀日报》报道：本月8日，中共中央宣传部召开干部会议，毛泽东同志作了《反对党八股》报告。

18日，《晋察冀日报》报道：边区文、音、美、剧四协会，分别出版《晋察冀文艺》《晋察冀音乐》《晋察冀美术》《晋察冀戏剧》。

20日，发表论文《新事物、感情、气氛》。载1942年2月20日《晋察冀文艺》第2期。

3月

10日,晋察冀边区文联在唐县召开"女文艺工作者座谈会",杨沫、葛文等发言。

春季,《区村和连队的文学写作课本》由冀中文建会油印发行。此前,冀中军区《连队文艺》、晋察冀《边区文化》等杂志均予连载。

按:此油印本目前仅存一册。

4月

2日,《晋察冀日报》全文刊登毛泽东同志重要文章《改造我们的学习》。

15日,《晋察冀日报》刊登了4月3日中共中央宣传部发出的《关于在延安讨论中央决议及毛泽东同志整顿三风报告的决定》。

17日,《晋察冀日报》载:15日,边区文联与鲁迅文艺奖金委员会为粉碎日寇"三次强化治安运动"和开展军民誓约运动而举办的有奖征文,评选出第二批获奖作品。康濯、秦兆阳等获奖。

两次评选,冀中等因交通阻塞,都未参加评选。孙犁因为回到冀中,皆未参加评选。

20日,发表杂文《检查自己》。载1942年4月20日《晋察冀文艺》第4期。

20日,发表杂文《加强文艺武装力量》。载1942年4月20日《晋察冀文艺》第4期。署名犁。

29日,《晋察冀日报》公布《晋察冀边区第三届艺术节宣传要点》。

4月,孙犁从冀中区回到边区。

5月

1日，日本鬼子集中了5万多兵力，在冈村宁次的指挥下，对冀中抗日根据地进行了残酷的"扫荡"，冀中军民开始了极端艰苦的反"扫荡"斗争。

4日，晋察冀边区第三届艺术节开幕，边区文艺界与军区直属机关及附近群众一万多人参加，聂荣臻司令员讲话。孙犁参加会议。

4日，晋察冀边区文救会召开第二次代表大会，决定将边区文救会更名为晋察冀北岳区文救会，康濯为宣传部部长。孙犁参加会议。

5日，《晋察冀日报》全文刊载毛泽东同志文章《整顿学风、党风、文风》。

6日，边区文联召开第二次代表大会，决定继续开展整风运动、大众文化新启蒙、文艺工作者下乡、入伍等。孙犁参加会议。

文联各协会干部纷纷下乡。孙犁未下去。

31日（农历四月十七日），儿子孙晓达出生。

5月，发表论文《诗言志》。载1942年5月《晋察冀文艺》第5、6期合刊。署名犁。

5月，发表论文《战争和田园》。载1942年5月《晋察冀文艺》第5、6期合刊。署名犁。

5月，发表论文《朗诵》。载1942年5月《晋察冀文艺》第5、6期合刊。署名力编。

6月

13日，《晋察冀日报》报道：边区鲁迅文艺奖金委员会本年第一季度获奖作品已经评定，不日即可公布。

21日—27日，晋察冀边区文学、戏剧、美术、音乐各协会同时在唐县华北联大文艺学院驻地召开会员大会，讨论当前文艺创作中的问题，选举各协会理事等，文协选举沙可夫、萧克、成仿吾、田间、孙犁、邵子南、邓康、钱丹辉等17人为理事，沙可夫为主任，田间为副主任。

24日，发表论文《〈冀中一日〉以后》。载1942年6月24日《晋察冀日报》第41期《晋察冀艺术》。署名力编。

8月

25日，写作短篇小说《琴和箫》。原题《爹娘留下琴和箫》。文末自注：1942年8月25日晨。载1943年4月10日《晋察冀日报》文艺副刊《鼓》。

  按一：据孙犁《文学和生活的路》及《〈琴和箫〉后记》记述，当时发表后，有些同志认为它过于"伤感"，所以孙犁把它放弃，一直未收进作品集。康濯编《白洋淀纪事》也未收录。"最近在《新港》上重发的我的一篇《琴和箫》，现在看起来，它的感情是很热烈的，有一种生气，感染着我。"（《文学和生活的路》）后来，在延安发表的《芦花荡》《白洋淀边一次小斗争》，作者说都采用了这篇作品里的一些场景。

  按二：孙犁先后为此文写两次后记。

第1次后记文末自注：1962年8月7日晚大雨过后记。载1979年10月11日《天津日报》。

第2次后记文末自注：1979年11月28日晨又记。载1980年第2期《新港》。

1981年2月1日写的《秀露集》后记全文引用了两次的后记。载1981年第4期《散文》。

8月，写作短篇小说《走出以后》。文末自注：1942年8月。载1946年第2卷第2期《新群众》。

8月,光荣加入中国共产党。介绍人为田间、陈山。

> 按:陈山,曾任晋察冀边区文联秘书、华北联大文艺学院文学系教员。新中国成立后在广州军区联络部工作。

9月

24日(中秋节),写作短篇小说《丈夫》。文末自注:1942年中秋节夜记于阜平。载1942年12月23日《晋察冀日报》文艺副刊《鼓》。

初冬,在文联工作的同时,开始编辑《晋察冀日报》文艺副刊《鼓》。

11月

3日,发表杂文《关于"冀中一日"》。文末自注:1942年。载1942年11月3日《解放日报》。署名力编。收入《耕堂杂录》时改为《关于"冀中一日"写作运动》。

> 按:系《解放日报》转载《晋察冀日报》上的文章。

20日,写作短篇小说《老胡的事》。文末自注:1942年11月20日夜记于山谷左边的小屋。

11月,转为正式党员。

12月

15日,发表论文《论概括的能力》。载1942年12月15日《华北文化》第6期。

23日,发表论文《慷慨悲歌》。文末自注:1942年12月。载1942年12月23日《晋察冀日报》文艺副刊《鼓》。署名力编。

年底,写作论文《怎样体验生活》。文末自注:1942年终。署名田间、邵子南、何洛、曼晴、邓康、孙犁讨论,孙犁执笔。

冬季,日寇对边区"扫荡",文联机关化整为零。与曼晴编为一组,一边给报社写战地通讯,一边与敌人周旋。

1942年,写作《语言简编》,由晋察冀文联油印发行。"文革"中佚。

1943年　30岁

1月

12日,《晋察冀日报》副刊《鼓》第5期刊登《我读了〈丈夫〉以后》,作者卓尔。

15日,晋察冀边区首届参议会会议在阜平县城南庄召开,共开7天。文艺界议员沙可夫、周巍峙、田间、沃渣、沙飞参加会议。会议期间,西战团演出大型歌剧《不死的老人》,邵子南编剧,周巍峙等作曲;冀中火线剧社演出话剧《把眼光放远点》和京剧《亡宋鉴》。孙犁以记者身份参加此次会议。

31日,发表诗歌《大小麦粒》。诗末自注:1943年春天。载1943年1月31日《晋察冀日报》文艺副刊《鼓》。

> 按:文末自注写作于1943年春天,但在1943年1月就已经刊登,时间似乎有误。存疑。

31日,《晋察冀日报》发表沙可夫文章《伟大转变的一年——初步检讨1942年边区文化工作》。

1月,聂荣臻、吕正操、宋劭文、邓拓、于力、皓青、张苏、田间等共同发起,成立"燕赵诗社"。

1月,写作《一个知识分子的自白》。署名余而立。佚。

1月，写作《助谈录》。载晋察冀《文风》。佚。

2月

4日，《晋察冀日报》报道边区参议会开幕消息。

  按：晚一段时间报道，是在非常时期的保密措施。

5日，《晋察冀日报》刊登"燕赵诗社"成立的消息。

8日（元宵节），写作散文《她从天津来》。文末自注：1943年元宵节。载1943年2月25日《晋察冀日报》。

13日，写作杂文《二月通信》，副题"寄一个没有到会的参议员"。信末自注：1943年2月13日平山。载1943年2月21日《晋察冀日报》。

  按：系致王林信。1962年8月9日夜，孙犁为此信写了较长的后记，记述写信的原因。

春季，写作短篇小说《黄敏儿》。文末自注：1943年春。

2月至3月下旬，边区鲁迅文艺奖金委员会召开会议，评选1942年年奖，三、四季度奖与政治攻势文艺奖金。

3月

31日，《晋察冀日报》刊登《延安文艺工作会议详细情况》。

3月，晋察冀中央分局召开边区文艺座谈会。会议期间，艾青、萧三、田间、曼晴发起组织了"诗歌研究会"。

3月，抗敌剧社组织学习毛泽东同志《在延安文艺座谈会上的讲话》，认为文艺确实要为工农兵大众服务。开始文艺整风运动。

4月

7日，《晋察冀日报》转载凯丰的文章《关于文艺工作者下乡的问题》。

8日,《晋察冀日报》转载陈云的文章《关于文艺工作者的两个倾向问题》。

17日,《晋察冀日报》报道:鲁迅文艺奖金委员会公布年奖,三、四季度奖。其中:年奖一种,即孙犁《区村和连队的文学写作课本》。

孙犁《丈夫》荣获季度奖。

24日,晋察冀中共北岳区党委召集宣传、文化、文学、艺术、美术、音乐各部门主要干部,召开文艺工作会议。针对"艺术至上"展开批评,成仿吾、胡锡奎等讲话。

5月

1日,晋察冀中共北岳区党委发出《关于加强文艺工作整风的决定》。

4日,《晋察冀日报》发表《开展边区新文化启蒙运动》社论。

19日,发表短篇小说《第一个洞》。文末自注:1943年5月。载1943年5月19日《晋察冀日报》。

> 按:《第一个洞》是目前所知我国第一篇用小说形式表现抗战时期地道斗争的作品。

6月

夏季,边区文联机关撤销。孙犁调至晋察冀日报社工作。

28日,致晋察冀文联、文协下乡同志信。以《和下乡同志们的通信》为题。信末自注:1943年6月28日。载晋察冀边区油印杂志《文化界》。

7月

7月,《怎样写作》(上、下册)出版,华北书店印行。

按：系根据冀中区油印本《区村和连队的文学写作课本》更名后第一次铅印，由吕正操、黄敬带至太行区山西辽县（今左权县）。前有林火《编辑前记》，并说1942年9月从范瑾那里得到此书，原名是《文学的写作》，卷尾有范瑾写的《二版小记》，但小记遗失。全书共分9章，附录《本书学习研究题要》，以及后记。

8月

秋季，调至华北联大高中班任教。可能是李常青同志提议。

按：李常青(1904—1960)，吉林延吉人。1931年加入中国共产党。曾任中共焦作中心县委书记、北平(今北京)市委书记、河北省委军委书记、冀中区民运干校校长、晋察冀中央分局宣传委员会书记、华北联大教育学院院长兼党组书记、东北日报社社长兼中共中央东北局宣传部秘书长。新中国成立后，任中共松江(今属黑龙江)省委书记兼哈尔滨市委书记、松江省军区政委。1955年后曾受到错误处分，被开除党籍。1960年8月在呼和浩特逝世。1978年经中共中央批准，为其彻底平反。

9月

9月，开始编油印杂志《山》。以山地社名义出版。

按：董国和《孙犁〈山〉中留佚文》一文认为《编后》为孙犁所作，误，实为田间所作。董国和文见2014年第2期《新文学史料》。董国和存此杂志；段华存此杂志。

秋季，梁斌到路西，到文联找孙犁。孙犁给他油印的刊物，上有梁斌《父亲》。孙犁称赞了梁斌作品。

秋季，梁斌写信给孙犁，孙犁收到信就去看梁斌，但没见到——信刚发出就转移到孙犁所在的小村庄了。二人在孙犁所在村庄见面。

冬季，日寇抽集兵力，向北岳区发动为时三个月的"扫荡"。随学校反"扫荡"至繁峙一带山区。同行的有康医生、刘护士（女）。住到蒿儿梁。打游击打了三个多月。

  按：蒿儿梁原是繁峙县一个小山村，在近年新农村建设中被搬迁，并往其他大村镇，此村已不存在。

1944年　31岁

3月

3月，从繁峙返回阜平，得知由丁克辛帮助隐藏在牛栏村的一部分文稿被日本鬼子抢走，房东为了保护这批文稿壮烈牺牲了。

3月，到曲阳县六区采访一星期，最远到达燕赵镇，并钻进地道躲敌情。

3月，从曲阳返回阜平，当晚得到通知：立即准备赴延安。随华北联合大学高中班，日行六七十里。

4月

26日，王林日记记载："孙犁去延安了。"

4月，出发赴延安，经过绥德，到晋绥军区吕正操司令部，送给吕一部线装的《孟子》。

6月

6月，舒群问题得到解决，给予平反，到鲁艺任文学系主任。

6月，到达延安。高中班学生分到延安各大院校学习。孙犁先在鲁迅艺术文学院任研究生、教员。与鲁藜、邵子南为邻。参加延安大生产运动。

7月

7月，延安鲁艺开学。

舒群扩大讲课教师阵容，除原有的何其芳、周立波等名家外，又先后请来萧军、艾青、孙犁等人，由萧军、何其芳、周立波、公木等讲课，严文井负责创作实践，孙犁、邵子南、孔厥等负责辅导。开展阅读、学习《红楼梦》大讨论，做出详细笔记。创办墙刊《文艺》，第一期是讨论文艺形式特辑。《文艺》贴出后在延安引起反响。孙犁《杀楼》等最初就在《文艺》墙报上刊出。孙犁作关于《〈红楼梦〉讨论的发言》。

陆续写作章回小说《五柳庄对敌斗争话本》十回，《中国传统小说》一篇，报告三篇等。

11月

15日，致田间信。信末自注：11月15日。载2000年第2期《新文学史料》。

回复9月份田间托方冰带到延安的信。此信是目前所知现存孙犁最早的信件。(《二月通信》应算作书信体作品。)《新文学史料》发表时原题为《1944年孙犁在延安寄给晋察冀田间的信》，由田间夫人葛文整理。(因第二封里写到在冀中蠡县刘村工作之事，故判断此信不是在延安所写。)信中介绍延安的情况，延安文艺界的情况等。并告知写了《五柳庄对敌斗争话本》十回，《中国传统小说》一篇，报告三篇。此信也并致陈肇、张帆等，并请陈肇便中托人捎一信到家里报平安。

1944年，写作小说《山里的春天》。文末自注：1944年。

1944年，写作散文《游击区生活一星期》。文末自注：1944年于延安。载1945年5月10日、11日、14日、15日重庆《新华日报》，内文题为：一、平原景色，二、抗日村长，三、洞，四、村外，五、守翻口，六、人民的生活情绪，七、回来的路上。系根据3月份去曲阳县体验生活而写。

在延安写作并发表的一系列重要作品，奠定了在中国现代文学史上的地位。

1945年　32岁

4月

16日，发表短篇小说《杀楼》。文末自注：1945年4月于延安。载1945年4月16日延安《解放日报》。《杀楼》最初在鲁迅艺术文学院墙报上发表，为作者当时计划写作的"五柳庄系列"之一节。

5月

15日，发表短篇小说《荷花淀——白洋淀纪事之一》。文末自注：1945年5月于延安。载1945年5月15日延安《解放日报》。

这篇小说的发表，震动延安文艺界。康濯、丁玲都回忆，毛泽东同志看后，认为孙犁是一个有独特风格的作家。

> 按：这篇小说奠定了孙犁在中国现代文学史上的地位。孙犁写有关于《荷花淀》的多篇文章。

6月

2日，发表散文《白洋淀边一次小斗争》。文末自注：1945年于延安。载1945年6月2日重庆《新华日报》，副题为"解放区生活报导"。本文与《游击区生活一星期》的发表，在国统区引起对孙犁作品的注意。

按：可与《夜渡》比较阅读。

15日，冀中区复刊《冀中导报》，并创办《平原》文艺副刊。

7月

3日，发表短篇小说《村落战》。文末自注：1945年6月于延安。载1945年7月3日延安《解放日报》，并署有副题"五柳庄纪事"。

8月

10日，新华社夜间播发毛泽东同志9日所写《对日寇的最后一战》。

14日，发表短篇小说《麦收》。文末自注：1945年7月于延安。载1945年8月14日延安《解放日报》。署名孙犁、赵侠、铁彦。

15日，日本宣布无条件投降。当晚，孙犁睡得很早。

23日，张家口被晋察冀八路军解放。晋察冀各文艺团体进入张家口。

31日，发表小说《芦花荡——白洋淀纪事之二》。文末自注：1945年8月于延安。载1945年8月31日延安《解放日报》。

9月

2日，日本正式签订投降书。

20日，参加华北文艺工作团，上午10点出发，走出鲁艺大门，并集体合影。工作团团长艾青，副团长舒强，政委江丰，团员56人。孙犁、凌子风打前站。出发时每人都是新军装、新皮带，有的带二胡，有的带小说等。桥儿沟街上站满了鲁艺的师生，欢送华北文艺工作团。当天走了四十里，下午三时左右到四十里铺，在此宿营。晚饭主食是小米，菜是煮洋芋。

21日，下午到延长县甘谷驿，距离延安90里。恰好是集市日子。街上卖日常用品等很丰富。

22日，武装部队护送，过雁门关（不是山西雁门关），跨清涧河。到小村子禹店。

23日，到郭家塔，此有模范兵站，招待很好。

24日，在郭家塔休整一天，调整行李，规定每人携带不能超过小秤15斤。

25日，到达清涧县。当天下雨，工作团住在城边。很多人上街吃烧鸡，喝酒。

26日，一行人应邀去县政府拜访，听他们介绍情况。晚上，与当地几个艺人联欢。文工团的同志也唱了几首填了新词的道情曲子。

27日，下午到石嘴驿。

28日，翻过九里山，到绥德。

29日，在绥德师范与当地文艺工作者开座谈会。晚上，与绥德文工团、抗大文工团一起联欢，绥德文工团演出的《喂鸡》很叫好，作者是两个女孩子。演出结束，绥德地委、专署在新华饭庄设宴招待。

30日，本地文工团给华北团演出幻灯和皮影戏。

10月

2日，绥德文工团与华北团座谈《白毛女》。

3日，离开绥德继续前行。当地文艺界人士来送行，其中有《喂鸡》一戏的作者姐妹。不久，见到一座天主教堂。穷山僻壤也有此教的侵入。过霍家沟，在谢家渠宿营。

4日，继续前行，经过白家沟真武庙，到郭家沟。

5日，走出陕甘宁地界，到达黄河的晋、陕交界处。安然渡过黄河，进入山西境内。这里是新解放区和敌占区，情况复杂，工作队提高了警惕。经过晋西的碛口。从碛口到三交，70里左右。休整时，孙犁看到画家马达画青年女性推磨的作品。

6日，在碛口休整，洗衣等。

7日，从碛口到三交（临南县）六七十里，经过万佛洞，都是新解放区，情况复杂，一个民兵小队长护送。

8日，宿营在临县城庄。这里群众受压严重，很贫穷，工作团队员很心疼群众。行李到得晚。

9日，动员老乡，只有牛，比人走得还慢。途中在杨家沟休息。晚上到康宁镇。

10日，到兴县，宿营在离城三里的地方。

此后几天，在此休整。

15日，早晨离开兴县。白杨树开始枯黄。下午到距离县城60里的界河口。

吃莜面多，南方来的同志拉肚子。在岚县、岢岚县交界处，队里一怀孕的女同志流产，差点丧命，动员老乡担架抬着。

16日，继续前行，在山顶可看到黄河。在大涧村休息，村里有所小学。晚上，宿营在距离岢岚县城5里远的坪后清村里。为过敌人封锁线，要把产妇和孕妇留下。

17日，经过三井镇休息，晚上，月光照着城门，抵达岢岚县城，在靠近城墙的老乡家住下。工作团在此地看到很多敌人留下的标语。

18日，工作团成员上街逛逛。工作团研究如何通过封锁线。

20日，距离出发已经整一个月了。离开五寨前行，到于庄子宿营。可看到墙上神池县敌我双方很多标语。

21日，从于庄子过东湖镇，沿线群众困难，想买只鸡都买不到。到九姑村休息，通知要求养足精神，准备过路。不准出门，以免暴露。

22日下午2时，到达敌人的封锁线，即同浦路附近，孙犁在《悼画家马达》里有记述。走到高山顶上，可以看到几十里之外的摩天岭、五台山和晋中平原。过了长城缺口，到丁家峪(yù)——这是掩护部队指定的地点。不久来了很多人。过封锁线，走到一个村庄，敌人看队伍庞大，没敢出来。队伍变四路纵队，两侧的掩护部队埋伏在路口，趴在机枪边。行军走了100多里，只在大徒沟休息一下，一直到旧广武，才松一口气。旧广武有敌情，但无大碍。

24日，王林到孙犁家看望。

24日，从旧广武到新广武。过封锁线时掉队的人也没有赶上来。

25日，在新广武稍事休息，工作团出新广武南门，继续前进。朝东北走，进山10里左右，下小雨。下午到胡家滩。

26日，继续前行，途中能看到远处的滹沱河和五台山。宿营在柴底沟。

27日，黎明，小雨变成雪珠。走二三十里，才见到一个叫柴梁沟的小村子。在此休息，村干部很热情，让人烧了两锅开水。因为闭塞，村民才从工作团这里听到日本鬼子投降的消息。晚上到金王店。

28日，休整。沙河刚刚解放。

29日，早上下着小雨，工作团踏着泥泞继续行军。一直走到一片大平川，队伍兴奋起来。后来，队伍停在繁峙川上一个大村子下汇休整。

30日，从下汇到大营的路途，受到各级政权机构的热情配合，动员牛车比晋西北容易，且有几辆大车加入。到大营，刚好赶上集日，队员们都纷纷买干果等，一边走一边吃。在这里值得记的是，看到了用白纸印的《晋察冀日报》，大家都抢着看。孙犁也看了社论、文化栏目等。又走15里，到齐林，在此宿营。晚饭时，队员们都吃到了大米和炖羊肉，实在难得。

31日，所经过的村子被战火摧毁，都很破败、贫穷，途中在王家堡休息。晚上，宿营在宗庄堡。

11月

1日，爬上抢风岭，风很大。路过北岳恒山，在庙山门前休息。住进浑源县城。经过敌人多年的摧残，县城也很破败。

2日，工作团在此举办照片展览，观众踊跃。晚上，县大队请客，地委书记、专员、分区司令员作陪。

3日，在封锁线时掉队的同志、牲口、行李和留在岢岚县城外的三个女同志（两个孕妇，一个流产）都归队。浑源县政府送工作团80斤白面、2只羊。

4日，在广灵县望狐村休息。村子虽大，也因战争摧残，连一只鸡都买不到。

5日，继续行程，经永定河上游的桑干河。下山不远，就是南徐堡。

6日，过桑干河。因第二天是十月革命节，晚上宿营在杨家店。村子里很多人在张家口做过生意，说明距离张家口很近。休息时，队员们都吃炖羊肉、葱爆羊肉。

7日，为庆祝十月革命节，工作队早上聚餐，孙犁与大家共同吃了炒鸡蛋、炖羊肉、炒苘子白三个菜，大家很久没有享受这种丰盛的早餐了。张家口即将到达，途中，大家一支接一支唱苏联歌曲，把能想起来的都唱了。当晚，住在天镇。天镇地势险要，城设在长城口，出城就是口外。日本鬼子进攻天镇时，守城的就是阎锡山的女婿李服膺。

8日，离开天镇10多里，乘上火车，向张家口进发，当天傍晚到达。孙犁随华北文艺工作团，途经陕西、山西、河北三省，两千多里地，近50天，终于到达张家口。

10日，中共晋察冀中央局宣传部、晋察冀边区文联、晋察冀日报社召开欢迎华北文艺工作团大会，邓拓等致辞。会后，华北文艺工作团演出了《夫妻识字》等短剧，以及歌唱了十多首陕北民歌。

在张家口休整10天，会见了邓康、康濯等老战友。经领导批准，准备回冀中写作。先乘火车到宣化，在车站与邓康吃葡萄；取王炜的日本斗篷、军毯各一件。

18日，开始回冀中。从下花园奔涿鹿，经易县过平汉路，插入清苑西，南行，共14日到家。

20日，《晋察冀日报》选登孙犁的《荷花淀》《芦花荡》《麦收》等文。

11月，张家口电台每日广播孙犁作品。

11月，由周扬率领，从延安到张家口的延安鲁迅文学艺术学院开学，艾青任院长，设文学系（主任陈企霞）、戏剧系（主任舒强）、音乐系（主任李焕之）、美术系（主任江丰）和新闻系。

12月

2日，黄昏进家，正值老父掩外院柴门，看见后回身抹泪。进屋后，妻子抱小儿孙晓达说：这就是你爹。儿子出生后，尚未见过孙犁。

王林也来家里，亲眼看到孙犁父母、妻子激动得抱头大哭。王林也激动得一时什么都干不下去。

与王林谈一些延安文艺界情况。艾青在张家口拟组织华北文艺学院。

至家四五天后,到蠡县县城,由县委宣传部部长梁斌介绍,住到县城东北的刘村从事写作。

14日,王林借走日本作家厨川白村所著《出了象牙之塔》一书。

12月,为安平县李福来、何光耀、张建华三位抗战烈士撰写碑文,题为《三烈士事略》,刻于碑上。文末自注:1945年12月。原为石刻。载1980年第3期《莲池》。

  按:1962年9月22日作者加写了后记。

12月底,从冀中军区所在地河间回到老家安平县。此时,孙犁仍在蠡县刘村工作。

1946年　33岁

1月

1日,终日阴天,傍晚下小雪。孙犁看望王林,并为王林婚事操心。

4日,孙犁看了王林长篇小说《腹地》部分章节,告诉王林说主角事变前介绍的太少。

19日,孙犁看望王林。

20日,孙犁邀请王林、刘湘、刘桂欣到家里吃饭。

2月

21日,致田间信。信末自注:2月21日夜。载2000年第2期《新文学史料》。

回复田间1月7日信。谈到在刘村的工作,延安文艺界的一些情况，对冀中工作的感受，并说到冀中后写了有关白洋淀的作品两万多字。

2月，冀中区行署、政治部、农会、工会、妇联、回会、青联、文联、武委会向全区发出《关于开展抗战八年写作运动的联合指示》，要求冀中各级军政民切实完成此项任务，稿件限抗战胜利日的8月15日之前完成。

冀中区党委书记、军区政委林铁发表《开展"冀中抗战八年"写作运动》的文章，要求认真完成写作任务，"这是对八年英勇抗战的歌颂，同时也是进行斗争和建设的动员令"。

写作运动因国民党军队进攻，自卫战争全面爆发而没有完成，但有部分稿件在《冀中导报》的《平原》副刊刊出，新中国成立后大部分发表作品结集出版为《平原上的故事》。

2月，写作论文《写作指南》。载冀中区1946年版《冀中抗战八年写作运动手册》。署名顾问会。

3月

23日，见王林，对王林小说《家长》发表看法：无中心。

24日，看望王林。与王林谈王之婚事。

30日，致康濯、李肖白信。信末自注：3月30日。载1985年第1期《新文学史料》。

信中说在蠡县刘村住了3个月，也写了《钟》《碑》小说，并请李肖白帮助收集一些发表的稿件。

按：此信及以后9封信，在《新文学史料》发表时，前有康濯说明，且康濯亲自做了注释。

3月，写小说《钟》。文末自注：1946年3月写于蠡县刘村。载1949年第6期《文艺劳动》。

4月

4月初，在蠡县小学教师训练班讲话。此讲稿经肖静记录整理，以《谈乡村文艺工作》为题，载1946年4月8日《冀中导报》。

15日，发表短篇小说《碑》。文末自注：1946年春于冀中。载1946年4月15日《冀中导报》。载1946年6月16日第2卷第2期《北方文化》。

22日，在冀中通讯会议上讲话，题为《谈谈写作问题》，石坚记录摘抄。

5月

4日，中共中央发出《关于清算减租及土地问题的指示》（即"五四指示"），决定改变土地政策，由减租减息改为没收地主土地分给农民。北平出版的第1卷第5期《人民文艺》刊出《荷花淀》。

16日，孙犁到安平县城集市游览。

19日，发表短篇小说《第一个洞》。文末自注：1943年5月。载1946年5月19日《晋察冀日报》。

20日，中共冀中区党委发出通知，决定5月份召开地委书记以上干部会议，研究落实"五四指示"的决定。

20日，发表散文《蠡县抗战烈士纪念塔碑记》，后定名《塔记》。文末自注：1946年春天写。载1946年5月20日《冀中导报》。

20日，致康濯信。信末自注：5月20日。载1985年第1期《新文学史料》。

刘村三个月期满，原准备去白洋淀，但冀中成立抗战八年写作运动委员会，王林请孙犁进入委员会。孙犁写了《写作指南》。但突然间父亲去世，中断委员会的工作。

> 按：信中说已过三七，由此可推断孙犁父亲系 4 月下旬去世。《善闇室纪年摘抄》里说是 6 月去世，这是孙犁回忆有误。

26 日，致康濯信。信末自注：5 月 26 日。载 1985 年第 1 期《新文学史料》。

昨日发一信，托张庚带去《钟》。自觉"小资情绪浓厚"。这是对别人批评他作品有小资情绪，不以为然。

29 日，致康濯信。信末自注：5 月 29 日。载 1985 年第 1 期《新文学史料》。

除短篇小说《钟》外，另捎去短篇小说《藏洞》。

30 日，致康濯信。信末自注：5 月 30 日。载 1985 年第 1 期《新文学史料》。

> 按：此信与上两封装在一起。

5 月底，到河间，至冀中导报社编辑《平原杂志》，从事通俗文艺创作，并拟到八中教学。

6 月

2 日，王林来访。

4 日，写作论文《看过〈王秀鸾〉》。文末自注：1946 年 6 月 4 日晨。载 1946 年 6 月 18 日《冀中导报》。1946 年 7 月 31 日致康濯信，说是"一次佯攻"，即指此文。

8 日，发表《夜渡》，副题为"故乡纪事"。载 1946 年 6 月 8 日《晋察冀日报》。

> 按：迄今为止，这篇文章没有收进孙犁的任何作品集，也没有见到他在文章里提到此文。1949 年，康濯准备编一本孙犁作品集；7 月 19 日，孙犁致康濯信中说："所指《投宿》，没意思，以后也就不用它。"孙犁提到了《投宿》，却没有提《夜渡》。

在回忆《荷花淀》的写作时,孙犁说是别人给他讲了白洋淀里打鬼子、地洞打鬼子的故事,他才写了《藏》《第一个洞》《荷花淀》《芦花荡》《白洋淀边一次小斗争》等。但也没有提到《夜渡》。纵观全文,《夜渡》和《白洋淀边一次小斗争》《琴和箫》《芦花荡》等,皆有连续性。读者们可以互相对比着看。

《夜渡》发表时,没有注明写作日期。根据《白洋淀边一次小斗争》等另外的文章判断,应写于1945—1946年间。

27日,在冀中导报社讨论《平原杂志》有关内容,王林持否定态度,冀中区党委书记林铁也认为太文艺性,是小资趣味。

6月,《少年鲁迅读本》由张家口教育阵地出版社出版。

6月,写作散文《纪念党的生日》。文末自注:1946年6月。载1946年7月1日《冀中导报》。署名纪普。

6月,林铁让孙犁在"七七"抗战全面爆发纪念日前出一有关白洋淀的专刊,还不能是文艺性的。孙犁后来未干。

7月

3日,王林到八中看孙犁,见到康濯致孙犁信,认为周扬等人以小资的诗意为标准选取文章编书。

3日,冀中文艺界崔嵬、王林、孙犁等12人通电,坚决支持周恩来将军正义的声明,坚决反对国民党反动派重陷人民于水火,出卖中国为殖民地的无耻行为。

4日,致康濯信。信末自注:7月4日下午。载1985年第1期《新文学史料》。

回复康6月6日、12日、18日信。教了八中的语文,编了《平原杂志》。看到了《北方文化》上刊登的《芦苇》等(指第1卷第4期《北方文化》)。

7日,发表诗歌《咏水》。载1946年7月7日第1期《平原杂志》。署名土豹。

7日,发表《介绍〈卫生组长〉》。载1946年7月7日第1期《平原杂志》。未署名。

7日,发表第1期《平原杂志》之《编辑后记》。载1946年7月7日第1期《平原杂志》。未署名。

7日,发表《平原杂志》之《稿约》。载1946年7月7日第1期《平原杂志》。未署名。《稿约》系两篇,一篇是征稿启事,一篇是征稿简约。

17日,王林来玩。

25日,新华社冀中分社、冀中导报社、平原杂志社、冀中8年抗战写作委员会等发表抗议、谴责国民党法西斯卑鄙枪杀闻一多的宣言。

28日,冀中区党委发出关于具体执行中共中央"五四指示"及晋察冀中央局指示等的决定。对土地问题要分别分类做好。

30日,孙犁读到《晋察冀日报》一位叫白桦的作者对《碑》批评的文章,作者不了解当时冀中情况,就对小说大加批评,孙犁觉得此文章不是实事求是的态度。

31日,致康濯信。信末自注:7月31日。载1985年第1期《新文学史料》。

谈对康濯《灾难的明天》观感,并对《晋察冀日报》上刊登的白桦批评《碑》的文章不以为然。

7月,写作散文《王凤岗坑杀抗属》。文末自注:1946年7月。原题为《坑杀抗属》。载1946年8月4日《晋察冀日报》。

夏季,梁斌来报社看望。看梁的褂子太脏,给梁一个绿色衬衣,是邓康送给孙犁的。梁送给孙犁一支手枪。

8 月

1 日，发表杂文《怎样认识美国》。载 1946 年 8 月 1 日第 2 期《平原杂志》。署名纪普。

1 日，发表杂文《平原杂志》第 2 期《编辑后记》。文末自注：1946 年 8 月 1 日编校后记。载 1946 年 8 月 1 日第 2 期《平原杂志》。未署名。

1 日，发表论文《说书》。文末自注：1946 年。署名土豹。载 1946 年 8 月 1 日第 2 期《平原杂志》。

9 日，中共晋察冀中央局发出《进行自卫战争的紧急指令》：国民党背信弃义，进攻解放区，全国性内战已爆发，全区军民要团结奋战，坚决以自卫战争粉碎国民党军队的疯狂进攻。

16 日，致田间信。信末自注：8 月 16 日。载 1987 年 10 月 22 日《人民日报》。

回复田间 7 月 25 日信。

19 日，冀中区党委发出指示：坚决落实 9 日晋察冀中央局指示。

25 日，发表鼓词《蒋介石臭史》。载 1946 年 8 月 25 日第 3 期《平原杂志》。署名土豹。

25 日，发表《平原杂志》第 3 期《编辑后记》。载 1946 年 8 月 25 日第 3 期《平原杂志》。未署名。

28 日，致康濯信。信末自注：8 月 28 日，又及同夜。载 1985 年第 1 期《新文学史料》。

寄去了《冰床上的叮咛》（即《嘱咐》）。询问周扬编的《解放区短篇创作选》选了哪些作品（《荷花淀》被选进上册）。收到牢寒（刘松涛）寄来的《少年鲁迅读本》样书。

9月

1日,致康濯信。信末自注:9月1日记者节。载1985年第1期《新文学史料》。

对《李有才板话》的印象是:确是写作的一条道路,但前部人物不分,后部材料粗糙。建议康濯到冀中来找对象。

23日,冀中区党委发出关于落实晋察冀中央局8月9日指示、具体落实民兵工作的指示。要求以多种多样的文艺形式(主要是新的小型的话剧、歌剧、秧歌剧、歌曲等),教育动员群众热烈地投入人民自卫战争,坚决打退蒋介石国民党反动派的进攻,广泛发动群众贯彻实现新土地政策,并组织群众开展大生产运动。

9月,参加冀中区党的文艺工作者座谈会。金城在会上就几个问题做了结论。今后方针是:积极迅速地发展人民大众的反帝反封建的新文艺运动。具体任务就是:党对文艺运动的领导必须加强,文艺工作者的作风必须改变;通过新文艺运动的发展及多种多样的文艺形式(主要是新的小型的话剧、歌剧、秧歌剧、歌曲等),教育动员群众热烈地投入人民自卫战争,坚决打退蒋介石反动派的进攻,广泛发动群众贯彻实现新土地政策,大力推动乡村及连队文艺运动的发展。

10月

8日,晚上,孙犁与王亢之、秦兆阳一起到王林处闲谈。孙犁说周恩来很推崇曹禺,认为延安的剧作家没一个比得上曹禺。

15日,冀中文协召开成立大会。大会不记名投票,选举王林、孙犁、力麦、王炎、崔嵬、傅铎、郭维、秦兆阳、远千里、路一、胡丹沸等15人为执委,胡苏、梁斌等为候补执委,孙犁、王林等为常委。王林、崔嵬为正副主任。

18日，王林找孙犁闲谈。

20日，发表鼓词《民兵参战平汉线》。文末自注：1946年10月。载1946年10月20日《冀中导报》。署名土豹。

10月，写作杂文《祝冀中文协成立》。文末自注：1946年10月。载第5期《平原杂志》。署名纪普。

10月，写作杂文《向英雄的民兵致敬》。文末自注：1946年10月。载第5期《平原杂志》。

10月，写作短篇小说《藏》。文末自注：1946年重改于河间。

11月

20日，写作鼓词《翻身十二唱》。文末自注：1946年11月20日。载1946年11月27日《冀中导报》。署名纪普，并附《录者小记》。1962年8月9日，作者写了简短的后记，说此篇虽为"录"，实系"创作"。

> 按：《翻身十二唱》曾被小流（原名刘敬贤，河北省蠡县人）谱成曲在冀中区传唱。胡苏在《河北人民的新文艺——在河北省首届文代大会上的报告》里提到《翻身十二唱》时说，"歌曲如孙犁同志作词、小流同志作曲之《翻身小唱》等"（见《河北文艺》1950年第3期）。

23日，致康濯信。信末自注：11月23日。载1985年第1期《新文学史料》。

告知康濯写了一篇《我的堂叔父》。但这篇作品迄今未发现。

11月，写作杂文《比武从军》。文末自注：1946年11月。载第6期《平原杂志》。署名纪普。

11月，单行本《荷花淀》出版，华中新华书店版，大众文库之一种。

仅收《荷花淀》一篇小说。

1946年，写作小说《嘱咐》。文末自注：1946年河间。载1949年3月24日天津《进步日报》。

1946年，写作杂文《论继承》。佚。

1947年　34岁

1月

1日，发表杂文《今年新年》。载1947年1月1日第6期《平原杂志》。署名孙犁。

1日，发表杂文《今年春节，怎样闹玩意》。载1947年1月1日第6期《平原杂志》。署名本社。

> 按：1982年10月14日，孙犁致冉淮舟信中，似乎没认定此文是自己所写。

1日，发表梆子戏《比武从军》。载1947年1月1日第6期《平原杂志》。署名纪普。

2月

4日，冀中区学习委员会成立。刘秀峰、孙毅分任正副主任。

17日，发表散文《相片》。文末自注：1947年2月。载1947年2月17日《冀中导报》。署名纪普。

22日，发表散文《天灯》。文末自注：1947年2月。载1947年2月22日《冀中导报》。署名纪普。

28日，梁斌、周刚给孙犁介绍蠡县妇女劳动模范刘法文的事迹，立即去访问刘。

2月，以记者身份随吴立人、孟庆山等至安平一带检查工作。

2月，晋察冀中央局召开土地改革座谈会，总结"五四指示"以来土地改革运动的成绩。会后，冀中区进行复查。

3月

3月初，到安新白洋淀一带采访。到达同口、端村、关城、采蒲台等。

8日，发表散文《小陈村访刘法文》。文末自注：1947年3月。载1947年3月8日《冀中导报》。

10日，发表散文《织席记》。文末自注：1947年3月。载1947年3月10日《冀中导报》。

14日，发表散文《采蒲台的苇》。文末自注：1947年3月。载1947年3月14日《冀中导报》。

18日，发表散文《安新看卖席记》。文末自注：1947年3月。载1947年3月18日《冀中导报》。

27日，发表短篇小说《新安游记》。文末自注：1947年3月。载1947年3月27日《冀中导报》。

4月

10日，致田间信。信末自注：4月10日。载1987年10月22日《人民日报》。

回复田间3月份从晋察冀中央局寄来的信。前些时去安新走了一趟，写了几篇通讯。现在校印《文学入门》。创作有苦闷，也不尽然。

按：据孙犁《一别十年同口镇》《同口旧事》以及1947年写作、发表的系列有关白洋淀文章，可证孙犁系1947年初春到白洋淀。

此信中提到去白洋淀以及写作的系列文章，可知此信写于1947年。

再者，里面提到校对《文学入门》一事（《文学入门》，冀中新华书店 1947 年 7 月版），此书的后记也写于 1947 年春天，可以断定此信写于 1947 年 4 月 10 日。不少版本置此信于 1946 年，误。

4 月，小说散文集《荷花淀》由香港海洋书屋印行，为周而复主编的"北方文丛"第二辑。收《荷花淀》《游击区生活一星期》《村落战》《白洋淀边一次小斗争》《山里的春天》《麦收》六篇。

春季，写作《〈写作入门〉后记》。文末自注：1947 年春天。

5 月

17 日，发表散文《一别十年同口镇》。文末自注：1947 年 5 月于端村。载 1947 年 5 月 17 日《冀中导报》。

18 日，发表散文《访问抗属》，原题《孟庆山部长访问抗属李大娘记》。文末自注：1947 年 5 月。载 1947 年 5 月 18 日《冀中导报》。署名原平。在《农村速写》中改为此题，天津读者书店 1950 年 4 月版。

5 月，写作散文《张秋阁》。文末自注：1947 年春。最初收入北京通俗读物出版社 1954 年 12 月出版的《农村速写》。

5 月，写作散文《张金花纺织组》。文末自注：1947 年春。最初发表于《冀中导报》，重发于 1949 年 3 月 24 日《天津日报》文艺周刊第 1 期，为总题《农村速写》之第一篇。

5 月，写作散文《曹蜜田和李素忍》。文末自注：1947 年春。最初发表于《冀中导报》，重发于 1949 年 3 月 24 日《天津日报》文艺周刊第 1 期，为总题《农村速写》之第二篇。

5 月，写作散文《"帅府"巡礼》。文末自注：1947 年春。最初发表于《冀中导报》，重发于 1949 年 3 月 24 日《天津日报》文艺周刊第 1 期，为总题《农村速写》之第三篇。

5月,写作散文《渔民的生活》。文末自注:1947年春。最初发表于《冀中导报》,重发于1949年3月24日《天津日报》文艺周刊第1期,为总题《农村速写》之第四篇。

6月

12日,青沧战役开始。孙犁到前线采访。

13日—14日,在青沧战役前线唐官屯采访。

15日,中共冀中区党委发出关于开展土地复查运动的决定。

16日,《冀中导报》在第一版刊发关于青沧战役的报道。

18日,发表散文《光复唐官屯之战》。文末自注:1947年6月。载1947年6月18日《冀中导报》。

7月

12日,冀中区从党政军民各部门抽调400余人,分赴各区突击复查示范及新区土地改革。孙犁到博野县小王村参加土改试点工作,主要是复查,给工作团整材料。

13日(农历五月二十五日),小女儿孙晓玲出生。

25日,写作散文《随感》。文末自注:1947年7月25日于博野。载1947年8月1日《冀中导报》。

按:这是孙犁最早写土改运动的作品。

7月,《文学入门》由冀中新华书店印行。系根据油印本《区村和连队的文学写作课本》删削本,共删去9节。有后记。

8月

6日,王林来小王村,看孙犁参加土改试点工作,一起参加群众评议。

9日,孙犁与王林闲谈,对整材料、做总结等苦恼,又不愿在《冀中导报》工作,想到东北去工作。

11日,带王林到青年妇女骨干王香菊家看看,听她介绍小王村有关情况。

9月

12日,发表散文《王香菊》。文末自注:1947年9月。载1947年9月12日《冀中导报》。

16日,发表散文《香菊的母亲》。文末自注:1947年9月。载1947年9月16日《冀中导报》。

9月,全国土地会议召开。

10月

10月初,写作散文《诉苦翻心》,原题《老大娘诉苦翻心》。文末自注:1947年10月。载1947年10月6日《冀中导报》。在《农村速写》中改为此题,天津读者书店1950年4月版。

10日,人民解放军总部发表宣言和口号57条,宣布了人民解放军的八项基本政策,提出了"打倒蒋介石,解放全中国"的口号。

10日,中共中央颁布《中国土地法大纲》。

11月

11月初,在小王村附近考察集体农场。

12日,石家庄解放。

20日,第7期《平原杂志》出版。这是杂志终刊号,编者为潘之汀。

25日—12月8日,中共冀中区党委召开土地会议。会议参加者超过1200人,李天焕传达晋察冀边区土地会议精神,并主持讨论。会上检举揭发了一些错误和堕落分子,将冀中供销合作社学习会计王敏、行署教育厅科员陈力、冀中导报社记者李湘洲等4人开除党籍。

孙犁作品在土地会议期间受到批判。散文《一别十年同口镇》《织席记》,小说《新安游记》,同时遭到《冀中导报》批判。《一别十年同口镇》写土改后富农家庭的人们参加劳动,被指责为"立场"问题;《织席记》被指责为"丑化农民";小说《新安游记》因将实际生活中的城西南方向写为东北方向,被指责为"客里空"。

按:1985年8月24日作《善闇室纪年摘抄》中说,夏季,随工作团在博野县土改试点,看到了"左"的危害情况。与王林骑车南行回家,王林说现在是土改试点,为什么还要回家,意即孙犁回家通风报信;孙犁回答说家有老人孩子,无人照料。"冬,土改会议,气氛甚左。王林组长,本拟先谈孔厥。我以没有政治经验,不知此次会议的严重性,又急于知道自己家庭是什么成份,要求先讨论自己,遂陷重围。有些意见,不能接受,说了些感情用事的话,随被'搬石头',静坐于他室,即隔离也"。

梁斌回忆批判孙犁的情景是:尹哲(时任冀中区党委宣传部部长,新中国成立后曾任中共河北省委书记)让梁斌到报社和文联看看,文联小组有孙犁、王林、王钊、孔厥、方纪等人,王林为小组长。梁斌进屋时,王林正质询孙犁与孙舞阳的关系;孙舞阳和孙犁一个村,是张荫梧任命的国民党安平县长。孙犁不了解这些,很难回答。梁斌回来告诉尹哲,尹哲马上说:"孙犁没有问题,你快去!"梁斌回到文联小组,对孙犁的问题说了一些缓和的话。王林很为恼火,红着脖子脸说"那,你当小组长吧,我不当了",拂袖而去。当下是个冷场,梁斌只好主持会议(参阅《一个小说家的自述》,中国青年出版社1991年6月版)。

土地会议后，孙犁到饶阳县张岗小区搞土改。去时遇大风，飞沙扑面，俯身而行，到村后剪去长发，意思是剪去烦恼。买了一双草鞋，每日搞土改，在此工作3个月左右。情节可参考《石猴》等。

29日，晋察冀军区决定组建冀中军区建制的第7纵队，任命孙毅兼任司令员，林铁兼任政治委员，周彪兼任副司令员，李天焕任副政委兼政治部主任。

11月，写作短篇小说《纪念》。文末自注：1947年11月修改于博野史家佐村。

12月

4日，中共冀中区党委发出关于土地改革中党报党刊有关工作的指示。

8日，冀中区党委召开的土地工作会议结束。

15日，冀中军区政治部发出政治命令，命令所属全军参加土地改革，帮助农民打个彻底的翻身胜仗。

16日，冀中行政公署发出关于各级学校在平分土地过程中如何进行教育的指示。

17日，冀中总工会发出关于平分土地对各行业工会工作的指示。

20日，中共冀中区党委发出严禁地主富农破坏土改的紧急指示。

30日，中共冀中区党委发出关于目前土地平分运动中几个问题的指示。

12月，孙犁都在饶阳搞土改。

1948年　35岁

1月

4日，博野县召开公审大会，公审三个破坏土地改革的案子。会后，三个破坏分子被立即执行死刑。

10日，《冀中导报》发表刘敏的《孙犁同志在写作上犯"客里空"错误的具体事实》一文，对孙犁作品进行了不顾事实的无端攻击，差点置孙犁于死地。

按：新中国成立后，刘敏到陕西省工作。

2月

1日，冀中军区司令部、政治部，就军政干部学校第1大队教导员萧颖在土改中犯下的错误发布训令，处分萧颖以及军校政治部、第1大队和有关人员。冀中军区副政委李天焕指示军区火线剧社据此编写了大型歌剧《大王庄》进行演出。

19日，冀中行政公署对土地改革中的交通、水利等有关工作发出通知。

3月

3月，冀中各地结合平分与整党，开展清理家务工作。

春季，孙犁由小区分配到大官亭掌握工作。

4月

11日，国民党骑兵12旅鄂友三部突袭冀中区首脑机关，烧毁冀中新华书店很多书籍。6 天后在冀中军区部队和渤海一分区部队沉重打击下，败退到唐官屯。

5 月

5 日，中共冀中区党委发出关于具体执行晋察冀中央局处理浮财办法的指示。

孙犁几篇平分杂记短篇小说，情节都符合此次政策要求。《互助组》(《村歌》)、《秋千》等情节都可以参考。

25 日，中共冀中区党委召开干部会议，林铁作了关于土改整党生产的几个问题讲话。

6 月

25 日，上午看望王林，告诉王林我军解放了河南省省会开封。

7 月

10 日，写作短篇小说《光荣》。文末自注：1948 年 7 月 10 日饶阳东张岗。载 1948 年《华北文艺》创刊号。

> 按：1980 年 9 月 10 日，孙犁在《答吴泰昌问》里说，"现在想来，我最喜欢一篇题名《光荣》的小说。在这篇作品中，充满我童年时代的欢乐和幻想。对于我，如果说也有幸福的年代，那就是在农村度过的童年岁月"。

15 日，冀中妇委作出关于平分土地中妇女工作的总结。

27 日，写作短篇小说《种谷的人》。文末自注：1948 年 7 月 27 日。载 1948 年 8 月 12 日、17 日《石家庄日报》。

8月

8日—19日，华北文艺工作者会议召开。薄一波、周扬等出席会议。赵树理、田间、沙可夫、周巍峙等被选为理事，萧三为主任，李伯钊为副主任，沙可夫等9人为常务理事。孙犁参加会议，有人批评他，也有人替他辩护。

9月

3日，中共冀中区党委发出关于9月、10月两个月土改整党工作的指示。

7日，致康濯信。信末自注：9月7日。载1985年第1期《新文学史料》。

将到深县工作。问问周扬是否看到《园》（即《浇园》）。望关注一下《光荣》。

17日，王林来访，孙犁谈了对王林《新平原上》文章的看法，认为文章拉的时间太长，中国小说都是横断写法，小说应与历史不同。

9月，土改工作组结束。孙犁回到《冀中导报》。

9月下旬，调至深县，任县委宣传部副部长。分工国民教育、社会教育，包括乡艺运动。

10月

2日，中共冀中区党委宣传部发出关于开展今冬明春文艺工作的指示，强调乡村的文艺活动要广泛开展起来，提高群众思想觉悟。

5日，与深县有关人员谈写作，谈乡村文艺开展措施。

6日，致康濯信。信末自注：10月6日夜。载1985年第1期《新文学史料》。

到深县已经半月。回首 1947 年，觉得蹉跎一再。

  按：康濯注释信件到此为止。

24 日，远千里告诉王林：看了孙犁的《种谷的人》，心中油然生出"崇高"之感。

12 月

4 日，中共冀中区党委、冀中行政公署联合召开城市工作会议，布置夺取大城市以后的工作。

6 日，中共冀中区党委发出关于结束土改必须抓住发土地证中心环节的指示。

15 日，中共冀中区党委、冀中行政公署、冀中军区发出支援解放平津的总动员令。

12 月下旬，孙犁受命回河间，编入《冀中导报》的队伍，在胜芳集中，准备进天津。

24 日，天津市委、市政府等在胜芳成立。

25 日，参加在河北省胜芳镇举行的《天津日报》成立大会。

31 日，中共冀中区党委发出关于完成结束土改的村庄加强生产与支前工作的指示。

12 月，太岳新华书店根据冀中新华书店 1947 年版本出版《文学入门》。

1948 年，写作短篇小说《浇园》。文末自注：1948 年于冀中。载 1949 年第 1 期《文艺劳动》。

1948 年，太岳新华书店出版文艺选集第三册，收录孙犁《芦花荡》《麦收》两篇小说。

1949年　36岁

1月

12日，写作短篇小说《蒿儿梁》。文末自注：1949年1月12日于胜芳河房。

15日，天津解放。随解放大军开始进城。

16日，和方纪一起从胜芳出发，走西沽进入城内，方纪差点踩到地雷。走了五个多小时，才到报社。任即将创刊的《天津日报》副刊科副科长。

17日，《天津日报》正式创刊。

  按：《天津日报》是中共天津市委机关报，是中国共产党在大城市办的第一张市报。天津市是中国人民解放军解放的第一个直辖市，北平、上海解放都在后面。因此，中央很重视它，毛主席亲自为《天津日报》题写报头。

  天津日报人员有从新华社来的，从华北《人民日报》来的，从《冀中导报》来的，从冀察热辽《群众日报》来的，从《保定日报》来的，还有从华北局调来的一批城市学生，及解放天津后的一批留用人员。领导班子如下。

  社长：中共天津市委宣传部长、经济学家黄松龄；

  副社长：王亢之；

  总编辑：朱九思；

  副总编：范瑾；

  编辑部部长：董东；

  编辑部副部长：郭小川；

通讯部部长：邵红叶；

通讯部副部长：李麦、林间；

副刊科科长：方纪；

副刊科副科长：孙犁；

研究部部长：鲁西良；

研究部副部长：张维冷。

天津日报社、新华社天津分社、天津人民广播电台最初是合署办公，后来才分开。

17日，写作杂文《谈"就地停战"》。文末自注：1月17日。载1949年1月22日《天津日报》副刊。署名纵耕。

18日，发表论文《谈工厂文艺》。文末自注：1949年1月。载1949年1月18日《天津日报》副刊。

按：这是新中国成立前最早谈工厂文艺、培养工人作家的文章。

24日，发表散文《新生的天津》。文末自注：1949年1月。载1949年1月24日《天津日报》副刊。署名纵耕。

28日（旧年除夕），写作诗歌《山海关红绫歌》。文末自注：1949年1月旧年的除夕。载1949年2月2日《天津日报》副刊。

1月，天津市由中央直辖。

2月

15日，发表散文《人民的狂欢》。文末自注：1949年2月。载1949年2月15日《天津日报》副刊。署名纵耕。

21日，致康濯信。信末自注：2月21日。载1996年7月25日《天津日报》文艺周刊。载1997年第2期《新文学史料》。

祝贺康濯新作《黑石坡煤窑演义》。《光荣》稿费不必寄来。

按：此信以下，凡是发表在《新文学史料》上的64封信，皆由张学新整理、注释,总题为《孙犁致康濯信》,同时刊发张学新《亲切生动的文学对话录——关于孙犁致康濯信函》。在整理、注释过程中,张学新复印全部信件给段华一份,段华先做了大致编排,交给张学新。段华也请时任《人民政协报》副刊部主任的诗人毛梦溪,在该报选登了10封。

24日,致康濯信。信末自注:2月24日。载1997年第2期《新文学史料》。

寄上《菰儿梁》,发表时也可以改题为《女主任》。拟议中的十月文艺丛刊仍在拖着。

  按:"十月文艺丛刊"后出版了《朝着毛泽东鲁迅指示的方向前进》《雪》《山灵湖》等。

27日,致康濯信。信末自注:2月27日。载1997年第2期《新文学史料》。

3月

16日,下午参加《天津日报》召开的文艺座谈会。这是天津解放后文艺工作者的第一次集会。与会者还有陈荒煤、王林、方纪等人。

18日,致康濯信。信末自注:3月18日。载1996年12月26日《天津日报》文艺周刊。载1997年第2期《新文学史料》。

刚回冀中一趟,带回一个孩子。《进步日报》刊发了《菰儿梁》,但不是原稿,错了很多。

20日,致萧振国信。信末自注:3月20日。署名副刊编辑室启。载1999年5月22日《天津日报》文艺副刊"满庭芳"。

  按:萧振国,天津市南开区蔬菜副食品公司离休干部。

  1949年3月,萧向《天津日报》投寄一首诗歌,诗未用,却收到此封信。1999年初，在一次纪念天津解放50周年座谈会上，萧拿出此信请李夫鉴定，李夫认定是孙犁笔迹，李把信转给天津日报社时任社长邱允盛，后经天津日报社文艺部熟悉孙犁笔迹的同志一致认定，此信系孙犁所写。此信谈了写诗的素养、格式等问题。

24日，《天津日报》副刊《文艺周刊》创刊。刊发1947年旧作散文《张金花纺织组》《曹蜜田和李素忍》《"帅府"巡礼》《渔民的生活》四篇，总题为《农村速写》。

按：此后，以《文艺周刊》为园地，培养了大批青年作者，例如阿凤、滕鸿涛、张知行、刘绍棠、从维熙、万国儒、韩映山、房树民、冉淮舟等。借鉴《平原杂志》学习小组经验，组建副刊写作小组，结合业余作者的具体作品讲课，或直接写出评论文章。

1966年"文化大革命"开始后，《文艺周刊》停刊，1979年1月4日复刊。

24日，发表短篇小说《嘱咐》。文末自注：1946年河间。载1949年3月24日天津《进步日报》。

25日，黄敬告诉王林，方纪可能回冀中工作，孙犁代替方纪。

按：后来方纪未走。

4月

1日，致康濯信。信末自注：4月1日。载1997年第2期《新文学史料》。

望把《留给小鸭做纪念》（即短篇小说《纪念》）寄回。请厂民（严辰）好好修改《钟》。

1日，致康濯信。信末自注：4月1日。载1997年第2期《新文学史料》。

转上红杨树（魏巍）的诗一首，希望能在《华北文艺》发表。

2日,致康濯信。信末自注:4月2日。载1996年7月25日《天津日报》文艺周刊。载1997年第2期《新文学史料》。

已看到香港版《荷花淀》。知识书店要印行《少年鲁迅读本》。对于《嘱咐》,知识分子与工农干部反映不一,因此认识了什么是"海派作风"。纪事开列了《邢兰》等15篇作品篇目。

7日,王林在保定出差,远千里与王谈孙犁作品写得美。

14日,写作《〈少年鲁迅读本〉再版小记》。文末自注:1949年4月14日。

19日,致康濯、秦兆阳信。信末自注:4月19日深夜。载1996年7月25日《天津日报》文艺周刊。载1997年第2期《新文学史料》。

收到《纪念》。秦兆阳书稿可以介绍给这里的书店。近来正在写《互助组》(即《村歌》),觉得埋头文墨,只要写出文章,一切就可心平气和。

24日,致康濯、厂民信。信末自注:4月24日。署名弟孙犁。载1997年第2期《新文学史料》。

开列"文艺建设丛书"之一《采蒲台》篇目。

29日,会见陈陇,谈到在大连工作的方冰等战友。给方冰写信,看能否出些书。

30日,致康濯信。信末自注:4月30日。署名弟孙犁。载1997年第2期《新文学史料》。

收到厂民28日信。

4月,《少年鲁迅读本》由天津知识书店再版,列为"新少年读物"。

4月,写作第一部中篇小说《村歌》上篇。以《互助组》为题,载1949年5月6日、12日《天津日报》文艺周刊。

5月

6日,《天津日报》文艺周刊发表《村歌》上篇1—4节,以《互助组》(第一篇)为题。

12日,《天津日报》文艺周刊发表《村歌》上篇5—9节,以《互助组》(第一篇续)为题。

14日,王林读孙犁《互助组》,第一篇只看了一半,就感到踏实,人物也生动。

19日,致康濯信。信末自注:(5月)19日。载1997年第2期《新文学史料》。

托李湘洲带到北京两册香港版《我的两家房东》。已经给胡绳写信。希望同劳荣谈谈他的译诗。

26日,致康濯信。信末自注:5月26日。载1996年7月25日《天津日报》文艺周刊。载1997年第2期《新文学史料》。

收到康濯寄来的钱。老婆孩子从冀中来了。希望康濯不要到全国文协工作,要多写作品。王林收到康谈《腹地》的信,很兴奋。

按:《腹地》系王林所著反映冀中抗日战争生活的长篇小说,1949年9月新华书店版。

6月

2日,致康濯信。信末自注:2月27日。载1997年第2期《新文学史料》。

21日,王林完成《红色烈士塔》,拿给孙犁看,孙犁说要注意用字,不能老是用成语旧语。孙犁同时把康濯谈《腹地》的条子转给王林。

22日,致康濯信。信末自注:(6月)22日。署名犁。载1997年第2期《新文学史料》。

收到牢寒寄来的《黄敏儿》。希望康濯安静写一写作品。

25日，致康濯信。信末自注：(6月)25(日)夜。署名犁。载1997年第2期《新文学史料》。

电影剧本草稿已成（可参考1981年4月9日作《我写过的电影脚本》一文）。最近发现延安《解放日报》上的《杀楼》，系《村落战》姊妹篇。当时还有几个，别人说长道短，就卷烟抽了，现在十分后悔。第一次文代会批准方纪、孙犁等三个人去参加。

27日，致康濯信。信末自注：(6月)27日。载1997年第2期《新文学史料》。

6月，天津日报社以朱九思、郭小川等为首的一批同志南下，到湖南省筹建《新湖南报》（1964年10月1日更名为《湖南日报》）。

7月

2日—19日，全国第一次文代大会在北京召开。全国文联成立。中华全国文学工作者协会成立。天津王林、方纪等参加会议。孙犁列为平津代表团第一团代表。

2日，孙犁从天津到北京参加会议，但当天又回天津。

11日，致康濯信。信末自注：7月11日。载1997年第2期《新文学史料》。

希望康编孙犁集子。必要时可以与寄给周而复的《芦花荡》调换一下。准备把《互助组》第三篇写完。

19日，致康濯信。信末自注：7月19日。署名犁。载1997年第2期《新文学史料》。

《投宿》《走出以后》没意思，编集子时不用它们。《互助组》拟写15000字，给双眉一个好结果。

7月，短篇小说集《芦花荡》由上海群益出版社出版。系"群益文艺丛书"之一种。收《藏》《蒿儿梁》《碑》《丈夫》《芦花荡》《邢兰》《战士》《女人们》八篇。

7月,《白洋淀边》(即《白洋淀边一次小斗争》)收录进《新编初中精读文选》(语体文第4册)。文化供应社1949年7月版。

> 按:这是目前可查到的最早收录进课本的孙犁作品。课本由王任叔、孟超、宋云彬等选编,叶圣陶校订。课文后有孙犁简介,课文分析,名词解释。

8月

8月,短篇小说集《嘱咐》由北平天下图书公司出版,系"大众文艺丛书"之一种。收《光荣》《浇园》《纪念》《嘱咐》四篇。

8月,上海生活·读书·新知联合发行所重印小说散文集《荷花淀》,系"北方文丛"之一种。系根据周而复所编香港版重印。

9月

1日,写作完成中篇小说《村歌》上、下篇。文末自注:1949年9月1日。上篇:《互助组》,共13节,前9节以《互助组》为题,分两次刊发于1949年5月6日、12日《天津日报》文艺周刊,后4节以《抗旱》为题,刊发于1949年第1卷第1期《文艺劳动》。下篇:《复查以后》,共12节。

16日,从冀中老家回到天津。

16日,与王林、方纪、鲁藜等全国文协在津会员,根据全国文代大会精神,筹备天津市文协,并约请各方面文学工作者22人为发起人。孙犁告诉王林,深县高植深赞《腹地》。

17日,致康濯信。信末自注:9月17日晚。载1997年第2期《新文学史料》。

希望康濯谈谈对《互助组》的看法。

22 日，收到葛一虹信，信中告知《互助组》编进北平天下图书公司"大众文艺丛书"第 2 辑。

23 日，发表文学短评《〈亲家〉》。文末自注：(1949 年) 9 月于天津。载 1949 年 9 月 23 日《天津日报》文艺周刊。署名纵耕。

按：《亲家》系康濯所著短篇小说集，北平天下图书公司出版。

23 日，致康濯信。信末自注：9 月 23 日。载 1997 年第 2 期《新文学史料》。

请康把《互助组》书稿交给葛一虹。给康《亲家》写了书评发表。

24 日，致康濯信。信末自注：(9 月)24 日晚。载 1997 年第 2 期《新文学史料》。

请康把《黑石坡煤窑演义》寄到天津出版。

26 日，发表杂文《苏联文学怎样教育了我们》。文末自注：1949 年 9 月。载 1949 年 9 月 26 日《天津日报》副刊。署名纵耕。

29 日，致康濯信。信末自注：9 月 29 日。署名犁。载 1997 年第 2 期《新文学史料》。

回复康 28 日信。介绍读者书店出版"十月文艺丛书"情况。《互助组》想改名为《村歌》。要改棒子面薪金了，实在于写文章的清高情绪，大有妨碍。

30 日，发表杂文《迎法捷耶夫》。文末自注：1949 年 9 月。载 1949 年 9 月 30 日《天津日报》。署名纵耕。

30 日，写作杂文《欢迎苏联代表团》。文末自注：1949 年 9 月 30 日。载 1949 年 10 月 1 日《天津日报》副刊。署名纵耕。

9 月，商务印书馆出版《新编大一国文》上册，由章靳以等选编，收录《荷花淀》。

10月

6日,写作文学评论《〈腹地〉》。文末自注:1949年10月6日读后记。载1949年10月8日《天津日报》文艺周刊。署名纵耕。

10日,向王林谈在写的评论以外对《腹地》的意见:辛大刚当作一个感情抒发,寄托希望,作为一种力量教育别人尚可,但不够血肉和活生生的。这一点就不如辛广德、二强。长辛店一段,非常无力量和抽象。

辛保发的开油坊,缺乏鲜明的态度。

八十页以前干燥无味,"大扫荡"以后,最后几十页也不如中间吸引人。白玉萼给人的印象并不深,白母倒是给人的印象极活极深。他看时对范世荣的印象,时时感到像S。

最深刻的一段是范世荣在老伴临死时那一夜计划,文字也极流丽。可是令人对范再也好不了。

18日,致康濯信。信末自注:10月18日。载1997年第2期《新文学史料》。

看到《人民日报》刊登的《黑石坡煤窑演义》,觉得题目太长,近来不大喜欢这种风头很健的章回体(此处似乎暗指《新儿女英雄传》——段华注)。《腹地》的书评也刊发了。《芦花荡》书评,系"文艺周刊"投稿中坚萧来同志所写。《钟》已改好。老母亲突然来了。

19日,发表论文《人民性和战斗性》,副题为"纪念鲁迅先生逝世十三周年"。文末自注:1949年10月。载1949年10月19日《天津日报》副刊。

23日,写作广播稿《学习问题》。文末自注:1949年10月23日(广播稿)。载1949年10月26日《天津日报》副刊。

> 按一:1949年11月9日致康濯信,说弄了一次新玩意——广播,即指此事。

按二：编辑《孙犁文集》时改题为《文艺学习》(百花文艺出版社1982年3月版《孙犁文集》第4册第338页)，且文字修改更书面语化。

25日，致康濯信。信末自注：(10月)25日。载1996年7月25日《天津日报》文艺周刊。载1997年第2期《新文学史料》。

想写一部关于抗日战争的小长篇(即《风云初记》)。《村歌》印得不好，被改动的词语不符合北方习惯，今后印书尽量自己校对，"书有错字，我最不耐，因为我们不同那些天才，那些文坛打擂家，那些以行政地位要压倒别人的作家。我们对于一字一句是兢兢业业的啊！"上封信谈到章回体问题，很想听听康濯意见。

29日，致康濯信。信末自注：(10月)29日。载1997年第2期《新文学史料》。

寄上《钟》，可与原来存的文章凑一个小集，寄给周而复。

10月，(上海)作家书屋出版《冀中解放区漫记》，潘讷著，内有《关于青年诗人孙犁先生》专章。记述潘讷1946年到蠡县刘村采访孙犁的情景，已经担心孙犁身体健康问题。

11月

4日，写作短篇小说《石猴——平分杂记》。文末自注：1949年11月4日。载1949年12月第1卷第7期《文艺报》。

7日，致康濯信。信末自注：11月7日。署名犁。载1997年第2期《新文学史料》。

寄上《石猴》。

9日，致康濯信。信末自注：11月9日。署名犁。载1997年第2期《新文学史料》。

《钟》能在《文艺劳动》发表最好，在《人民文学》发表易遭风。

最近身体略微不好。小长篇准备写两部分，一平分，一抗日。最近在电台做了一次广播讲座。又把《区村和连队的文学写作课本》修改一下，寄给周而复了。

> 按：寄给周而复的"课本"，即 1950 年 2 月上海文化工作社版《文艺学习》。

20 日，天津市文协第二次全体委员大会召开。天津市文协正式成立，当选为天津市文协副主席。康濯从京专程来参加会议。

21 日，请康濯吃饭。

27 日，致康濯信。信末自注：（11 月）27 日夜。署名犁。载 1997 年第 2 期《新文学史料》。

康濯从天津走那天，妻子从河北安平来到天津。26 日寄去《吴召儿》了，自认为是 1949 年杰作。

11 月，写作短篇小说《吴召儿》。文末自注：1949 年 11 月。载 1949 年 11 月 25 日《天津日报》文艺周刊。

> 按：第 1 节"胜利头回"在收入《孙犁文集》时改为"得胜回头"，百花文艺出版社 1981 年 12 月版《孙犁文集》第 1 册第 248 页。此文收录进中学课本。

12 月

7 日，致康濯信。信末自注：12 月 7 日夜。载 1996 年 7 月 25 日《天津日报》文艺周刊。

7 日，发表论文《新文学和新中国妇女》，副题为"欢迎国际民主妇联代表们"。文末自注：1949 年 12 月。载 1949 年 12 月 7 日《天津日报》副刊。署名纵耕。

19 日，致康濯信。信末自注：（12 月）19 日晚。载 1997 年第 2 期《新文学史料》。

康寄来四稿均收到。要编的散文集名叫《农村速写》。收到《老胡的事》，想到在晋察冀边区山里的生活。《石猴》已经在《文艺报》发表。

23日，发表论文《怎样认识解放区文学的内容和主题》，副题为"在河北省立师范学院文史系讲"。文末自注：1949年12月。载1949年12月23日《天津日报》文艺周刊。

23日，致康濯信。信末自注：（12月）23日。载1996年7月25日《天津日报》文艺周刊。载1997年第2期《新文学史料》。

自己写的电影剧本没有通过，凌风心情沉痛，"但其中好像涉及到儿女英雄传，但我想，好在那一本书里，也有荷花淀。然而，我不同意周扬同志的批语，以为我写的只是印象，而且是想象中的印象有'许多'。老实讲，关于白洋淀人民的现实生活，凭别人怎样不是想象的吧，我以为它不能超过《荷花淀》的了，这点我是自信的"。给别人留下"想象"的"印象"，与那年（1948年）批评孙犁"客里空"有关，"然而今天证明客里空的不是我"。剧本的一部分，准备改成小说（即后来的《采蒲台》）。最近要编散文集《农村速写》，希望把《天灯》等寄来。

25日，中午，读者书店招待王林、孙犁等。孙犁颇鼓励王写点东西，对《月亮》，注意不可因此引起不必要的批评和打击。孙犁告诉大家，白洋淀电影脚本寄回来了，因为史东山以《新儿女英雄传》拍电影，其中有白洋淀。凌风信上说以悲愤的心情给你寄回去。王林他们认为这种事让人很难心平。

28日，致康濯信。信末自注：12月28日。载1996年7月25日《天津日报》文艺周刊。

12月，写作短篇小说《山地回忆》。文末自注：1949年12月。载1950年第3卷第4期上海《小说》杂志（茅盾、巴金主编）。

按：此文也收进中学课本。

1949年，写作短篇小说《采蒲台》。载1950年"十月文艺丛刊"第二辑《雪》。

按：这是作者所写电影剧本的一部分，因电影没拍，孙犁抽出剧本一部分发表。

1949年，写作论文《怎样认识生活》。文末自注：1949年。

1949年，写作论文《怎样阅读小说》。文末自注：1949年。

1950年　37岁

1月

3日，写作评论《红杨树和曼晴的诗》，副题为"他们的诗集读后"。文末自注：1950年1月3日。载1950年2月第1卷第10期《文艺报》。

按：红杨树系魏巍笔名，曼晴系栗曼晴笔名。

3日，致康濯信。信末自注：（1月）3日。载1997年第2期《新文学史料》。

把《农村速写》寄到上海群益出版社了。替红杨树（魏巍）和曼晴各编一本诗集，寄到上海文化工作社。

7日，致康濯信。信末自注：（1月）7日夜。载1997年第2期《新文学史料》。

丁玲让萧殷写来信，陈企霞也写来信，愿意评论孙犁作品。剧本已经投之抽屉，不愿再弄。丁玲他们愿意孙犁去《文艺报》工作，感谢他们，但不想离开。《采蒲台》准备在"十月文艺丛书"第二辑（即《雪》）刊出，是为了保存里面的电影民歌。

8日,参加天津文协会议。

15日,致康濯信。信末自注:1月15日。载1997年第2期《新文学史料》。

寄上《石猴》及《山地回忆》校正稿。开始写小说(即《小胜儿》),写了一半,今天开始上班。寄上一本《少年鲁迅读本》,转给吴劳。

按:《少年鲁迅读本》系天津知识书店根据(张家口)晋察冀教育阵地社1946年6月版,于1949年4月重版。吴劳在1946年版内有插图。

15日,张逢时见到王林,说,上次茅盾来天津,张问中国作家。茅盾说:"孙犁,《王贵与李香香》的作者李季……"说完了他俩,才接上说了一句:"当然还有赵树理,这些人都有了自己独自风格。"后来才又添上"老作家丁玲"等的名字。

19日,写作小说《小胜儿》。文末自注:1950年1月19日。载1950年2月天津文协编辑第1卷第1期《文艺学习》。

19日,致康濯信。信末自注:(1月)19日。载1996年7月25日《天津日报》文艺周刊。

认为自己接触面没有康濯宽,写作在一条道上来回跑。

20日,《天津日报》文艺周刊刊登了小说《变》,由百货公司职员刘占岛创作。编辑最初把此文说的一无是处,孙犁看到后,纠正编辑态度,发表此文,受到读者好评。

21日,王林晚上家访。二人谈创作,谈康濯、陈企霞,孙犁对自己的创作也苦恼。谈到当前创作状况,孙犁说:"今天文艺界就是这二重性着呢,一是在报纸上刊物上的官样文章,一是暗流中小广播的意见。"二人谈到昨天《天津日报》文艺周刊刊登的小说《变》。

30日,致康濯信。信末自注:(1月)30日。载1996年7月25

日《天津日报》文艺周刊。

寄去短篇小说《秋千》。

31日，天津日报社向新闻总署报告：天津日报社社务委员由下列人员组成：黄松龄、王亢之、范瑾、董东、邵红叶、李麦、林间、方纪、孙犁、张维冷、樊允行、杨循。

此时，天津日报社社长为黄松龄，副社长为王亢之，总编辑为范瑾，副刊部部长为方纪，副刊部副部长为孙犁。

1月，写作短篇小说《秋千》。文末自注：1950年1月。载1950年3月第1卷第5期《人民文学》。

1月，写作短篇小说《女保管——平分杂记》初稿，5月改写。文末自注：1950年1月初稿，5月改写稿。载1962年第2期《河北文学》。

1月，写作论文《略谈下厂》。文末自注：1950年1月。载天津文协编1950年2月版第1卷第1期《文艺学习》。署名纵耕。

2月

1日，写作《〈文艺学习〉前记》。文末自注：1950年2月1日于天津。

4日，致康濯信。信末自注：（2月）4日下午班上。载1997年第2期《新文学史料》。

5日，致康濯信。信末自注：（2月）5日。载1997年第2期《新文学史料》。

昨日收到来信，祝贺喜得千金。

8日，为天津青年讲文学创作三小时，听众一千多人。

9日，致康濯信。信末自注：（2月）9日夜半。载1996年12月26日《天津日报》文艺周刊。载1997年第2期《新文学史料》。

回复康濯 8 日信。对康濯的作品进行了中肯的评价。也赞同康濯对自己的作品的批评。《石猴——平分杂记》《秋千》《女保管——平分杂记》等是平分的一连串。近来被选为天津青联委员，并时有讲演。近写《三姑娘的婚事》（即《正月》），三两天可写好。

17 日，晚上同王林一起拟找尹哲谈天，未见到。

23 日，致康濯信。信末自注：(2月) 23 日。载 1996 年 7 月 25 日《天津日报》文艺周刊。

田间来津举办讲座，跟着旁听。以为《正月》系本年孙犁杰作，超乎《吴召儿》，"全场以诗的节奏充沛其间，人物风光，两相有"。收到陈肇稿件。读者书店真诚想出版《黑石坡煤窑演义》，不知是否同意。

  按：陈肇稿件指书稿《新芽》，读者书店 1951 年 2 月版，署名陈肇祥。

2 月，《文艺学习》由上海文化工作出版社根据《区村和连队的文学写作课本》的删削本（即《文学入门》）印行，列为"工作与学习"丛书第一辑。

2 月，《写作入门》由中南新华书店根据冀中新华书店 1947 年版本再版。

2 月，中篇小说《村歌》，由天下图书公司出版。

2 月，写作短篇小说《正月》。文末自注：1950 年 2 月。载天津文协编 1950 年第 1 卷第 2 期《文艺学习》。

3 月

3 日，致康濯信。信末自注：(3月) 3 日下午 5 时。载 1997 年第 2 期《新文学史料》。

9 日，致康濯信。信末自注：3 月 9 日。载 1997 年第 2 期《新文学史料》。

20日，收到杨思仲（陈涌）信。杨准备写孙犁作品评论，想看看《杀楼》等。孙犁让他找康濯。

21日，致康濯信。信末自注：（3月）21日下午。载1997年第2期《新文学史料》。

方纪发表在1950年3月号《人民文学》上的小说《让生活变得更美好吧》，受到《人民日报》批评，同意批评意见，写东西慎重一点是有好处的。最近想写个童话《上延安》。创作上情绪，最近又不正常。如果康有《鲁迅·鲁迅的故事》，希望寄来，抽出有用的部分补充进准备印行的《少年鲁迅读本》。上海嫌薄把《农村速写》退回来了，已找人插图，准备在读者书店印行。

25日，写《两天日记》之一篇。文末自注：1950年3月25日。署名纵耕。载1950年3月30日《天津日报》副刊。

26日，写《两天日记》之二篇。文末自注：1950年3月26日。署名纵耕。载1950年3月30日《天津日报》副刊。

27日，写作论文《解放区作品里的现实主义》。载1950年中国青年出版社版《关于文学修养》。

28日，致康濯信。信末自注：（3月）28日。载1997年第2期《新文学史料》。

近日写一童话，开头即中断。《解放区作品里的现实主义》寄给萧也牧。

28日，王林与方纪谈论文艺界开始刮起的批判之风，说孙犁认为自己要被扫荡一下。

29日，写作评论《评〈郝家俭卖布〉》。文末自注：1950年3月29日。载1950年3月31日《天津日报》文艺周刊。

按：《郝家俭卖布》系天津一纺织工人大吕所作短篇小说，同载于 3 月 31 日《天津日报》。收入 1950 年 12 月版《文学短论》时改题为《〈郝家俭卖布〉》。

3 月,写作论文《关于生活报告》,副题为"介绍《在列车行进中》"。文末自注:1950 年 3 月。载 1950 年 4 月 1 日《天津日报》。署名编辑室。

3 月,写作《〈农村速写〉后记》。文末自注:1950 年 3 月。

按:《农村速写》,天津读者书店 1950 年 4 月版,"十月文艺丛书"之一种。1954 年 8 月又记(为北京通俗读物出版社版所写)。

4 月

10 日,致康濯信。信末自注:(4 月)10 日。载 1997 年第 2 期《新文学史料》。

那天从北京赶回,要赶车,没打搅康濯,报纸边留字。

17 日,发表论文《从小说〈小军和小彦〉看农村婚姻》,副题为"纪念中国婚姻法的颁布"。文末自注:1950 年 4 月。载 1950 年 4 月 17 日《天津日报》。署名少达。

24 日,致康濯信。信末自注:4 月 24 日。载 1997 年第 2 期《新文学史料》。

27 日,致康濯信。信末自注:(4 月)27 日。载 1997 年第 2 期《新文学史料》。

4 月,写作论文《五四运动与中国文学遗产》。文末自注:1950 年 4 月。载 1950 年 5 月 4 日《天津日报》纪念五四青年节特刊二。署名纵耕。

4 月,小说散文集《农村速写》,由天津读者书店出版,列为"十月文艺丛书"。

5 月

1 日,中国保卫世界和平大会天津分会成立,孙犁当选为天津分会委员。

3 日,致康濯信。信末自注:5 月 3 日。载 1996 年 12 月 26 日《天津日报》文艺周刊。

9 日,发表杂文《关于"读者往来"》。发表时原题《为了加强"读者往来"告读者作者》。文末自注:1950 年 5 月。载 1950 年 5 月 9 日《天津日报》。署名编辑室。

按:收入 1950 年 12 月上海文化工作社版《文学短论》时,改作此题。

12 日(国际护士节),写作短篇小说《看护》,副题为"在中西女中讲的少年革命故事"。文末自注:1950 年 5 月天津,护士节。载 1950 年 6 月 2 日《天津日报》文艺周刊。

16 日,致康濯信。信末自注:(5 月)16 日。载 1997 年第 2 期《新文学史料》。

21 日,孙犁告诉王林:康濯来信说有人看了王林的《女村长》,认为把支部写得太脱离群众。

25 日,天津中西女中校庆纪念日,邀请孙犁讲演。孙犁用说书的方式,讲了《看护》里的故事,博得不少掌声。

26 日,致康濯信。信末自注:5 月 26 日。署名弟犁。载 1996 年 12 月 26 日《天津日报》文艺周刊。载 1997 年第 2 期《新文学史料》。

编好《文学短论》,想编《山地回忆》集子,内收《吴召儿》《老胡的事》等。想写康濯的作品评论,又想编一诗集,已去信各地搜罗。

5 月,写作诗歌《小站国旗歌》,副题为"'六一'国际儿童节读物"。文末自注:1950 年 5 月天津。载 1950 年 5 月 30 日《天津日报》

文艺周刊。署名少达。

  按：《天津日报》刊发时题为《小站国旗影》，影乃歌之误。

  5月，修改小说《女保管——平分杂记》。文末自注：1950年1月初稿，5月改写稿。载1962年第2期《河北文学》。

  5月，普及本知识读物《少年鲁迅读本》由天津知识书店重印。

  □月23日，致田间信。信末自注：□月23日。载1988年4月11日《天津日报》满庭芳。

  拟编一诗集，寻找《梨花湾的故事》和《大小麦粒》。

  按：此处所说诗集，似为《山海关红绫歌》，天津知识书店1951年4月版。1950年5月26日致康濯信说想编一诗集，已致信各处搜罗。疑此信也写于5月。故暂列1950年5月内。

6月

  6日，致康濯信。信末自注：6月6日。署名弟犁。载1996年12月26日《天津日报》文艺周刊。载1997年第2期《新文学史料》。

  准备下乡，已经提出申请。

  8日，致康濯信。文末自注：(1950年6月)8日午后1时半。署名犁。

  回复康7日信。谈将去耀华中学演讲及《采蒲台》小说集编辑之事等。

  按：此信不见《孙犁全集》《孙犁文集》收入，全录如下。

濯兄：

  七日信收到。弟前发一信，想收到了的，近日心情很坏，肝火很大，已向报社提出，坚决回乡去写作，但报社不见允，闷愤之余，成一恋爱故事(指《婚姻》——段华注)，约有我平常作两篇长短。

  近读高尔基作家回忆录及与契诃夫通信集，心中颇有领悟似的，至于是什么领悟,一时还总结不出,其中一点明确出来:就是回乡下。

关于弟小说集,兄提出之编排法,至善至当,弟毫无不同意见,批准曰可!

《看护》一篇已寄去,想已收到,《秋千》及《钟》,弟手头无有,望兄向厂民借一借吧。八万字,倒不少,总算超过六万字了。弟近颇有兴于中学讲演,在津市已成为一专家,各校学生会,纷纷来电约函请,颇有应接不暇之慨,下星期一到耀华讲演,题为:介绍康濯的小说。你先不要大吃一惊,这只是我写文章的一种准备,一举两得的办法。我很希望你能从这本小说集《采蒲台》的目标上,告诉我你喜欢哪一篇,不喜欢哪一篇,好吗?

犁

(1950年6月)8日午后1时半

13日,致康濯信。信末自注:(1950年)6月13日。署名弟犁。谈去耀华中学演讲的感受,《采蒲台》小说集编选等。

按一:此信不见《孙犁全集》《孙犁文集》收入,全录如下。
康濯兄:

来信收到,下乡事仍不明结果,我是下定决心的。

前天去耀华学校讲演,我给他们介绍了《我的两家房东》《亲家》和《一个知识分子下乡的故事》,男女孩子们听来还有兴趣,只是我讲的很快,他们记不下,通过介绍,我又给他们谈了些生活,政治锻炼和语言的问题。和那些少年们在一起,能净化我们的思想,他们都很热情,当那些穿着全身洁白的衣服的少男少女们围绕在我的身边,我颇有飘飘欲飞之感。但也证明我们的作品,他们并不熟悉,他们只知道一两个作家,那是因为哄动了的缘故。所以,介绍工作是要加强的。

  关于短篇集,根据我兄观察,可决定抽出哪些,我一时提不出,这一来是溺爱之情,另一面这几天我心情并不冷静。

  敬礼

弟犁
(1950年)6月13日

  按二:1950年6月13日是星期二,8日信说周一到耀华中学演讲;此信又说前天去演讲——前天是11日,星期日,学校不上课。可能是12日演讲的。

  22日,王林来访,谈及下乡,劝告孙犁缓一点去。

  23日,致康濯信。信末自注:(6月)23日。署名弟犁。载1996年12月26日《天津日报》文艺周刊。载1997年第2期《新文学史料》。

  已经忘记周扬对电影剧本的批评,不要再和周解释什么。下乡事情尚未定下来。

  29日,致康濯信。信末自注:(6月)29日。署名弟犁。载1997年第2期《新文学史料》。

  周扬给天津市委写了信,说不可让(孙犁)长期做机关工作。市里决定下厂,兼编文艺周刊。希望康濯帮王炜进文研所,孙犁正帮他出一本小说集。

  30日,王林收到孙犁信,说不允许孙犁下乡,让下工厂,同时兼编文艺周刊。

  6月,写作短篇小说《一篇关于农村婚姻问题的报告》,原名《甜瓜》。文末自注:1950年6月天津。载1950年7月14日《天津日报》文艺周刊。

  按:收入《秀露集》时,改题为《婚姻》。

7月

月初开始下厂采访。

5日,写作论文《抗日战争的文学作品》。文末自注:7月5日夜。载1950年7月7日《天津日报》文艺周刊。

6日,写作散文《学习》。文末自注:7月6日。载1950年7月11日《天津日报》副刊。

7日,写作散文《节约》。文末自注:7月7日晨。载1950年7月15日《天津日报》副刊。

9日,写作散文《小刘庄》。文末自注:7月9日。载1950年7月24日《天津日报》副刊。

15日,致康濯信。信末自注:(6月)15日夜。署名弟孙犁。载1997年第2期《新文学史料》。

拟把小长篇取名为《风云初记》。不知《采蒲台》何时出书。

18日,写作杂文《对〈一篇关于农村婚姻问题的报告〉的检讨》。文末自注:7月18日夜。载1950年7月28日《天津日报》文艺周刊。

> 按:此文连同读者萧来的批评信一同刊载。孙犁1950年6月23日、29日致康濯信,7月15日致康濯信,皆谈到《甜瓜》。1950年7月22日致康濯信:"《甜瓜》已有批评,下周'文艺'(周刊)将发表,并我的检讨。"

22日,致康濯信。信末自注:(6月)22日。署名弟犁。载1997年第2期《新文学史料》。

25日,参加周扬讲作家下厂之事。认为周扬近几次讲话用了心思,学苏联的几篇文艺理论文章。茅盾主持会议。老舍、陈伯达等发言。

26 日，写作散文《团结》。文末自注：7 月 26 日。载 1950 年 7 月 29 日《天津日报》副刊。

26 日，写作散文《宿舍》。文末自注：7 月 26 日。载 1950 年 7 月 30 日《天津日报》副刊。

29 日，鲁藜传达 25 日周扬对下厂文艺工作者的谈话。

30 日，到天津出差的时达，与王林一起，上午到孙犁楼上，谈到王林《腹地》，孙犁说范世荣这个人物：这角色妨碍了当时新的革命的势力的成长，令人感到群众那么好，革命也前进，而领导者是那么一个人，怎么回事？

午间吴砚农请时达吃饭，孙犁没去，还要到中二搜集材料。

7 月，开始写长篇小说《风云初记》第一集。文末自注：1950 年 7 月—1951 年 3 月。

> 按：1950 年 9 月 22 日《天津日报》开始连载这部小说，至 1951 年 3 月 18 日连载完毕，一共连载 28 章。印行单行本时，加写了两章，第一集共 30 章。

8 月

1 日，写作散文《挂甲寺渡口》。文末自注：8 月 1 日。载 1950 年 8 月 4 日《天津日报》文艺周刊。

4 日，致康濯信。信末自注：8 月 4 日。载 1996 年 12 月 26 日《天津日报》。载 1997 年第 2 期《新文学史料》。

21 日，写作散文《慰问》。文末自注：8 月 21 日。载 1950 年 8 月 24 日《天津日报》副刊。

22 日，写作散文《保育》。文末自注：8 月 22 日。载 1950 年 8 月 25 日《天津日报》文艺周刊。

23 日，致康濯信。信末自注：8 月 23 日。载 1997 年第 2 期《新文学史料》。

9月

14日—17日，天津市第一届文学艺术工作者代表大会召开，孙犁参加此次会议，并当选为文联委员。

15日，写作散文《厂景》。文末自注：9月15日。载1950年9月18日《天津日报》副刊。

22日，《天津日报》文艺周刊发表长篇小说《风云初记》第1节。

23日，致田间、康濯信。信末自注：9月23日。署名弟孙犁。载1997年第2期《新文学史料》。

29日，《天津日报》文艺周刊发表《风云初记》第2节。

10月

6日，《天津日报》文艺周刊刊出《风云初记》第3—4节。

13日，《天津日报》文艺周刊刊出《风云初记》第5节。

20日，《天津日报》文艺周刊刊出《风云初记》第6节。

27日，《天津日报》文艺周刊刊出《风云初记》第7—10节。文末附言：《风云初记》第一篇共10节完，续稿暂缓发表，希读者原谅。

11月

2日，写作散文《捍卫祖国的任务》。文末自注：11月2日。载1950年11月3日《天津日报》文艺周刊。

8日，写作散文《保卫》。文末自注：11月8日。载1950年11月10日《天津日报》文艺周刊。

17日，《天津日报》文艺周刊刊出《风云初记》第11—12节。

23日，写作散文《站在祖国的光荣岗位上》，副题为"向天津抗美援朝志愿医疗队致敬"。文末自注：11月23日。载1950年11月24日《天津日报》文艺周刊。署名纵耕。

24日，《天津日报》文艺周刊刊出《风云初记》第13节。

12月

1日，《天津日报》文艺周刊刊出《风云初记》第14节。

8日，《天津日报》文艺周刊刊出《风云初记》第15节。

15日，《天津日报》文艺周刊刊出《风云初记》第16节。

22日，《天津日报》文艺周刊刊出《风云初记》第17节。

29日，《天津日报》文艺周刊刊出《风云初记》第18—20节。文末附言：《风云初记》第二篇完。

12月，短篇小说集《采蒲台》由生活·读书·新知三联书店出版，列为"文艺建设丛书"。

12月，论文集《文学短论》由上海文化工作社出版，列为"未名丛书（5）"。

1950年□月23日，致田间信。

1950年，致王林信。信末自注：星期五。载2008年7月13日《天津日报》。

> 按：《天津日报》发表此信时置于1949年。但《刘巧儿》1950年下半年才在天津演出，故此信应写于1950年。

1951 年　38 岁

1 月

4 日，写作杂文《祝 1951 年的创作》。文末自注：1 月 4 日。载 1951 年 1 月 7 日《天津日报》。未署名。

7 日，王林晚上来访，谈到陈企霞批评《腹地》的文章，孙犁说时间可以解决这些问题，陈的全文也难免有无中心和支离之感。

15 日，参加《天津日报》副刊写作小组讨论会并发言。此发言题为《作品的生活性和真实性》，副题为"在本报副刊写作小组的发言"。文末自注：1951 年 1 月 15 日。载 1951 年 1 月 21 日《天津日报》第 6 版。

29 日，致康濯信。信末自注：（1951 年 1 月）29 日。

认为康濯小说写得好。《风云初记》准备写到从延安归来。

按：此信不见《孙犁全集》《孙犁文集》等收入，全录如下。

康濯兄：

来信拜读，你的小说，据我社同志反映，写的不错，主要是材料和思想都超乎一般水平的完整。另有一同志说，地洞里应该是暖和的，不该是说凉。我想美国人一定是夏天钻的，冬暖夏凉，原作是有道理的，这不过是个小问题。

旧年不一定去京了，原因是因家母有病，内人已返里，留下两个小孩，搅得我夜晚出门都不便。

给萧的作品，似确不少，俟《荷花淀》解决，还是一并印吧，先放着吧。

此外大事，则为《风云初记》，上周奋力成四节，偶成一个局面，好像作为一个一部结束似的。自然，近来我颇具野心，拟把这书连续写下去，一直写到延安归来之时。而第一部就叫《风云初记》，共廿四节。过年后发表后寄上，如你觉得可以出书了，就先印一本，如认为不可以，我就再加上几节，反正我是在接着写的。

弟此书恐于兄之谬加鼓励外难得好评，因非流行样式也。然弟不枉自信，认为并非一时热闹之作，颇有传之其人，证之历史的愤激之情。亦文人之通病，但没有这股劲，也就难以执笔了，故近来几部一流形式的批评稍馁己志，亦不为诸闺秀之喝彩，而略显飘飘。沉着应战，老兄之言甚是！

新成之四节，因接触一些具体政策，望兄看时留意。

天津近已有新年气象，街上人多，头上花儿多，天气又转暖，未知兄能抽出一二日携眷来此一游否？

专此

敬礼

孙犁

（1951年1月）29日

29日，致王林信。信末自注：1月29日晨。载2008年7月13日《天津日报》满庭芳。

谈及《人民文艺》昨日刊发1925年俄共决议1件。自信《风云初记》并非过眼云烟。

按：《人民文艺》乃《人民日报》一个专刊。1951年1月28日刊发了信中提到的决议。

31日，写作杂文《寒假里的阅读》。文末自注：1951年1月31日稿。载1951年2月15日《天津日报》副刊。

2月

5日,《天津日报》文艺周刊刊出《风云初记》第21节。

11日,《天津日报》文艺周刊刊出《风云初记》第22节。

18日,《天津日报》文艺周刊刊出《风云初记》第23节。

25日,《天津日报》文艺周刊刊出《风云初记》第24节。

2月,《天津日报》为了采通编合一,对报社机构进行改组,撤销编辑部、副刊部等,由总编室统管,从2月27日,即不见编辑部、副刊部电话。

3月

4日,《天津日报》文艺周刊刊出《风云初记》第25节。

11日,《天津日报》文艺周刊刊出《风云初记》第26节。

18日,《天津日报》文艺周刊刊出《风云初记》第27—28节。文末附言:长篇《风云初记》第1册完,1950年7月至1951年3月。

3月,开始写作长篇小说《风云初记》二集。文末自注:1951年3月—1952年7月。

> 按:1951年4月15日《天津日报》开始连载,至9月9日载结束,共连载20节。

4月

4日,王林读《风云初记》,感觉芒种在山地遇到高庆山,明知巧遇是作者的安排,但看后让人高兴。

4日,写作评论《近刊简述》。载1951年4月4日《天津日报》副刊。署名纵耕。

12日,王林读完《风云初记》第一册,认为芒种和春儿这两个人物写得特别好。

15日，《天津日报》文艺周刊刊出《风云初记》二集第1节。

22日，《天津日报》文艺周刊刊出《风云初记》二集第2节。

25日，见王林。孙犁告诉王林：到北京一趟，听说毛主席请丁玲吃饭时说，文骨要高，茅盾不如郭沫若高，鲁迅的最高。又说王林的《骏马千秋》写得太长了。

29日，《天津日报》文艺周刊刊出《风云初记》二集第3节。

4月，诗集《山海关红绫歌》由天津知识书店出版，列为"新少年读物"。

4月，文论专著《文艺学习》由上海文化工作社再版，列为"未名丛书（5）"。

5月

6日，《天津日报》文艺周刊刊出《风云初记》二集第4节。

13日，《天津日报》文艺周刊刊出《风云初记》二集第5节。

14日，晚致王林信。信末自注：5月14日晚。载2008年7月13日《天津日报》。

希望王林安心休养，并写青岛风光文章寄来。《风云初记》二集，写作有迟滞，报社内部也有不同观感。

20日，《天津日报》文艺周刊刊出《风云初记》二集第6节。

27日，《天津日报》文艺周刊刊出《风云初记》二集第7节。

5月，写作论文《关于文艺作品的"生活"问题》，副题为"代《河北文艺》答读者"。文末自注：1951年5月。载1951年6月《河北文艺》第2卷第8期。

6月

14日,《天津日报》报眼位置刊登编辑部通知:本报第三次通讯讲座,定于6月17日举行,由孙犁同志讲关于语文问题。

16日,致王林信。信末自注:6月16日。载2008年7月13日《天津日报》。

文坛最近最重要的事情,除了武训问题之外,觉得就是魏巍写的《谁是最可爱的人》,还有萧也牧问题。范瑾调到宣传部,又少了一个鼓励自己的人。

17日,在天津日报社主讲关于语文修养问题,题目为《关于语文的修养》。载1951年8月1日第26期天津日报社编辑出版《新闻通讯》。

按:此文未收入《孙犁全集》《孙犁文集》。

23日,致康濯信。信末自注:6月23日夜。载1996年12月26日《天津日报》文艺周刊。载1997年第2期《新文学史料》。

《风云初记》准备停一下再写,亦以配合任务为主,恰好就坡下驴。

30日,致康濯信。信末自注:(1951年)6月30日夜雨后。署名弟犁。

谈康濯的小说《正月新春》,《风云初记》二集写作等。

按:此信不见《孙犁全集》《孙犁文集》收入,全录如下。

濯兄:

得知你身体好,甚为快慰。今后仍要注意休息好营养为盼。

七一的稿件总算发出去了,有路路的一首诗,他原是一大合唱,我择要登的。

关于《正月新春》,见报我就看过了的,觉得形式和人物都很活泼，但主题不够突出。我们离开农村久了，农村中新的问题很多，（如薄一波文章指出的）我们总是疏远了一些，因此只就战争和生产表现，就显得不够深刻。不知你以为怎样。批判千古奇丐的文章，我以为很有力量，在你的论文中，这同介绍陈登科的一篇，显然看出我兄担任秘书长在理论上已经有足够的修养了。批评萧也牧、陈涌的自然很好，但李定中一文，实质是一种谩骂，我以为文艺报不应该登这种文章，这会助长一种很没意义，并非战斗的风气。

《初记》事，兄历次督励，弟当努力，只是入夏以来，身体不好，精神也很坏，时有离开我的一些累赘，远走高飞之想。兄曾规诚于我，然而这实在是一个现实的负担。（所指系家庭问题）二集已写成十节（可笑）。

暑假后，弟已辞去教书事，我在报社工作，以行政事务少，创作又一时不能很好结合报纸需要，也时常不安。这只是我的一些心情，顺便和你谈谈。

敬礼！

弟犁

（1951年）6月30夜雨后

7月

8日，《天津日报》文艺周刊刊出《风云初记》二集第8—10节。附记：《风云初记》二集第一篇完。为了更多登一些短小之作，密切配合当前任务，以及便于作者从容地组织和修改，续稿暂时不再在本刊连载，希读者鉴谅。《风云初记》第一集已编入文艺建设丛书，不久可由三联书店出版，承读者询问，特此附告。

17日，天津日报社社务委员会通知：奉中共天津市委指示，一是天津日报社由王亢之、邵红叶、李克简、李麦、林间、孙犁、杨循7人组成天津日报社社务委员会,二是李克简同志调到天津日报社工作,任第一副总编辑,李麦同志任第二副总编辑。

8月

12日,《天津日报》文艺周刊刊出《风云初记》二集第11—15节。

9月

9日,《天津日报》文艺周刊刊出《风云初记》二集第16—20节。文末附言:《风云初记》二集第二篇完。

9月,文化部通知:访苏代表团成员中天津日报社孙犁同志参加,定于10月15日在北京集合。

10月

6日,《光明日报》同时刊登林志浩、张炳炎《对孙犁创作的意见》和王文英《对孙犁〈村歌〉的几点意见》,指责作家的作品是"依据小资产阶级的趣味来观察生活,表现生活","歪曲地塑造了几个新人物的典型形象"。

15日,在北京集中,准备出国到苏联访问。丁玲宴请部分出国人员,孙犁参加宴请。此日阴天。

代表团系中华全国文学艺术界联合会应苏联作家协会邀请派出的。冯雪峰为团长,曹靖华、陈荒煤为副团长,团员包括柳青、魏巍、孙犁、康濯、李季、马加、徐光耀、陈企霞、菡子、胡可、陈登科、王希坚。

16日,百货公司送来出国部分衣物,包括皮箱、衬衣、棉毛衫、棉皮鞋、香皂、毛巾、洗漱用具等全套东西,约40件,价值700万元(旧币)。此日阴天。

17日，上午，出国代表团成立临时党支部，成立会上，14个代表每人讲了话，孙犁也发了言。晚上6点，孙犁参加全国文联为出国代表团举办的饯行宴会，周扬、艾青、严文井、陈涌、萧殷、厂民等都参加。

18日，上午，孙犁与代表团其他成员一起，到故宫博物院参观中共党史展览。下午，周扬给代表团作文艺思想的性质问题报告。此时，百货公司又送来了皮大衣、制服、西服、皮手套、牙刷、拖鞋等物，出国装备配备齐全。

19日，下雨。上午，周文为代表团作《南方老革命根据地见闻抄》报告，孙犁参加。下午，在首都影院参加纪念鲁迅逝世15周年大会，周恩来同志参加会议，郭沫若、陈毅、沈钧儒、茅盾、刘子林等分别讲话。晚上，去青年宫交谊所参加纪念鲁迅文艺晚会，老舍朗诵《阿Q正传》"从中兴到末路"一章中的一段，新凤霞《祥林嫂》清唱，明娜娃舞蹈等。傍晚时，李季把护照交给孙犁。

20日，继续准备访苏事宜，孙犁按要求写了针对苏联人阅读的自传。

21日，上午，孙犁参加代表团组织的学习会，把到苏联后要求学习的东西讨论了一下，一个半小时结束。

22日，启程赴苏。周扬、丁玲、艾青、李伯钊、宋之的、厂民、萧殷等送行，周扬一一与代表团成员握手道别。晚上9点多上车，10点开车，是二等卧铺。开车不久，李季等人在车上谈诗的创作。

23日，早上7点来钟到秦皇岛。车上每人发了3万元吃饭费，在餐车吃饭。晚上到沈阳。

24日，早晨到哈尔滨。晚上过了齐齐哈尔不久，天就黑了。

25日，6∶20到满洲里，外交部驻此处的办事处派车来接代表团成员到办事处，早餐在此处餐室吃。办事处请代表团成员在此淋浴。满洲里已经很冷。中午时,孙犁和大家一起逛大街,看了秋林商店等。下午4点半出发到车站,5点多苏联接代表团的车来了。孙犁等坐国际车,徐光耀、胡可、陈登科希望坐软席车。苏联作家协会从莫斯科派一男一女两个人来迎接代表团,男的是翻译,叫斯佩朗斯基;女的是代表,叫玛洛卓娃,二人20号就到奥登堡等待代表团。

一切比较顺利,6点多乘苏联车启程,经过十八里站时,天已经大黑。北京时间晚8点20分左右,车停到苏联境内奥登堡车站。10:00时,在餐车吃饭,玛洛卓娃热情致辞,斯佩朗斯基蹩脚翻译。仍住在车上,继续前行。

26日,9点吃早饭。魏巍迟到,误了一刻钟。斯佩朗斯基研究中国文学,对康濯等人熟悉和了解。车子在大森林中穿行。过赤塔市,团员们下车去玩。每个人自传被退回,团长冯雪峰要求修改时注重三条:个人简历、文学事业,不要太谦虚当然也不必太狂妄。

27日,早上7点多开始经过贝加尔湖,孙犁在车窗前一直观望秀丽的景色,后在《莫斯科》一文中有描写。北京时间下午2点,车到伊尔库茨克。

28日,车继续前行。上午天晴朗,下午开始下雪。玛洛卓娃给每人发两盒烟。斯佩朗斯基和柳青给大家讲笑话,活跃气氛。

29日,北京时间将近12点(莫斯科时间7点),代表团开始吃早饭。车子继续在西伯利亚奔行。

30日,雨雪仍是纷纷。曹靖华报告参观计划。大致是一个半月,预计在莫斯科和列宁格勒停留10—14天。计划到乔治亚(即格鲁吉亚)、巴库油田、外高加索集体农庄、斯大林格勒、德聂波尔发电站、果木园。在莫斯科参观列宁墓、克里姆林宫等。访作家三四次。晚上10点(莫斯科时间下午5点)到达斯维尔德洛夫斯克,孙犁和代表团成员下车遛了一会儿,地上积雪一尺多厚。

31日,车继续前行。过了乌拉尔山,进入欧洲。北京时间下午7点,车到达基洛夫城。孙犁和同志们下车溜达,买了明信片。

10月,长篇小说《风云初记》一集由人民文学出版社出版,列为"文艺建设丛书"。

11月

1日,天晴。北京时间下午3点半(莫斯科时间上午10点半),列车到达莫斯科。戈宝权和独伊来接。苏联作家协会派来强大阵容来接,为首的是苏尔科夫,其后是获得斯大林奖金的优秀作家卡达耶夫、波列伏依、尼珂拉耶娃、布塞洛夫、艾德林等。苏联作家协会在月台上装两个扩音器举行欢迎会。苏尔科夫和冯雪峰先后讲话,之后代表团乘车到莫斯科大旅馆,住8楼。下午2点多(莫斯科时间,下同),代表团由苏联作家协会国际联络部主任陪同,到莫斯科革命历史博物馆参观,主要看了两部分,一是历史变革,二是十月革命以后的莫斯科;下午5点左右回到酒店。6点钟吃晚饭,饭后冯雪峰召集代表团成员开会,苏联作家协会国际联络部副主任介绍了苏联作家协会接待计划。会后,代表团到柴可夫斯基剧院看音乐舞蹈晚会。孙犁说:莫斯科的姑娘漂亮。徐光耀认为晚会看到的少,但她们活泼、愉快。

按:1952年2月14日,孙犁写作《莫斯科》,记述此间观感。

1952年2月28日,孙犁写作《果戈理》,记述在莫斯科看果戈理广场和铜像观感。

2日,9点起床,10点吃早餐。上午,代表团在莫斯科城参观,到了红场、莫斯科河、列宁山、普希金广场等。将近2点,进地铁参观,很使团员们惊奇。3点半简单午饭,4点15分到苏联作家协会。苏尔科夫宣布代表团行程：大致在莫斯科停留20天左右，在列宁格勒6天，在乔治亚8天，其他时间去黑海的索契、外高加索的集体农庄、斯大林格勒战场等。晚上，代表团到莫斯科大剧院观看一个民间传说的戏剧。

3日，上午，代表团参观两个幼稚园，分别属于煤矿工业部、食品牛奶工业部。下午2点吃中饭，3点出发到高尔基博物馆参观。进馆遇见一群女大学生，团员们和她们用毛泽东像章交换青年团徽。5点多回到旅馆，苏联作家协会赠送每人2卢布现金。晚上8点，代表团到大剧院观看舞剧《罗密欧与朱丽叶》。

  按：1952年2月8日，孙犁写作《幼稚园与儿童书屋》（即《幼稚园》），记述此间观感。

4日，上午，参观列宁博物馆。中午3点吃午饭，下午4点到列宁墓瞻仰列宁遗容。晚上，到小剧院看话剧《美国之音》。

5日，莫斯科大雪。上午10点半，代表团冒雪出发到201女子中学——左娅中学，在校长基里果夫陪同下，参观丹娘（及左娅）学习过的地方。中饭后，到斯大林礼品陈列馆参观。

6日，王林谈论10月6日《光明日报》批评孙犁作品的两篇文章，颇为孙犁鸣不平："孙犁同志感情细致，但近于'柔丝无力'（在青岛看见的菊名）。王文英批评竟把他和碧野、萧也牧等量齐观，甚不当！"

6日，上午参观马雅可夫斯基博物馆（旧居）。徐光耀还在参观后读了孙犁《风云初记》三章。下午，可自由活动。晚上8点，在小剧院看话剧《难忘的一九一九》。

  按：1952年1月3日，孙犁写作《马雅可夫斯基》，记述此间观感。

7日，下雪。代表团统一7：15起床，8：00吃早饭，8：45出发，经过6道检查，进入红场观礼台，在第7排，参加红场阅兵式。阅兵式10：00开始。晚上，去马戏园看戏。

8日，继续在莫斯科活动。在列宁山观夜景，在傀儡剧院看木偶戏。

9日，11:00赶到苏联画廊（美术馆）参观俄罗斯名画。晚上，在莫斯科职工大厦参加国际作家保卫世界和平晚会。苏联作家以西蒙诺夫为首，在会议主席左侧坐一排，中国作家在主席右侧坐一排。苏尔科夫、伏契克夫人、冯雪峰先后致辞。李季借助罗果夫儿子朗诵了自己的诗。最后是舞蹈《桦林舞》、朝鲜独唱和剑术表演。

10日，一天下雪。上午参观儿童读物大楼（即儿童书屋）。3点时去看东方博物馆，里面有一些中国画、陶瓷、雕刻作品等。5点时，到百货公司采购。孙犁和徐光耀各买了一个留声机，一个碟。晚上，去看立体电影。

11日，星期日，大雪。原计划到托尔斯泰故乡参观，因大雪汽车不能走，11点半出发参观莫斯科动物园。孙犁兴致很高。下午，又去百货公司。晚7点，看彩色纪录片《大鲸鱼》。徐光耀利用零星时间看完《风云初记》，认为："孙犁比那些所谓诗人更诗人些，小说中的形象、语言，硬是比那些诗的感染力强烈得多。要写书就应该至少写成这样子。马马虎虎，自作聪明的写法，千万避免"。

12日，上午，去高尔基文学研究院参观，德吉耶夫等给代表团谈研究院的方针、组织和课程。下午1点，留下康濯、陈登科和徐光耀继续谈，孙犁和其他人离开。下午，代表团开会，就团员们一些不良习惯进行反省。

13日，上午，参观克里姆林宫。下午，又到高尔基文学研究院与该院人员联欢。德吉耶夫、陈荒煤分别致辞后，研究院人员分别介绍自己，朗诵一首诗。晚上，又去小剧院看话剧《巡按》。

14日，代表团7点多吃饭，8点半出发，乘吉斯车走了四个多小时，到达距离莫斯科400华里的列夫·托尔斯泰的故乡——雅斯亚娜波利娜亚村（图拉之南），参观托尔斯泰故居。馆长波波夫接待他们。孙犁吃了托尔斯泰最喜欢吃的腌苹果。《新世界》杂志主编和诗人也赶到这里陪同。6点多，到托尔斯泰孤儿院参观，孩子们为代表团准备了很多节目，进行表演。

  按：1952年1月10日，孙犁写作《托尔斯泰》，记述此间观感。

15日，上午，到《新世界》杂志联欢。苏联方面参加的有布塞诺夫、罗果夫、艾德琳等。冯雪峰朗诵了毛主席的《沁园春·雪》。

16日，上午，到莫斯科大学参观校园里各式各样的建筑。中午饭后到列宁图书馆参观。晚上，观看舞剧《堂吉诃德》。

17日，上午，到莫斯科托尔斯泰庄园参观。晚上，到职工大厦参加乌兹别克诗人节日晚会。

  按：1952年1月10日，孙犁写作《托尔斯泰》，记述此间观感。

18日，星期天。早晨，冯雪峰召集开了个短会，号召大家每人写一首诗。预备27日的中苏友好大会朗诵。上午，去艺术剧院看马尔沙克的儿童剧《十二月》。晚上，到大剧院看《红罂粟》。这个剧虽获斯大林奖金，但歪曲和侮辱了中华民族和中国伟大的胜利，孙犁和其他代表团成员都认为这是个很坏的剧。茅盾对此颇有批评。

19日，上午，到职工会文化部听伊凡诺夫讲话。下午5点，到建筑展览会参观两个小时。

20日，上午，到作家俱乐部参观，阿布列金陪同。后参加苏联作家协会会议，米哈尔科夫、伊萨科夫斯基等也陪同。到礼堂开会时，冯雪峰先讲话，苏尔科夫致答谢词后，曹靖华正要讲话，代表团忽然被阿布列金粗暴赶了出来，超出了国际友谊的礼节。

21日，上午，到莫斯科小汽车厂参观，看了装配部、诊疗室、工人家庭等。晚上，到儿童剧院看《红领巾》。

22日，徐光耀、马加、王希坚、陈登科四人先出发，飞行4

个小时先到斯大林格勒。孙犁和另外成员晚出发，晚8点到斯大林格勒。

23日，在斯大林格勒参观。上午，到斯大林拖拉机工厂参观，看了文化宫、医疗所、孤儿院等。午饭后参观斯大林博物馆。晚上，斯大林格勒城建总工程师作报告。

  按：1952年1月14日，孙犁写作《斯大林格勒》，记述此间观感。

24日，上午，到红十月工厂参观。看了文化宫、冶金工厂等。之后又到烈士公园和伏尔加河沿岸观光。下午，在红十月工厂工人宿舍访问工人。晚上，市委书记为代表团饯行。

25日，12点左右到机场。市委书记、作家协会书记等送行。能乘18人的专机，载代表团成员沿黑海海岸飞行两个小时，到达巴库。阿塞拜疆的文艺界众多人来参加欢迎宴会。晚上，到全城最高点基洛夫公园观看巴库夜景。

  按：1952年1月23日，孙犁写作《巴库》，记述此间观感。

26日，阿塞拜疆作家协会与陪同的阿布列金力争，使代表团在此停留3天。上午，到斯大林博物馆参观。之后与阿塞拜疆作家见面，互相介绍情况。晚上，到剧院看芭蕾舞。

27日，上午，本计划看集体农庄，忽然改变计划，到一个岛上看海底采油。晚上，到音乐院听音乐。

28日，参观地下印刷室、科学院、作家协会等。晚上，乘火车离开巴库。

29日，10点15分，到达阿塞拜疆的基罗瓦巴特。当地党政军民各界都有人来接。参观阿塞拜疆诗人尼扎米墓。之后，到克拉拉蔡特金集体农庄参观，农庄获得列宁奖金。先后看了新建成的支部办公室、列宁文化公园、奶牛场、葡萄园、麦田、农民家庭、托儿所等。晚上，回到基罗瓦巴特，参观纺织厂，看了一幕话剧，又去看电影。

30日，火车10点35分开动，离开阿塞拜疆。下午4点半，到达乔治亚共和国（即格鲁吉亚）首都第比利斯。斯大林的故乡。晚上，参加音乐晚会。

  按：1952年，孙犁写作《格鲁吉亚》，记述此间观感。

11月，《文艺学习》由上海文化工作出版社印行第三版。

12月

1日，上午，乘汽车上共青鹰之峰，看第比利斯城市全景。下来后在市内游览。看了斯大林建立的地下印刷所、斯大林公园、儿童文化宫等。晚上，到歌剧院看儿童剧《请不来的客人》。

2日，9点出发，参观第二水电站、斯大林诞生地。回城后，在歌剧院看芭蕾舞。

3日，上午看越拉运河、第一水电站。下午，在作家协会与当地文艺界人士联欢。夜12点上车，离开第比利斯。

4日，将近下午2点5分时，到达苏湖密。晚上，代表团成员逛公园。

5日，小雨。10点半乘车出发，走了3个小时，到90公里外的列宁集体农庄参观。看了学校、苹果和柠檬苗圃、劳动英雄之家、茶叶厂。晚餐后回城。

6日，离开苏湖密，途中经过夏格里风景区，大家下车观光。晚7点左右，到达苏联著名旅游、度假胜地——索契。

7日，天晴。上午，乘船到黑海上观光。下午逛街。

8日，8点20分飞机起飞，经停乌克兰哈尔科夫机场，下午2点40分抵达莫斯科机场。孙犁在飞机上不耐颠簸，呕吐。晚上，在大剧院看歌剧《伊凡·苏萨宁》。

9日，星期日。代表团没有安排集体活动。孙犁逛街。

10日，下午4点，到《文学报》座谈，西蒙诺夫等参加。

11日，早晨，代表团开全体会，传达下一步日程，并让大家提问题。下午1点，到苏联作家协会与苏联作家座谈，苏方参加的有苏尔科夫、吉洪诺夫、斐定、拉甫列乌夫、戈尔巴乔夫、沙布洛诺夫、艾德林等。晚上，参加中苏友好文艺晚会，8点开始。张闻天大使等参加,苏尔科夫等讲了话。有诗人朗诵、舞蹈《白桦林》等。夜12点30分，乘火车离开莫斯科，奔列宁格勒。

12日，12点15分，车停列宁格勒火车站。乘车看列宁格勒城。傍晚参观曙光号战舰，苏联十月革命时此舰打出第一炮。晚上先参观教堂、菲德格尔要塞监狱，后到歌剧院看芭蕾舞剧《青铜骑士》。

按：1952年，孙犁写作《列宁格勒》，记述此间观感。

13日，上午，参观斯摩尔内大楼列宁住过两年的地方，参观俄罗斯博物馆，普希金故居。下午，参观儿童宫。晚上，到高尔基青年宫看歌剧。

14日，早饭后参观冬宫。下午4点，在当地作家协会举行告别会。作协主席及潘诺娃等参加。晚上8点，赶到歌剧院看《天鹅湖》。晚11点从剧院乘汽车赶到火车站，乘火车回莫斯科。

15日，12点15分，车停莫斯科火车站。吃过午饭，把胶卷交给苏联方面冲洗、检查。下午3点，到奥斯特洛夫斯基博物馆参观。

16日，预定明天晚上或后天早上1点乘飞机离开莫斯科回北京。上午,徐光耀与陈企霞、康濯到百货公司购物,给孙犁买了4个胶卷。下午1点半出发，去郊区"地主之家"参观农奴们的艺术创造。

17日，下午3点，苏联作家到酒店三楼宴会厅举行宴会，苏联作家到了20人左右。爱伦堡、苏尔科夫、卡达耶夫、斐定、谢留金、别克、李修却夫斯基等都来了。5点到作家协会开记者招待会，冯雪峰讲了话。7点左右，李修却夫斯基来旅馆给代表团讲关于新现实主义和革命浪漫主义问题。

18日，原定下午4点回国，飞机因大雪不能起飞，只好延期。到了机场，又回酒店。在机场，苏联送代表团每人一份各地活动照片，作家协会送代表团成员每人一个莫斯科特产漆盒子。

19日，早上7点半，飞机起飞。戈宝权、阿布列金到机场送行。飞3个小时，抵达古比雪夫，下机休息45分钟。再飞2个小时，到达奥慕斯克。休息以后，再飞，晚上10点到达新西比利斯科。因换飞机，到旅馆休息3个小时。

20日，莫斯科时间2点半飞机起飞。飞机上比较冷。11点后到达伊尔库茨克。下机后住进旅馆，下午，当地作家与代表团见面。

21日，原计划早晨5点或7点起飞，因途中有风雪，不能飞行，代表团停留一天。晚上，当地作家协会招待看电影，主要是当地制片厂拍摄的西伯利亚新闻片。

22日，大冷，气温降至-33℃，上机后飞机不能发动，只好再回旅馆。

23日，早7点20分，飞机从伊尔库茨克机场起飞，途经蒙古国，飞行1852公里，北京时间下午2点半到达首都机场。文化部汽车来接，直接到文学研究所。孙犁住在文学研究所。

24日，孙犁从北京返回天津。先去看母病。晚上，王林来访，与王谈天很长时间。赠王林一个马雅可夫斯基的盘像，列平画的托尔斯泰耕田画片，苏联功勋芭蕾舞悲剧演员照片。

25日，下午，在文化部召开作家代表团总结会议。冯雪峰讲话时谈到这个代表团不足之处：全体作家对本团出国的严重政治意义估计不足，党性不强，作家们文化太低，如穷人赌博。孙犁因昨天已返回天津，未参加此次会议。

12月，《风云初记》一集由人民文学出版社再版。

1952年　39岁

1月

3日，写作散文《马雅可夫斯基》，副题为"赴苏参观学习纪要（一）"。文末自注：1952年1月3日。载1952年1月6日《天津日报》文艺周刊。

9日，晚上，与王林一起看李桂云的河北梆子《大蝴蝶杯》。

10日，写作散文《托尔斯泰》，副题为"赴苏参观学习纪要（二）"。文末自注：1952年1月10日。载1952年1月13日《天津日报》文艺周刊。

14日，写作散文《斯大林格勒》，副题为"赴苏参观学习纪要（三）"。文末自注：1952年1月14日。载1952年1月20日《天津日报》文艺周刊。

23日，写作散文《巴库》，副题为"赴苏参观学习纪要（四）"。文末自注：1952年1月23日。载1952年2月4日《天津日报》文艺周刊。

2月

8日，写作散文《幼稚园》，副题为"赴苏参观学习纪要（五）"。文末自注：1952年2月8日。载1952年2月10日《天津日报》文艺周刊。

14日，写作散文《莫斯科》，副题为"赴苏参观学习纪要（六）"。文末自注：1952年2月14日。载1952年2月15日《天津日报》第3版。

22日，写作散文《列宁格勒》，副题为"赴苏参观学习纪要（七）"。

载 1952 年 2 月 24 日《天津日报》文艺周刊。

28 日，写作散文《果戈理》，副题为"纪念他逝世一百周年"。文末自注：1952 年 2 月 28 日。载 1952 年 3 月 2 日《天津日报》文艺周刊。

3 月

4 日，王林来访。二人谈了《文艺思想反省》。孙犁说：我们反对标语口号，也反对一般形式主义。孙犁告诉王林：中央调他到（北京）电影局去写剧本，他不愿意去，愿意把《风云初记》写完。

8 日，写作散文《格鲁吉亚》，副题为"赴苏参观学习纪要（八）"。文末自注：1952 年 3 月 8 日。载 1952 年 3 月 9 日《天津日报》文艺周刊。

27 日，写作论文《论切实》，副题为"'三反''五反'运动以来本刊发表的几篇小说读后"。文末自注：3 月 27 日。载 1952 年 3 月 31 日《天津日报》文艺周刊。

27 日，王林晚上来访。

4 月

29 日—5 月 12 日，致康濯信。信末自注：4 月 29 日下午 5 时有半，5 月 12 日，又补。署名弟犁。载 1997 年第 2 期《新文学史料》。

5 月

9 日，参加《天津日报》副刊写作小组讨论会并发言，发言的题目为《怎样把我们的作品提高一步——在本报副刊写作小组讨论会上的发言》。文末自注：1952 年 5 月 9 日。载 1952 年 5 月 12 日《天津日报》文艺周刊。

12 日，续写完 4 月 29 日致康濯信。

19 日，发表论文《领会和收获》。文末自注：1952 年 5 月。载 1952 年 5 月 19 日《天津日报》文艺周刊。

6 月

17 日，王林晚上来访，谈《风云初记》二集。孙犁说：文艺创作不能急了，要一步步登高。

10 月

17 日，写作论文《鲁迅的小说》，副题为"纪念先生逝世十六周年"。文末自注：1952 年 10 月 17 日。载 1952 年 10 月 19 日《天津日报》文艺周刊。

11 月

11 月，写作散文《在苏联文学艺术的园林里》。文末自注：1952 年 11 月。载 1952 年第 11 期《人民文学》。

11 月，人民文学出版社出版《我们访问了苏联》，康濯写了《编者序》。收孙犁作品 7 篇，即《托尔斯泰》《马雅可夫斯基》《莫斯科》《列宁格勒》《格鲁吉亚》《巴库》《幼稚园和儿童书屋》。

1952 年，写作《致安乐师范文艺研究小组的信》，发表时以《关于小说〈荷花淀〉的通信》为题。文末自注：1952 年。载 1952 年第 17 期《文艺报》。

12 月

12 月，到河北省安国县下乡。拜访胡氏干娘。

27 日，从体验生活的地方回津过新年。

28日,王林夜晚来访。二人谈及留里可夫的《在生活中不会是这样的》。孙犁告诉王林:胡乔木同志在二届作家到生活的训练班上讲话已经正式批评了《新儿女英雄传》没有思想性,也批评了得奖的《人民战士》。又听说毛主席看了《打金枝》旧戏,说人民性非常强,是爱国主义的。说到一般朝鲜通讯,把朝鲜前线写得毫无困难,胜利得非常容易,要纠正。其实战士们是在潮湿的坑道里,见不得阳光,很苦,不是作家描写的那么舒服。

1953年　40岁

1月

2日,王林晚上来访。告诉王林说天津地委正开会,研究扩兵问题。过去,冀中对文艺工作照顾不够,比如对崔嵬。孙犁说:崔嵬有些事虽然做得不对,但对付他的办法也不见得对。

> 按:1946年7月1日,冀中军区火线剧社在河间演出新编京剧《苏州城》,有几位首长警卫员在后台扒着侧幕条看戏,后台主任按规定让警卫员下去,警卫员不下去,发生冲突;8月初一个晚上,七分区文工队到河间城演出歌剧《白毛女》,崔嵬和傅铎帮助化妆,完事后崔到厕所小解,突遭冲突时的几个警卫员的殴打。处理结果是各打五十大板。一年之后,冀中区在"三查""三整"运动时,又对崔嵬进行一次批判。1947年,崔调到华北大学工作。孙犁所指即此事。

4日,离开天津,又下乡体验生活。

5日,到达河北省安国县。先住于村,房东两代光棍,下旬移住安国城南六里地的长仕村,青年妯娌姑嫂四人,在驴屋内与小驴子为伴。

30日，晚致王林信。信末自注：1月30日灯下书。载2008年7月13日《天津日报》。

向王林介绍下乡情况。

1月，在河北省省会保定市红星剧场作文学报告，河北省文联主任远千里主持报告会。会后初识韩映山、任彦芳。

1月，（北京）开明书店出版《短篇小说剖析》，叶兢耕著。书前有叶氏写于1951年9月1日的简短自序，言此书系根据清华大学中国语文系大一国文教学小组两年来的讨论编写而成。全书共剖析小说5篇，包括鲁迅《狂人日记》、沙汀《在其香居茶馆里》、赵树理《传家宝》、刘白羽《无敌三勇士》、孙犁《荷花淀》。剖析孙犁《荷花淀》时，文章共分"作者与写作背景"、"故事发展与结构"、"表现手法"（人物、风景描写、叙述上的经济手法）、"主题思想"四部分。

2月

6日，致康濯信。信末自注：2月6日夜。署名弟孙犁。载1997年第2期《新文学史料》。

讲述到安国下乡体验生活情况。

6日，杨朔到津给学联作报告，住国民饭店。鲁藜宴请，孙犁、王林等作陪。席间，一朝鲜青年翻译说《风云初记》已译成日文出版。

14日，在津过春节。

18日，王林晚上来访，谈王林夫人刘燕瑾主演的电影《葡萄熟了的时候》。

20日，致丁玲信。信末自注：3月20日。

按：信存中国现代文学馆。

3月

3月，论文集《文学短论》（续编）由上海文化工作社出版，列为"未名丛书（10）"。

4月

15日，致王林信。信末自注：4月15日。载2008年7月13日《天津日报》。

30日，王林收到从北戴河转过来的孙犁信，谈到李逵战斗，劝王林学习鲁迅的"韧"。

按：即15日致王林信。

4月，《风云初记》二集由人民文学出版社出版。

5月

6日，王林日记记载孙犁对王林长篇小说《站起来的人民》的意见。对小说的梗概、人物等皆有评论。

15日，王林读完《风云初记》二集，认为头集很有气势，二集不如头集，个别地方与历史史实不符。

5月，开始写作《风云初记》三集。文末自注：1953年5月至1954年5月。1962年春季，病稍愈，编排章节并重写尾声。

按：1953年7月9日，《天津日报》发表该集断片，即开头5节。1955年第6期《人民文学》以《蒋家父女》为题名发表断片，即开头5节。1955年第6期《人民文学》以《蒋家父女》为题名发表断片，系该集第21—25节。1956年7月15日，《天津日报》以《家乡的土地》为题名发表第6—10节。1956年第11期《新港》以《离别》题名发表第10—15节。1962年第4期《新港》以《山路》为题名发表第 16—17 节；在第 5 期上，以《河源》为题名发表第 18—20 节。《新港》又从这一年第 7 期开始，连续 5 期，发表了除《山路》《河源》以外的三集的 25 节。

5 月，下乡体验生活结束，从安国返回天津。

6 月

17 日，王林夜里来访。王林拿着对《腹地》的辩护一文请孙犁看。孙犁说：看到周扬在电影会议上的报告，说文艺创作何时能好转，很难估计，确实是这样。谈到巴甫连珂回忆高尔基的文章。

18 日，王林来访，孙犁谈到高尔基的《母亲》。为什么要写作，怎样写作，有什么目的。支持陈企霞的有些领导，对过去有些否定的东西发现错了，但为了个人的威信和面子，不肯改正这些事，冤枉人后也就算了。

7 月

9 日，《天津日报》文艺周刊刊出《风云初记》三集断片第 1—5 节。载 1953 年 7 月 9 日《天津日报》文艺周刊。

10 日，收到王林 9 日从北戴河寄来的信。

11 日，致王林信。信末自注：7 月 11 日。载 2008 年 7 月 13 日《天津日报》。

儿子孙晓达游泳、女儿孙晓森考中学。《风云初记》处在一种困难的写作阶段，眼下，在不配合的情势下，登这种小说，显得迂腐。但为配合"七七"，报纸发表了 5 节。

按：这 5 节指《风云初记》三集断片（第 1—5 节）。

28 日，致王林信。信末自注：7 月 28 日。载 2008 年 7 月 13 日《天津日报》。

孙晓达对游泳颇为有兴趣，孙晓森中考不太理想，孙晓平上班虽热但没闹病。自己抄写《风云初记》消暑，已抄改了 10 节。

22 日，王林日记记载：那天（指 18 日）和孙犁同志闲谈，他说现今某些同志（支持陈企霞的领导人物们）可能感到过去否定了的东西，应有新的办法，但是为了个人威信和面子，不肯重新再提这些事，冤枉了的也就冤枉了算啦。

7 月底，林默涵来天津，找孙犁谈对王林长篇小说《腹地》的批判，闭门不见。

8 月

6 日，致田间信。信末自注：8 月 6 日。载 1988 年 4 月 11 日《天津日报》。

17 日，王林日记记载：方纪告诉王林，林默涵七月底来津找孙犁，要谈对《腹地》的批判问题，孙犁闭门不见。

24 日，写作散文《杨国元》，副题为"农村人物杂记"。文末自注：1953 年 8 月 24 日记。载 1953 年 8 月 27 日《天津日报》文艺周刊。署名孙芸夫。

按：这是孙犁在《天津日报》第 1 次使用孙芸夫笔名。

27 日，写作散文《访旧》，副题为"农村人物杂记"。文末自注：1953 年 8 月 27 日记。载 1953 年 8 月 30 日《天津日报》副刊。署名孙芸夫。

8 月，写作论文《我对写作的一点体会》，副题为"讲给新参加报社工作的青年同志们"。文末自注：1953 年 8 月。载《天津日报》编 1953 年 9 月 1 日第 48 期《新闻通讯》。重载 2005 年 7 月 11 日《天津日报》。

9月

1日，致田间信。信末自注：9月1日。载1997年第2期《新文学史料》。

回复田8月30日信。拟到京参加文代大会。

4日，写作散文《婚俗》，副题为"农村人物杂记"。文末自注：1953年9月4日记。载1953年9月10日《天津日报》文艺周刊。署名孙芸夫。

12日，写作散文《家庭》，副题为"农村人物杂记"。文末自注：1953年9月12日记。载1953年9月16日《天津日报》副刊。署名孙芸夫。

12日，致田间信。信末自注：9月12日晚。载1988年4月11日《天津日报》满庭芳。

所存钱不到5000万元（旧币），就不在北京买房了。

14日，王林中午来吃午饭及聊天。孙犁说：《译文》二期译载的老托尔斯泰的《为什么？》历史材料的准确性令人赞叹。

14日，写作散文《齐满花》，副题为"农村人物杂记"。文末自注：1953年9月14日记。载1953年9月18日《天津日报》文艺周刊。署名孙芸夫。

22日，中秋节。下午，孙犁在文化部礼堂参加文代会会议。胡乔木作报告，传达毛主席、周总理等关于文艺的历史评价问题、新英雄人物问题、文联组织问题、批评问题等的指示。下午6点，到丁玲家，丁玲宴请晋察冀出来的作家，参加者有孙犁、康濯、方冰、邵子南、魏巍、徐光耀等。饭吃得很好，六种水果、一份核桃脑、一份西红柿汤。水果包括哈密瓜。

按：1983年3月7日，孙犁写作《关于丁玲》，记述是在1950

年到丁玲家吃饭。误。

23日—10月6日,全国第二次文代大会召开。全国文协改为中国作家协会。当选为中国作家协会理事。

9月,论文集《文学短论》,由上海文化工作社根据1950年12月版修订再版,抽下《五四运动与中国文学遗产》《说书》《介绍〈时事传〉》三篇,标为"正编"。

10月

19日,写作论文《全面的进修》,副题为"纪念鲁迅先生逝世十七周年"。文末自注:1953年10月19日。载1953年10月23日《天津日报》文艺周刊。

11月

7日,出席天津市"庆祝十月革命三十周年大会",当选为天津市第四届中苏友好协会理事。

9日,写作论文《论培养》。文末自注:1953年11月9日。载1953年11月19日《天津日报》文艺周刊。

23日,写作论文《论情节》。文末自注:1953年11月23日。载1953年11月26日《天津日报》文艺周刊。

12月

2日,写作论文《论风格》。文末自注:1953年12月2日。载1953年12月31日《天津日报》文艺周刊。

1954年　41岁

1月

6日，王林夜晚送照相机，并把自己写的《金达莱》手稿给了孙犁。

8日，致王林电话，谈相机之事，并说看完了《金达莱》，写得还可以。

14日，周扬来津，住云南路招待所。找人谈话，王林、李霁野、李何林、劳荣等参加，孙犁因整理稿件未参加。

周扬认为孙犁《风云初记》抗战初期的气氛写得很好。二次文代报告起草，本来提上了，后有人提意见又删去，写法像《三千里江山》。

3月

3月，写作论文《论农村题材》。文末自注：1954年3月。载1963年11月作家出版社版《文学短论》。

4月

1日，王林晚饭后来访。向王林说近来文坛一大事，是路翎从朝鲜回来写的几篇小说，在《人民文学》登出后，大受《文艺报》的捧，中宣部却认为有重大问题。开过一个座谈会，要康濯执笔写。明年要有一批文艺作家不吃公家饭，孙犁对当专业作家心里没底：旧有生活已写完，新的生活体验不深。

14日，致康濯信。信末自注：4月14日。署名犁上。载1997

年第2期《新文学史料》。

梁斌在京修改《红旗谱》，不通达各种情况，希望帮助他。

22日，致康濯信。信末自注：4月22日。署名犁。载1997年第2期《新文学史料》。

谈对康濯《第一次知心话》读后感。大女儿响应号召，已经去石家庄棉纺一厂工作。

4月，短篇小说集《采蒲台》由作家出版社根据三联书店1950年12月版再版。

5月

7日，王林、鲁藜晚上来访，谈中国创作不出色的原因，孙犁说肖洛霍夫写作《静静的顿河》时艺术修养很高，了不起。

30日，致康濯信。信末自注：5月30日。载1997年第2期《新文学史料》。

寄去《风云初记》三集稿子，请提意见。

5月，《文艺学习》由上海文艺联合出版社根据上海文化工作社1950年2月版重印。

6月

16日，致田间信。信末自注：6月16日。载1988年4月11日《天津日报》满庭芳。

申请去农村体验生活，尚未得到批准。

23日，王林夜里来访，与王林谈梁斌的小说，认为比李英儒的《战斗在滹沱河上》水平高。高蠡暴动和二师事件写得不好，把历史事件近代化了，没了历史个性。但正、反两面的人物还算成功。

24日，写作论文《契诃夫》，副题为"纪念他逝世五十周年"。

文末自注:1954年6月24日。载1954年7月15日《天津日报》文艺周刊。

7月

8日,上午访王林,说检查身体发现有肝胀大的迹象,已抽血做诊断。

10日,午后访王林,告之身体检查诊断肝部稍显下垂,无大碍。

18日,时达到天津。下午四时许看望时达。

24日,写作《〈文艺学习〉校正后记》。文末自注:孙犁1954年7月24日夜。

8月

9日,在天津市中学生"暑期讲座"上讲写作,题为《写作漫谈》,副题为"在暑期讲座上对同学们讲的话"。文末自注:1954年8月9日。载1954年第6期《文艺学习》。

19日,王林、孟庆山(河北军区司令员)、臧伯平(天津市长)谈《风云初记》。

26日,王林晚上来访,谈到梁斌在《北京日报》《天津日报》上刊登的《红旗谱》章节,认为还要删改。

8月,写作"《〈农村速写〉后记》之又记"。

9月

28日,王林夜间来访。二人谈《论衡》《文心雕龙》,认为写作动机不纯不行。孙犁说新女性对丈夫的要求"事业越崇高越好,生活越庸俗越好",王林认为很精辟。

10月

28日,致孙瑛信。信末自注:10月28日。载1996年11月27日《天津日报》满庭芳。

回复孙瑛信,即将出版的《农村速写》等出版后,会寄赠一本。

按:孙瑛系鲁迅博物馆研究人员,开列孙犁作品目录,准备研究孙犁作品。

秋季,梁斌到唐山工人疗养院看望路一,去程路过天津,看望孙犁,孙犁用炖鸡、茄盒夹肉招待梁斌,并谈《红旗谱》的创作。

梁斌从唐山返回,孙犁告诉他一夜没睡,看完《红旗谱》30万字原稿:人物和语言都有了,就是开头节奏太慢。孙犁请梁斌在周家食堂吃饭,方纪、王林作陪,谈了文艺界现状、路一的病。孙犁结账,一共花费餐费37元。

11月

3日—4日,写作论文《〈红楼梦〉的现实主义成就》。文末自注:1954年11月3、4日。载1954年第12期《人民文学》。署名林冬苹。

5日,天津市委宣传部副部长郑季翘召集孙犁、方纪、鲁藜、王林等参加批评《红楼梦》一小组。

11日—21日,出席天津市文化艺术界关于《红楼梦》研究座谈会,并在会上作了实事求是的学术性的发言,发言摘要载1954年11月26日《天津日报》。

按:11日晚7点,会议在天津市文化局召开,响应中央对俞平伯资产阶级思想的批评,孙犁作了发言。王林当天日记记载:"孙犁同志发言甚精辟。我这和孙犁交游十七八年中第一次见他在大庭广众之下(不算在课堂上讲书)说那么长的话。鲁藜同志发言很激昂,但标语口号多"。

11日,写作论文《关于〈红楼梦〉研究》。文末自注:1954年11月11日。载1954年11月26日《天津日报》。

按:即在1954年11月11日天津市文化艺术界《红楼梦》研究座谈会上的讲话摘要,后改题为《在一次〈红楼梦〉座谈会上的发言》。

11月,写作论文《答〈文艺学习〉编辑部的问》。文末自注:1954年11月。载1954年第9期《文艺学习》。

12月

6日,致康濯信。信末自注:12月6日。署名犁。载1997年第2期《新文学史料》。

邹明去京,希望让邹明住到康处。

10日,王林晚间来访,告诉王林:丁玲同志给王林信同时,康濯同志给孙犁写信,说丁玲看了《腹地》后与康濯同志意见一致。

27日,路一致孙犁、王林信,谈对王林《腹地》的看法,对二人创作的建议。

12月,小说散文集《农村速写》由通俗读物出版社根据天津读者书店1950年4月版重印。其中《新安游记》更名为《除奸英雄》,抽去《塔记》,增加《张秋阁》《访旧》《杨国元》《家庭》《齐满花》五篇。

1955年　42岁

1月

3日,路一来津,住昆明路其岳母家。

4日，王林、路一上午来访，孙犁中午请他俩在家吃火锅。吃火锅的铜火锅在孙犁老家就用过。孙犁把1954年12月27日路一写给孙犁、王林的信给了王林。孙犁说路一这封信很解决问题。路一在信中对孙犁、王林说："你们两个人以后写农村还是写城市？如果写城市，就近有生活。如果写乡村，现在正值农村伟大的社会主义改造时期，就速速下乡。历史是不再重复的，过了这个村可再没有这个店。如果不积极地去生活，你们会后悔的。"

31日，王林下午来访。

2月

2日，王林日记记载：

那天见到孙犁同志谈起他修改《风云初记》的计划，他说他又看了一遍，把好的章段留下，把不好的删去一部分。我说那么来就会在修改时为这些好章段而安排故事。不如先安排好大的故事架子，而后再进行取舍。他说有的片段是舍不得删去。

他说《文艺报》一二期合刊上登的高尔基的几封信真是有远见。今晨借来看，真是解决问题。高尔基逝世后争了近二十年的问题，其实早在高尔基心中解决了。

13日，写作论文《新的里程》，副题为"纪念中苏友好同盟互助条约签订五周年，学习第2次全苏作家代表大会文件"。文末自注：1955年2月13日。载1955年2月15日《天津日报》副刊。

21日，写作评论《谈〈海鸥〉》。文末自注：1955年2月21日。载1955年2月25日《天津日报》副刊。

28日，致康濯信。信末自注：(1950年)2月28日。署名弟犁。

谈康濯任职《文艺报》，关于批判胡风。

按：此信不见《孙犁全集》《孙犁文集》收入，全录如下。

康濯兄：

好久不通信了，这原因恐怕是你上任以来，编务很忙，而我这里虽编务不忙，但恐怕扰乱你的忙，所以就没有写信去。

《文艺报》自从老兄担任领导以来，呈现了划时代的突飞猛进，影响所及，无不交口称誉，盖以增加评论之后，多为重大典型事件，自能引人注目如此。

关于批判胡风思想，天津虽有些文章，但总觉得不够有力，上期露布两篇，也是颇为单薄，望兄能在此问题上有专题指示为祷。

专此

敬礼

弟犁

（1955年）2月28日

3月

6日，出席政协天津市委员会全体委员第一次会议，当选为天津市政协第一届委员会委员。

11日，出席天津市中苏友好协会第五届代表会议，当选为理事。

17日，致葛文信。信末自注：3月17日晚。载1987年7月1日《天津日报》满庭芳。

谈对葛文小说的意见。

4月

4月，《风云初记》一、二集合订本由人民文学出版社出版。

5月

9日,王林晚上来访。谈到方纪写一篇批判文章之事(关于有人揭发芦甸的文章的支持),《天津日报》不登,因自我检讨不够,攻击鲁藜的文字多。

21日,写作杂文《要更进一步揭露胡风》。文末自注:5月21日。载天津通俗出版社1955年版《胡风反革命集团在天津的罪恶活动》(第1集)。

6月

5日,天津市公安局逮捕鲁藜,系受胡风事件牵连。

6月,《风云初记》三集断片(第21—25节)以《蒋家父女》为题,刊于1955年第6期《人民文学》。

7月

20日,看了王林的短篇小说《一个新人的诞生》,认为虽然意义好,但系从长篇中摘出,细节不连贯,亦易引人断章取义。

9月

28日,梁斌到东北调查肃反材料返回,过津,住在孙犁处。下午,王林来访,谈话至天黑。

9月,短篇小说《荷花淀》由通俗读物出版社出版,列为"文学初步读物",附有编者《作者介绍》《出版说明》各一篇。

11月

16日,与王林、方纪一起看吕剧《王定宝借当》。

按：《王定宝借当》系山东吕剧，写一青年学子走了弯路，被未婚妻救出的故事。

12月

12月初，到白塘口乡深入生活。

10日，写作散文《妇女的路》。文末自注：1955年12月10日。载天津百花文艺出版社1962年9月版《津门小集》。

12日，写作散文《刘桂兰》，副题为"津郊小集（一）"。文末自注：1955年12月12日。载1955年12月16日《天津日报》。署名石纺。

按：孙犁先生大女儿响应建设国家号召，到石家庄纺织厂工作，孙犁署名石纺，系惦念大女儿。

13日，写作散文《青春的热力》，副题为"津郊小集（二）"。文末自注：1955年12月13日。载1955年12月20日《天津日报》。署名石纺。

13日，致田间信。信末自注：12月13日。载1988年4月11日《天津日报》。

收到田间寄来的欧洲游记，很快就刊发。此类文章不宜多或长。

21日，写作散文《一天日记》，副题为"津郊小集（三）"。文末自注：1955年12月21日。载1955年12月26日《天津日报》。署名石纺。

30日，北京召开批斗丁玲、陈企霞集团大会，周扬、欧阳予倩、林默涵等发言。

31日，在从北京回天津的火车上，王雪波、鲍昌说孙犁这几天睡得很晚，起得很早。意思是说孙犁受批判丁、陈集团的惊吓，有点告状的意味。王林却认为他俩有问题，告诉方纪注意他俩的动静。

1956年　43岁

1月

17日，写作散文《津沽路上有感》。文末自注：1956年1月17日。载1956年1月19日《天津日报》文艺周刊。

26日，天津市在市委礼堂召开会议，传达中国作协党组反丁玲、陈企霞集团情况及中央批示等。

27日，天津市讨论反丁、陈集团。晚上，王亢之发言，批评孙犁、王林的主要问题是社会主义积极性不够。

28日，天津市委上午在工人第一文化宫传达中央关于知识分子的问题，下午小组继续讨论反丁、陈集团问题。

28日，发表散文《积肥和择菜》，副题为"津郊小集（四）"。载1956年1月28日《天津日报》。署名石纺。

2月

18日，上午，同方纪、王林逛劝业场。

2月27日至3月6日，中国作家协会召开第二次理事会会议（扩大），共计九天。这次会议共有六十六名作协理事和一百六十五名作家参加。

会后，结集出版了《中国作家协会第二次理事会会议（扩大）报告、发言集》一书，人民文学出版社1956年6月出版。不过，从这本书中找不到孙犁是否参加了会议的证明；迄今为止，无论是孙犁本人，还是诸家回忆孙犁的文字内都未见提到过此事。

按：1955年，胡风等刚刚被打倒，情况特殊，所以，中共中央对此次会议非常重视。3月2日，毛泽东、刘少奇、周恩来、陈云、彭真、康生接见了与会理事。毛泽东为首接见一次作协理事会代表，这是唯一一次，并且合影留念。

在《人民文学》杂志多年做编辑工作的涂光群，保存了一张这次的照片：这张照片一次用在他著的《中国三代作家纪实》一书的封面上；一次用在他的另一文集《五十年文坛亲历记》一书的附图中。图片不很清晰，上面也有孙犁的形象，但从前排就座的领导人衣服上的白点可知当日确是飘着小雪的，此外，毛泽东同志所穿的大衣的颜色要比其他人的淡一些。这两点，与孙犁文中的"落雪"和"黄色大衣"两个细节基本上是吻合的。

当时在中宣部文艺处任职的黎之，参与会议的组织工作，并且参加会议。他在《文坛风云续录》一书中对于这次理事会议有完整的回忆："由于这次会议的特殊历史背景，党中央对这次会议非常重视。三月二日，毛泽东、刘少奇、周恩来、陈云、彭真、康生接见了与会理事。毛泽东为首接见一次作协理事会代表，这是唯一一次。"

"这是唯一一次"——旁证了毛泽东是1956年接见的作协理事。

此外，王林1956年3月3日日记也有记录："三月二日开大会，发言。下午到怀仁堂照像。大雪缤纷中，毛主席与中央首长们冒着雪出来参加照像。"

黎之文章、王林日记可参证。

但孙犁在《谈照像》一文中是这样说的：

"一九五二年吧，中国作家协会召开大会。临结束那一天，通知到中南海照像。我虽然不愿在人多的场合照像，但这是不能不去的。记得穿过几个过道，到了一个空场。凳子都摆好了，我照例往后面跑。忽然有人喊：

"'理事坐前面！'

"我是个理事,只好回到前面坐下,旁边是田间同志。这时,有几位中央首长,已经说笑着来到面前,和一些作家打招呼。我因为谁也不认识,就低头坐在那里。忽然听到鼓起掌来,毛主席穿着黄色大衣,单独出来,却不奔我们这里,一直缓步向前走。走到一定的地方,一转身,正面对我们。人们鼓掌更热烈了。

"我也没看清毛主席怎样落座,距离多远。只听田间小声说:

"'你怎么一动也不动?'

"我那时,真是紧张到了屏息呼吸,不敢仰视的地步。

"人们安静下来,能转动的大照像机也摆布好了。天不作美,忽然飘起雪花来,像虽然照了,第二天却未能见报,大概没有照好吧。

"一生只有这样一次机会,也没能弄到一张值得纪念的照片。"

上述文字中,1952年显然是孙犁误记。

这次会议与孙犁有关的事还有一件,是会上周扬作的名为《建设社会主义文学的任务》的报告中提到了他的小说《风云初记》,这段话如下:"孙犁在他的《风云初记》第一部中生动地描绘了抗日战争的爆发,冀中平原儿女纷起抗敌的真实的图画,但当读者正盼望在第二、第三部看到冀中人民如何英勇地坚持斗争和开辟游击战争根据地的时候,作者却把我们带到离开斗争漩涡的中心而流连在一种多少有些情致缠绵的生活气氛里,这就使第二部中的描写成为软弱无力了。"

3月

2日,继续参加作协会议,下午到怀仁堂照像。大雪缤纷中,毛泽东主席与其他中央首长冒着雪来参加照像。

29日,因写作《铁木前传》等太劳累,午睡后起床小便,结果晕倒,跌破左腮。这对以后的身体健康和日常生活造成很大影响。此后开始了很长时间的养病生活。

4月

  4日，王林来访，看望病情。

  春季，写作书衣文《文仇合制西厢记图册》。文末自注：1956年春季。署名纵耕。载《书衣文录》（增订版），孙犁著，人民文学出版社2013年9月版。

    按：这是目前可查到的孙犁写得最早的一篇书衣文。文是文徵明，仇是仇英，皆是明代画家。

  30日，中共天津市委宣传部给南京、上海等市委宣传部开具介绍信，介绍孙犁去旅行。

    按：给南京市委宣传部的介绍信信笺用的是"中国共产党天津市委员会用笺"。文字内容打印，抬头"中共南京市委"6字用蓝黑色钢笔填写。全文如下。

中共南京市委宣传部：

  作家协会天津分会副主席，天津日报编委孙犁同志（中共正式党员）前往您市旅行访问，请在工作上予以协助，生活上给予照顾是荷。

  此致

敬礼

中共天津市委宣传部（章）
1956年4月30日

5月

  5月，到济南、南京、上海、杭州旅行。天津市委宣传部给各地开了介绍信。

10日,到南京。先到市文化局。住到安乐酒家。

11日,南京市文化局写介绍信,把孙犁介绍给南京市委宣传部,并把天津市委宣传部介绍信也随此介绍信转去。

按一:以下是文化局的介绍信全文。

宣传部负责同志:

天津市作协副主席、天津日报编委孙犁同志

已于昨日上午到南京,由我局介绍至省委招待所241号房间(即安乐酒家)。

孙犁同志来南京停留三、四天,主要是旅行参观。天津市委所开介绍信,孙犁同志让我局转至你部,现特转上,请查收。

此致

敬礼

南京市文化局(章)

1956年5月11日

按二:安乐酒家坐落在南京太平南路278号,建于1932年,坐西朝东,高三层。它是20世纪三四十年代南京著名的饭店之一,以经营粤菜知名。汪伪时期,这里成为日军军官俱乐部(实际上就是日军高级慰安所)。1948年,这里又成为李宗仁竞选副总统的大本营。1949年后改称江苏饭店,成为当时党政接待场所。

20日,到上海,在当日新开业的古旧书店购书。

21日,从杭州回到天津。

22日,王林给他写去青岛介绍信。但因21日已回到天津,所以没有用上。

31日,致王林信。信末自注:5月31日。载2008年7月13日《天津日报》。

感谢王林开的介绍信,介绍南方之行的感受。回津后在修改《铁木前传》。

6月

5日,何建平告诉王林,天津日报社的林间说孙犁体检,有肝脏硬化症状,未告诉孙本人。

8日,王林来访,劝孙犁趁早到北戴河住一段时间。

6月,天津《新港》文学月刊创刊,任编委。

初夏,写作完成中篇小说《铁木前传》。文末自注:1956年初夏。载1956年第12期《人民文学》。

> 按:小说最初投《新港》,被鲍昌和张学新否定后退稿。转寄秦兆阳,秦兆阳和康濯都认为是好作品,就在《人民文学》刊出。

7月

5日,《天津日报》文艺周刊刊出《家乡的土地——〈风云初记〉三集断片》第1—5节。

> 按:刊出部分实际是《风云初记》三集第5—10节。

6日,王林评价《家乡的土地》,认为变吉这人物写得好,对贺龙部队120师到冀中打游击英雄气概写得不够。但语言的美,语言的诗意,孙犁是独具风格。

7月,《文艺学习》由新文艺出版社重印,增加《校正后记》一篇。

8月

13日,写作杂谈《左批评右创作论》。文末自注:1956年8月13日。1979年1月底附记。载1979年2月4日《天津日报》文化园地。署名耕堂。

9月

11日，英文《中国妇女》编辑严婉宜下午来访。

11日，王林下午来访。向王林推荐买《资治通鉴》。

26日，致田间信。信末自注：9月26日。载1988年4月11日《天津日报》。

这一年是在半病中度过，只写了半部《铁木前传》，摔伤后去南方旅行，后又到大连小住。请和平画店物色一幅齐白石的画。

10月

5日，王林谈到《铁木前传》要在《人民文学》上刊登，康濯向梁斌说，文中的一个风流女人（指小满）比肖洛霍夫写的女人还好。

6日，王林谈梁斌的小说《红旗谱》，认为孙犁意见对："不可叫运涛早早牺牲一事，孙犁同志认为非常重要"。

14日，孙犁在政协礼堂参加纪念鲁迅座谈会。王林等参加。

11月

11月，《风云初记》三集断片（第11—15节）以《离别》为题，载1956年第11期《新港》。

1957年　44岁

1月

2日，王林看完1956年第12期《人民文学》上刊登的《铁木前传》，认为是孙犁杰作，正、反两面的人物写得都好，写出了青年的朝气，童年的诗意。方纪认为是孙犁创作高峰。

17日，天津市召开《铁木前传》座谈会，王林等人参加。

21日，王林正午看望孙犁。此时，孙犁失眠，靠安眠药入眠，每日才睡四个小时。

1月，中篇小说《铁木前传》由天津人民出版社出版。

> 按：李克明《〈铁木前传〉出版的前后》记述，"到天津上班，领导把编辑《铁木前传》工作交我，之前有编辑周艾文已付了心血，交我手里的已是校样。孙犁这稿原叫《铁木传》，周艾文建议加一'前'字，孙犁同意，定为现名"。载《李克明魏竹君文集》下卷第180页。

2月

12日，王林下午看望孙犁。此时孙犁住在招待所养病，天津市文化局局长李奕、杨循及孙犁夫人在场。

17日，王林下午到招待所看望。孙犁已三夜未吃安眠药，能睡六七个小时。

3月

17日，王林上午来看望，二人谈了一上午话。

下旬，情绪因病波动，不想遛弯。杨循等老友纷纷来看望。

夏季，因病就医于北京红十字医院，后又至小汤山疗养。

7月

25日，王林回忆起有一年他和孙犁谈陈企霞之事。

29日，下午，在中国文联礼堂召开控诉丁陈反党集团大会。王亢之、方纪、王林、柳溪等参加会议。方纪代表天津作协第一个发言。

30日，继续召开控诉丁陈反党集团大会。

31日，揭批丁陈反党集团大会继续发言。

8月

1日，中国作家协会召开批斗丁陈反党集团大会，曹禺第一个发言。林默涵认为曹禺先发言，可以给柳溪发言以鼓舞。

2日，王林到小汤山看望在此养病的孙犁。此时病情稳定。

3日，中国作协继续召开批斗丁陈反党集团大会。陈企霞、丁玲、陈明先后发言，不被与会者谅解。茅盾、李之琏等发言，进行批判。

4日，中国作协下午继续召开批斗丁陈反党集团大会。丁玲、冯雪峰发言，仍不被与会者认可。许广平、郭小川发言，进行批判。

马达从天津来，谈美协江丰反党事，彦涵是江的打手，古元也似江的打手，秦征为江辩护。

5日，批斗丁陈反党集团大会休会一天。《人民日报》发表文章揭露钟惦棐的右派活动。

6日，中国作协继续在下午召开批斗丁陈反党集团大会。孙维世、逯斐、李又然、林默涵、田间先后发言。

7日，文艺界批斗丁陈反党集团的消息，在各大报刊登。

9月

24日，王林原拟上午出发看望孙犁，因误车没有去成。

12月

1日，王林来疗养院看望。失眠症已痊愈，这几天闹痢疾。

1958年　45岁

2月

10日，曾任冀中区党委书记、天津市第一任市长的黄敬因病去世。

11日，天津市由中央直辖市改为河北省直辖市。

27日，《人民日报》刊登周扬文章，号召文艺界多出作品。

4月

4日，王林到家中看望孙犁母亲及孙犁夫人。孙犁去青岛疗养。

4月，小说散文集《白洋淀纪事》由中国青年出版社出版。康濯编选，列为"播种文艺丛书"。全书收录自1939年至1950年间所写绝大部分小说、散文，共五十四篇。其中包括曾经引起争议、遭受批判的《钟》《秋千》《新安游记》《一别十年同口镇》等。

5月

3日，《人民日报》刊登林默涵批判秦兆阳修正主义的文章。

4日，王林在天津劝业场买《白洋淀纪事》一本，一是为了纪念病中的孙犁，二是纪念多年来搜集文稿编成此书的康濯。

13日，王林到家里看望孙犁家人。孙犁此时仍在青岛养病。

6月

20日，王林写关于《白洋淀纪事》的评论，大部分内容写出来。

21日，王林把昨天文章续写完毕，认为是对老友的纪念。

22日，王林把评介《白洋淀纪事》的文章寄出。

7月

7日，早晨，王林翻读自己的作品《腹地》，又看孙犁写的评论文章，认为孙犁评价准确，是对《腹地》唯一的定评。

9月

27日，王林又写完评介《白洋淀纪事》的文章。

10月

国庆节前后，远千里、梁斌等都对王林评介《白洋淀纪事》的文章提出修改意见。

12月

12日，孙犁母亲在天津去世，终年84岁。

1958年春天，转至青岛疗养，在正阳关路居住一年有余。

1958年，写作诗歌《海葵赋》。诗末自注：此诗1958年作于青岛，原稿遗失，就记忆补充成篇。1981年7月8日记。载1983年第3期《长城》。

1959年　46岁

1月

19日，致康濯信。信末自注：1月19日。署名弟孙犁。

按：内有《无题》及《偶忆》旧体诗各一首。这是唯一一次在信中抄录这两首诗。此信不见《孙犁全集》《孙犁文集》收入,全录如下。

康濯同志:

接读来信,知兄近况,甚慰。旧体诗亦甚佳,弟病中偶尔为之,但多不健康,亦不谐音律,既"索"之,就抄奉两章:

高楼空自赋去归,小园春色意迷离;

少女蹀躞花径过,黄蜂误向头上飞。

(偶忆)

削岩独面海潮来,天地盈亏信有时;

金刚譬说如梦幻,此情只应浮鸟知。

(无题)

弟之身体情况,去夏经过三个月游泳,颇有好转,冬季又以情绪不好,略为变坏,但总的说来,比在小汤山时好多了,希勿念。

今年一年,见到你写的不少文章,报道徐水公社,我以为写的很好,可谓洋洋洒洒矣。

保定系我旧游之地,唐家胡同,印象尤深,有时间能在那里见面,吃吃马家鸡铺的烧鸡,是很好的了。

望见到在河北朋友们,特别是田间、葛文等,望代问候。勉思同志好。

祝

好

弟孙犁

(1959年)1月19日

春季,从青岛转太湖疗养。

春季,写作诗歌《无题》一首。诗末自注:此诗1959年作于无锡,忘其首句,今补足之。1981年7月9日。载1983年第3期《长城》。

6月

6月,从无锡疗养地回到天津。

6月,短篇小说集《荷花淀》由人民文学出版社出版,列为"文学小丛书"第三辑。

7月

3日,王林早晨来看望,告诉王林:初返津还睡得好,这几天又不好了。

7月,中篇小说《铁木前传》由百花文艺出版社出版。

7月,至北戴河疗养。

10月

26日,韩映山到多伦道216号拜访,因孙犁出去没有见到。

12月

5日,致冉淮舟信。信末自注:12月5日。载《幸存的信件》(给淮舟的信),孙犁著,长征出版社2003年6月版。

回复冉信,热情鼓励,希望早日读到冉的《孙犁论》;但因身体仍不好,不能长时间谈话,等身体好一点,就找冉谈话。

> 按:冉淮舟(1937—),作家,河北高阳人,著有《建设者》《留给后世的故事》等。1951年初,到省城保定读书,开始喜欢孙犁作品;1956年9月进入南开大学中文系学习,开始研究孙犁作品。1959年12月鼓足勇气给孙犁第一次写信求教。
> 1959年底,百花文艺出版社工作总结,把建社后出版的第一部

中长篇小说《铁木前传》定为"毒草"。

1960年　47岁

6月

24日，梁斌上午告诉王林：远千里同志在去年全国文化会议小组会上提出对《铁木前传》和《十八匹战马》的批评。

林呐下午告诉王林：人民图书馆评论组正讨论《铁木前传》，持否定论点者居多数。周骥良正面肯定成了对立面。另有一中学生正面肯定语文研究所张某总结大家的意见而又加以提高说：自然主义手法，修正主义思想……

7月

7月，全国第三次文代大会召开，当选为中国作协理事会理事。

夏季，赴京。在八大处、颐和园短期休养。

1960年，写作《无题》诗一首：

> 曾在青岛困病居，黄昏晨起寂寞时；
> 长椅沉思对兽苑，小鹿奔跃喜多姿；
> 紫薇不记青春梦，素菊摧折观赏迟；
> 如今只留栏栅在，天南地北难相知。

按：此诗与《自嘲》诗同附于1962年2月9日致冉淮舟信中。

诗末自注：录所作韵文以呈淮舟同志，孙犁。载1983年第3期《长城》。载《幸存的信件》。

9 月

30 日，时达看望正在唐山出差的王林，托王林转送孙犁两斤多猪油和猪肉。

10 月

1 日，王林到家中看望孙犁，并转送时达赠送的油、肉。

1961 年　48 岁

4 月

11 日，下午看川剧高腔《荷珠配》。为了不被熟人认出，孙犁戴着帽子，拉低后压着眉。

17 日，冉淮舟致孙犁信。信末自注：1961 年 4 月 17 日。载《津门书简》，冉淮舟著，华龄出版社 2003 年 8 月版。

写完了有关孙犁的论文，上海文艺出版社"中国现代文学研究丛书规划"有此选题。但下乡四个月参加整风整社才回来，毕业前没时间修改此稿。虽然不知道大学毕业分配到哪里工作，但研究孙犁作品工作还是要做，仍然希望当面听指导。

按：1961 年 7 月，冉淮舟大学毕业，分配到《新港》编辑部工作；10 月，随编辑部其他同志一起去看望孙犁，这是他与孙犁的第一次见面。

7 月

27 日，冉淮舟致孙犁信。信末自注：1961 年 7 月 27 日。载《津门书简》。

研究孙犁作品论文写好，寄来请提意见。

8月

27日，河北省召开省文艺工作会议，康濯来参加。晚上，在天津饭店吃饭，康濯告诉王林等人，毛主席在延安时看了孙犁的文章说：很有才华。

28日，河北省文艺工作会议今日结束。

9月

1日，沙可夫在青岛病逝。

11日，王林上午来访，应王林之约拟去长白山一游。但又怕身体顶不住，致信王林婉拒。

11月

14日，致冉淮舟信（关于修改文稿）。信末自注：11月14日上午。载《天津日报》1980年第1期《文艺增刊》，总题为《烬余书札》。载《幸存的信件》。

对《论孙犁的文学道路》意见，主要是9条：小引大加删削，按年代进行作品分析和介绍，把论风格一节移到最后，空泛政治说明需简要，引用《文学短论》和《文艺学习》尽量少，引用作品原文或情节越少越好，对当时的环境咏叹可少一点，引用别人观点也要少，不与别的作家比较，只说作品缺点就行了。

按：《论孙犁的文学道路》，冉淮舟著，陕西人民出版社1982年10月版，"中国现代作家研究丛书"之一种。

11月，百花文艺出版社对《铁木前传》进行讨论，有人认为是"香花",有人认为是"毒草",大部分人认为是有严重错误的作品,根据就是小说中所写的都是"中间人物","严重地歪曲了我国农村的合作化运动"。

11月,小说集《村歌》由人民文学出版社出版。

12月

10日,侯金镜致函王林,对《叱咤风云》提出意见。

18日,远千里看完侯金镜10日的信,也谈了自己的意见:王林见的阴暗面多,被束缚住了;孙犁同志也知道不少这类东西,谈起话来说得并不少,但他不写在作品中,所以青年人喜欢他的作品。

1962年　49岁

1月

1月,写作《〈白洋淀纪事〉再版附记》。文末自注:1962年1月。

2月

3日,王林下午读完第2期《河北文学》上刊登的孙犁小说《女保管——平分杂记》,认为冀中味道仍浓。

8日,致冉淮舟信(关于《津门小集》)。信末自注:2月8日下午。载《天津日报》1980年第1期《文艺增刊》,总题为《烬余书札》。载《幸存的信件》。

《津门小集》短文写作目的是在新的生活激剧变革之时,以全部的热情精力作及时的一唱;即使是一纸短文,在批评指责的时候,也应该采取一个比较全面的态度。"访苏纪要"系列文章不收入《津门小集》。

8日，百花文艺出版社编辑来访，愿意看看《津门小集》书稿能否出版。

8日，冉淮舟致孙犁信。信末自注：1962年2月8日。载《津门书简》。

《津郊小集》(《津门小集》)篇目已选择，且按写作时间顺序排好。

9日，致冉淮舟信（关于《津门小集》）。信末自注：2月9日。载《天津日报》1980年第1期《文艺增刊》，总题为《烬余书札》。载《幸存的信件》。

书稿定名为《津门小集》，再做些发稿前的技术工作。《津门小集》后记初稿的前半部分，随信寄上。

9日，抄录近作《自嘲》诗二首，附在致冉淮舟信中。载1979年10月11日《天津日报》，副题为《文字之路》之一篇。

9日，抄录1960年诗歌《无题》一首，附致冉淮舟信中。载《幸存的信件》。

12日，冉淮舟致孙犁信。信末自注：1962年2月12日。载《津门书简》。

《津门小集》取了"津沽""沽上""海上"等几个名字，皆不理想。出书时可以采取小开本，软精装。《风云初记》三集《新港》准备发表一部分。黄秋耘说英译本《铁木前传》不错，不知道俄文本质量如何。

13日，冉淮舟到百花文艺出版社，谈《津门小集》出版事宜。

13日，写作论文《勤学苦练》。文末自注：1962年2月13日。载1962年第3期《河北文学》。

13日，致冉淮舟信（关于《津门小集》）。信末自注：2月13日。载《天津日报》1980年第1期《文艺增刊》，总题为《烬余书札》。

载《幸存的信件》。

回复冉 12 日信。《小集》决定定名为《津门小集》。同意《新港》发表一部分《风云初记》三集,《小集》后记却不要在《新港》刊登。

16 日,下午,韩映山等人来访。谈韩映山作品时说,文字明丽,但含蓄不够。要多读古典作品。写作要刻苦,要从容。鲁迅作品在中国最好。曹禺的作品语言好。

2 月中旬,赴京,住锥把胡同河北省驻京办事处。

22 日,下午到医院看望来京住院的杨循、王林。

23 日,作家出版社有人到河北省办事处看望孙犁,商谈《风云初记》一、二集合集。作家出版社其时系人民文学出版社副牌,人民文学出版社此前已经出版《风云初记》一、二集。

24 日,致冉淮舟信。信末自注:2 月 24 日晚。载《幸存的信件》。

在京回复冉信。《文学短论》可到图书馆找来,编一下目录,《风云初记》三集结尾今日在京写好,次序也已经排好;《新港》可以刊登《风云初记》三集第 25 节以下各节;三集拟先由百花文艺出版社出版单行本。

28 日,游览承光殿,写作古体诗《1962 年 2 月 28 日晨承光殿看玉佛》三首。载 1983 年第 3 期《长城》。载《幸存的信件》。

其一:

> 眉用金描唇渥丹,面像慈悲体庄严;
> 右臂袒露丰无骨,匠人造意已登天。

其二：

  玉洁冰清此第一，千年曾不染微尘；
  眸凝眉低唇欲启，发愿涤净儿女心。

其三：

  玉桥车马万丈尘，水声松涛两失闻；
  团城应不似闺阁，高空明月未眠人。

  按：这三首诗附录在1962年3月4日致冉淮舟信中。

2月，发表短篇小说《女保管——平分杂记》。载1962年第2期《河北文学》。

  按：该期《河北文学》还发表了散文《团结》《挂甲寺渡口》《保育》。

2月，写作《〈津门小集〉后记》。文末自注：1962年2月。载1962年第4期《河北文学》。

3月

1日，冉淮舟致孙犁信。信末自注：3月1日。载《津门书简》。
回复孙犁2月24日信。《文学短论》正、续、三编目录合计45篇，个别篇目有变化；是按照写作时间还是按照内容排列，请定夺。有一些文章的修改之处，也列出来请定。也请回忆在京津、晋察冀边区等写的作品有哪些，以便查找。

4日，致冉淮舟信。信末自注：3月4日晚。载《幸存的信件》。
回复冉1日信。《文学短论》三编合出甚佳，但须认真讨论；

抗战爆发前在北京发表文章极少。在晋察冀边区写的书题为《论通讯员及通讯写作诸问题》，封面虽印"集体讨论"，实际一次也没讨论，完全是一己作品，铅印小册，约四万多字，但恐已不易找寻。还印过《鲁迅·鲁迅的故事》。想找冀中油印本《区村和连队的文学写作课本》，因后来出版《文学入门》《文艺学习》各版，当时竟删去三分之一。冀中铅印有《海燕之歌》，另有油印《抗战与戏剧》。在冀中的《导报》发表过《鲁迅论》等，在《红星》杂志发表过《现实主义文学论》等。个别文章，可以从《文学短论》中抽出来。

另附抄录2月28日游览承光殿之后写的诗。

  按：信中所提到的《论通讯员及通讯写作诸问题》，现在已经找到，目前发现在国家图书馆、中国人民大学图书馆、中国现代文学馆各存一册。1990年6月15日，患着感冒的孙犁抑制不住激动、高兴的心情，写了《一本小书的发现》，1990年7月26日写了《〈论通讯员及通讯写作诸问题〉校读后记》，7月27日又记。

  油印本《区村和连队的文学写作课本》，康濯藏有一册，送给孙犁，"文化大革命"后他又毁掉了。目前发现一册，存河北衡水学院一个老师处。

  《抗战与戏剧》，原名《民族革命战争与戏剧》，1938年4月5日写于冀中，冀中人民自卫军政治部5月油印；经过这么多年战乱，保存下来一个复制本子。载上个世纪六十年代河北省文联编《河北省地区革命文艺活动史料（初编）》之四《晋察冀边区的艺术（1937.7—1948）》。现已收进《孙犁全集》。

  《红星》杂志发表的《现实主义文学论》《战斗形式的文艺论》上个世纪八十年代也被找到。《红星》杂志共出三期，路一主编，保定图书馆存有全套。

5日，下午，去医院看望王林，告诉王林说最近精神不错，正修改《风云初记》三集。

11日，写作散文《回忆沙可夫同志》。文末自注：1962年3月11日于北京。1978年3月改，副题为"晋察冀生活断片"。载1978年第5期《辽宁文艺》。

15日，冉淮舟致孙犁信。信末自注：3月15日夜。载《津门书简》。
《回忆沙可夫同志》已抄录，读着十分激动。希望早日读到《鲁迅·鲁迅的故事》和《少年鲁迅读本》。想替订一份牛奶。

20日，冉淮舟致孙犁信。信末自注：3月20日。载《津门书简》。
询问《白洋淀记》为什么抽去，《培养青年作者》可收进《文学短论》。转去《解放军文艺》约稿信。

按：《白洋淀记》和《培养青年作者》二文冉淮舟、傅瑛及黄景煜、张金池诸家年表皆未著录。

22日，百花文艺出版社派人来访，商谈《小集》书稿及名称。

22日，致冉淮舟信。信末自注：3月22日。载《幸存的信件》。
决定《小集》定名为《津门小集》。赠送两册关于鲁迅的书。《回忆沙可夫同志》若干改动。《白洋淀记》当时系为《人民画报》所迫写，但写成人家抽出来了。此文无新内容，故亦无编入什么集。《培养青年作者》人名太多，所以也没有编入。

3月下旬回到天津。

29日，诗人、河北省委宣传部副部长远千里找韩映山谈话。谈到孙犁作品，远认为读孙犁的作品，能读到作者；读别人的作品，只能读到故事，故事读完了，印象也就完了。孙犁作品里有作者的声音，这也许就是风格吧。

31日，冉淮舟来看望，谈《风云初记》三集由《新港》发表的章节，并请孙犁为章节题字。

4月

1日，写作散文《清明随笔——忆邵子南》。文末自注：1962年4月1日。载1962年4月5日《天津日报》文艺周刊。

1日，致冉淮舟信。信末自注：4月1日。载《幸存的信件》。

寄去为《新港》题写发表《风云初记》三集《河源》《山路》章节标题字，也把《清明随笔——忆邵子南》寄去。牛奶已经开始送，感谢。

2日，冉淮舟致孙犁信。信末自注：4月2日夜。载《津门书简》。

读完《忆邵子南同志》，想在6月号《新港》一起与《回忆沙可夫同志》同时刊出。《左批评右创作论》很有现实意义。《河北文学》上发表的冯健男同志系列批评文章有不当之处，而该刊刊登《女保管》时用了"新的类型"一词，无助于真正理解作品。

5日，致万力、冉淮舟信。信末自注：4月5日。载《幸存的信件》。

同时接二人信，一起回复。忆邵子南文章被《天津日报》拿走，回忆沙可夫文章排出大样请送来看看。又写了几幅《风云初记》标题字。

按：万力，山东定陶人，时任《新港》副主编兼编辑部主任。

24日，致陈建民信。信末自注：4月24日。载2007年7月15日《天津日报》。

回复陈信。信中所写"那篇碑记"，系指《塔记——蠡县抗战烈士塔碑记》，已收入小说散文集《白洋淀纪事》。

按：陈建民是碑记中烈士陈叔衡之子。陈叔衡于一九四一年齐庄一役壮烈牺牲。陈建民的四叔叫陈季衡，是孙犁在同口小学任教时的学生。

27日，韩映山、阿凤、万国儒、劳荣来家看望。给他们几人谈创作问题。作家要有生活，要各地走一走，扩大视野。要首先陶冶自己的心灵，发现生活中的美。写人物要投入感情，要有同情心，鲁迅、契诃夫就是这样。没有真实感情的作品，不会感动人。

4月，写作散文《黄鹂——病期琐事》。文末自注：1962年4月。载1979年北京通县文化馆编《运河》。

4月，写作散文《石子——病期琐事》，原名《石子和海葵花》。文末自注：1962年4月。载1979年第10期《北京文艺》。

4月，小说散文集《白洋淀纪事》由中国青年出版社再版，增加《访旧》《杨国元》《家庭》《齐满花》《婚俗》《张秋阁》六篇，《再版附记》一篇。

4月，第4期《新港》刊出《风云初记》三集断片第16—17节，题为《山路》。

5月

2日，致冉淮舟信。信末自注：5月2日上午。载《幸存的信件》。

《石子和海葵花》一文修改四段（最后实际保留"青岛，这是世界上少有的风光绮丽的地方"那一段）。回忆邵子南的文章补写两段内容，即"在延安我们相处的那一段日子里"以下两段。

3日，冉淮舟致孙犁信。信末自注：5月3日下午。载《津门书简》。

把《黄鹂》《石子》二文编排一下，总题为"病期琐事"。回忆邵子南文章也补好了。《新港》发表《风云初记》篇章，要找人画插图。

6日，致冉淮舟信。信末自注：5月6日。载《幸存的信件》。

《津门小集》出版社总共给稿费300元，预付150元，另150元要出版社直接给冉。"病期琐事"排好后希望快点送来，从容进行修改。回忆沙可夫、邵子南的文章，总题可以叫《回忆二则》。

7日，冉淮舟致孙犁信。信末自注：5月7日中午。载《津门书简》。

推辞不要赠送的 150 元稿费。"病期琐事"已送印厂排印。

11 日,冉淮舟致孙犁信。信末自注:5 月 11 日下午 1 时 40 分。载《津门书简》。

中午匆匆把"病期琐事"排样校了一遍,希望理解不要 150 元稿费的心情。

14 日,冉淮舟致孙犁信。信末自注:5 月 14 日下午。载《津门书简》。

建议把"发愤"改为"发奋",二校样出来及时送过去。

17 日,致冉淮舟信。信末自注:5 月 17 日。载《幸存的信件》。

寄回修改的校样,但改的乱,注意修改。清样出来后,希望再送来看看。

17 日,致万力信。信末自注:5 月 17 日。

不再发表《石子》《回忆沙可夫同志》等几篇散文。

5 月,第 5 期《新港》刊出《风云初记》三集断片第 18—20 节,题为《河源》。

7 月

17 日上午,与韩映山谈话,嘱咐韩要多写,写后放一放,多修改。屠格涅夫的六个中篇小说好,结尾太好了,值得学习。

7 月—11 月,《风云初记》除《出路》与《河源》外,其余二十五节,连载于 1962 年第 7 期—第 11 期《新港》。

夏季,冉淮舟从肃宁县文化馆抄得《琴和箫》《〈平原杂志〉第三期编后》《翻身十二唱》《二月通信》《论继承》等,并请安平县委代抄《三烈士事略》。冉淮舟把这些搜集到的文章都交给孙犁,曾计划编辑《旧篇新缀》一书,后因四清运动、"文化大革命"未能如愿。

8月

1日,致冉淮舟信。信末自注:8月1日夜。载《幸存的信件》。拟把旧作《琴和箫》《〈平原杂志〉第三期编后》《翻身十二唱》《二月通信》四篇联为一组,加一前言,各附后记,找地方发表,其中《琴和箫》一篇,"以为并无伤感之弊,其中激情,较后为胜"。"土豹"系笔名,大鼓词不必再找。《用什么话写通讯》一文,语既粗俗,立论亦甚矛盾,废弃之可也。寄上《旧篇新缀前言》,即《〈旧篇新缀〉序》。

> 按:《用什么话写通讯》,载1941年10月冀中区《通讯与学习》。刊物现存从冀中出来的老人、河北省博物馆张树欣处。此文现今未收入任何集子内。

上旬,写作杂文《〈旧篇新缀〉序》,文末自注:1962年8月上旬大暑,孙犁校读并记。考虑到此文系随1日信寄,故可能写于1日。

7日,写作杂文《〈琴和箫〉后记》。文末自注:1962年8月7日晚大雨过后记,1979年11月28日晨又记。前者发表于1979年10月11日《天津日报》文艺周刊,为总题《文学之路》之一篇;后者发表于1980年第2期《新港》;两篇又都收入1981年2月1日所写《秀露集》后记之中。

7日,写作杂文《〈平原杂志〉第三期编后的后记》。文末自注:1962年8月7日夜记。载1979年10月11日《天津日报》文艺周刊,为总题《文字之路》之一篇。

7日,致冉淮舟信。信末自注:8月7日。载《幸存的信件》。寄《琴和箫》后记,及又作的《〈平原杂志〉第三期编后的后记》。

8日,冉淮舟致孙犁信。信末自注:8月8日夜。载《津门书简》。

回复孙犁7日信。看到《琴和箫》附记很兴奋,因为它触及创作上重要的激情问题,附记明天就送《河北文学》,《新港》把《旧篇杂缀》让给他们,出乎他们意料,他们很高兴,希望尽快看到其他三篇附记。

9日,写作杂文《〈翻身十二唱〉后记》。文末自注:1962年8月9日夜记。载1979年10月11日《天津日报》文艺周刊,为总题《文字之路》之一篇。

9日,写作杂文《〈二月通信〉后记》。文末自注:1962年8月9日夜记。载1979年10月11日《天津日报》文艺周刊,为总题《文字之路》之一篇。

10日,致冉淮舟信。信末自注:8月10日。载《幸存的信件》。寄两篇后记,即《〈翻身十二唱〉后记》《〈二月通信〉后记》。

12日,致冉淮舟信。信末自注:8月12日晚。载《幸存的信件》。询问10日所寄两个后记是否收到,《中国文学》9月份刊登《芦花荡》《山地回忆》两篇译文,且配发黄秋耘评论。

13日,写作散文《某村旧事》。文末自注:1962年8月13日夜记。载1979年9月百花文艺出版社版《晚华集》。

15日,致冉淮舟信。信末自注:8月15日。载《幸存的信件》。今日张庆田、刘怀章来访,知旧作后记四篇已经给《河北文学》,很感谢。13日所写《某村旧事》被张庆田拿走。《中国文学》所发表黄秋耘文章,后部改动大,可请赵彤口述,记个大意,送来看看。

按:张庆田(1923—2009),河北无极县人。作家,笔名残芒,著有《沧石路畔》《战火纷飞的年代》等。时任《河北文学》编辑部主任。

刘怀章(1934—),河北青县人。作家,笔名天宇、岑谷等,著有《激流》《小小浪花飞》《五彩河》等。时任《河北文学》编辑部小说组组长。

赵彤（1911—1990），即劳荣，上海人。作家、翻译家，著、译有《天津之歌》《新生的历程》《西西里之歌》等。时任《新港》编辑部副主任。

20日，韩映山收到孙犁托人转达的对《作画》的意见：写得自然，明丽，但容量不大。

21日，致冉淮舟信。信末自注：8月21日中午。载《幸存的信件》。
已经删改过冉淮舟《读〈津门小集〉》。

24日，写作评论《读〈作画〉后记》。文末自注：1962年8月24日夜记。载1963年3月14日《天津日报》文艺周刊。

按：人民文学出版社1978年10月重印《文学短论》时编入此文，改题为《〈作画〉》。

29日，致冉淮舟信。信末自注：8月29日。载《幸存的信件》。
如收到删改过的冉淮舟《读〈津门小集〉》，可请万力看看。写的《读〈作画〉后记》，《人民文学》来人坐等，直接拿走。《河北文学》对《旧篇杂缀》似有难意，婉转要回，再找地方发表，并改总题为《旧篇新缀》。

31日，与韩映山谈话，劝韩还是要多学习，多读书，语言要下大功夫。

9月

12日，冉淮舟致孙犁信。信末自注：9月12日。载《津门书简》。
校完《读〈作画〉后记》；才知道翻译家草婴不是女的。

13日（中秋节），冉淮舟致孙犁信。信末自注：中秋节夜。载《津门书简》。

中秋节晚上到《河北文学》编辑部，看到《某村旧事》大样，也改了几处标点。苑纪久说已经给孙犁送过大样。

按：苑纪久（1932—），河北高阳县人。作家，著有《在雁翎队的故乡》《农家女儿》等。时任《河北文学》编辑部编辑。

14日，致冉淮舟信。信末自注：9月4日晚。载《幸存的信件》。

今天去看冉他们，未遇。明天去北京，感觉近来身体不好，请再核对《风云初记》《山路》及《河源》清样。把《河北文学》有关稿件要回，不再发表，因为最近不能校改；《读〈作画〉后记》也暂时不发表。

22日，写作杂文《〈三烈士事略〉的后记》。文末自注：1962年9月22日上午记。载1979年10月11日《天津日报》文艺周刊，副题为《文字之路》之一篇。

23日，致冉淮舟信。信末自注：9月23日。载《幸存的信件》。寄送昨天写的《〈三烈士事略〉的后记》。

9月中旬，进京休养，仍住锥把胡同河北省办事处。

9月，苏联1962年第9期《外国文学》刊载《铁木前传》译文，改题为《铁匠和木匠》。

9月，散文集《津门小集》由百花文艺出版社出版。

按：《津门小集》为第一本百花版小开本散文集。

10月

12日，冉淮舟致孙犁信。信末自注：10月12日。载《津门书简》。

问候旅京可好。《风云初记》有几句话是否删去，请定夺。作家出版社是否排出《风云初记》的大样。

16日，致冉淮舟信。信末自注：10月16日。又及，16日下午五时。载《幸存的信件》。

回复冉12日信。赠给《州委书记》。大样已经改过。来京后睡眠仍不好，家信也是今天才写，今年不准备写、发表文章了，已经告诉《河北文学》,《新港》上文章也停下来。人民文学出版社下午来人,《风云初记》书稿已经排出,就等校对。请转给方纪一封信。

> 按:《州委书记》,长篇小说,苏联作家柯切托夫著,作家出版社 1962 年版。

10 月中旬,侯金镜夫妇、李季邀约畅游香山,饱览红叶。李季在香山饭店请客,饱醉而归。

20 日,去田间家访友。在此看了近期《新港》,认为上面刊发的《风云初记》部分章节校对质量不错。

20 日,致冉淮舟信。信末自注:10 月 20 日晚。载《幸存的信件》。

河北办事处人多,嘈杂,不利休养,明天搬到颐和园去住。《津门小集》拿到样书,请代签字后送郭小川、侯金镜、冯牧、黄秋耘、李季、贺敬之及人民文学出版社谢思洁各一册。作家出版社说要从容出版《风云初记》。

21 日,早上,从河北省办事处搬到颐和园云松巢中国作协休养所,住在东院邵窝殿。仅一人居住,前面是昆明湖,后面是佛香阁。白天游人不断,中午不能睡觉。在这里读《林则徐日记》《嵇康集校注》。

21 日,致冉淮舟信。信末自注:10 月 21 日晚。载《幸存的信件》。

谈搬到颐和园感受颇多,请再给张志民、王文迎各寄一册《津门小集》。

> 按:信中把 21 日误写为 20 日。写此信时心情不错。

22 日,冉淮舟致孙犁信。信末自注:10 月 22 日。载《津门书简》。

《津门小集》天津已经有卖,但出版社还没有送样书。它的价值,随着时间的推移,会越来越被人们所认识。建议再给远千里、方纪、梁斌、万力、劳荣、郭小川、阿凤、韩映山、万国儒、张庆田等赠书。

25 日,致冉淮舟信。信末自注:10 月 15 日夜。载《幸存的信件》。

回复冉22号信。给北京友人寄的书，可以委托王文迎统一转交，再给王亢之、石荣（王亢之秘书）、杨循、王林等送书。不知是否收到前几天平信邮寄的《州委书记》上、下册。这两天北京天气好，是黄金季节，游人寥寥，每天上午在昆明湖荡船。大概下月10日之前回天津，不知道人民文学出版社校样何时才能开始校核。

26日，冉淮舟致孙犁信。信末自注：10月26日，又及。载《津门书简》。

收到《州委书记》以及红叶，很高兴。《新港》编辑部几次催促，希望孙犁续写《红楼梦》随想录，以纪念曹雪芹逝世200周年。《回忆二则》校样又打好。《津门小集》半精装又印坏，返工印刷下月中旬才能出厂。先拿出二十本，给北京的郭小川等人寄去，天津只给了万力、赵彤、阿凤、万国儒。下星期去北京约稿，可能见面。

11月

7日，冉淮舟到颐和园看望孙犁。看完后，冉淮舟去人民文学出版社，带去《风云初记》校样，与谢思洁谈《风云初记》出版事宜。

8日，冉淮舟致孙犁信。信末自注：11月8日。载《津门书简》。

报告昨天去看谢思洁情况，冉转告谢：现在经济困难，孙犁不向出版社提任何条件，谢答复说尽量做好《风云初记》出版，拟精、平、普及三种本子，估计初版要印50000册。刚去看了家里情况，一切都好。

10日，冉淮舟致孙犁信。信末自注：11月10日。载《津门书简》。

看到《冀中导报》文艺增刊，除《碑》《塔记》外，还看到《看过〈王秀鸾〉》《谈乡村文艺工作》（在蠡县小学教员训练班讲话摘录），用土豹笔名发表的鼓词《民兵参战平汉线》，用纪普笔名发表的《纪念党的生日》，没找到《摘树叶》。

15日,致冉淮舟信。信末自注:11月15日夜。载《幸存的信件》。

回复冉的两封信。原拟10号以后回津,但侯金镜、冯牧来同住,晚回十来天。《冀中导报》文艺副刊文章,大鼓词可不抄,其他版恐文章不多,不必费心查找。康濯同志处存有油印本《区村和连队的文学写作课本》,问问百花文艺出版社是否愿意重印。中央戏剧学院沙可夫同志纪念编辑室存有两个小册子,即《论通讯员及通讯写作诸问题》和《语言简编》,可作附录。

19日,冉淮舟致孙犁信。信末自注:11月19日上午。载《津门书简》。

收到孙犁15日信。即刻联系百花印《区村和连队的文学写作课本》,《新港》编辑部希望完成《红楼梦》随想录,还想发表《回忆》二则。

冬季,梁斌来访。梁斌谈及庐山会议叫人们学海瑞,要有海瑞精神。孙犁说:"不要听那个,你一说,他就不干了……"

12月

24日,张雨时(张羽时)对王林谈读《叱咤风云》的意见。并谈孙犁曾告诉张:华北的雪下了就化,更显得冷;看王林的《叱咤风云》小说知道东北下雪后不化,反倒显得不如华北的冷。

1963年　50岁

1月

27日,王亢之、梁斌、王林、张雨时结伴来看望孙犁。

28日,上午,天津市文联办公室主任史如北告诉王林,苏联《文学报》译载了孙犁的《铁木前传》。冉淮舟告诉他的,他闻知后有些紧张。在这种空气下,一理论批评刊物忽然全文译载此文,不能不令人推测(并无编者按语)。

2月

12日,侯金镜、冯牧等同志来津准备为创作会议作报告,孙犁在晚上宴请他们。

14日,在天津市文艺创作座谈会上发言,强调作家的思想修养、深入生活和艺术修养三个问题。后以《三点小意见》为题发表,副题"在天津市创作座谈会上的发言"。文末自注:1963年2月14日。载1963年第4期《新港》。

> 按:1978年10月版《文学短论》编入此文,为《编辑笔记》之一部分,改题为《关于创作》。

17日,韩映山来访,孙犁在谈话中说:格调问题是思想修养问题,要永远保持谦虚谨慎,要多读书。

18日,进京,住锥把胡同河北省办事处。

23日,致冉淮舟信。信末自注:2月23日。载《幸存的信件》。
《人民文学》杂志社来拿《〈红楼梦〉随想录》(即《〈红楼梦〉杂说》),作家出版社(时为人民文学出版社副牌)韦君宜来拿《文学短论》稿本,并希望提出编辑体例。

24日,晚上拜访陈乔,陈乔赠孙犁律诗一首。孙犁回赠律诗一首。诗末自注:1963年2月24日晚访陈乔同志,蒙赠诗,归即原韵奉和。载1983年第3期《长城》。

25日,冉淮舟致孙犁信。信末自注:2月25日。载《津门书简》。

回复孙23日信。24日收到黄秋耘信,知道孙犁到北京了。希望给《新港》新写几段《红楼梦》随想。

26日，致冉淮舟信。信末自注：2月26日，又及。载《幸存的信件》。

希望寄来过去拟定的《文学短论》目录，看后才决定是否印出来。向艾文会要回《读〈作画〉后记》稿。近日会见了黄秋耘、侯金镜、冯牧、康濯等人。夫人去石家庄了，可能要在北京多住一段时间。《风云初记》即将印出。

27日，冉淮舟致孙犁信。信末自注：2月27日。载《津门书简》。

2月14日座谈会讲稿已整理好，拟在第4期《新港》发表。

> 按：即《关于创作》。

3月

1日，冉淮舟致孙犁信。信末自注：3月1日。载《津门书简》。

回复孙26日信。建议还是要出版《文学短论》，多购几本《风云初记》。

7日，致冉淮舟信。信末自注：3月7日。载《幸存的信件》。

改完《关于创作》发言稿（冉淮舟在《幸存的信件》里注解为修改《勤学苦练》稿，此稿写于1962年，误）。《作家谈创作》收了《写作漫谈》，可收入《文学短论》。《旧篇新缀》目录改动了一下，并附录目录。

> 按：《旧篇新缀》目录分"旧篇新缀""旧篇续缀""赴苏参观学习纪要"等几部分。书后未出版，但大部分篇目收进《白洋淀之曲》《晚华集》《秀露集》《澹定集》《琴和箫》《耕堂杂录》之中。

16日，冉淮舟致孙犁信。信末自注：3月16日中午。载《津门书简》。

收到改后的《关于创作》发言稿。寄去评论《风云初记》文章大样（即冉淮舟所作《〈风云初记〉的感人力量》）请修改。黄秋耘说《中国文学》六月、七月号译载《风云初记》。三月号《文艺报》刊发了别人写的评论《风云初记》的稿件。

18日，致冉淮舟信。信末自注：3月18日。载《幸存的信件》。寄回修改后的《〈风云初记〉的感人力量》。

26日，冉淮舟致孙犁信。信末自注：3月26日。载《津门书简》。寄上余之在《羊城晚报》花地副刊发表的评论《津门小集》文章，记起来1962年和韩映山一起在唐山下乡，看到《唐山劳动报》刊发的一篇评论《津门小集》的文章，评论《津门小集》的文章达到6篇了。

3月，《风云初记》一、二、三集合订本由作家出版社出版。

4月

5日，王林日记记载：韩映山同志写的《赤心记》，看过，一稿就挺满意。韩文有孙犁的风格。

19日，致冉淮舟信。信末自注：4月19日。载《幸存的信件》。收到作家出版社寄来的《风云初记》十几本赠书（样书），送冉一册，黄秋耘一册。

5月

5日，康濯看望孙犁。送来他珍藏的油印本《区村和连队的文学写作课本》《语言简编》等。战友之情如此之深。

6日，致冉淮舟信。信末自注：5月6日。载《幸存的信件》。随信送去康濯昨天亲自送来的油印本著作，请抄录：《区村和连队的文学写作课本》中的目录、前四课、最后一课、后记、附录；《语言简编》《怎样体验生活》《一个知识分子的自白》（署名余而立）。又病了几天。

7日，冉淮舟致孙犁信。信末自注：5月7日。载《津门书简》。回复孙6日信。收到杂志等，将尽快抄录。

8日，致冉淮舟信。信末自注：5月8日。载《幸存的信件》。又给冉送去几册书，《山海关红绫歌》一册，今后再编诗集时做底本，请抄录：《文艺通讯》中《白洋淀之曲》，它和《荷花淀》等篇创作有关；油印《晋察冀文艺》中的"检查自己及加强文艺武装"；《文化界》中的《和下乡同志们的通信》；《文风》中的《助谈录》。

  按：《助谈录》"文化大革命"期间又佚，迄今未找到。

9日，冉淮舟致孙犁信。信末自注：5月9日。载《津门书简》。回复孙犁8日信。

9日，写作《〈文艺学习〉新版题记》。文末自注：1963年5月9日作者记。

10日，写作《〈文学短论〉新版后记》，文末自注：1963年5月10日夜记。载1979年10月11日《天津日报》文艺周刊，为总题《文字之路》之一篇。

  按：1963年11月作家出版社版《文学短论》后记系删削稿，仅剩一百多字。

10日，致冉淮舟信。信末自注：5月10日。载《幸存的信件》。或许下周一晚上去北京休养，随信寄去《〈文艺学习〉新版题记》。

13日，冉淮舟致孙犁信。信末自注：5月13日。载《津门书简》。回复孙犁10日信，收到《〈文艺学习〉新版题记》，觉得很有激情。

14日，致冉淮舟信。信末自注：5月14日晨。载《幸存的信件》。寄回修改完的稿件，文章以气为主，当写时不能无锋芒，最好于心平气静时多做几次修改，这样则义正而词有含蓄，最为妥当，亦经验也。

15日，下午到京，住颐和园，仍住原屋，与李季、张光年为邻。

17日,冉淮舟致孙犁信。信末自注:5月17日晨。载《津门书简》。回复孙犁14日信。

17日,致冉淮舟信。信末自注:5月17日。载《幸存的信件》。已经到京。

19日,冉淮舟致孙犁信。信末自注:5月19日,又及。载《津门书简》。

回复孙犁17日信。前寄信、刊物要抄的文章都抄好、校过。对照油印本《区村和连队的文学写作课本》及两种铅印本,除了信中嘱咐要抄的几部分,还有第27课《主题和题材(五)——一头牛四条腿》、第27课《结构》(一)、第28课《结构》(二)、第29课《观察和记录》、第30课《现实主义——学习和方向》被删除,将近2万字。

20日,致冉淮舟信。信末自注:5月20日晚。载《天津日报》编1980年第1期《文艺增刊》,总题为《烬余书札》。载《幸存的信件》。

中国文联开始文艺整风运动,李季回机关。《文艺报》刊登了评论《风云初记》的文章。《人民文学》打电话说写的有关《红楼梦》的文章"支援"《文艺报》。看《给契诃夫的信》,觉得契诃夫写文章的幽默,是用出人不意的方法写出来的,人厚道,对出版社、剧院不斤斤计较;书里和托尔斯泰的合影,性格活现纸上,虽身体不好,但颇为达观。

22日,致冉淮舟信。信末自注:5月22日上午。载《幸存的信件》。

回复冉19日信。对"文学课本"这么多删除,过去没发现,希望再认真核对。可再编一个诗集,《旧篇新缀》中可编进《一个知识分子的自白》,改题为《三十自述》,《助谈录》也可以编入等。

按:再编的诗集即《白洋淀之曲》,百花文艺出版社1964年4月版。《三十自述》"文化大革命"期间又佚,迄今未找到。

22日,冉淮舟致孙犁信。信末自注:5月22日晨。载《津门书简》。

人民文学出版社拟重印《村歌》。

22日,冉淮舟致孙犁信。信末自注:5月22日夜。载《津门书简》。

回复孙犁20日信。寄上基本恢复旧观的《区村和连队的文学写作课本》抄稿。

23日,致冉淮舟信。信末自注:5月23日晚。载《天津日报》编1980年第1期《文艺增刊》,总题为《烬余书札》。载《幸存的信件》。

回复冉22日信。请再寄给在保定的康濯一册《风云初记》。契诃夫晚年多病,与剧院发生联系,所以这一段时间写剧本多。与克尼碧儿突然结婚,对其身体健康似不利,但这是表面现象,实质是当时俄国处于革命前夜,他的思想是极为复杂激动的。接着看王夫之《楚辞通释》了。

25日,致冉淮舟信。信末自注:5月25日晨。载《幸存的信件》。

回复冉23日信。认为冉所谈"写作课本"意见"甚是"。

25日,下午收到冉淮舟所寄文稿。

26日,冉淮舟致孙犁信。信末自注:5月26日晚。载《津门书简》。

回复孙犁22日、23日、25日信。为孙犁未收到文稿着急。

26日,致冉淮舟信。信末自注:5月26日晚。载《幸存的信件》。

收到第一次寄的文稿,要对抄稿的人报酬丰富一些。看了稿子,似乎情绪不高。把稿子都校了一下。"写作课本"还用《文艺学习》书名,每节即用一、二字号排列,中间大部还是用改本作底本,改过总是有道理的。首尾要详改。

29日,冉淮舟致孙犁信。信末自注:5月29日晨。载《津门书简》。

回复孙犁26日信。过几天去京。

6月

1日,冉淮舟致孙犁信。信末自注:6月1日晨。载《津门书简》。

散文集《彩云》二校,托长春电影制片厂任彦芳、南吕二同志带去。《三点小意见》(即《关于创作》)反响很好,《风云初记》销路也好。

1日,冉淮舟致孙犁信。信末自注:6月1日中午。载《津门书简》。

今天去家里一趟,一切都好,得知7日前后孙犁回天津。4日上午,任彦芳等去颐和园拜访。

5日,从北京回到天津。

10日,致冉淮舟信。信末自注:6月10日。载《幸存的信件》。

已回到天津。《彩云》有不明确不通俗之处,要学契诃夫写法,散文最好有个故事。

16日,致《中国文学》杂志社信。信末自注:6月16日。

回复该社6月14日信。赞同《风云初记》的译文连载章节。

6月,长篇小说《风云初记》第三集单行本由作家出版社出版。

7月

2日,致陈炜信。信末自注:1963年7月2日。载1979年10月11日《天津日报》文艺周刊,为总题《文字之路》之一篇,题为《关于〈荷花淀〉被删节,复一读者信》。

就小说《荷花淀》被删节,复读者陈炜信。

> 按:收入《秀露集》中改题为《关于〈荷花淀〉被删节复读者信》。

2日,致冉淮舟信。信末自注:7月2日晚。载《幸存的信件》。

请把给陈炜信抄录留存原件。寄去《回忆二则》校样。

7日,致冉淮舟信。信末自注:7月7日。载《幸存的信件》。

寄上改后的《〈文艺学习〉新版题记》,《回忆二则》决定不再发表。

8日,致冉淮舟信。信末自注:7月8日。载《幸存的信件》。

寄给冉100元钱,请他自己选购书。

8日,冉淮舟致孙犁信。信末自注:7月8日。载《津门书简》。

寄上写的评论《红楼梦》文章,请批改。

9日,冉淮舟致孙犁信。信末自注:7月9日。载《津门书简》。

收到送来的100元书费和《〈文艺学习〉新版题记》。

10日,致冉淮舟信。信末自注:7月10日。载《幸存的信件》。

已收到冉写关于《红楼梦》文稿,当即看过,交给天津日报文艺部了。新材料虽不多,但文字上进步很多,集中、明确、简捷,主题有条理和明朗。这在写论文,是很重要的。赠一册王朝闻著《喜闻乐见》。

17日,致冉淮舟信。信末自注:7月17日。载《幸存的信件》。

托人在北京买的书,徐柏容已带回,但有点破烂,想换一部或换皮。《白洋淀之曲》许诺给百花文艺出版社出版。冉写的《〈红楼梦〉的战斗传统》一文,天津日报文艺部提了意见退回,准备再给晚报看看。

按:徐柏容,时系百花文艺出版社编辑部负责人。

19日,致冉淮舟信。信末自注:7月19日。载《幸存的信件》。

今天校完《白洋淀之曲》,以其中《小站国旗歌》似劣,《民兵参战平汉线》想收进诗集。下乡时要多带衣服。

22日,冉淮舟致孙犁信。信末自注:7月22日下午。载《津门书简》。

下乡经过北京,去作家出版社谈了《文艺学习》出版事宜,去隆福寺换书,人家不换。下乡期间,信可以寄到河北省高阳县旧城村。

23日,编好《白洋淀之曲》,把原已收进去的《翻身十二唱》及《民兵参战平汉线》又抽出来,只留七首,当日交给了百花文艺出版社。

23日,致冉淮舟信。信末自注:7月23日晚。载《幸存的信件》。

回复冉22日信。冉冒雨换书,心中不安。下乡时要多参加活动,多思考多写散文纪事,内容要有故事人物,同时注意身体。

8月

10日,写作《〈白洋淀之曲〉后记》。文末自注:1963年8月10日。

21日,冉淮舟致孙犁信。信末自注:8月21日于保定日报社。载《津门书简》。

河北、天津等地遭遇大洪水,没能按时到高阳县下乡,留在保定,参加保定日报社工作。

25日,冉淮舟致孙犁信。信末自注:8月25日。载《津门书简》。

24日夜间回到天津,今天上午去孙犁家看,得知孙日前去北京。听说《铁木前传》出了俄文单行本。

27日,冉淮舟致孙犁信。信末自注:8月27日。载《津门书简》。

看到《河北文学》发表的《评〈风云初记〉》,觉得基本观点是错误的。《风云初记》脱销,但第二次印刷还没有发行,中国青年出版社又印50000册《白洋淀纪事》。

> 按:冉信中提到的《评〈风云初记〉》,作者楚纯白,载1963年第8期《河北文学》。

29日,致冉淮舟信。信末自注:8月29日。载《幸存的信件》。

《文学短论》又抽出"契诃夫"一篇,尚有8万多字,后记删得只剩下100多字。对《河北文学》那篇文章不要写反驳文章,更不要激动。

9 月

5 日，从北京回到天津。在北京期间，看了几个展览会，见到黄秋耘等，请他们吃了饭。

12 日，冉淮舟致孙犁信。信末自注：9 月 12 日于李家沟。载《津门书简》。

7 号已离开天津到河北省滦县下乡，中学课本收入《白洋淀边一次小斗争》。

14 日，致冉淮舟信。信末自注：9 月 14 日。载《幸存的信件》。

回复冉 12 日信。祝贺冉在陕西咸阳找到爱人。河南再版《风云初记》不一定印得好，《文学短论》已最后校正。

19 日，冉淮舟致孙犁信。信末自注：9 月 19 日下午于李家沟。载《津门书简》。

回复孙犁 14 日信。报告后面行程，并寄爱人宁莉照片一张。

25 日，致冉淮舟信。信末自注：9 月 25 日晚。载《幸存的信件》。

回复冉 19 日信。外文出版社列入《风云初记》选题，写了一个简短的序言（即《为外文版〈风云初记〉写的序言》），天津电台正广播此小说。目前正阅读中华书局版八册本《纲鉴易知录》，读起来是一本很好的历史书，主要是编入了很多名人的言行，有很多好文章的节录。

25 日，王林日记记载：梁斌同志赠蛇石方砚一块。梁又谈到《河北文学》八月号楚白纯的评《风云初记》一文的反应。孙很受刺激，到北京找侯金镜、黄秋耘等批评家谈了一次。

按：孙犁未专门找侯金镜、黄秋耘谈此事。

26 日，王林在日记中对楚白纯在第 8 期《河北文学》上发表的评论，表示不同意见，认为对孙犁及其作品扣大帽子，不合适。

9月，写作《为外文版〈风云初记〉写的序言》。文末自注：1963年9月。载1979年10月11日《天津日报》文艺周刊，为总题《文字之路》之一篇。

10月

5日，冉淮舟致孙犁信。信末自注：10月5日于滦县。载《津门书简》。

已从李家沟返回滦县。

6日，冉淮舟致孙犁信。信末自注：10月6日于滦县。载《津门书简》。

10月号《新港》发表了梁斌《播火记》后记，如果11月号能发表为外文版写的《风云初记》后记最好。

按：这是目前所发现"文化大革命"前冉写给孙犁的最后一封信。孙犁在《幸存的信件序》里说："淮舟写给我的信，在1966年以前，我就全部退还给他保存了。并不是我预见到要有什么大的灾难，是我当时感到：我身体很坏，恐怕活不长久了"。

11月

17日，致冉淮舟、文联办公室信。信末自注：11月17日。载《幸存的信件》。

本日准备到睦南道看看房子，请文联派一位同志一起去。

11月，《文学短论》新编选本由作家出版社印行。

12月

2日，致冉淮舟信。信末自注：12月2日。载《幸存的信件》。

吕剑草成《孙犁会见记》七千字，来信感谢冉的帮助。买了一个电唱机,请帮买一些唱片。

1962—1963年,不少人对散文集《津门小集》、小说散文集《白洋淀纪事》、小说集《村歌》、中篇小说《铁木前传》、长篇小说《风云初记》等写出论文,在《河北文学》《天津日报》《天津晚报》《文艺报》《文汇报》《大公报》《羊城晚报》《文史哲》《中国青年报》《新港》等报刊上发表,普遍给予好评,形成孙犁作品研究的第一波高潮。

1964年　51岁

1月

11日,致冉淮舟信。信末自注:1月11日下午。载《天津日报》编1980年第1期《文艺增刊》,总题为《烬余书札》。载《幸存的信件》。

关于习字,找出字帖三种,准备送给冉。《皇甫碑》,"我很喜欢欧字,方正削利,很有风骨";《曹全碑》,"中国书法,由隶而楷,楷书以不失隶法者为上,欧字也";《文徵明小楷离骚经》,"此系大家名作,规模宏深,后面补写,相差万里"。

22日,致冉淮舟信。信末自注:1月22日,又及。载《天津日报》编1980年第1期《文艺增刊》,总题为《烬余书札》。载《幸存的信件》。

习字要先临摹。原准备写个新长篇,写了一部分,没有续写。有两部旧书,要到北京加皮。《皇甫碑》推为欧书首作,应先临之。

开列《柳南随笔》等8种书目,《六朝墓志菁英》等13帖,请与上海文艺出版社一同志联系,在上海购买。

29日,致冉淮舟信。信末自注:1月29日。载《天津日报》编1980年第1期《文艺增刊》,总题为《烬余书札》。载《幸存的信件》。

故宫影印《九成宫》,可买一册,送给韩映山,"买字帖,我以为影印者最好，价钱便宜，又见得古碑真面目。墨拓者，新拓近日无货源，而旧拓被视为古董，我们又不懂此行，反易受骗"。

2月

9日，致冉淮舟信。信末自注：2月9日。载《幸存的信件》。

校完《白洋淀之曲》。请冉还图书馆《晋察冀诗抄》。送给冉一册《山海关红绫歌》。

> 按：《晋察冀诗抄》，魏巍编，中国青年出版社1959年3月版，收录28位晋察冀诗人作品，其中收孙犁《儿童团长》《梨花湾的故事》诗二首；1984年10月新版，收录38位晋察冀诗人作品，其中仍收入孙犁二首诗，但加了孙犁小传。

21日，致冉淮舟信。信末自注：2月21日。载《幸存的信件》。

冉下乡写村史，收到冉信，甚慰。从20日起，又感觉身体不好，想去北京住一阵子。出版社来信，准备印《区村和连队的文学写作课本》，但要考虑改个书名。

28日，致韩映山信。信末自注：2月28日。载《孙犁书札：致韩映山》，孙犁著，百花文艺出版社2016年7月版。

送韩映山一册旧书"话本"。

> 按：这是目前所存孙犁致韩映山最早的一封信。

3月

16日—30日，到保定出席河北省文联和省文化局联合召开的戏剧、文学创作会议。田间、梁斌也参加会议。陈荒煤、侯金镜等应邀参加会议。

18日，致冉淮舟信。信末自注：3月18日。载《幸存的信件》。

准备下乡到杨柳青。收到了上海友人代买的《六朝墓志菁英》等。

韩映山在柳林干部疗养院疗养，可去信问候。

4月

7日，在保定市原育德中学校址参加河北省业余创作座谈会并发言。此发言后以《业余创作三题》为题发表，副题为"在一次座谈会上的发言"。文末自注：1964年4月7日。载1964年4月16日《天津日报》文艺周刊。1964年第6期《新港》《萌芽》《河北文学》均转载。

> 按：这是目前所知"文化大革命"前孙犁在《天津日报》发表的最后一篇文章。

13日，上午去柳林疗养院，看望在此治疗肝炎的韩映山。

21日，韩映山、刘怀章来访。谈及：青年作者古怪者多，要注意这个问题。李大振看着挺本分，要注意培养。最近自己也想写一点东西，写了个开头怎么也写不下去，像赵树理说的，长久离开生活，乍一写不行。看《文艺学习》校样，把其中对初学写作者批评过火的地方都改了。

4月，赠韩映山照片一张。

4月，诗集《白洋淀之曲》由百花文艺出版社出版。

5月

13日，致冉淮舟信。信末自注：5月13日。载《幸存的信件》。最近觉得身体尚好，但夫人身体不太好，下乡也没有走成。

6月

6日，王林下午来家看望，应约拟去长白山。

14日，作家金近带领杨啸、王路遥、邱勋、赵沛四位同志拜访，谈关于对儿童文学创作的认识。

和几位儿童文学习作者谈话，谈话稿后整理即为《关于儿童文学》。文末附注：此系1964年6月对几位儿童文学作者的讲稿。1966年冬散失，今重获，略加整理发表。载1979年1月出版的《儿童文学研究》第1集。

> 按：金近（1915—1989），原名金知温，曾用名金汝盛，浙江上虞人，著名儿童文学作家。著有《金近童话集》等多种。1963年筹办《儿童文学》杂志，并任主编。

6月，写作论文《进修二题》。1978年8月于文末附注：以上系1964年6月一篇讲稿的断片，1966年冬季散失，今重获之，整理出来，投寄刊物，亦奇遇也。载1978年第5期《宁夏文艺》。

7月

25日，致冉淮舟信。信末自注：7月25日。载《幸存的信件》。

此时，天津南郊出现一种传染病，冉淮舟正在此参加社会主义教育运动。要冉注意健康，并说看了他发表的作品，在结构上有明显进步。

28日，冉淮舟致孙犁信。佚。

29日，王林下午来访，二人互赠花卉。孙犁告诉王林，《腹地》对民主集中制描写不够，对群众的抗日斗志描写也弱，应在修改时注意。

8月

3日，致冉淮舟信。信末自注：8月3日晚。载《幸存的信件》。

回复冉7月28日信。仍要注意疫情。给韩映山写了信，但尚未收到回信。最近在看鲁迅先生著作，略有收获。尚未看到万力在

《新港》上发表的评论《文学短论》的文章。《风云初记》英译本明年能印出,寄去一张在水上公园的照片。《文艺学习》仍无消息。

27日,上午去杨柳青,看看疗养院,觉得有点嘈杂,不愿在此修养。之后去钓鱼,瞻仰烈士纪念塔后回市里。

29日,致冉淮舟信。信末自注:8月29日下午。载《幸存的信件》。收到《文艺学习》样书。鼓励韩映山身体略恢复就出院。

8月,根据江苏省洞庭西山元山读者倪民扬对《铁木前传》的来信,百花文艺出版社开展对《铁木前传》的重新批判。这次批判的调门更高,有人甚至认为该书是"抹杀党的领导作用,丑化党团干部"的典型。

8月,《文艺学习》由作家出版社出版。依据《区村和连队的文学写作课本》油印原本,把后来删削的部分补进去,为此书最佳版本。除原有《前记》《油印本后记》《校正后记》外,又加《新版题记》。并附有《怎样体验生活》《和下乡同志们的通信》。

9月

5日,致冉淮舟信。信末自注:9月5日晚。载《幸存的信件》。

耳闻冉回津手续略有问题,今后注意。最近去了一次胜芳,回来后腹泻。关于所索字幅,自己觉得写得不好,但已买好两张宣纸,过几天写。

> 按:胜芳现属河北省霸州市,孙犁进入天津之前在此集中,并写了小说《蒿儿梁》。

7日,王林收到孙犁致其信,告之最近去了一次胜芳,但回来后累病了,"此次发烧出现一病状,不能不引起警惕。有一晚上,一合眼即觉灵魂要飞走,怕他不辞而别,只好睁大眼睛"。

16日,下午在家整理书,韩映山来访。给韩映山看一首写老伴儿的诗，大意为：

我与你，少年结发，媒妁之言，没猜也无爱。以致爱情升发，烽烟遍乡野，我一去八年。待中年归，两鬓已斑白。生离死别，我与你共担承。

另与韩谈及：要按照生活里的事写，不要投机取巧，不要迎合一时。在张岗搞土改，写了三篇小说，自认为《光荣》写得好；当时也有人在张岗写，挺轰动，可过后是错误的。按生活面貌写，作品基本都能编入集子。

19日，近来感觉身体有点弱，本日到医院检查身体。

19日，晚上，为冉淮舟写了三幅字，觉得都不理想，全舍弃了。

20日，致冉淮舟信。信末自注：9月20日晚。载《幸存的信件》。

领导上又为孙在昆明路找一套房，与画家马达为邻。马达已搬进去，自己也想搬，但附近有一所小学，觉得有点乱，就不愿搬了。今日是中秋节，希望冉多看乡下旷野的月。

按：孙犁在《悼画家马达》文中说了未能与马达结邻的事。

28日，韩映山下午来看望。与韩谈到生活和创作时说：要到生活中去，当然，光有生活还不够，主要是对生活的感受和态度，也就是对艺术的态度，不要投机。对生活、艺术，自己要有永远的基本观念。《光荣》小说比《荷花淀》好。《荷花淀》是（在地处黄土高原的延安）人们有点好奇，当时是听了一个来延安的同志讲的故事写的，原准备写成中篇小说。

10月

9日，致任彦芳信。信末自注：10月9日。载2009年7月10日《天津日报》。

收到任寄的诗集《帆》。

11月

8日，致冉淮舟信。信末自注：11月8日。载《幸存的信件》。

回复冉信：去蓟县一星期，天津日报社记者鹿占云陪同，写了两篇稿子，不拟发表。明天去保定，到冀西走走。见到韩映山了，看到他身体不错。任彦芳已回长春。

14日，由徐光耀陪同，游览满城县抱阳山，并拍照片留念。

15日，韩映山和八一电影制片厂编剧郑智一起来访。谈到写雁翎队时，说郑智可以好好写写，后来者居上。白洋淀出名，并不仅因为风景好，别的地方好风景很多，白洋淀出名是因为抗战时有过革命斗争。韩映山也可以学着写点剧本。曹禺的剧本好，语言精雕细刻。对某个作家，要从一个方面去学习，不能求全责备。

25日，致徐光耀信。信末自注：11月25日。载《孙犁书札：致徐光耀》，河北美术出版社2020年6月版。

认为浩然的《艳阳天》有生活、有情节、有语言、有人物。

30日，韩映山来访。谈到木匠出师之前，一定会让他看许多家具，否则学徒时期真不知道如何做家具。

12月

3日，致冉淮舟信。信末自注：12月3日晚。载《幸存的信件》。

回复冉信：此次出门共11天，在保定参观南大园、前辛庄两公社，文联同志招待甚好；去满城，过一亩泉，并游抱阳山；去安平，在老家呆一天，路过安国，本想去下过乡的长仕、于村，因犹豫未去。此次回去未写文章。回来读浩然新出单行本《艳阳天》，"我觉得很好，有人物、有情节、有艺术、有政策。……他的短篇我读得很少，得读此作，惊叹不已"。

按:目前所知,此为"文化大革命"前孙犁最后一次致冉淮舟信。

1965年　52岁

2月

2月,妻子病重入院。

19日,写作书衣文《明清藏书家尺牍》。文末自注:雨水,1965年2月19日。载1979年第1期《天津师院学报》。载《书衣文录》(增订本),孙犁著,人民文学出版社2013年9月版。

妻子患糖尿病入院,写了箴言。此日是农历节气雨水。

25日,王林来访。告诉王林,妻子王小丽的病相当危险,住院后才有好转。

5月

25日,几位工人作者联合写出了一篇批判《铁木前传》的长文。

8月

人民文学出版社1959年6月版《荷花淀》重印,收录《采蒲台》《荷花淀》《嘱咐》《光荣》四篇小说。编者作了批判,说是孙犁有时候描写过于细腻,缺乏强烈的战斗气氛,与战斗气氛不合。但后来的作品有了改进。

此乃不祥之兆。

夏季,去蓟县盘山。

9月

16日,王林晚上来访。妻弟大根从安平来,告诉王林,黄城村(孙犁妻的村庄)的老人还很想念王林。

18日,发表散文《烈士陵园》。文末自注:1965年9月。载1965年9月18日《人民日报》。

22日,夜里,孙犁妻子泻肚,病情加重。大女儿从石家庄来,看到母亲这样子,放声大哭。

23日,王林来看望孙犁夫人。谈到护士恶劣的工作态度。

23日,林呐见到王林,说前不久有人写了全盘否定孙犁作品的文章,投寄《红旗》杂志。《红旗》杂志准备刊登,在文艺部工作的浩然知道后提出缓登意见,说孙犁已经患病多年,看到后恐怕精神受不了。后来可能是更高级领导表态,文章就没有登。但林呐担心早晚有一天会刊登出来。

10月

3日,王林上午到杨循家。杨告诉王:孙犁表示,如果发妻去世,拟买800元棺木送回老家安葬,石坚很为难,怕有不良影响,打电话给杨,请他劝阻。王林认为不能当此"典型",几个老友可以组成治丧委员会。

3日,王林下午到孙犁家,劝阻买棺木。

3日,王林晚上到王亢之家,请王亢之劝阻孙犁买棺木。这些年,王亢之对孙犁多有照顾。

18日,王林来访。房管局给孙犁找了个新住处,下午一同去看。环境不好,楼下是吴佩孚部下的"遗老",过道里挂着傅增湘、潘龄皋的横匾,楼上是穿港式裤子的。

10月，赠给韩映山《十七史蒙求》，题字：1965年10月，谨以此书赠映山同志，冀能引起他学习历史的兴趣云，孙犁。

11月

25日，远千里、王林一起来访，并一起到医院看望孙犁夫人。

12月

19日，王林日记记载：晚九时亢之、许明夫妇来玩了会儿，嘱我注意孙犁同志，怕他因老伴病受影响。又说有急病可叫孩子找他们想办法。

1966年　53岁

1月

3日，王林晚上来访。

25日，王林陪路一下午来访。

2月

10日，写作书衣文《都门竹枝词》。文末自注：1966年2月10日。载《书衣文录》（增订本）。

15日，写作书衣文《金陵琐事》。上册文末自注：1966年时已54岁。下册文末自注：1966年2月15日。载1980年第1期《芙蓉》（文学丛刊）。载《书衣文录》（手迹），孙犁著，百花文艺出版社2015年5月版。

15日，写作书衣文《群芳清玩》。上册文末自注：1966年2月

15日。下册文末自注：1966年2月15日晚装竟想到。载1980年第1期《芙蓉》。载《书衣文录》（手迹）。

阅读旧书多，易养成无病呻吟之恶习。清新扬厉的句子，要多读当代作品。

5月

22日，下午，乘吉普车到干部俱乐部找王林，二人同看盛开的月季。送王林回家，王林送孙犁一盆蓓蕾初开的深红色月季花。

6月

26日，王林在日记中写道："上午林呐同志来扯了一会儿，他带着读者对《铁木前传》的批评给孙犁同志看。孙犁同志好像还在世外桃源。"

7月

29日，王林下午看完韩映山作品集《一天云锦》，认为韩映山是学孙犁的，万国儒也是学孙犁的，有点"孙犁风格"。所谓孙犁风格，王林说一般是指不写重大题材，回避矛盾，有意回避尖锐的、复杂的、火辣辣的民族斗争和阶级斗争，而只写新时代的新人物新事物新风光，再加一点儿女情；儿女情也是淡淡的，像一缕轻烟一般缥缈，引人入胜。正面人物也是淡淡的，有诗意，但无强烈的光芒和色彩。反面的人物却一个也不写，要写，也是轻轻叙述一下。建立在斗争哲学（辩证唯物论、矛盾论）上的无产阶级文学，固然不能提倡这种回避矛盾、回避斗争的风格，可是，社会主义里当然需要允许这种富有诗意的存在。与韩映山、万国儒散文不一样的是，冉淮舟"公然宣传了资产阶级唯美主义和修正主义人情味、人性论"。

8月

25日,天津日报社发生著名的"8·25"事件,在造反派威逼下,报社编委会被迫召开大会,宣布罢免张延和职务,张被戴高帽游街。孙犁被批斗。8月,天津日报社成立"文革"筹委会,经理部工厂成立"文革"筹委会,编委会成立"文革"筹委会。

夏秋之交,每天参加"学习"。家中藏书被机关造反派查封。

秋季,与报社中层以上干部一起,被"集中"在天津日报社院中。

秋冬之交,住室被造反派以"压缩"为名,强行隔断,书籍被抄。

冬季,被抄家若干次,文字稿件全部丧失。此后,家里又自抄一次,重病的妻子将一些本子、信件、朋友的照片全部投进火炉,住室文字几乎绝迹。

1967年　54岁

1月

2日,天津市改为中央直辖市。

1月,报社造反派与社会上群众宣布夺取报社权力。孙犁是走资派。

1月,反修兵团、"八一三兵团"等造反派冲击报社,造成报纸停刊。月底,军管会进驻报社。

市中学"红革会"冲击报社,9月份才撤出。

3月

1日,王林写关于主亢之的交代材料,认为王对孙犁多有照顾,但生活上关心多,政治上要求少。

6月

30日,第6期《惊雷》报纸在第3版一整版发表了几个工人联合署名的《彻底批臭大毒草〈铁木前传〉揪出反党黑作家——孙犁》,认为《铁木前传》"严重地歪曲了社会主义革命阶段、合作化时期的农村现实生活,散布了资产阶级'人性论'、'人情味',以阶级调和论,代替错综复杂的阶级斗争"。主要表现为粉饰阶级斗争,歪曲老解放区农村;歪曲贫农形象,攻击党的合作化政策;歌颂资产阶级,丑化无产阶级;诋毁毛主席《农业合作化问题》的英明论断,和毛泽东文艺思想唱对台戏。因此,这几位工人表示,前传是一棵反党反人民反社会主义的大毒草,是和毛泽东文艺思想唱反调的作品,后传将更加恶毒。几位工人作者最后坚决地表示:"我们的决心是:一定要把《铁木前传》这棵大毒草拔掉,搞臭!把反动学术权威黑作家孙犁彻底打倒!"

8月

天津日报社"8·25"事件一周年,"红革会"、报社造反派开会,把众多老干部揪到会场主席台进行批斗,并把批斗照片印到造反派小报上。孙犁就在被批斗者之列。

9月

9月,第10号《红旗战报》、第2号《海河》,都在第4版用了五分之四的篇幅,发表了天津工人业余文学社锣鼓评论组的《〈铁木前传〉鼓吹的是资本主义道路》,认为"孙犁在这株大毒草中借着反映农业合作化初期社会主义和资本主义两条道路的斗争,大肆鼓吹富农经济,宣扬资本主义,为新富农树碑立传,为复辟资本主义鸣锣开道"。《铁木前传》的时代背景,正是合作化高潮前夕,作为党内最大的走资本主义道路当权派的吹鼓手孙犁,企图通过这个小说,"达到否定群众走社会主义道路的积极性,阻止运动的迅速开展。这真是痴心妄想!"相对于社会主义终究要代替资本主义的客观规律,文章认为孙犁这个吹鼓手"终究是螳螂挡道,白费力气,社会主义的列车依旧轰轰烈烈地向前疾驶!"

1968年　55岁

1月

16日,天津日报社无产阶级革命大联合造反总部编印第20号《造反有理》,在第1版刊登孙犁受批判照片,且打有大叉号。照片旁边配发文字:反革命修正主义分子、旧《天津日报》编委、黑"作家"孙犁。

3月

《天津新文艺》在"毒草小说批判"专号中批判《铁木前传》。

1968年底,天津日报社与天津电台共同在北郊赵庄成立了干校,12月10日,孙犁带着行李,随所有人员到达干校,在四合庄参加劳动。

本时期,全家被迫迁居佟楼一间小屋里。

1969年　56岁

秋天，韩映山来看望。住在佟楼一间小南屋。老伴患糖尿病在床上躺着，小女儿孙晓玲在生火做饭。门前秋风吹落叶，很是凄惨。反而劝韩映山不要太固执。

1970年　57岁

4月

15日，妻子病逝。
夏季，至报社文艺组上班。做"见习编辑"的工作。

5月

2日，孙犁与赵文彬一起到王林家玩。

8月

30日，王林到北京军区找魏巍，为孙犁介绍新老伴。魏介绍了张保真。

9月

2日，王林请孙犁中午到家来，把魏巍夫妇介绍的张保真情况转达给孙犁。孙犁考虑后认为可以接触，就复信魏表示同意。
3日，开始发烧卧床。
5日，冉淮舟、王林分别找王曼恬，皆谈孙犁情况，约定明日下午三时找孙犁来谈谈。

6日，下午三时，冉淮舟、王林一起来看望，因发烧，没办法找王曼恬谈话。冉、王回复王后，王答应与政治部考虑孙犁工作安排问题。

13日，王林晚饭后来访，谈张保真之事。

20日，让小女儿孙晓玲给王林送一条鲤鱼。

10月

26日，思念逝去的妻子，作《悼内子》诗一首。诗末自注：1970年10月26日下午作。载1999年5月22日《天津日报》满庭芳。

按：诗存致傅瑛信中。

11月

1日，王林下午来访。告诉王林，王干之写了一篇锻铸厂六千吨水压机的报告文学，受到王曼恬的严厉批评。报社转业军人于振瀛写了一部有关海南岛的长篇小说，由王曼恬转给天津人民出版社，出版社不出，又转给天津日报社。于找孙犁谈过此小说。

12日，致王林信。信中说："昨接老魏来信，略谓：朱彪同志在北京开会……在电话中，朱彪同志主动说：王林同志孩子工作问题也要解决……"

按：老魏指魏巍。朱彪，时任天津警备区司令员。

12月

8日，下午看望王林。又谈于振瀛小说。

14日，下午看望王林。谈及孙晓玲由警备司令部分配到佟楼一军工厂劳动。

20日，儿子孙晓达结婚。

21日，请王林中午到家小饮。席间谈到工人作家蒋子龙。

1971年　58岁

1月

28日，致韩映山信。信末自注：1月28日晚。载《孙犁书札：致韩映山》。

简单介绍自己情况，上午到报社上班，下午回家做点家务事。张保真没有写小说。

> 按：孙犁与张保真结婚，系在1971年10月。此信提到张，疑写于1972年1月28日，或1973年1月28日。1972年春季以后才参加样板戏剧本写作，故似乎1973年1月28日写此信较合理。

5月

10日，致冉淮舟信。信末自注：5月10日。载《幸存的信件》。

> 按：信中提到"小说稿"，系"文革"前他交冉保存的一些稿件、照片等，其中包括《风云初记》第三集部分手稿，冉搜集到的已经发表过而尚未结集的一些作品，尚未发表过的一些稿件如《回忆沙可夫》《黄鹂》《石子》《左批评右创作论》《关于儿童文学》《进修二题》等。冉后来把这些稿件都交给孙犁，但不知为何后来《风云初记》手稿不见了。1981年编辑《孙犁文集》时，需要《风云初记》影印手迹，费了一番周折才从北京图书馆（国家图书馆）复印一页。

9月

18日,王林晚间来访。告诉王林,下周二(即9月21日)拟去石家庄结婚,与张保真举行婚礼。

10月

10月,与张保真结婚。

12月

2日,致冉淮舟信。信末自注:12月2日。载《幸存的信件》。
回复冉托人带来的信。张保真工作调动遇到困难,江西永修县说持相同理由的人很多,报社已经致函江西省组织组("文革"期间江西省革委会负责管理干部的机构,相当于现在的组织部、人事局),其他一切如常。报社很忙,每天很晚到家,加以最近发还书籍,要整理。

3日,致曾伏虎创作组信。信末自注:1971年12月3日。载2000年10月3日《天津日报》。署名"《天津日报》文艺组"。

> 按:信在飞雁《一封改变命运的信》一文中。飞雁(即张荣春)因身份问题,投稿困难,就以创作组名义投稿。飞雁,原名张荣春(1941—2002),河北束鹿(今辛集市)人。1975年调到廊坊工作。著有《自然孙犁》等。

12月,天津市京剧团创作组完成革命现代京剧剧本《芦花寨》(暂定名)。

> 按:《芦花寨》,赵大民编,后改名《芦花淀》。

1972年　59岁

1月

22日，致潘之汀信。信末自注：（1972年）1月22日。回复潘20日信。一切如常。

3月

20日，致陈乔信。信末自注：3月20日。载1998年12月30日《天津日报》满庭芳。

按：陈乔1972年春从湖北"五七"干校回到北京，参加工作。王林夫人刘燕瑾向孙犁介绍了陈乔的近况。孙犁信中介绍了自己的工作、生活、家庭情况。

信中大刘即刘燕瑾，原冀中火线剧社演员。刘燕瑾（1925—2012），满族，北京人。主演过歌剧《王秀鸾》等，参演过影片《葡萄熟了的时候》《昆仑山上一棵草》等，著有《火线剧社女兵日记》。

陈乔，河北安新县同口人，孙犁在同口教学时二人相识，是陈乔、李之琏亲自到孙犁家请孙犁参加革命的。

4月

7日，致冉淮舟信。信末自注：4月7日。载《幸存的信件》。已到安平。需要多住一个时期，犯了痔疮，不能远行，因此不去白洋淀了。

按：不久即被召回，奉命参加天津市京剧"样板戏"创作。

21日，王曼恬上午在中国大戏院接待室主持座谈京剧剧本《芦花寨》的修改问题，指定孙犁负责将此剧改好。

28日，孙犁提出对《芦花寨》伤筋动骨的意见。原作者不同意。

29日，上午又参加《芦花寨》修改小组会，孙犁说抗日时写这种剧合情合理，现在写有点忘记当时的事情了。

5月

5日，继续参加《芦花寨》剧本修改会。

24日，孙犁与赵大民一起乘汽车到安新县。

25日，乘船到寨南村。陆续到王家寨、郭里口等，先后访问了抗日老战士熊管、刘诚、曹阳、赵大珠、曹真、张小霞、槐泽民等。

6月

4日，访问雁翎队老指导员槐泽民。

5日，继续讨论京剧剧本提纲。

11日，移住到王家寨。

18日，致魏金波信。信末自注：6月18日。载1987年第6期《散文世界》。

读完魏金波的诗，觉得思想好，反映当前题材，并能运用群众语言。但在形式上、语言上还是一般化。

20日，回到天津。

7月

2日，王林、刘燕瑾夫妇上午来访。

8月

6日，致韩映山信。信末自注：8月6日。署名孙犁、张保真。

载 1979 年第 1 期《莲池》，题为《孙犁书简》。载《孙犁书札：致韩映山》。

谈《白洋淀》剧本提纲被否。

22 日，致韩映山信。信末自注：8 月 22 日。载 1979 年第 1 期《莲池》，题为《孙犁书简》。载《孙犁书札：致韩映山》。

剧本事情又紧急了。

23 日，参加天津市讨论样板戏剧本会议。

9 月

19 日，上午又参加京剧剧本提纲讨论。下午，去看望来津的魏巍夫妇。

10 月

1 日，致韩映山信。信末自注：国庆节。署名孙犁、张保真。载 1979 年第 1 期《莲池》，题为《孙犁书简》。载《孙犁书札：致韩映山》。

一切如常，上班、弄剧本。

24 日，致陈乔信。信末自注：10 月 24 日。

令爱在天津读书，希望常来玩。

11 月

27 日，致韩映山信。信末自注：11 月 27 日。载 1979 年第 1 期《莲池》，题为《孙犁书简》。载《孙犁书札：致韩映山》。

看了韩的小说。剧团近来无事。

11 月，写作书衣文《艺舟双楫》（古今书室排印本）。文末自注：1972 年 11 月于多伦道宿舍；此则为此番包书题字之首作，可记也。

1979年10月再识。载1980年第1期《柳泉》（文艺丛刊）（创刊号）。载1986年3月29日《天津日报》满庭芳。载《书衣文录》（增订版）。

  按：1972年与此书重见。此时已回到原住处。

  11月，写作书衣文《广艺舟双楫》。文末自注：1972年11月于多伦道宿舍。

  文末附记：此证余已搬回原住处，然身处逆境，居已不易。花木无存，荆棘满路。闭户整书，以俟天命。载《书衣文录》（增订版）。

  11月，写作书衣文《六十种曲》。文末自注：1972年11月。载1980年第1期《河北大学学报》（哲学社会科学版）。载《书衣文录》（增订版）。

  书籍之厄为水火兵虫，然书能使人生命无极。佳书必能永存，劣书必定命短。

12月

  6日，致韩映山信。信末自注：12月6日。载《孙犁书札：致韩映山》。

  20日，致陈乔信。信末自注：12月20日。

  按：托付田间孩子长生的事情。

  1972年，写作京剧剧本《莲花淀》。文末自注：1972年。载1979年第2期《莲池》。

1973年　60岁

1月

28日，致韩映山信。信末自注：1月28日。

上午到报社上班，下午回家做点家务事。张保真没有写小说。

  按：孙犁与张保真结婚，系在1971年10月。此信提到张，疑写于1972年1月28日，或1973年1月28日。

  此信内容，与《孙犁书札：致韩映山》所列1971年1月28日内容相同，《芸斋书简》(山东画报出版社1998年6月版)列入1973年，似乎更合理。

31日，致韩映山信。信末自注：1月31日下午。载《孙犁书札：致韩映山》。

最近多头晕目眩，二女儿和小女儿的事情(指婚姻)也许各个解决。

3月

6日，写作书衣文《全唐文纪事》(下)。文末自注：1973年3月6日瓶书斋整藏下午四时。载《书衣文录》(手迹)。

  按：第1次出现瓶书斋。

7日，致韩映山信。信末自注：3月7日灯下。载《孙犁书札：致韩映山》。

王曼恬又让改剧本，不知怎么了却此公案。也想出外走走。同时，也给曹彦军写了回信。

7日，致曹彦军信。信末自注：3月7日晚。载2003年2月7日《天津日报》满庭芳。

1972年从白洋淀回到天津，没及时回信。在(安新县)寨南村时，胡大兰对孙犁很好，代问她好，也问郭里口村等干部好。学习写作，要多读书，多写作。

  按：曹彦军，白洋淀地区作者，孙犁1972年在白洋淀体验生活准备写京剧时，曹多有陪同。

4月

13日，写作书衣文《三唱集》。文末自注：1973年4月13日。载1980年第1期《柳泉》。载《书衣文录》(增订版)。

此为远千里诗集，孙犁题写书名。平时交友，并不太问别人的郡望、资历等等，对远的很多怀念，就是这本诗集了。待时机合适要写纪念远的文章。

  按：1976年12月7日，孙犁写了《远的怀念》。

5月

13日，致韩映山信。信末自注：5月13日。载《孙犁书札：致韩映山》。

尝试写了京剧剧本，整理出三场，供人家参考。

17日，致冉淮舟信。信末自注：5月17日，又及。载《幸存的信件》。

回复冉15日信。甚惦念其身体，可转到保定疗养最好。自己一切如常，上半日班，下午在家，一如既往。能否找一本全本《风云初记》。

6月

9日，致冉淮舟信。信末自注：6月9日。载《幸存的信件》。

看到冉淮舟长篇小说《建设者》片段，提了意见，语言精练，感情激动，人物鲜明。但小说主要矛盾要有时代和生活典型性，景物描写适当控制，每章一个中心。一切如常，所拟剧本提纲，已成7节，然京剧团拿去3节，迄不知下落，打电话也不送回，颇担心其弄丢了。

21日，致韩映山信。信末自注：6月21日上午。载《孙犁书札：致韩映山》。

一切如常。看了冉淮舟的小说，笼统提了一些意见：文字好，风景描写多，主要矛盾缺乏时代典型性，与主角性格结合得不很好。行文松散，每章没有一个中心结构。

21日，致曹彦军信。信末自注：6月21日上午。载2003年2月7日《天津日报》满庭芳。

请代问白洋淀接待自己的人好。写了剧本《莲花淀》，要把它写完。

7月

16日，致刘怀章、冉淮舟信。信末自注：7月16日。载《幸存的信件》。

请二人来家里商量小女儿婚姻之事。

25日，致王林信。信末自注：7月25下午。

> 按：主要是与王谈花。此信未见各家版本收入，全录如下。

王林同志：

来函敬悉，蟹爪兰事，考虑再三，还是在府上再养一年为宜，因为搬运工人虽在手下，然此君养花用科学方法，近已弄死两盆。她用浓度化肥，她喜欢那盆——也就是长势好的——上的越多，因此死的也干脆，简直一点救性也没有，只好拔去。你费心养了这些年，长的又这样好,一到敝处,凶多吉少。这只好徐徐图之了。至于盆小,下瓦房有卖大盆的,换时就敲碎原有的,不能倒。

另外,你想法给我弄一小盆红色的令箭荷花,白色的,我实在喜爱。

专此

敬礼

孙犁

(1973年)7月25下午

8月

8日,致陈乔信。信末自注:8月8日晚。载1998年12月30日《天津日报》满庭芳。

同口一个学生叫陈季衡,新近来联系。不久前伤手较重,正在家休息。

按:致韩映山信也说受伤(见1973年10月6日致韩映山信)。《天津日报》置此信于1975年,误。

9月

26日,致张义书信。信末自注:9月26日。载1987年第6期《散文世界》。

回复张23日信。建议张多写新诗。

10月

1日,写作书衣文《小说旧闻钞》。载1980年第1期《芙蓉》。载《书衣文录》(增订版)。

费慎祥印本,版权页有鲁迅印章。

6日,致韩映山信。信末自注:10月6日下午5时。载《孙犁书札:致韩映山》。

7月间不慎伤手,缝五针养一个月,迄今手臂不灵活。

10月,到蓟县住了二十多天。看盘山烈士陵园,拜访老游击队员。

11月

20日,致韩映山信。信末自注:11月20日晚。载《孙犁书札:致韩映山》。

12月

21日,写作书衣文《中国小说史略》(1932年8版)。文末自注:时1973年12月21日晚,瓶书斋于炉边题,室内十度,外传零下十四度云。载1979年第2期《长城》(文学丛刊)。载《书衣文录》(手迹)。

凡书物与人生等,聚散实无常,屡收屡散,亦是平常,收之艰亦不免散之易,收之易更无怪散之易也。

按:此书系孙犁在保定上中学时,购于天华市场(也叫马号)。是他保存下来买的书最早的一本,故而感慨。

21日,写作书衣文《一周间》。文末自注:1973年12月21日晚题。载1979年第2期《长城》。载《书衣文录》(增订版)。

附存作者写作经验,系当年在家中闲住时,从《大公报》剪下贴于废册者也。

按:此书系孙犁在北京流浪时购于荒摊,青少年时代买的书,保存下来的仅次于《中国小说史略》。

1974年　61岁

1月

2日，写作书衣文《鲁迅书简》（许广平编）。文末自注：1974年1月2日晚间无事记。载1980年第1期《河北大学学报》（哲学社会科学版）。载《书衣文录》（增订版）。

此次书劫，凡书目及工具书，皆为执事者攫取，偶有幸存，则为爱惜用纸包书衣者。

2月

2月，写作书衣文《蓟汉昌言》。文末自注：瓶书斋装于1974年2月，星期日，值寒流北来，大风，不能外出。载《书衣文录》（手迹）。

按：该书系《章氏丛书续编》之七，章氏国学讲习会印行，单行本。

4月

8日，王林倩人送小盆玻璃翠，放到廊中向阳处，甚感新鲜。

10日，又写作书衣文《六十种曲》。载1980年第1期《河北大学学报》（哲学社会科学版）。载《书衣文录》（手迹）。

第1册文末自注：瓶书斋重修于1974年4月。时甫从京中探望老友，并乘兴游览八达岭及十三陵归来。

第2册文末自注：1974年4月重修。署名纵耕。

第3册文末自注：重修于1974年4月。署名瓶书斋。

第4册文末自注：1974年4月于天津多伦道寓所重修。署名瓶。

第 5 册文末自注：1974 年 4 月 10 日于灯下重修，时年六十有二矣。署名瓶书。

> 按：节遇清明，孙犁今晨黎明起床，在户外窗下种葫芦、豆角。

第 6 册文末自注：重修于多伦道宿舍，1974 年 4 月。

第 10 册文末自注：瓶书斋再装于 1974 年春。

第 11 册文末自注：瓶书斋重装于 1974 年。

第 12 册文末自注：瓶书斋再装于 1974 年 4 月。

> 按：1972 年 11 月有记，请参阅该年、月记述。

22 日，写作书衣文《马哥孛罗游记》。文末自注：1974 年 4 月 22 日上午记。载 1980 年第 1 期《河北大学学报》(哲学社会科学版)。载《书衣文录》(手迹)。

书籍发还时，尚在佟楼小屋住，书籍无处放，就送韩映山、艾文会、李克明等人。此书过去已赠送保岱，李克明想回市里，为其办事者想要此书，就让保岱从沧县送回，但李的事已经办不成，此书就留在自己处了。

> 按：《书衣文录》增订版隐去保岱，且写作日期错植为 26 日。

24 日，写作书衣文《潜研堂文集》。上册文末自注：1974 年 4 月 24 日记。下册文末自注：1974 年 4 月 24 日晚，瓶书斋修订记。载 1980 年第 1 期《芙蓉》。载《书衣文录》(手迹)。

于下册言：能安身心，其唯书乎！

25 日，写作书衣文《李太白集》(国学基本丛书本)。载 1980 年第 1 期《芙蓉》。载《书衣文录》(手迹)。

上册文末自注：1974 年 4 月 25 日下午记。

见书面题记，此书购于 1951 年，为进城后首置图籍之一。25 年三津沉浮，几如一梦。大乱后能从容为它修饰，感慨万千。

下册文末自注：1974 年 4 月 25 日下午记于瓶斋。

惜书如命，但书籍也散聚反复。

27日，致韩映山信。信末自注：4月27日上午。载《孙犁书札：致韩映山》。

李克明的事情没有办成，也很久没看到冉淮舟了。

30日，康濯儿子来访，言康濯出门上公共汽车，被挤下车摔断腿。

4月，写作书衣文《西游记》。文末自注：1974年4月。载1979年第1期《天津师院学报》。载《书衣文录》（增订版）。

青年人不知道爱护书，不知道读书之难。并作书箴。谓晚年不争什么，只想读书而过，对书要爱护备至，且"勿作书蠹，勿为书痴。勿拘泥之，勿尽信之"。

4月，写作书衣文《荡寇志》。文末自注：1974年4月修补后记。载1979年第1期《天津师院学报》。载《书衣文录》（增订版）。

此书借给一在部队同乡看，归还时油污多处，故而为此修补。又借给他小木板《笑林广记》一部，人家也不归还了。

4月，去北京一次，看了几个老同志田间、康濯、陈肇等，并乘兴浏览了长城及十三陵。十来年没到北京了。

5月

1日，写作书衣文《尔雅义疏》。载1980年第1期《芙蓉》。载《书衣文录》（手迹）。

上册文末自注：1974年5月1日，瓶斋记。

此书购于鬼市，想扔未扔。昨晚为家人朗诵白居易书信三通，杜门隐几，块然自居。

下册文末自注：1974年5月1日上午记。

拟问问同院一文姓邻居，前曾被推下楼，大腿骨折，如何恢复，把经验告诉康濯。

8日，写作书衣文《郑文学史》。文末自注：1974年5月8日，记于灯下，思前想后，心胸堵塞，甚不舒也。载《书衣文录》(增订版)。

《郑文学史》即郑振铎著《插图本中国文学史》。本日不适未上班。未曾正式读过文学史，不喜欢郑氏语言文字。

13日（农历四月二十二日），孙子孙瑜在天津出生。

5月，写作书衣文《越缦堂读书记》。载《书衣文录》（手迹）。

上册文末自注：瓶斋记，1974年5月。

昨日翻检藏书，觉得草乱，"书目书，既不知为何人掠去，而近又喜翻旧籍，即以此备参考之用云"。

下册文末自注：瓶斋，1974年5月，时年六十有二矣。

6月

4日，写作书衣文《宋词选》。文末自注：1974年6月4日上午记。载1980年第1期《芙蓉》。载《书衣文录》（增订版）。

别人要借此书，恐其有失，包两层纸保护。

7月

2日，下午，冉淮舟携孙犁题字的《风云初记》来，前些时致冉信寻找此书。其时很难找到书，冉就把孙犁题赠给自己的书带来了。

4日，写作书衣文《风云初记》。文末自注：4日上午记。载1979年第2期《长城》。载《书衣文录》（增订版）。

对自己的小说，向不重视，想稍加整理，借慰晚年，却找不到底本，文字之劫浩大。此书当时为批判者持去，不看内容，只看书名宣布有罪，且重字数，字数越多罪越重，因字数多稿酬多，以此激起群众"义愤"。

4日，写作书衣文《战争与和平》。文末自注：1974年7月4日灯下记。载1980年第1期《柳泉》。载《书衣文录》（增订版）。

进城后买外国小说少，此类大著略备数种，但读后不记其详节，并言："余幼年，从文学见人生，青年从人生见文学。今老矣，文学人生，两相茫然"。

6日，写作书衣文《宣和遗事》。文末自注：1974年7月6日上午，瓶记。载《书衣文录》（手迹）。

此书购时就有油污，又十年播迁，"峻涧浅滩，逝水如斯，宋人话本，实亦历史之涛声乎？"

12日，写作书衣文《东坡逸事》。文末自注：1974年7月12日晚，为此书修破脊，后又发现一张包货之纸，遂包饰之。载1980年第1期《芙蓉》。载《书衣文录》（手迹）。

此杂书中之杂书，因其字大行稀未丢弃；觉得自己犹豫不决，值大事恐不能决断。

13日，写作书衣文《天方夜谭》（文言译本）。文末自注：1974年7月13日。载1979年第1期《天津师院学报》。载《书衣文录》（增订版）。

此书购自天祥市场，摊贩配全也。此次阅读数篇，年老不愿读小说，非必认小说为谎言也，"人陷于情欲，即如痴如盲，孽海翻腾，尚以为风流韵事也"。

13日，写作书衣文《三姊妹》。文末自注：1974年7月13日。载1980年第1期《芙蓉》。载《书衣文录》（增订版）。

此书购于南市摊贩。

8月

17日，写作书衣文《历代诗话》。载《书衣文录》（增订版）。

上册文末自注：1974年8月17日。

近两年家庭风波时起，自己犹豫不决，恐怕要决裂（离婚）。

下册文末自注：同日夜记。

自己既不豁达又不能忍，思想痛苦越陷越深。

17日，写作书衣文《脂砚斋〈红楼梦〉辑评》。文末自注：1974年8月17日晚记。载《书衣文录》（增订版）。

深念情欲惑人，踏入时黑白不辨，及至感到脚下泥泞，已愈拔愈深。

27日，写作书衣文《静静的顿河》。文末自注：1974年8月27日下午记。载1980年第1期《柳泉》。载《书衣文录》（增订版）。

此系进城后所购第一批书之一，发票显示时间为1954年9月，托杨玉玺所购。大批购书当在1959年养病归来以后。院内青少年整日无所事事，不读书。

30日，致韩映山信。信末自注：8月30日。载《孙犁书札：致韩映山》。

9月

回安平县，住将近1个月。后因胃病，到石家庄休息数日。以国庆节日临近，恐火车拥挤，乃返津。原拟到保定，因修公路而未去。

9月，在石家庄《河北文艺》杂志社与田间、李满天见，初识吴泰昌。

10月

11日，致韩映山信。信末自注：10月11日。载《孙犁书札：致韩映山》。

谈安平县之行。

11月

23日，写作书衣文《鲁迅小说里的人物》。文末自注：1974年11月23日，瓶记。载1980年第1期《芙蓉》。载《书衣文录》(手迹)。

鲁迅光明照人，自署遐寿者投靠敌人，甘做汉奸，恬不知耻，敢欺天道！

24日，写作书衣文《越缦堂詹詹录》。文末自注：1974年11月24日。载1979年第1期《天津师院学报》。载《书衣文录》(手迹)。

鲁迅先生虽对《越缦堂日记》有微词，然观其文字，叙述简洁，描写清丽，所记事端，均寓情感，比翁文恭、王湘绮等人日记读来有兴趣。此公当时为大名士，其实，在当时，所谓名士，喜怒笑骂，都是有为而发，并能得到价钱，且能得到官做。细读清朝公私文书，此点甚明。所谓一时代有一时代风习也。

30日，写作书衣文《怀素自叙帖真迹》。文末自注：1974年11月30日即用肇公纸包装之。载1979年第1期《天津师院学报》。载《书衣文录》(增订版)。

去年托陈肇买此书，其即念念不忘，现在从故宫寄来，此为近年新购书之第1本。

30日，写作书衣文《宋人轶事汇编》。载《书衣文录》(增订版)。

上册文末自注：瓶斋藏书，1974年11月30日用肇公寄书包裹纸装之，室外小雨，室内颇静。

此册书缺195页、196页。

下册文末自注：瓶斋藏书。

此册书缺173页、174页。

11月，写作书衣文《春渚纪闻》。文末自注：11月某日。载1979年第1期《天津师院学报》。载《书衣文录》(增订版)。

冬季又头晕休息，并感冒。商务此种版本，颇便利老年人阅读，尚有《齐东野语》一部。

12月

10日，写作书衣文《清平山堂话本》。文末自注：1974年12月10日瓶斋。载2004年1月6日《天津日报》满庭芳。载《书衣文录》（增订版）。

10日，写作书衣文《唐人选唐诗》。文末自注：1974年12月10日瓶斋装灯下。载《书衣文录》（增订版）。

14日，写作书衣文《〈学生字典〉商务版》。文末自注：1974年12月14日时屋内颇暖。载1986年3月29日《天津日报》满庭芳。载《书衣文录》（增订版）。

此次大部头辞书都被掠去，只留此小字典。

15日，写作书衣文《随园诗话》。文末自注：1974年12月15日。载1980年第1期《河北大学学报》（哲学社会科学版）。载《书衣文录》（增订版）。

束鹿县一青年前年来访，看到有复本，遂索去石印本，亦欣然赠之。

按：束鹿县，现河北省辛集市。

17日，写作书衣文《骨董琐记全编》。文末自注：1974年12月17日下午散步归来记。载1980年第1期《芙蓉》。载《书衣文录》（增订版）。

此书购置较早，其后大量收集旧书，《津门小集》有篇引用此书文字，被某公大感失望，"此公大有识力，有预见，目前恐已绝望于余矣。呜呼！"

21日，写作书衣文《古今注·中华古今注·苏氏演义》。文末自注：

瓶斋 1974 年 12 月 21 日以废纸装之，时室外甚寒。载《书衣文录》（手迹）。

21 日，写作书衣文《吹剑录全编》。文末自注：瓶斋 1974 年 12 月 21 日以保真携来废纸装。载《书衣文录》（手迹）。

28 日，写作书衣文《辞海》。文末自注：1974 年 12 月 28 日晚。载 1979 年第 2 期《长城》。载《书衣文录》（增订版）。

《辞源》及《中国人名大辞典》既失，幸此书及《汉语词典》在。此次辞书及书目书失者甚夥，盖执事者多原来书贩，知何书与彼业务有关，何书易出手卖钱。所不及料者，唯包皮或有图章者幸存。

29 日，写作书衣文《海上述林》（上卷）。文末自注：1974 年 12 月 29 日记。载 1979 年第 10 期、第 11 期合刊《长春》。载《书衣文录》（增订版）。

在同口小学教书时，每月 20 元薪给，节衣缩食，从上海邮购书籍。最贵者就是此书。1937 年暑假，带回安平老家。因投身抗日参加八路军，汉奸带领日本鬼子到家里搜查，书都被毁。1949 年进入天津，杨循管接收，和李湘洲去看望杨，见书架上有两册此书，就拿了一本较旧者——就是此书。书中有"过时的人物"一语，其实，青年人要赶上时代，也是使命使然。然车在前进，人有执鞭者，有乘客，有坠车伤毙者，有中途下车者，有终达目的者——虽遭遇不同，然时代仍奋进不停。回忆在同口教书时，小镇危楼，夜晚，校内寂无一人。荧荧灯光之下：一板床，床下一柳条箱。余据一破桌，摊书苦读，每至深夜，精神奋发，若有可为。至此已 39 年矣。

> 按：此则书衣文在孙犁所有书衣文中，文字长度罕见。涉及孙犁早年在同口教书、阅读等情况，也涉及其参加革命历程，特别是对青年人在革命途中不同的命运，更有感慨。

12 月，写作书衣文《藕香零拾》（丛书第 6 册）。文末自注：

1974年12月。载《书衣文录》(增订版)。

梦中屡迷还乡路，愈知晚途念桑梓。

12月，写作书衣文《增评补图〈石头记〉》(下册)。文末自注：1974年12月。载1979年第1期《天津师院学报》。载《书衣文录》(增订版)。

购买此书数次，因不是相同版本，仍是残册，不配套。

1975年　62岁

1月

4日，写作书衣文《全宋词》(一)。文末自注：瓶斋1975年1月4日装。载《书衣文录》(手迹)。

此集为残存书中最清洁完整者。

16日，写作书衣文《全宋词》(二)。载《书衣文录》(手迹)。

伊（大概指续弦）早起外出，晚八时回，发生争执，惊动邻居李君（李此时为孙犁的行政组长、支部书记），声言离婚。

18日，写作书衣文《全宋词》(三)。文末自注：1975年1月18日。载《书衣文录》(手迹)。

人知珍惜自身名声，即知珍惜他人感情，亦能知珍惜万物。

21日，写作书衣文《敦煌古籍叙录》。文末自注：1975年1月21日上午装，室外飞雪。载1986年3月29日《天津日报》满庭芳。载《书衣文录》(增订版)。

24日，写作书衣文《版本通义》。文末自注：1975年1月24日晚记。载1980年第1期《芙蓉》。载《书衣文录》(增订版)。

昨日大雪，今天应约到梁斌家聚会，参加者皆1938年所认识，抚今思昔，不胜感慨。

24日，致冉淮舟信。信末自注：1月24日晚。载《幸存的信件》。

请代买《唐才子传》（任何版本）、谢无量《中国大文学史》、《管子》。

25日，写作书衣文《毛诗注疏》（国学基本丛书）。文末自注：1975年1月25日上午装后随记，又记。载1980年第1期《河北大学学报》（哲学社会科学版）。载《书衣文录》（增订版）。

商务印书馆对传播中外文化，甚有功绩，所印书质量也佳。开明书店、北新书局、真美善书店、生活书店等印书各有特点。对商务版国学丛书进城时不太关注，时下却版本难觅矣。

25日，写作书衣文《癸巳类稿》。文末自注：1975年1月25日。载1980年第1期《芙蓉》。载《书衣文录》（手迹）。

张保真代买包装纸。

25日，写作书衣文《诸子平议》。文末自注：1975年1月25日下午记。载1980年第1期《芙蓉》。载《书衣文录》（手迹）。

此即清代学术，今日读之昏然欲睡。

27日，写作书衣文《钦定元王恽承华事略补图》。文末自注：1975年1月27日下午装讫记。载1980年第1期《芙蓉》。载《书衣文录》（增订版）。

按照鲁迅日记书账购买书，鲁迅先生日记中此书无"补图"二字。看列表诸馆臣名，已系清朝末年，国事日非，空存形式，敷文偃武，皆成点缀耳。

28日，写作书衣文《唐阙史·萍洲可谈》。文末自注：1975年1月28日上午晴窗下记。载1980年第1期《柳泉》。载《书衣文录》（手迹）。

《唐阙史》，唐代高彦休撰；《萍洲可谈》，宋代朱彧撰。二者被包衣时合装为一册。

28日，写作书衣文《能改斋漫录》（上、下）。文末自注：1975年1月28日上午记。载1980年第1期《柳泉》。载《书衣文录》（手迹）。

上册：此书在抗战期间商务印于长沙，不知何补于抗战，"时余在敌后，刻写蜡纸，油印小报刊，以动员群众。当时文献，少有存者"。

下册：昨晚，再淮舟送来此书。颇残破，并谈及时下需书之多，购书之难。

28日，写作书衣文《夷坚志》（一）。文末自注：1975年1月28日上午装讫记。载1980年第1期《柳泉》。载《书衣文录》（手迹）。

书之境遇如人之遇。

31日，写作书衣文《凌濛初初刻拍案惊奇》（上、下）。载1979年第1期《天津师院学报》。载《书衣文录》（手迹）。

上册文末自注：1975年1月31日装。

此书原有图章，也许因为图章而未失去。

下册文末自注：1975年1月31日。

藏书最初被加封条，后移于后室，有人来打包，最后大卡车搬走。一管事者乃歌舞美人，要冉淮舟传话请她客，斯亦奇遇，可列入初编也。

31日，写作书衣文《凌濛初二刻拍案惊奇》（上、下）。载《书衣文录》（手迹）。

上册文末自注：纵耕藏书，1975年1月31日下午。

书籍书画，瓷器文具，被拉走后被不同的人保管。书籍损失多，书画损失少但有污染，器具保存毫无损失，此可看出管理此事者人品。

下册文末自注：纵耕藏书。

此人情之小说。

2月

1日，写作书衣文《聊斋志异》（中）。文末自注：1975年2月1日下午偶记，附记。载1986年3月29日《天津日报》满庭芳。载《书衣文录》（增订版）。

此为奇作，百读不厌。然蒋瑞藻在《小说考证》中却说千篇一律。附记：整理此条书衣文时，再查《小说考证》，查不到蒋氏说法。

3日，写作书衣文《蒲松龄集》（上）。文末自注：1975年2月3日睡起记，1975年2月3日下午，院内小孩，争放炮竹。载1986年3月29日《天津日报》满庭芳。载《书衣文录》（增订版）。

蒲氏聊斋小说自是绝异，其他诗文系成此大功之准备。惜此集未收其家政内外等篇。

4日，续写作书衣文《蒲松龄集》（上）。载1986年3月29日《天津日报》满庭芳。载《书衣文录》（增订版）。

午睡时有人门缝留条，似聊斋之小狐。晚7：30时，正看此书，地震。

5日，写作书衣文《小说考证》（上、下）。文末自注：1975年2月5日中午，装书避嚣，纵耕堂。载1986年3月29日《天津日报》满庭芳。载《书衣文录》（手迹）。

5日，写作书衣文《小说枝谈》。文末自注：1975年2月5日晚记。载1980年第1期《芙蓉》。载《书衣文录》（手迹）。

中午装完《小说考证》再无纸，晚用市委宣传部春节慰问病号水果包装纸包裹此书。

6日，续写作书衣文《本草纲目》。文末自注：1975年2月6

日晚记。载 1980 年第 1 期《芙蓉》。载《书衣文录》（增订版）。

此科学巨著，认真从事，坚持不懈，惨淡经营，并有识见之力；装聊斋集，已有此感。修书排遣烦恼，而根源不除，烦恼将长期纠缠于身。

7 日，续写作书衣文《全宋词》（四）。文末自注：1975 年 2 月 7 日中午记。载《书衣文录》（增订版）。

王林评自己多思而寡断。

8 日，写作书衣文《植物名实图考》。文末自注：纵耕堂，1975 年 2 月 8 日。载《书衣文录》（手迹）。

先得长编后于旧书肆购此本。

8 日，写作书衣文《植物名实图考长编》。文末自注：1975 年 2 月 8 日晚。载《书衣文录》（手迹）。

9 日，写作书衣文《全宋词》（五）。文末自注：1975 年 2 月 9 日，五册包毕。载《书衣文录》（手迹）。

14 日，到报社上班。

16 日，上午为人改通讯稿一篇。外孙小宏来，心内怡悦。下午包书。

16 日，写作书衣文《西湖游览志》。文末自注：纵耕堂，1975 年 2 月 16 日晚记。载 1986 年 3 月 29 日《天津日报》满庭芳。载《书衣文录》（手迹）。

20 日，写作书衣文《东城杂记》。文末自注：孙犁装，1975 年 2 月 20 日午饭后，雨水节后一日。载《书衣文录》（手迹）。

22 日，写作书衣文《龚自珍全集》。文末自注：1975 年 2 月 22 日。载 1986 年 3 月 29 日《天津日报》满庭芳。载《书衣文录》（增订版）。

夜里梦中惊呼，彻夜不安。

3月

1日,写作书衣文《录鬼簿》。文末自注:纵耕书室,1975年3月1日。载《书衣文录》(手迹)。

5日,写作书衣文《北游录》。文末自注:双芙蓉馆藏书,1975年3月5日装。载1980年第1期《芙蓉》。载《书衣文录》(手迹)。

传言7日地震,家人准备好避身之地。

> 按:此处出现双芙蓉馆。

6日,写作书衣文《大唐三藏取经诗话》。文末自注:1975年3月6日灯下。载1980年第1期《芙蓉》。载《书衣文录》(手迹)。

7日,写作书衣文《扬州画舫录》。文末自注:双芙蓉馆藏书,1975年3月7日装。载1980年第1期《芙蓉》。载《书衣文录》(手迹)。

邻居送信今晚将有地震。

7日,写作书衣文《永宪录》。文末自注:双芙蓉馆藏书,1975年3月7日。载《书衣文录》(手迹)。

传言今晚有四级地震。

8日,致韩映山信。信末自注:3月8日上午。载《孙犁书札:致韩映山》。

和张保真基本决裂,一个人居住。

8日,写作书衣文《琉璃厂小志》。文末自注:1975年3月8日装。载1980年第1期《芙蓉》。载《书衣文录》(增订本)。

尚有此人所著《贩书偶记》,书发还后送给同事达生。

> 按:达生,原名生寿凯,毕业于北京大学中文系,曾任《今晚报》副刊部主任。

8日,写作书衣文《天府广记》。文末自注:1975年3月8日。载1980年第1期《芙蓉》。载《书衣文录》(增订版)。

传言昨夜地震,和衣而睡而无事,继续包书。

11日,致韩映山信。信末自注:3月11日中午。载《孙犁书札:致韩映山》。

谈对张保真的看法,以及她与前夫的关系。

> 按:张与孙犁离婚后,很快与前夫张桂复婚。

11日,写作书衣文《晏子春秋集释》(上)。文末自注:双芙蓉馆藏书,1975年3月11日。载1986年3月29日《天津日报》满庭芳。载《书衣文录》(手迹)。

> 按:《天津日报》发表时无写作时间。增订版词条后无自注写作日期,发表时顺序却在三月份之前。

11日,写作书衣文《京师坊巷志稿》。文末自注:1975年3月11日,灯下装。载1986年3月29日《天津日报》满庭芳。载《书衣文录》(增订版)。

时只闻壶水沸声,其他情景,不可知也。

11日,写作书衣文《明宫史》。文末自注:1975年3月11日灯下。载1986年3月29日《天津日报》满庭芳。

尚有海山仙馆印行的《酌中志》。

12日,写作书衣文《明清笔记谈丛》。文末自注:双芙蓉馆藏书记,1975年3月12日。载1980年第1期《芙蓉》。载《书衣文录》(手迹)。

13日,写作书衣文《新译红楼梦回批》。文末自注:善闇室藏书记,1975年3月13日。载《书衣文录》(手迹)。

13日,写作书衣文《茶余客话》(上)。文末自注:双芙蓉馆藏书记,1975年3月13日。载1986年3月29日《天津日报》满庭芳。载《书衣文录》(手迹)。

昨晚新纠纷起,甚困惑。

13日,写作书衣文《七修类稿》(上)。文末自注:纵耕堂藏书记,1975年3月13日。载1986年4月2日《天津日报》满庭芳。载《书衣文录》(手迹)。

近日情状,颇似一篇《聊斋》故事。

14日,写作书衣文《藏书纪事诗》。文末自注:1975年3月14日。载1980年第1期《芙蓉》。载《书衣文录》(增订版)。

1959年春,从青岛至太湖疗养,途中宜兴遇雨,同游者多选购陶器,孙犁到书店买了此书。

17日,写作书衣文《宋词三百首笺注》。文末自注:纵耕堂装于好善闇人之家,1975年3月17日。载《书衣文录》(手迹)。

因一封信引起纠纷,自警勿再上当受骗。

17日,写作书衣文《现存元人杂剧书录》。文末自注:1975年3月17日。有晚离不如早离之想。载《书衣文录》(增订版)。

19日,写作书衣文《古文观止》(上、下)。载《书衣文录》(手迹)。

上册文末自注:好善闇人装于纵耕室,1975年3月19日。

天制寒暑,地制高下,人制取予。内事不知不言外,细事不察不得言大。

  按:语出《黄帝四经》,1974年在湖南长沙马王堆汉墓三号墓出土古帛书。

下册文末自注:双芙蓉馆藏书记,1975年3月19日。

故巢居者察风,穴处者知雨,忧存故也。

  按:语出《黄帝四经》,1974年在湖南长沙马王堆汉墓三号墓出土古帛书。

19日,写作书衣文《列子》。文末自注:1975年3月19日下午,好善闇人装于双芙蓉馆。载《书衣文录》(手迹)。

实谷不华,至言不饰,至乐不笑。

按：语出《黄帝四经》，1974年在湖南长沙马王堆汉墓三号墓出土古帛书。

19日，写作书衣文《玉台新咏》。文末自注：双芙蓉馆藏书记，1975年3月19日下午。载1986年4月2日《天津日报》满庭芳。载《书衣文录》（手迹）。

毋先天成，勿非时而荣。先天成则毁，非时而荣则不果。

按：语出《黄帝四经》，1974年在湖南长沙马王堆汉墓三号墓出土古帛书。发表时后加"古帛书"三字。

19日，写作书衣文《明清笑话四种》。文末自注：1975年3月19日下午。载1986年4月2日《天津日报》满庭芳。载《书衣文录》（增订版）。

按：《天津日报》发表时未署写作日期，但写作日期有"同上"二字，同上——就是同《玉台新咏》一样，即3月19日下午题写。人民文学出版社2013年9月版《书衣文录》（增订版）文末自注为"1975年3月26日灯下"，不知何据，误。

戴角者无上凿。

按：语出《黄帝四经》，1974年在湖南长沙马王堆汉墓三号墓出土古帛书。凿，疑系齿之误。

24日，写作书衣文《列朝诗集小传》。文末自注：梦露草堂藏书，1975年3月24日灯下。载《书衣文录》（手迹）。

按：出现梦露草堂。

26日，写作书衣文《弢园尺牍》。文末自注：1975年3月26日灯下，附记。载1986年4月2日《天津日报》满庭芳。载《书衣文录》（增订版）。

晚上，艾文会来，有点心烦。附记：文会实是关心自己，他已作古，求此实心、热心之人难矣。文会晚境寂寞，思之黯然。

按：艾文会（1923—1984），原名李更生、李永增，作家，河北河间人。1938年参加八路军。曾任天津作协秘书长，著有《雪恨》等。1991年7月23日下午，孙犁写有《思念文会》。

26日，写作书衣文《弢园文录外编》。文末自注：1975年3月26日灯下。载1986年4月2日《天津日报》满庭芳。

包装纸厚，包书效果不佳。

27日，写作书衣文《续藏书》。文末自注：1975年3月27日。载1986年4月2日《天津日报》满庭芳。载《书衣文录》（增订版）。

记最近在书衣所书堂号、斋名有：晚秀庐、双芙蓉馆、晚娱书屋、娱老书屋、梦露草堂等。

28日，写作书衣文《诗人玉屑》（上、下）。文末自注：晚娱书屋装，1975年3月28日。载《书衣文录》（手迹）。

29日，写作书衣文《章氏遗书》（第1册）。文末自注：1975年3月29日。载1980年第1期《柳泉》。载《书衣文录》（增订版）。

今日大风一天，上午，王林请人送来玉树一株。

按：玉树，景天科，多浆肉质亚灌木，叶光洁宛如碧玉，枝干具古朴苍劲，原产非洲南部。

30日，写作书衣文《河海昆仑录》（上）。文末自注：善闇室藏书记，1975年3月30日。载1980年第1期《芙蓉》。载《书衣文录》（手迹）。

李之琏去新疆，本想送给他。

3月，写作书衣文《"今日文化"》。文末自注：1975年3月又记。载《书衣文录》（增订版）。

书店荒芜，青年虚度光阴，文音歌美等都是为少数野心家服务，严霜所加，百花凋零；网罗所向，群鸟声噤，成了真正无声的中国。

按：此条题目系作者自拟，贴在《河海昆仑录》书衣上。

4月

2日,写作书衣文《郑板桥集》。文末自注:1975年4月2日。载1986年4月2日《天津日报》满庭芳。载《书衣文录》(增订版)。

三月末,家来客,二位小姐,心不靖。客外出,裁纸包书。

2日,写作书衣文《宣和画谱》。文末自注:1975年4月2日下午。载1986年4月2日《天津日报》满庭芳。载《书衣文录》(增订版)。

尚有《宣和书谱》。在佟楼误卖书谱下册,上册送爱好书法的卞雪松。

按:卞雪松(1949—2005),当代画家、书法家、诗人,江苏扬州人,书法初学于林散之,文学问学于孙犁。

2日,写作书衣文《梨园按试乐府新声》。文末自注:晚华堂藏书记,1975年4月2日灯下。载1986年4月2日《天津日报》。载《书衣文录》(手迹)。

送走女郎,晚上小伙子又来问。

3日,写作书衣文《中国古代史》。文末自注:1975年4月3日晚灯下无事书。载1980年第1期《柳泉》。载《书衣文录》(增订版)。

保定上学时购有二卷本,抗战时损失。此本购于天津解放初。

7日,写作书衣文《观堂集林》。文末自注:1975年4月7日。载1980年第1期《河北大学学报》(哲学社会科学版)。载《书衣文录》(增订版)。

7日,写作书衣文《许庼学林》。文末自注:1975年4月7日灯下。载1980年第1期《河北大学学报》(哲学社会科学版)。载《书衣文录》(增订版)。

又纠缠于感情,如影如幻。

8日,写作书衣文《唐代长安与西域文明》。文末自注:1975

年4月8日上午。载1980年第1期《河北大学学报》（哲学社会科学版）。载《书衣文录》（增订版）。

追怀近事，心实戚之。

9日，写作书衣文《书目答问》。文末自注：1975年4月9日下午，秀露书屋装讫记。载1980年第1期《芙蓉》。载《书衣文录》(增订版)。

书被拉走，书目书被执事人据为己有，此本不引人注目，得幸存。

12日，写作书衣文《铁木前传》。文末自注：1975年4月12日，晚华堂识。载1979年第2期《长城》。载《书衣文录》（手迹）。

春节时寻找此书，林呐昨天请人送来。因此书，差点丧命，红卫兵到家里，一次就是寻找《铁木后传》。书遭非常待遇，其实作者更甚；不是作者不知道，只是恋恋于此，不想脱离此业。是作家真美善的使命使然吧。

> 按：后世读者，不可不精研此条目。孙犁另有专文讲到此书和作者遭际。河北廊坊等地，都有作者续有后传。此条目发表时，文末署名"耕堂识"。

14日，写作书衣文《营造法式》（上、下）。文末自注：1975年4月14日，纵耕书屋装。载1980年第1期《芙蓉》。载《书衣文录》（手迹）。

早晨忽然眩晕，上班后才检查。明日为亡妻五年忌日，不堪回首。

17日，写作书衣文《野史无文》。文末自注：双芙蓉馆藏书之记，1975年4月17日灯下。载1980年第1期《柳泉》。载《书衣文录》（手迹）。

18日，写作书衣文《小腆纪年》(上、下)。文末自注：善闇书室藏，1975年4月18日。载1980年第1期《柳泉》。载《书衣文录》(手迹)。

近日涉猎南明野史。中学同学张砚方，雄县人，买书后即包装，效仿之。

22 日，写作书衣文《孙膑兵法》。文末自注：晚娱书屋藏，陈乔寄赠。1975 年 4 月 22 日装。载《书衣文录》（手迹）。

银雀山汉墓竹简。

24 日，写作书衣文《通鉴胡注表微》。文末自注：瓶斋所藏，1975 年 4 月 24 日。载 1980 年第 1 期《河北大学学报》（哲学社会科学版）。载《书衣文录》（手迹）。

陈君亦以著书自见者。

27 日，写作书衣文《西域之佛教》。文末自注：1975 年 4 月 27 日晚记。载 1980 年第 1 期《芙蓉》。载《书衣文录》（增订版）。

梦见有人登报关心自己，感动痛哭，醒来，眼泪立干。

28 日，写作书衣文《忠王李秀成自传原稿笺释》（增订本）。文末自注：善闇书屋装，1975 年 4 月 28 日。载 1980 年第 1 期《芙蓉》。载《书衣文录》（手迹）。

李秀成临死前明明乞怜于敌，罗氏百般为其辩解，非历史学家实事求是之态度。

28 日，写作书衣文《越缦堂读书记》（四）。文末自注：1975 年 4 月 28 日灯下记。载 1980 年第 1 期《芙蓉》。载《书衣文录》（手迹）。

买此书时不知整理本已出，此版本购自北京国子监。

30 日，写作书衣文《屠格涅夫回忆录》。文末自注：1975 年 4 月 30 日下午。载 1980 年第 1 期《柳泉》。载《书衣文录》（增订版）。

用苏州古籍书店寄书包装纸包衣。

4 月，写作书衣文《海日楼札丛》。文末自注：1975 年 4 月。载 1980 年第 1 期《河北大学学报》（哲学社会科学版）。载《书衣文录》（增订版）。

感情冲动，当戒之。

5月

12日，写作书衣文《卷庵书跋》。文末自注：1975年5月12日。载1980年第1期《芙蓉》。载《书衣文录》（增订版）。

13日，写作书衣文《唐代文献丛考》。文末自注：善闇装，1975年5月13日。载《书衣文录》（手迹）。

两月前云散雪消，不知风日从何处起也。

14日，写作书衣文《小约翰》。文末自注：1975年5月14日下午记。载1979年第2期《长城》。载《书衣文录》（增订版）。

此书为鲁迅先生译文之原刊本，青年时对先生著作热烈追求。前些时同院青年借此书，以无兴趣归还。

15日，写作书衣文《西游补》。文末自注：晚娱堂，1975年5月15日。载1980年第1期《柳泉》。载《书衣文录》（手迹）。

16日，写作书衣文《全唐诗》（第11册）。文末自注：晚娱书屋1975年5月16日装。载1980年第1期《柳泉》。载《书衣文录》（增订版）。

农历四月初六，63岁生日，与小女共吃面，遭逢如此，装旧籍遣心怀。

16日，写作书衣文《古今谭概》。文末自注：1975年5月16日。载1979年第1期《天津师院学报》。载《书衣文录》（增订版）。

此书开卷谈决裂耽误之因，似乎找到自己原因，皆迁与怯耳。

17日，写作书衣文《欧阳永叔集》。文末自注：1975年5月17日上午雨后半晴。载1979年第1期《天津师院学报》。载《书衣文录》（增订版）。

欧阳永叔为身后百世读者着想，对文字认真修改。今日印刷进步，每日文字满街，当日无读者，何况百世。

17日，写作书衣文《国语》（国学基本丛书本）。文末自注：1975年5月17日上午雨后；此书在该书店小学课本柜中，余检出购之。载1979年第1期《天津师院学报》。载《书衣文录》（增订版）。

眼下书店营业员服务态度差，顾客购书多有不便。

20日，写作书衣文《六朝墓志菁英二编》（罗振玉印本）。文末自注：1975年5月20日。载1980年第1期《河北大学学报》（哲学社会科学版）。载《书衣文录》（增订版）。

书法须多练，现在写字要力求形体端正，不及他务。

20日，写作书衣文《唐写本〈世说新语〉》（罗振玉印本）。文末自注：1975年5月20日。载1980年第1期《河北大学学报》（哲学社会科学版）。载《书衣文录》（增订版）。

罗振玉所出书定价昂贵，但所印书籍精益求精。此书既可阅读，也可临摹练字。

23日，写作书衣文《金冬心书画小记》。文末自注：1975年5月23日下午。载1979年第1期《天津师院学报》。载《书衣文录》（增订版）。

此书未被掠走，有不为人注目原因，其价虽廉，然能随时展玩，主人颇从受益，乐在其中，实友朋之故交，艺苑之小品也。

27日，写作书衣文《六朝墓志菁英》（罗振玉印本）。文末自注：1975年5月27日。载1980年第1期《河北大学学报》（哲学社会科学版）。载《书衣文录》（增订版）。

晨五时半起，从多伦道到海河方向走，过嫩江路再一横路，折而右行，至鞍山道口，看见："门牌鲜明，门户未启，仰视楼上，窗帘花丽。主人未醒，往返徘徊"。

按：此条记述，颇可玩味，后世读者不可不察。

29日，写作书衣文《乐府诗集》（一）。文末自注：善阛装，

1975年5月29日。载《书衣文录》(手迹)。

各书前出版说明不简明。

29日,写作书衣文《乐府诗集》(四)。文末自注:1975年5月29日。载《书衣文录》(手迹)。

年岁有加,此业不能已也。

29日,写作书衣文《湖海诗传》。文末自注:1975年5月29日灯下装。载1980年第1期《芙蓉》。载《书衣文录》(增订版)。

人之相逢,如萍与水。水流萍滞,遂失其侣。水不念萍,萍徒生悲。一动一静,苦乐不同。

29日,写作书衣文《元文类》。文末自注:1975年5月29日灯下善闇装。载1980年第1期《芙蓉》。载《书衣文录》(增订版)。

一人在室,高烛并肩。庭院无声,挂钟声朗。伏案修书,任其遐想。

31日,写作书衣文《乐府诗集》(二)。文末自注:善闇,1975年5月31日装。载1979年第1期《天津师院学报》。载《书衣文录》(手迹)。

昨夜忽拟自订年谱,然又怯于回忆往事。不能展望未来,不能抒写现实,不能追思过去。如此,则真不能执笔为文矣。

> 按:不能执笔为文,是作家思想上最大的痛苦和煎熬。一天后,孙犁写了《〈善闇室纪年〉序》,开始了新的文字之路。

31日,写作书衣文《乐府诗集》(三)。文末自注:1975年5月31日装,善闇藏。载《书衣文录》(手迹)。

5月,写作书衣文《七种后汉书》。文末自注:1975年5月。载《书衣文录》(增订版)。

14日晚已睡下,因事激动,全身寒战不已。

6月

1日,写作杂文《〈善闇室纪年〉序》。文末自注:1975年6月1日,善闇记。载中国作家协会福建分会编《榕树文学丛刊》1979年第1辑,福建人民出版社1979年9月版。

6日,清理旧存原稿,凡有排样者,一律弃之。

> 按:也许一些晋察冀油印报刊,就在此时被丢弃。惜乎!

7日,写作书衣文《曲海总目提要》。文末自注:1975年6月7日。载1979年第1期《天津师院学报》。载《书衣文录》(增订版)。

> 人喜吹捧,不自省就会使自己失去良知;败时,吹捧者就会一笑散去。

11日,家事又起波澜。

12日,晚上在露台上坐,闻树上鸟声甚美,乃一虎皮鹦哥,盖人家所养逸出,引来儿童弹弓射之,中弹落地,甚感痛惜。

13日,写作书衣文《建炎以来系年要录》。文末自注:1975年6月13日。载《书衣文录》(增订版)。

> 伤惜昨日鹦哥,叹曰:"只嫌笼中天地小,不知外界有弹弓"。

13日,写作书衣文《续资治通鉴》(第2册)。文末自注:存华堂,1975年6月13日。载《书衣文录》(手迹)。

> 按:又出现存华堂。

22日,写作书衣文《石涛画语录》。文末自注:1975年6月22日。载1986年4月2日《天津日报》满庭芳。载《书衣文录》(增订版)。

> 第一字误书,此前未有也。

7月

9日,写作书衣文《泰戈尔作品集》。文末自注:1975年7月

9日幻华室装。载1980年第1期《柳泉》。载《书衣文录》(增订版)。

事烦、病扰、休假、无纸,久不包书。中午有同人送纸来,因此开始包书。

> 按:出现幻华室。

11日,写作书衣文《印度两大史诗》(即《腊玛延那》《玛哈帕腊达》)。文末自注:存华堂,1975年7月11日。载《书衣文录》(手迹)。

二诗不为人所知,所以此书未失去。忘记是买还是译者孙用送的了。

30日,写作书衣文《太平天国史料丛编简辑》(第2册、第4册、第6册)。文末自注:1975年7月30日下午,大雨成灾,庭院如潭,家人困处,我自包书。载1980年第1期《柳泉》。载《书衣文录》(增订版)。

8月

3日,写作书衣文《瀛涯胜览校注》。文末自注:存华堂,1975年8月3日,所养金鱼产卵,检花镜及此。载《书衣文录》(手迹)。

6日,写作书衣文《庄子集解》。文末自注:存华堂装,1975年8月6日。载1986年4月2日《天津日报》满庭芳。载《书衣文录》(手迹)。

喜怒哀乐,不入于胸次。

18日,写作书衣文《戴东原集》。文末自注:1975年8月18日,存华堂装。载1986年4月2日《天津日报》满庭芳。载《书衣文录》(手迹)。

连日大热,今天上班,从纸篓中得纸包书。

18日,写作书衣文《四库未收书目提要》。文末自注:1975年8月18日,大风一阵,暴雨数点,稍凉爽,存华堂记。载1980年第 1 期《芙蓉》。载《书衣文录》(手迹)。

《四库全书总目提要》为人盗去,包此书慨然。

25 日,从办公室抱茄子五枚,小黄瓜二条,用八张报纸包裹,尚恐街头出丑,两手托着,至家累极。

26 日,写作书衣文《为书籍的一生》。文末自注:1975 年 8 月 26 日下午。载 1980 年第 1 期《柳泉》。载《书衣文录》(增订版)。

今日面部浮肿。此书系林间同志介绍所买。

  按:林间,曾任天津日报社负责人。

27 日,写作书衣文《太平御览》(一)。文末自注:1975 年 8 月 27 日存善堂。载 2004 年 1 月 6 日《天津日报》满庭芳。载《书衣文录》(增订版)。

  按:出现存善堂。

29 日,写作书衣文《杜勃洛夫斯基》。文末自注:1975 年 8 月 29 日。载 1980 年第 1 期《柳泉》。载《书衣文录》(增订版)。

初读此文在《译文》,甘之如蜜,珍之如璧。进城后购得此书,普希金著作,仅存一种。

9 月

8 日,写作书衣文《三唱集》。文末自注:重装于 1975 年 9 月 8 日晚,再为此册题字,不禁泫然。载 1980 年第 1 期《柳泉》。载《书衣文录》(增订版)。

此书封面题字系应远千里所求题写,"我的字写得多难看!可是当时千里一定叫我写,我也竟写了。千里重友情,虽知我的字不好,还是要我写"。

  按:又把 1973 年 4 月 13 日晚在灯下题字的摘要写了一遍附在后面。

11日，写作书衣文《鲁迅致增田涉书简》。文末自注：1975年9月11日。载1980年第1期《芙蓉》。载《书衣文录》（增订版）。

黄秋耘寄赠，自己无《鲁迅书简补遗》，侯金镜也曾代己托黄寻购，金镜已作古，音容渺茫，不得再见矣，掷笔黯然。

按：1977年1月，孙犁修改好《伙伴的回忆》之忆侯金镜，在1978年第2期《上海文艺》发表了。回忆远千里、侯金镜、沙可夫等人，也可见孙犁重情重义。

13日，写作书衣文《吴越春秋》。文末自注：1975年9月13日。载1980年第1期《柳泉》。载《书衣文录》（增订版）。

此书羽时曾借用，后郑重归还，今不得见其人矣。

按：羽时，即张羽时，王林"文革"期间写交代时，写作"张雨时"，原名张敬（1908—1968），河北献县张家庄人，曾任冀中区党委代理秘书长、哈东地委代理书记、天津市第十一区区委书记、天津文史馆副馆长等。

芸斋小说《一个朋友》，内有朋友张借阅《吴越春秋》一书的记述，虽是小说，也可参阅。

16日，致陈乔信。信末自注：9月16日。载1998年12月30日《天津日报》满庭芳。

手已痊可，收到图章。寄去旧书四种：《寒云日记》送给陈乔，《圆明园图咏》送陈肇，印谱两种送刻章的人。

按：此信似写于1973年，因当年7月孙犁手受伤。

20日，写作书衣文《郑堂读书记》（一）。文末自注：存华堂装，1975年9月20日。载《书衣文录》（手迹）。

21日，写作书衣文《郑堂读书记》（二）。文末自注：存华堂装，1975年9月21日。载《书衣文录》（手迹）。

21日，写作书衣文《郑堂读书记》（三）。文末自注：存华堂装，

1975年9月21日。载《书衣文录》（手迹）。

21日，写作书衣文《郑堂读书记》（四）。文末自注：存华堂装，1975年9月21日。载《书衣文录》（手迹）。

21日，写作书衣文《郑堂读书记》（五）。文末自注：存华堂装，1975年9月21日。载《书衣文录》（手迹）。

21日，写作书衣文《郑堂读书记》（六）。文末自注：存华堂装，1975年9月21日。载《书衣文录》（手迹）。

22日，写作书衣文《郑堂读书记》（七）。文末自注：存华堂装，1975年9月22日。载1980年第1期《河北大学学报》（哲学社会科学版）。载《书衣文录》（手迹）。

闻周沱昨日去世，行政科为半间房在佟楼新闻里打人，致一青年名三马者当场服毒而死。

按：周沱，曾任《天津日报》记者，此条目公开发表是在周沱去世之后，作者加了"才女而薄命者也"7个字，算是对周沱的评价。

因半间房致三马服毒而亡，寥寥数字充满了对三马悲惨命运的同情，对荒诞年代的控诉。1982年1月2日晨，孙犁写了《三马》——这是孙犁早期的芸斋小说之一，可见此事在他心中影响之深。

22日，写作书衣文《郑堂读书记》（八）。文末自注：存华堂装，1975年9月21日。载《书衣文录》（手迹）。

天津自来水质量很差，难以入口，也不能浇花，院内有一井，汲水澄清而饮之。

28日，写作书衣文《扈从东巡日录》。文末自注：1975年9月28日。载1980年第1期《柳泉》。载《书衣文录》（增订版）。

向阳院（即多伦道216号大院）号召修路，有人趁机损公肥私。天津九河下游，海河见底，水不能喝。昨晚，张金池送来深井水50斤。

30日，写作书衣文《棠阴比事》。文末自注：1975年9月30日。

载1979年第1期《天津师院学报》。载《书衣文录》（增订版）。

当年到处逛冷摊买书，往返走路，于身体有利。此书购于天祥市场，天祥市场购书不卫生。其实，买旧书则需要注意，书污损不堪，很容易伤及心肺。一次，修理旧书，忽有细物吸入气管，不适数日。

10月

1日，写作书衣文《封氏闻见记》（雅雨堂原刊本）。文末自注：1975年。载1979年第1期《天津师院学报》。载《书衣文录》（增订版）。

今日国庆，庭院如市，家人外出，独自修书。此书购于北大关冷巷中，卖书者乃一中年人，潦倒殊甚，背墙而坐，陈书于地。

1日，上午，李克明来访。晚上，中学同学李之琏来访。

2日，写作书衣文《搜神后记》（明刊抄配本）。文末自注：1975年国庆节后一日。载1979年第1期《天津师院学报》。载《书衣文录》（增订版）。

天津解放之初，旧物充斥，此本散于地下，1角钱得之，小贩大喜过望。

按：手迹本记述了昨日李之琏来访等，发表时删去。

2日，写作书衣文《淳熙玉堂杂记》。文末自注：存华堂，1975年10月2日。载1986年4月2日《天津日报》满庭芳。载《书衣文录》（手迹）。

汲古阁刊本，存之知其刊本体式。

6日，写作书衣文《竹人录》。文末自注：1975年10月6日之夜。载1979年第1期《天津师院学报》。载《书衣文录》（增订版）。

购此冷僻书，且虫蚀鼠啮，虽经大变，幸未失去，"余幸存于九死，徘徊于晚途，一灯之下，对此残编，只觉身游大雾四塞之野，魂飞惊涛骇浪之中"。

10日,写作书衣文《吴越备史》。文末自注:1975年10月10日。载1980年第1期《河北大学学报》(哲学社会科学版)。载《书衣文录》(增订版)。

10日,写作书衣文《啸亭杂录》。文末自注:1975年10月10日。载1980年第1期《河北大学学报》(哲学社会科学版)。载《书衣文录》(增订版)。

12日,写作书衣文《宋文鉴》(第8册)。文末自注:存华堂装,1975年10月12日。载1980年第1期《柳泉》。载《书衣文录》(手迹)。

忆起住佟楼时,在收购站卖书,上秤论价。

> 按:书籍称重买卖,亘古未有。

18日,写作书衣文《都门竹枝词》。文末自注:1975年10月18日灯下。载1980年第1期《河北大学学报》(哲学社会科学版)。载《书衣文录》(手迹)。

重录1966年题语:9年已过,我尚如斯。

21日,写作书衣文《戚序石头记》(卷一)。文末自注:1975年10月21日灯下。载《书衣文录》(手迹)。

1956年到杭州旅行,经过上海,恰古籍书店开业,购书数种,此书在内,系有正所印小字本。

> 按:上海古籍书店于1956年5月20日在南京西路开业,恰好孙犁此日从杭州回天津,经过上海,住处距离此店不远。

21日,写作书衣文《戚序石头记》(卷十二)。文末自注:1975年10月21日灯下装讫记。载1980年第1期《河北大学学报》(哲学社会科学版)。载《书衣文录》(手迹)。

幼年初见此书在屠户刘四家。后购大达书局一折八扣本。中年后讲授文章,均曾涉及此书。

> 按:在延安鲁艺讲课时,孙犁就是讲授《红楼梦》专题课。

25日,致陈乔信。信末自注:10月24日。载1998年12月30日《天津日报》。

收到惠寄《孙膑兵法》。

27日,写作书衣文《斯坦因西域考古记》。文末自注:重装于1975年10月27日。载1979年第1期《天津师院学报》。载《书衣文录》(增订版)。

原有包衣,不忍除去,故而包完甚臃肿。

11月

3日,写作书衣文《竹书纪年》(四部丛刊缩印本)。文末自注:1975年11月3日灯下。载1980年第1期《柳泉》。载《书衣文录》(增订版)。

此书从上海邮购。

8日,写作书衣文《广群芳谱》。文末自注:存华堂记于1975年11月8日灯下。载1980年第1期《河北大学学报》(哲学社会科学版)。载《书衣文录》(增订版)。

清光宣年间,石印为新法。石印佳者,已为珍品。所购石印笔记小说,悉数送人。扫叶山房为佳,颇为惜恋;石印模糊不便阅读者,佟楼一并处理矣。

9日,再写作书衣文《广群芳谱》。文末自注:9日晨又记。载1980年第1期《河北大学学报》(哲学社会科学版)。载《书衣文录》(增订版)。

近日所得装书废纸颇多,报社同人广为搜罗,过去投于纸篓者,皆塞入己之抽屉矣。

10日,写作书衣文《古今小说》。文末自注:1975年11月10日。载1980年第1期《河北大学学报》(哲学社会科学版)。载《书衣文录》

（增订版）。

久不外出散步，今日午睡起，吃柿子一枚，觉腿脚有力，去胜利路散步。

按：胜利路，即今天津市南京路。

12日，写作书衣文《士礼居藏书题跋记》。文末自注：1975年11月12日。载1980年第1期《河北大学学报》（哲学社会科学版）。载《书衣文录》（增订版）。

此类书乃玩物者之记录，非考据家著作，学问不深，只是消遣。

13日，写作书衣文《粤东笔记》。文末自注：1975年11月13日。载1980年第1期《河北大学学报》（哲学社会科学版）。载《书衣文录》（增订版）。

会文堂印书只存此一种。此书谓为屈大均所作，未知其详。

13日，写作书衣文《北齐张肃墓文物图录》。文末自注：1975年11月13日；同时又记，风仍不已；再记。载1980年第1期《河北大学学报》（哲学社会科学版）。载《书衣文录》（增订版）。

大风寒甚，心燥如焚，不能外出，取此书再整装之。

又记：此类书定价昂，多为卖给外国人或公家资料室。

再记：从热爱现实到热爱文物，即旅行于阴阳界上。

13日，写作书衣文《庸闲斋笔记》。文末自注：1975年11月13日下午。载1980年第1期《河北大学学报》（哲学社会科学版）。载《书衣文录》（增订版）。

送人石印笔记，他人以为泛泛不加珍惜，不如弃之收购站，或再遇书癖也。

14日，写作书衣文《绥寇纪略》。文末自注：1975年11月14日灯下。载1980年第1期《柳泉》。载《书衣文录》（增订版）。

申报馆排印本，原读者圈点颇多，记号颇多。

16 日，写作书衣文《丁戊稿》。文末自注：1975 年 11 月 16 日上午，冬日透窗，光明在案。裁纸装书，甚适。载 1979 年第 1 期《天津师院学报》。载《书衣文录》(增订版)。

按：《天津日报》、各家通行版本，皆为《丁戌稿》，误。

21 日，清晨，放走一只小鸟，不知其命运如何。但知其有同群之思，山林之想，一旦自由，虽死不顾。其系张保真五角多买的山雀。

21 日，写作书衣文《炳烛里谈》。文末自注：1975 年 11 月 21 日下午。载 1979 年第 1 期《天津师院学报》。载《书衣文录》(手迹)。

此村学究之作，另一种浅薄者已处理；从外地购书，只看目录不知内容。然此本刻印精良，从事文字一生，颇欲拥书。人生何处不相逢，对书亦然。

21 日，写作书衣文《小沧浪笔谈》(上)。文末自注：存华堂装，1975 年 11 月 21 日下午。载 1979 年第 1 期《天津师院学报》。载《书衣文录》(手迹)。

此大人物之作，装腔作势，同为"文达"，其文笔远不及纪晓岚矣。

22 日，写作书衣文《大慈恩寺三藏法师传》。文末自注：1975 年 11 月 22 日下午大风寒甚。载 1980 年第 1 期《河北大学学报》(哲学社会科学版)。

22 日，写作书衣文《茶香室丛钞》(二)。文末自注：存华堂，1975 年 10 月 22 日灯下装讫记。载 1980 年第 1 期《柳泉》。载《书衣文录》(手迹)。

感慨昨日所放小鸟。

23 日，写作书衣文《艺舟双楫》。文末自注：存华堂，1975 年 11 月 23 日灯下。载 1980 年第 1 期《河北大学学报》(哲学社会科学版)。载《书衣文录》(手迹)。

论书，论文，尚有排印本。最近包线装书将近百本。

11月，写作书衣文《王荆公唐百家诗选》（第1册）。文末自注：存华堂，1975年11月。载1980年第1期《河北大学学报》（哲学社会科学版）。载《书衣文录》（手迹）。

此书购于北大关冷巷中，系早期购书之一。

按：手迹比排印本题目中多一"唐"字。

12月

2日，写作书衣文《曲洧旧闻》。文末自注：存华堂，1975年12月2日灯下。载1980年第1期《柳泉》。载《书衣文录》（手迹）。

要随时克制自己感情。

2日，写作书衣文《鸡肋编·蓼花洲闲录》。文末自注：存华堂，1975年12月2日灯下。载《书衣文录》（手迹）。

下午邻居老李（李夫）来，一边包书一边陪他说话，老友不以为慢。

按：此条在发表时移到《曲洧旧闻》下。

2日，写作书衣文《朝野佥载·昌黎杂说·刘宾客嘉话录》。文末自注：存华堂，1975年12月2日灯下。载《书衣文录》（手迹）。

晚上，吴劳之女吴凡凡来，她在西站美工室工作。

按：吴劳曾为1946年版《少年鲁迅读本》绘插图。

11日，写作书衣文《朱文公文集》（一）。文末自注：存华堂，1975年12月11日。载1980年第1期《柳泉》。载《书衣文录》（手迹）。

包书也要节约。近日心内不靖，包书亦无意为之；荆棘满路，犬吠狼嗥，日暮孤行，只可披斩而进也。

12日，写作书衣文《楚文物展览图录》。文末自注：1975年12月12日。载1980年第1期《河北大学学报》（哲学社会科学版）。载《书衣文录》（增订版）。

得大纸，包图录两册。

13日，写作书衣文《清稗类钞》(1)。文末自注：存华堂，1975年12月13日。载1980年第1期《河北大学学报》（哲学社会科学版）。载《书衣文录》（手迹）。

得到一批纸，徐徐装此书，共48本。

14日，外甥小宏来，说是将去昆明。

15日，写作书衣文《清稗类钞》(6)。文末自注：1975年12月15日。载1980年第1期《河北大学学报》（哲学社会科学版）。载《书衣文录》（手迹）。

上午至大街散步，杂乱异常。

15日，写作书衣文《清稗类钞》(7)。载1980年第1期《河北大学学报》（哲学社会科学版）。载《书衣文录》（手迹）。

记述昨日外甥来之事。

19日，写作书衣文《清稗类钞》(36)。文末自注：存华堂，1975年12月19日灯下。载1980年第1期《河北大学学报》（哲学社会科学版）。载《书衣文录》（手迹）。

连日噩梦，哭骂出声，而远千里慷慨帮助。盖近日感寡助之痛，遂使故人萦于心头。

21日，写作书衣文《清稗类钞》(48)。文末自注：1975年12月21日灯下。载1980年第1期《河北大学学报》（哲学社会科学版）。载《书衣文录》（手迹）。

装完全书。此书引文不加注明，杂乱无章，虽多浅薄之作，但有关北京风物事态，究非他书可比，千百年后，将成罕见之类书。

25日，写作书衣文《汉娄寿碑》。文末自注：1975年12月25日灯下。载1980年第1期《河北大学学报》（哲学社会科学版）。载《书衣文录》（增订版）。

读《翁文恭公日记》知其宝爱此碑，购得一本，然不得其解。

> 按：增订版把《翁文恭公日记》排为《翁文恭日记》，误。

25日，写作书衣文《唐拓十七帖》。文末自注：1975年12月25日灯下。载1979年第1期《天津师院学报》。载《书衣文录》（增订版）。

清代无学术，士大夫考据及于金石，于是碑帖盛行；石印术兴，传播迅速。有正、文明诸书局，所印完备精良；值此书籍匮乏之际，当与黄金等价。

25日，写作书衣文《翁藏宋拓九成宫》。文末自注：1975年12月25日灯下。载1979年第1期《天津师院学报》。载《书衣文录》（增订版）。

1958年在青岛养病时练字，邹明自津购后寄到青岛。忆及生者逝者，心如木石。

哀莫大于心死。

26日，写作书衣文《纪泰山铭》。文末自注：1975年12月26日上午。载1979年第1期《天津师院学报》。载《书衣文录》（增订版）。

幼不习字，近年练字，字如童子；字求便认，不生误会。

> 按：增订版书名误植为《纪太山铭》。

27日，写作书衣文《祝京兆法书》。文末自注：1975年12月27日。载1979年第1期《天津师院学报》。载《书衣文录》（增订版）。

青年时写作，即使数十万言，无一重复语，似通盘背诵得过。老年却旬月之间即多重复。

30日，写作书衣文《陈老莲水浒叶子》。文末自注：1975年12月30日上午。载1979年第1期《天津师院学报》。载《书衣文录》（增订版）。

此书系妻伴随，在和平路古旧书门市部购得。其已逝五载，无只字悼亡。

  按：1982 年 2 月 12 日晚，孙犁写了《亡人逸事》，寄托哀思。

30 日，写作书衣文《明清画苑尺牍》。文末自注：1975 年 12 月 30 日。载 1979 年第 1 期《天津师院学报》。载《书衣文录》（增订版）。

一年又在包书中度过。

1975 年，写作书衣文《寒松阁谈艺录》。载《书衣文录》（增订版）。

苏州古旧书店寄来，记述同光间艺人。

  按：此条发表时在 1975 年内。

1975 年，写作书衣文《续古文苑》（第 4 册）。载《书衣文录》（增订版）。

在短短的三个月中，你在我的感情的园林里，形成一棵大树。你独承阳光，浓阴布地，俯视小草。（偶然想到）

  按：此条发表时在 1975 年内。

1975 年，写作书衣文《邵氏闻见后录·上》（下缺）。载 1979 年第 1 期《天津师院学报》。载《书衣文录》（增订版）。

买书不看目录，不查卷数，结果买个残本，缺下册。

  按：此条发表时在 1975 年内。

1975 年，写作书衣文《归田录》。载 1979 年第 1 期《天津师院学报》。载《书衣文录》（增订版）。

读《欧阳文忠集》，将此录读过，内容质实，而有条理，见闻学识，非一般笔记能比。

  按：此条发表时在 1975 年内。

1975 年，报社负责人让其担任报社文艺组顾问，回绝。

1976年　63岁

1月

2日，写作书衣文《续泉说》。文末自注：1976年1月2日。载1979年第1期《天津师院学报》。载《书衣文录》（增订版）。

此书系苏州古旧书店寄来。晚清士大夫，多好此道，自有其客观原因。哪怕是动荡如同光之际，亦有志向远大者，非此区区者可比。

7日，写作书衣文《全唐诗乐府》。文末自注：1976年1月7日。载1979年第1期《天津师院学报》。载《书衣文录》（增订版）。

此内府刻本，在冀中土改时得自杨朔。虽经方纪等处，仍在手下。杨朔已不在世，近接其弟杨玉玮来信，已有正确结论。忆起其在晋察冀时举止言论。

7日，写作书衣文《昭代名人尺牍小传》。文末自注：1976年1月7日下午。载1986年4月2日《天津日报》满庭芳。载《书衣文录》（增订版）。

存尺牍多种，不知此种是否有用。

8日，写作书衣文《南园漫录》。文末自注：1976年1月8日上午。载1979年第1期《天津师院学报》。载《书衣文录》（增订版）。

8日，周恩来总理逝世，悲痛不已。

9日，写作书衣文《湘军记》。文末自注：1976年1月9日。载《书衣文录》（增订版）。

纪念周总理，斯人云亡，邦国殄瘁。人心如明镜清泉，虽尘积风扰，不可掩也。

10日，再写作书衣文《湘军记》。文末自注：又记1976年1月9日。

载1980年第1期《河北大学学报》（哲学社会科学版）。载《书衣文录》（增订版）。

11日，写作书衣文《司马文公尺牍》。文末自注：1976年1月11日灯下。载1980年第1期《河北大学学报》（哲学社会科学版）。载《书衣文录》（增订版）。

强忍热泪听广播中关于周总理逝世消息。记录世界各通讯社报道。

11日，写作书衣文《范文正公尺牍》。文末自注：1976年1月11日灯下，又记。载1980年第1期《河北大学学报》（哲学社会科学版）。载《书衣文录》（增订版）。

范、司马为宋名相，与周总理不能相提并论。

又记：无失言，无失行，光明磊落，爱护干部，大公无私，献身革命。威信树于民心，道义及于国外，此周也。

12日，写作书衣文《钱牧斋尺牍》。文末自注：时限记于1976年1月12日上午。载1980年第1期《河北大学学报》（哲学社会科学版）。载《书衣文录》（增订版）。

装完三家尺牍。范文正原有全集，万有文库本，在佟楼时家人捆而售之废品站，今求之天壤，而不可得，"风流云散之易，一砖一瓦之艰，适成人间翻覆之对比耳"。

  按：此处第一次出现时限。1988年8月3日写的《我的位置和价值》，发表于1989年第1期《随笔》时，署名时限。

13日，写作书衣文《画禅室随笔》。文末自注：1976年1月13日。载1979年第1期《天津师院学报》。载《书衣文录》（增订版）。

到邻居家看电视，向周总理告别，多年不看电影，今晚所见，老一代发皆霜白，不胜悲感。邓尚能自持，然恐不能久居政府矣。

14日，写作书衣文《使西日记》。文末自注：存华堂，1976年

1月14日。载1980年第1期《芙蓉》。载《书衣文录》（手迹）。

希望安静。

> 按：写作日期误植为2月14日。增订版置2月14日，误。

17日，上午，王慎宜来访，旧社会记者。潘文展来访，华北联大高中部学生，一起去的延安。

下午，梁斌等来访。

17日，写作书衣文《刘子》。文末自注：存华堂，1976年1月17日。载《书衣文录》（手迹）。

购书高峰期时，曾购百子全书数种。

17日，写作书衣文《燕丹子·玉泉子·金华子杂编》。文末自注：存华堂，1976年1月17日灯下。载《书衣文录》（手迹）。

19日，达生来访。谈及《儒林外史》，请他代购，下午，达生即送来。

20日，写作书衣文《儒林外史》（一，嘉庆八年卧闲草堂刻）。文末自注：时限，1976年1月20日。载1980年第1期《柳泉》。载《书衣文录》（手迹）。

原有商务排印本，送给达生。

20日，写作书衣文《儒林外史》（四）。文末自注：时限，1976年1月20日。载1980年第1期《柳泉》。载《书衣文录》（手迹）。

弄惯线装旧书，接此新品，如砖在手。如购新出线装书，又不便于生计也。

20日，写作书衣文《困学纪闻》（太原阎氏笺本）。文末自注：存华堂，1976年1月20日。载1980年第1期《河北大学学报》（哲学社会科学版）。载《书衣文录》（手迹）。

原有中华备要缩印大本翁注，在佟楼时售给废品站矣。

21日，写作书衣文《玉蕊辨证·冷斋夜话》（汲古阁刊本）。

文末自注：存华堂，1976年1月21日。载《书衣文录》（手迹）。

毛晋所刊丛书，仅此一种。

> 按：增订版无《玉蕊辨证》。

21日，写作书衣文《寒夜丛谈》。文末自注：存华堂，1976年1月21日。载1980年第1期《河北大学学报》（哲学社会科学版）。载《书衣文录》（增订版）。

忆起青岛时看海鸥情景，痴心相系，情思为断。

21日，写作书衣文《小名录》。文末自注：存华堂，1976年1月21日灯下。载1980年第1期《河北大学学报》（哲学社会科学版）。载《书衣文录》（手迹）。

想起来十余年前邮递员送书，现在也换人了。过去修的书，好半天才认出系纵耕手法。

22日，写作书衣文《稽古录》（四）。文末自注：存华堂，1976年1月22日。载1979年第1期《天津师院学报》。载《书衣文录》（手迹）。

此种版式字大行稀，悦目怡心。

22日，写作书衣文《阮盦笔记》。文末自注：存华堂，1976年1月22日。载1979年第1期《天津师院学报》。载《书衣文录》（增订版）。

不知作者，胡乱购来，胡乱装之。

> 按：《阮盦笔记》，况周颐著。况周颐（1859—1926），广西桂林人，晚清词人，著有《蕙风词》《蕙风词话》等。

25日，写作书衣文《词科余话》。文末自注：存华堂，1976年1月22日。载《书衣文录》（增订版）。

函购书，未看书目和内容，价昂。

26日，下午正在包书，大咳一声，口鼻出血。恰组内同人来问年，强作笑语,酬之而去。

27日,写作书衣文《清河书画舫》(子)。文末自注:存华堂,1976年1月27日。载《书衣文录》(手迹)。

此书得自早市地摊,曾认真读过,转眼20余年。

27日,写作书衣文《清河书画舫》(丑)。文末自注:存华堂,1976年1月27日。载《书衣文录》(手迹)。

似乎年节不得安然度过。

27日,写作书衣文《清河书画舫》(寅)。文末自注:存华堂,1976年1月27日。载1980年第1期《芙蓉》。载《书衣文录》(手迹)。

家务劳累,下午睡中老李来,告以心烦仍不去,乃上床卧以病避之。

28日,写作书衣文《梅村家藏稿》。文末自注:1976年1月28日。载1980年第1期《芙蓉》。载《书衣文录》(增订版)。

被查抄者定为珍贵二等。定为珍贵二等者尚有:影印明本《太平广记》,明刊有抄配《四六法海》,新影印《太平御览》《会真记》《流沙坠简》《郋园读书志》,以及宣统活字《国朝书画家笔录》。

2月

1日,写作书衣文《李文忠公外部函稿》。文末自注:1976年2月1日灯下。载1980年第1期《芙蓉》。载1995年5月22日《天津日报》,在《理书续记》。载《书衣文录》(增订版)。

内纷稍靖,静心题书。

1995年3月14日又重装。

6日,写作书衣文《易林》。文末自注:1976年2月6日。载1980年第1期《河北大学学报》(哲学社会科学版)。载《书衣文录》(增订版)。

读此书文字，也觉已命运难知。

7日，写作书衣文《释迦如来应化事迹》。文末自注：1976年2月7日。载1980年第1期《河北大学学报》（哲学社会科学版）。载《书衣文录》（增订版）。

忘记为何买此书。困守一室，不啻画地为牢；裁纸装书，亦无异梦中所为。

23日，写作书衣文《秦輶日记》（上）。文末自注：存华堂，1976年2月23日。署名老荒记。载1980年第1期《芙蓉》。载《书衣文录》（手迹）。

此书记录所经地方与《使西日记》大致相同。

按：此处首次出现老荒二字。后出一册散文集《老荒集》。

23日，写作书衣文《词科掌录》。文末自注：1976年2月23日。载1980年第1期《芙蓉》。载《书衣文录》（增订版）。

24日，写作书衣文《牡丹亭》。文末自注：1976年2月24日黄昏，老荒记。载1986年4月2日《天津日报》满庭芳。载《书衣文录》（手迹）。

心闷，包书避烦。

3月

3日，写作书衣文《十国春秋》。文末自注：1976年3月3日灯下老荒记。载1980年第1期《河北大学学报》（哲学社会科学版）。载《书衣文录》（增订版）。

要寡言少虑，祸事要及时堵塞。

4日，写作书衣文《春秋左传》。文末自注：1976年2月4日灯下老荒记。载1980年第1期《河北大学学报》（哲学社会科学版）。载《书衣文录》（增订版）。

自思：事情夜里考虑明断，白昼却犹豫不决，甚至反其正而行之。

4月

11日，写作书衣文《苕溪渔隐丛话》。文末自注：1976年4月11日，（又）余生1976年9月11日。载1980年第1期《河北大学学报》（哲学社会科学版）。载《书衣文录》（增订版）。

读书不洁不整不愿读，书有折角，如不展舒，则心中不安亦如卷折。看到别人极力压迫书，心颇痛之。

> 按：此处首次出现余生。见9月11日此条。

25日，写作书衣文《汪悔翁乙丙日记》。文末自注：老荒书屋，1976年4月25日。载《书衣文录》（手迹）。

5月

18日，致韩映山信。信末自注：5月18日。载《孙犁书札：致韩映山》。

23日，写作书衣文《郘园读书志》。文末自注：1976年5月23日灯下。载1980年第1期《芙蓉》。载《书衣文录》（增订版）。

珍贵二等之一，尚未读，用糊墙剩余的纸包装。

6月

24日，致韩映山信。信末自注：6月24日。载《孙犁书札：致韩映山》。

终于与张保真离婚。

上半年，报社负责人再次让其担任报社顾问，仍遭回绝。

7月

27日，下午，原天津日报社副总经理樊允行来访，谈话多，请樊吃一顿粥。晚上睡不着，凌晨3点起床看表，发生地震。按照演习预案，跑到外间写字桌子下躲一阵子，等不震了才穿衣出屋外。屋门外堆了很多房子震下来的砖瓦，他因先躲到写字桌下而避免受砸伤亡发生。

28日，凌晨三点多，唐山大地震发生，波及北京、天津等地，造成重大的生命、财产损失。

为避余震，孙犁在室外露宿近一个月。可参考《地震》。

8月

21日，致韩映山信。信末自注：6月21日上午。载《孙犁书札：致韩映山》。

谈地震情形。

21日，致陈乔信。信末自注：8月21。载1998年12月30日《天津日报》。

虽遭地震但全家平安。数月前已与张保真离婚。

9月

11日，写作书衣文《诗品注》。文末自注：1976年9月11日。载1980年第1期《河北大学学报》（哲学社会科学版）。载《书衣文录》（增订版）。

地震屋未塌，书亦未损，现在也心安了，灯下修书，可知命立身了。

11日，再写作书衣文《苕溪渔隐丛话》。文末自注：余生1976

年 9 月 11 日。载 1980 年第 1 期《河北大学学报》（哲学社会科学版）。载《书衣文录》（增订版）。

震后在外露宿近一月，偶尔进屋而无电。今日电接通，遂晚间静坐包书；笔墨早已收起，乃用钢笔。此书另有万有文库本。

26 日，写作书衣文《三希堂法帖释文》（一）。文末自注：1976 年 9 月 26 日余生记晚。载 1980 年第 1 期《河北大学学报》（哲学社会科学版）。载《书衣文录》（手迹）。

此书浏览一过。近日家事纠扰，加之地震，弄书之习终止近两月。昨晚虽又震，同院嘈杂，已则恰好从柜中取出此书休整，麻痹地震。幸而平安，则仍为人生一乐也。

10 月

6 日，"四人帮"被粉碎。

11 月

15 日，余震损坏房子。

12 月

1 日，致冉淮舟信。信末自注：12 月 1 日。载《幸存的信件》。

近日冉来看望。冉走后，找出来《匹克威克外传》《可怜的人》两种小说，信中告诉冉，喜欢的话可以拿去看。

6 日，致陈乔信。信末自注：12 月 6 日。

11 月 15 日天津房子受损。韩辰已来信，仍在贵阳。

7 日，写作散文《远的怀念》。文末自注：1976 年 12 月 7 日夜记。载 1978 年第 9 期《人民文学》。

按：此文系粉碎"四人帮"后所写第一篇散文。最初投寄《解放军文艺》，被退稿。

21日，写作诗歌《海边》。文末自注：1976年12月21日记；1986年7月19日下午小雨又止，闷热。

24日，致韩映山信。信末自注：12月24日。载《孙犁书札：致韩映山》。

1976年，写作书衣文《小学义疏》。载1980年第1期《河北大学学报》（哲学社会科学版）。载《书衣文录》（增订版）。

鲁迅先生所记《小学大全》。

> 按：此条发表时在1976年。现按照百花文艺出版社版《孙犁文集》初版本顺序排列于本年末尾。

1976年，写作书衣文《缶庐近墨》（第1集）。文末自注：1976年。载《书衣文录》（增订版）。

向阳大院两妇女为盖小屋争吵不止。初进此院，小河石山，院中清整。1966年，南市氓童进来折腾，花木凋零。此次地震，建造临屋，争抢不已，占地盗料，损公肥私；断笋石为台阶，碎太湖石填地基，房屋破败。"名为向阳，实为向阴，此世界之所以永不得安宁欤？"

> 按：此条发表时在1976年。现按照百花文艺出版社版《孙犁文集》初版本顺序排列于本年末尾。

1976年，写作书衣文《近思录》。文末自注：1976年。载1979年第1期《天津师院学报》。载《书衣文录》（增订版）。

按照《鲁迅日记》书账购书，见于账者十之七八矣。

> 按：此条发表时在1976年。现按照百花文艺出版社版《孙犁文集》初版本顺序排列于本年末尾。

1976年，写作书衣文《鲁迅全集》。文末自注：1976年。载1979年第10期、11期合刊《长春》。载《书衣文录》（增订版）。

"文化大革命"开始之初，书籍损失很大，但《鲁迅全集》留存下来。屡次搬迁，书籍遭遇各种原因毁损。

> 按：此条写得比较长，记录孙犁书籍损失过程。此条发表时在1976年。现按照百花文艺出版社版《孙犁文集》初版本顺序排列于本年末尾。

1977年　64岁

1月

3日，改讫散文《伙伴的回忆》，共两篇，内文题为：一忆侯金镜，二忆郭小川。文末自注：1977年1月3日改讫。载1978年第2期《上海文艺》。

1月，写作诗歌《诗二首》。其一题为《寄抗日时期一战友》，系寄田间；其二题为《怀念一位故去的战友》，系怀念郭小川。载1978年第4期《天津文艺》。

> 按：《怀念一位故去的战友》收入《秀露集》时，列《伙伴的回忆》忆郭小川一文结尾。

2月

12日，写作书衣文《庾子山集》。文末自注：1977年2月12日。载《书衣文录》(增订版)。

此书缺两卷。去年此时，家庭不安，今幸得清静矣。

14日，写作书衣文《曹子建集》(上)。文末自注：1977年2月14日下午。载1986年4月2日《天津日报》满庭芳。载《书衣文录》(手迹)。

临近农历岁暮，回忆一年之内，个人国家，天事人事，均系非常。心情百感，虽易堂名为晚舒，然不知究可得舒与否。今后当克励自重，戒轻戒意，安静读书，不以往事自伤，不以现景自废。

> 按：写此条目，心境大不相同，有种重新焕发的豪情了。

16 日，致韩映山信。信末自注：2 月 16 日。载《孙犁书札：致韩映山》。

谈及远千里，就很难过。最近写了纪念他的文章。

3 月

29 日，写作古体诗《题陈毅同志诗册》。诗末自注：1977 年 3 月 29 日。署名林冬平。载 1983 年第 3 期《长城》。

> 按：发表时改题为《题将军诗册》。

3 月，写作散文《保定旧事》。文末自注：1977 年 3 月。载百花文艺出版社 1979 年 8 月版《晚华集》。

6 月

16 日，致韩映山信。信末自注：6 月 16 日。载《孙犁书札：致韩映山》。

新写 4 篇稿子。

24 日，致陈乔信。信末自注：6 月 24 日。

介绍一些人到陈那里，给陈添了麻烦。目前一切如常。

7 月

7 月，《人民文学》编辑部来人访问，谈及文学理论和写作问题。

21 日，应《人民文学》之约，写作论文《关于短篇小说》。文末自注：1977 年 7 月 21 日。载 1977 年第 8 期《人民文学》。

按：系"文化大革命"后公开发表的第一篇作品。

8月

3日，致韩映山信。信末自注：8月3日。载1979年第1期《莲池》，题为《孙犁书简》。载《孙犁书札：致韩映山》。

这10多年没有什么文艺。房子漏了，修房也是感慨万千；不漏不修，越修越漏。

按：可参考小说《修房》。

12日，致郭志刚信。后以《用实事求是的方法写文艺评论》为题发表。信末自注：1977年8月12日下午。载1978年第4期《文艺报》。

按：复郭6日信。9月13日致阎纲信，谈及给郭志刚的信，即指此信。收入《晚华集》时改题为《信稿（一）》。

12日，《文艺报》编辑来访，谈及文学评论诸问题。

8月，写作论文《关于中篇小说》，副题为"谈《阿Q正传》"。文末自注：1977年8月。载1977年第12期《人民文学》。

9月

12日，写作论文《关于文学速写》。文末自注：1977年9月12日。载1977年第11期《北京文艺》。

13日，致阎纲信。信末自注：9月13日。

17日，致韩映山信。信末自注：9月17日。载《孙犁书札：致韩映山》。

最近正校对《白洋淀纪事》，写了《关于长篇小说》等论文。

18日，写作散文《在阜平》，副题为"《白洋淀纪事》重印散记"。文末自注：1977年9月18日。载1978年第3期《上海文艺》。

按：原题为《忆晋察冀的火热斗争生活——〈白洋淀纪事〉重印散记》，收入《晚华集》时改为此题。

10月

11日，致杨学文信。信末自注：10月11日晚。

回复下午收到的杨信。建议多写当地人民生活的特点、地方风景等。

按：杨系边疆医生。

25日，写作论文《关于散文》。文末自注：1977年10月25日。载1977年第12期《解放军文艺》。

10月，写作论文《关于长篇小说》。文末自注：1977年10月。载1978年第4期《人民文学》。

11月

7日，写作书衣文《死魂灵》。文末自注：1977年11月7日，秀露书屋装。载《书衣文录》（手迹）。

数次购此书，一失于日寇，一赠马小五（长期为己理发者）。

26日，改讫散文《服装的故事》。文末自注：1977年11月26日改完。载《儿童文学》（丛刊）第3期，中国少年儿童出版社1978年3月版。

11月，写作散文《回忆何其芳同志》。文末自注：1977年11月。载1978年第3期《广东文艺》。

按：原题为《晋察冀生活片断——兼忆何其芳同志》，收入《晚华集》时改为此题。

12 月

19 日，改讫论文《创新的准备》。文末自注：1977 年 12 月 19 日改。载 1978 年第 3 期《解放军文艺》。

12 月，整理论文《编辑笔记》。文末自注：1977 年 12 月录。载 1978 年第 2 期《天津文艺》。

1978 年　65 岁

1 月

20 日，写作杂文《〈白洋淀纪事〉重版后记》。文末自注：作者，1978 年 1 月 20 日。

20 日，致韩映山信。信末自注：1 月 20 日。载《孙犁书札：致韩映山》。

答应为韩映山《紫苇集》写序。

23 日，写作序言《韩映山〈紫苇集〉小引》。文末自注：1978 年 1 月 23 日。载 1978 年第 6 期《河北文艺》。

> 按：这是目前可查到的孙犁最早为别人作品集写的序言，原题为《〈紫苇集〉小引》，收入《晚华集》时改为此题。

2 月

5 日，致韩映山信。信末自注：2 月 5 日。载《孙犁书札：致韩映山》。

《〈紫苇集〉小引》寄给《光明日报》，被退回。

3月

22日，致韩映山信。信末自注：3月22日。载1979年第1期《莲池》，题为《孙犁书简》。载《孙犁书札：致韩映山》。

看到《人民文学》上面韩的小说，建议应该向深处开掘一下。

26日，致韩映山信。信末自注：3月26日。载《孙犁书札：致韩映山》。

人民文学出版社重编《文学短论》，找评论《作画》的短文。

28日，写作《〈文学短论〉增订本后记》。文末自注：1978年3月28日。载人民文学出版社1978年10月再版之《文学短论》。

3月，1962年3月11日作散文《回忆沙可夫同志》改讫，副题为"晋察冀生活断片"。文末自注：1962年3月11日于北京，1978年3月改。载1978年第5期《辽宁文艺》。

春天，写作散文《童年漫忆》两篇，即《听说书》《第一个借给我〈红楼梦〉的人》。文末自注：1978年春天。《听说书》，副题为"童年漫忆之一"，载1979年第3期《少年文艺》。《第一个借给我〈红楼梦〉的人》，载百花文艺出版社1979年8月版《晚华集》。

春天，写作散文《装书小记》，副题为"关于《子夜》的回忆"。文末自注：1978年春天。载1978年6月25日《光明日报》。

4月

8日，致韩映山信。信末自注：4月8日。载《孙犁书札：致韩映山》。

写《作画》的评论，记不起为什么1963年版《文学短论》未收进去。纪念远千里的文章，拟投寄《河北文艺》试试。

22日，写作散文《悼画家马达》。文末自注：1978年4月22日。

载 1978 年 4 月 27 日《天津日报》。

> 按：这是"文化大革命"后孙犁在《天津日报》发表的第 1 篇作品。

30 日，整理完论文《编辑笔记》（续一）。文末自注：1978 年 4 月 30 日。载 1978 年第 7 期《天津文艺》。1978 年第 10 期《延河》转载。

> 按：收入《秀露集》时，改题为《关于编辑和投稿》。

4 月，小说散文集《白洋淀纪事》由中国青年出版社再版，增加《女保管》一篇，并遵照编辑部建议，抽去《钟》《懒马的故事》《一别十年同口镇》三篇。书中除原有编者《编后说明》、作者《再版附记》，又增加一篇《重版后记》。

5 月

23 日，致韩映山信。信末自注：5 月 23 日。载《孙犁书札：致韩映山》。

《天津文艺》上发表的诗，第 2 首是指郭小川。

27 日，中国文联第三届全体委员会第三次扩大会议在北京召开，各协会正式恢复工作。

28 日，致张荣春信。信末自注：28 日。载《雁飞潮白三十年》，张荣春著。

> 按：此信月份待考。据张荣春回忆，写于 1978 年春季，故暂列此处。张荣春即飞雁。

6 月

2 日，韩映山、李克明到多伦道住所看望，与他们谈话时，说最近写一些短稿，情绪上来，一天能写一篇。多么短的文章，也很认真写，纪念沙可夫的文章前前后后改了不下 20 遍，有的段落都能背过。自古以来，好的作品经得住时间检验和流传下来，几乎都是些自己的经历和遭遇，作品里溶解着作家的思想和感情。文如其人，写作品不能投机。近来写的一些回忆文章，一些人不理解，这是散文，不是悼念文章。例如，写画家马达的文章，有人说要从政治上写如何如何，给马达一个高的评价；那是散文，文艺作品，又不是祭文。

最近想写长篇小说，题目叫《初醒的平原》，写了五六节，还行，因为经历过这段生活。

2日，致刘锡诚信。信末自注：6月2日。

回复刘5月31日信。告之身体浮肿。

26日，写作杂文《近作散文的后记》。文末自注：1978年6月26日。载1979年第1期《延河》。

6月，分别十余年的老战友康濯来看望。

7月

1日，致韩映山信。信末自注：7月1日。载《孙犁书札：致韩映山》。

谈散文集《晚华集》编排方式。《光明日报》刊登的一篇稿子删改太多。

23日，写作论文《关于〈聊斋志异〉》。文末自注：1978年7月23日。载1978年9月2日、9月21日《天津日报》。

25日，致季涤尘信。信末自注：7月25日。载《文学书事：作家给编辑的信》，季涤尘编，人民文学出版社2001年8月版。

回复季21日信。开列《白洋淀纪事》中《访旧》等5篇文章，作为《散文特写选（1949—1979）》备选篇目。

8月

5日，写作论文《关于诗》。文末自注：1978年8月5日大热。载1978年第9期《诗刊》。

17日，致陈乔信。信末自注：8月17日。

19日，致韩映山信。信末自注：8月19日。载《孙犁书札：致韩映山》。

一切如常，写的《关于〈聊斋志异〉》等文章将在《天津日报》《宁夏文艺》等报刊发表，《远的回忆》被《人民文学》拿走。

23日，写作杂文《我的自传》。文末自注：1978年8月23日于天津。载1979年第1期《长城》。

按：系应徐州师范学院《中国现代作家传略》编辑组之邀所写，并收入北京语言学院编《中国文学家辞典》（现代第一分册），四川人民出版社1979年12月版。

28日，致韩映山信。信末自注：8月28日。载《孙犁书札：致韩映山》。

同意为《紫苇集》写的序删去第1段。曹彦军要的《白洋淀纪事》，今后再寄。

8月，重新找到1964年所作论文《进修二题》。文末附记：以上系1964年6月一篇讲稿中的断片，1966年冬季散失，今重获之，整理出来，投寄刊物，亦奇遇也。1978年8月。载1978年第5期《宁夏文艺》。

9月

7日，致阎纲信。后以《一封关于学习的信稿》为题发表。信末自注：1978年9月7日下午3时。载1979年第1期《鸭绿江》。

回复阎4日信。系书信体论文。内容基本是谈读文艺理论书籍。

  按：收入《晚华集》时，改题为《信稿（二）》。

13日，致阎纲信。信末自注：9月13日下午。

回复阎纲12日信。发表信、特别是给郭志刚的信，要慎重，征求一下郭的意见。

20日，来津视察工作的邓小平、彭冲在天津干部俱乐部接见天津局级以上干部和各界知名人士。与报社领导石坚一同参加。

23日，写作书衣文《新编五代史平话》。文末自注：1978年9月23日重装。载《书衣文录》（手迹）。

1951年春购于南市，劫后赠与艾文会。近日写文章，向之讨还。文会于临建书堆中找出。

28日，致韩映山信。信末自注：9月28日。载《孙犁书札：致韩映山》。

回复韩27日信。远千里夫人于雁军对《远的回忆》不太满意，要找大人物写文章，没找到。散文选集编排中也有不尽如人意之处，情绪受影响。

29日，写作散文《关于〈山地回忆〉的回忆》。文末自注：1978年9月29日上午。载1978年第11期《延河》。

秋末冬初，应李季之邀，赴京参加一次文艺座谈会并发言。发言稿以《奋勇地前进、战斗》为题发表，副题为"发言稿"。载1978年第11期《人民文学》。

在京期间，与刘绍棠、从维熙重逢，在虎坊桥长谈中嘱咐三点：一、不要再骄傲；二、不要赶浪头；三、要保持自己的风格。

10月

2日，致阎纲信。信末自注：10月2日晚。

拟把《关于〈山地回忆〉的回忆》寄给阎纲发表。

3日，致韩映山信。信末自注：10月3日上午。载《孙犁书札：致韩映山》。

回复韩1日信。《长城》上刊登的一篇文章好多错字。已把《书衣文录》的续录、三录寄出。马上就题写《紫苇集》书名。

6日，写作散文《平原的觉醒》。文末自注：1978年10月6日。载1979年第1期《河北文艺》。

> 按：《河北文艺》杂志目录，在题目后括号加注"革命文艺史话"。

21日，致韩映山信。信末自注：10月21日。载1979年第1期《莲池》，题为《孙犁书简》。载《孙犁书札：致韩映山》。

连续写了一些理论文章。艺术生命，则比较复杂，不想写成文章。作品要传世，必须追求真、美、善。

10月，论文集《文学短论》由人民文学出版社根据作家出版社1963年11月版本重印，增加《作画》《关于短篇小说》《关于中篇小说》《关于长篇小说》《关于文学速写》《关于散文》《创新的准备》《编辑笔记》八篇。除原有《新版后记》，又加一篇《增订本后记》，即1978年3月28日所写后记。

11月

5日，写作散文《关于〈荷花淀〉的写作》，副题为"应教学参考之用"。文末自注：1978年11月5日草成。载1979年第1期《新港》。

11日，写作散文《谈赵树理》。文末自注：1978年11月11日。载1979年1月4日《天津日报》。

> 按：《天津日报》文艺周刊1979年1月4日复刊，《谈赵树理》发表在此期。

12月

11日,写作散文《文字生涯》。文末自注:1978年12月11日。载1979年第3期《山花》。

20日,写作论文《谈柳宗元》。文末自注:1978年12月20日。载1979年第2期《新港》。

20日,写作散文《吃粥有感》。文末自注:1978年12月20日夜。载1979年1月21日《天津日报》。

22日,致刘锡诚信。信末自注:12月22日。

为《天津日报》即将复刊的文艺周刊写了一篇文章,现寄上小样三份,请分神转呈张光年、冯牧、李季三同志。

30日,致韩映山信。信末自注:12月30日。载《孙犁书札:致韩映山》。

关心韩的身体健康,如果想回天津工作可以给有关人员写信。现在出书困难,散文集《晚华集》也要明年才能出版。

12月,中篇小说《铁木前传》由百花文艺出版社再版。

1978年,致张荣春信。信末自注:25日。

按:此信失去月份。也没有公开发表过。

1979年　66岁

1月

4日,"文革"期间停刊的《天津日报》文艺周刊,决定由"尽朝晖"改回"文艺周刊",刊期为第787期,衔接"文革"初期被迫停刊的第786期,仍是每周四出刊。

16日，致阿凤信。信末自注：1979年1月16日。署名犁。载1992年2月12日《天津日报》。

请转告吕剑，希望他寄诗歌来，他写的《孙犁会见记》已经编入《村歌》等。

26日，致韩映山信。信末自注：1月26日晨。载《孙犁书札：致韩映山》。

准备离开报社，调到文联工作。韩如果到天津工作，要慎重考虑。

29日（除夕），写作散文《删去的文字》。文末自注：1978年除夕。载1979年第4期《星火》。

1月底，为1956年8月3日所写杂谈《左批评右创作论》新写《作者附记》。文末自注：1979年1月底。载1979年2月4日《天津日报》。署名耕堂。

2月

4日，写作论文《〈红楼梦〉杂说》。文末自注：1979年2月4日重写。载1979年2月18日《天津日报》。署名耕堂。

9日，写作序言《〈方纪散文集〉序》。文末自注：1979年2月9日。载1979年第4期《新港》。

按：这是孙犁为所有老战友写的第一篇序言。

12日，致陈乔信。信末自注：2月12日。

27日，远千里平反昭雪追悼会在河北省石家庄市举行，以生前友好名义致意。孙犁和远千里感情很深，不仅书衣文录几次写远，也写了散文《远的怀念》，且先后两次为远千里的《三唱集》《远千里诗文集》题写书名。

28日，致李蒙英信。信末自注：2月28日。载1988年3月18日《天津日报》。

回复李 27 日信。不要求《晚华集》很快出书。书中的散文，不知道现在的编者、读者是否理解，而那些散文，写的就是已经寥寥无几一代人的心情。

2月，1979年第2期《江苏画刊》刊登连环画《荷花淀》。林维深改编，刘国辉绘画。

3月

6日，致阿凤信。信末自注：1979年3月6日。署名犁。载1992年2月12日《天津日报》。

7日，致韩映山信。信末自注：3月7日。载《孙犁书札：致韩映山》。

回复韩5日信。理论是理论，不要太认真。创作要耕耘的深、细。要多读古书，多读世界名著，多旅行。

18日，致韩映山信。信末自注：8月19日。载《孙犁书札：致韩映山》。

愿意多支持韩他们办的杂志《莲池》。

18日，致人民文学出版社小说组信。信末自注：3月18日。

> 按：系为新版《村歌》篇目取舍写信。全信如下。

人民文学出版社小说组：

兹寄上《村歌》样书，希查收。

1. 没有大的改动，希照原样再版。

2. （中国）青年出版社抽去《钟》，理由是大秋（男主人公）在爱人受难时表现自私。我已同意他们抽去，请你们再看看，如此外无大错，则我仍希望在本集中保留此篇小说。

3. 原说添上《女保管》，是一篇纪事，和《石猴》是姊妹篇。本集未选《石猴》，《女保管》亦可不加入。

4. 手下有一篇吕剑同志写的文章，对短篇及《铁木前传》均有介绍，可供读者参考，因此寄上请你们看看，能否作为附录，印于书后？如以为无必要，请将原件寄还我。

5. 我没有什么新意，不想再写后记。编辑部认为必要，请你们写一简短说明，附于书后即可。

以上是否有当，请随时来信示之。

专此

敬礼！

孙犁 3 月 18 日

19 日，天津市召开文艺、新闻、出版单位文艺作品落实政策座谈会，《铁木前传》得到重新评价，认为该作是新中国杰出的文学佳作。

20 日，写作序言《〈阿凤散文集〉序》。文末自注：1979 年 3 月 20 日夜。载 1979 年 3 月 29 日《天津日报》。

按：这是孙犁为新中国成立后以《天津日报》文艺周刊为阵地培养出来的工人作家写的第一篇序言。

23 日，写作书衣文《晋书》（七）。文末自注：耕堂 1979 年 3 月 23 日。载《书衣文录》（增订版）。

29 日，写作《无题》诗二首。诗末有附记。附记自注：1979 年 3 月 29 日孙犁记。载 1983 年第 3 期《长城》。

30 日，韩映山、李克明来访。谈及：刘绍棠对不要再骄傲了等三条忠告很认可。写东西别投机，别媚世，别图解政策。《风云初记》再版，就没有改动。《谈赵树理》文章主要是写政治与艺术的关系，别人没看出来。答应为《莲池》杂志写一篇文章，题目叫《紫河套买书》（即《书的梦》）。

30 日，致韩映山信。信末自注：3 月 30 日。载《孙犁书札：

致韩映山》。

同意发表给韩的一些信件，不必删节，以示全貌，希望告诉信的写作年代。

4月

5日，致韩映山信。信末自注：4月5日。署名犁。载《孙犁书札：致韩映山》。

在发表写给韩的信时，关于张保真的文字全部删去；"民主主义文学"系国民党主张的一种反动文学。

11日，写作序言《克明短篇小说集序》。文末自注：1979年4月11日晨。载1979年4月19日《天津日报》。

按：收入《秀露集》中，改题为《克明〈荷灯记〉序》。

序言中除了叙述和克明的友情，对克明作品评论，又提出两点：一是对于现实，对于生活，应该是看得真切一些，看得深入一些，没看到的东西不要去写。二是要对文学艺术的基础理论进行补课，缺多少补多少。

按：实际上，孙犁后来写的《读〈史记〉记》《朋友的彩笔》都有迹可循。

13日，致韩映山信。信末自注：4月13日。署名犁。载《孙犁书札：致韩映山》。

《紫河套》（即《书的梦》）写作超出了保定范围，想寄给韩一个剧本（即《莲花淀》）。

13日，《十月》杂志编辑张守仁来访，取走《书的梦》一稿。

17日，写作论文《编辑笔记》（续二）。文末自注：1979年4月17日。载1979年第8期《新港》。

按：收入《秀露集》时，改题为《通讯六要》。

19日,致韩映山信。信末自注:4月19日。署名犁。载《孙犁书札:致韩映山》。

剧本发不发表皆可,序写一半了,将来作为后记发表也行。

27日,致从维熙信。信末自注:1979年4月27日下午。载1979年第11、12期合刊《文艺报》。

复从维熙信。对从发表在《收获》上的新作《大墙下的红玉兰》表示赞赏。此信后以《关于〈大墙下的红玉兰〉的通信——致从维熙》为题发表。

4月,写作散文《书的梦》。文末自注:1979年4月。载1979年第2期《十月》(文艺丛刊)。

4月,第4期《福建文艺》杂志刊登《孙犁的散文》(上),作者林非。后收入《现代散文六十家》。

5月

2日,写作《〈耕堂书衣文录〉序》。载1979年第2期《长城》(文学丛刊)。《耕堂书衣文录》系整理汇集多年书衣文字而成。早期整理的近170则书衣文录,及一《序》(1979年5月2日)一《跋》(1978年8月26日),分别载1979年第1期《天津师院学报》,1979年第2期《长城》(文学丛刊),1979年第10期、11期合刊《长春》,1980年第1期《河北大学学报》,1980年第1期《芙蓉》(文学丛刊),1980年第1期《柳泉》(文艺丛刊)。

按:本年谱按照孙犁写作书衣文录系年,书衣文录基本都罗列在当年、月、日内。

4日,天津市文联恢复大会召开,参加此次大会。

5日,致韩映山信。信末自注:5月5日。载《孙犁书札:致韩映山》。

想离开报社到文联,但文联事情又很麻烦,在硬着头皮干,进退两难。

9日,致南开大学中文系当代文学教研室。信末自注:5月9日。

15日,致曾秀苍信。信末自注:1979年5月15日。载1981年《小说界》创刊号。

23日,致李克明信。信末自注:5月23日。署名犁。载1988年7月《荷花淀》创刊号。

回复李22日信。李可以来采访,但别带录音机之类。并附致盛英信。

25日,写作散文《京剧脚本〈莲花淀〉自序》。文末自注:1979年5月25日。载1979年第2期《莲池》。

> 按:收入《秀露集》时改题为《戏的梦》。

28日,致韩映山信。信末自注:5月28日。载《孙犁书札:致韩映山》。

寄上《莲花淀》剧本序言。

29日,写作序言《万国儒〈欢乐的离别〉小引》。文末自注:1979年5月29日上午。载1979年6月5日《天津日报》。

序文不仅仅是谈文学创作问题,也对万国儒乃至万同辈工人作家提出委婉建议。

30日,致韩映山信。信末自注:5月30日。署名犁。载《孙犁书札:致韩映山》。

请人再看《戏的梦》,提意见后再寄去。

5月,写作散文《画的梦》。文末自注:1979年5月。载1979年第8期《人民文学》。

5月,第5期《福建文艺》杂志刊登《孙犁的散文》(下),作者林非。后收进《现代散文六十家》。

6月

2日,致张学正信。信末自注:6月2日。

14日,致吕剑信。信末自注:6月14日。载1997年11月22日《天津日报》。

回复吕11日信。收到吕诗。《孙犁会见记》编入《村歌》等中,辽宁师院打印后分赠各文科院校。

17日,致阿凤信。信末自注:1979年6月17日。载1992年2月12日《天津日报》。

回复阿凤16日信。

24日,致韩映山信。信末自注:6月24日灯下。署名犁。载《孙犁书札:致韩映山》。

通报近日发表的文章。

6月,发表散文《〈善闇室纪年〉摘抄·去延安》。文末自注:1979年。载1979年第5、6期合刊《江城》。

  按:此文收入百花文艺出版社1981年3月版《秀露集》时,责任编辑是一位女同志,删去了最后3段。1992年1月6日,孙犁致段华信,请段华复制删去的文字。孙犁准备把这段文字在新版(8卷本)《孙犁文集》里恢复。段华复印后给他送去,但没有赶上编进去。现录如下。

  "然长期抗战,亦时感寂寞。在前方时,未有此想法也。有同来女生,在外语学院,为人沉静,前些日子,还教过我京戏。写一封信吧。很快接到回信,所思相同。约于星期日去找她。

  "她的学校在城关。早晨,我从桥儿沟出发,头脑空空。到那里,她穿着一件棉袄,正俯在校门前一块大石上,装作做功课。见到我,微笑起立,一同沿延河南岸,往东走。也没说几句话,而我归后,主意不定,遂成镜花水月。

"战争时期,风云飘忽。爱情,得来轻易者,失去亦轻易。余之过也。"

6月,小说集《村歌》由人民文学出版社重印。并附吕剑《孙犁会见记》一文。

7月

15日,致吕剑信。信末自注:7月15日。载1997年11月22日《天津日报》。

寄赠无题旧诗二首。

8月

2日,致韩映山信。信末自注:8月2日。署名犁。载《孙犁书札:致韩映山》。

回复韩7月31日信。身体浮肿已稍轻。

2日,致散文组信。信末自注:8月2日。

10日,致陈乔信。信末自注:8月10日。

26日,写作杂文《书衣文录·跋尾》。文末自注:1979年8月26日,时浮肿加剧,录此以忘病痛。圣人不以感私伤神,《吕氏春秋》之教。

30日,冉淮舟致孙犁信。信末自注:10月6日于滦县。载《津门书简》。

感谢托阿凤送的新版《村歌》,看到吕剑写的《孙犁会见记》,很是感慨,想到16年前初冬陪吕剑看望孙犁的情景。工作还在办着,尽量进京。想把孙犁寄来的信,抄录后装订成册,感谢孙犁多年来的关心和培养。这些信字数可观,里面有不少诗歌,和一些书的序言、后记,写一前言出版,是很别致的散文集。

31日,致冉淮舟信。信末自注:8月31日上午。载《幸存的信件》。

回复冉30日信。信可以抄录一部分,给青年同志们写的信,把其中有关写作的编辑出版,或许有用,"除了你这一大部分外,别的地方,恐怕所存不多,有多少算多少吧"。最近继续抄录《书衣文录》(在《天津师院学报》发表,署名耕堂),已辑为《续录》及《三录》,"别人或以为这很无聊,但我以为这些东西,不是虚妄的"。

按:孙犁在信中对自己的书衣文录充满了信心。这是他的独特眼光。书衣文录独有的意义,现在产生了广泛而深远的影响。

8月,百花文艺出版社出版散文集《晚华集》。

8月,人民文学出版社出版了孙犁作序的《方纪散文集》。

9月

7日,致冉淮舟信。信末自注:9月7日,又及。载《幸存的信件》。

看到冉送来的抄录、装订好的信,今天看了三次。拟选一部分交《新文学史料》发表。

8日,冉淮舟致孙犁信。信末自注:9月8日夜。载《津门书简》。

回复孙犁7日信。早就看到这批信的价值,这些信属于社会,有助于文学研究。最近也有人开始重新评价《铁木前传》。《新文学史料》很喜欢。

按:冉这封信写得较长,充满感情。

10日,写作杂文《幸存的信件序》。文末自注:1979年9月10日。载1979年10月11日《天津日报》。系"文字之路"之一篇。

按:序文与1962年旧作《自嘲》诗、杂文《〈旧篇新缀〉序》、《〈琴和箫〉后记》、《〈平原杂志〉第三期编后的后记》、《〈翻身十二唱〉后记》、《〈二月通信〉后记》、《〈三烈士事略〉的后记》,以及1963年旧作《〈风云初记〉外文版序言》、《〈文学短论〉新版后记》、《关于〈荷花淀〉被删节复读者信》一起，以《文字之路》为总题，一同发表于 1979 年 10 月 11 日《天津日报》。

《幸存的信件》系致冉淮舟信。其中八封标题《烬余书札》。载《天津日报》编辑 1980 年第 1 期《文艺增刊》。

10 日，致冉淮舟信。信末自注：9 月 10 日。署名犁。载《幸存的信件》。

随信送《幸存的信件序》，请再看看。

12 日，冉淮舟致孙犁信。信末自注：9 月 12 日上午。载《津门书简》。

回复孙犁 10 日信。谈《幸存的信件序》，认为写得朴实，真挚，精炼，感情充沛。

14 日，冉淮舟致孙犁信。信末自注：9 月 14 日下午。载《津门书简》。

《幸存的信件》中所选信函，尽量不删，《忆邵子南》也不删。想要《旧篇新缀》目录。

17 日，致冉淮舟信。信末自注：9 月 17 日，又及。载《幸存的信件》。

回复冉 12 日、14 日二信。赞成冉所提《幸存的信件》订正意见。有《旧篇新缀》目录，拟把《三烈士事略》补进去。《石子和海葵花》里的《海葵赋》（诗），这次排印《晚华集》时删去了，原稿也丢了，不知是否能找到。

> 按：《石子和海葵花》因删去《海葵赋》诗，后来改名为《石子》，系病期琐事之一。《海葵赋》1958 年作于青岛，原稿遗失，后凭记忆重作，1981 年 7 月 8 日写了后记。

22 日，《新文学史料》编辑部负责人方殷来，把《幸存的信件》第一册送还家中，准备选用三篇后记，孙犁认为如果只用三篇后记，其他刊物也可以发表。

中午,在家招待方殷吃简单午饭。

> 按:方殷(1913—1982),作家,河北雄县人,原名常钟元,笔名芳茵,曾任人民文学出版社编辑。

22日,致冉淮舟信。信末自注:9月2日下午。载《幸存的信件》。通告上午与方殷谈话情况。

9月,山东师范学院中文系现代文学教研室编辑印行《中国当代文学研究资料·孙犁专辑》。内容共分四部分:一是孙犁传略;二是孙犁的生活与创作,选了《平原的觉醒》等17篇文章,包括《文艺学习》的四个后记,《晋察冀生活断片》即《回忆何其芳同志》,《忆晋察冀的火热斗争生活》即《在阜平》;三是评介文章选辑,选了茅盾等人的26篇评论、访问记;四是孙犁著作目录和评论文章目录索引。内部发行。

10月

1日,致阎纲信。后以《关于〈铁木前传〉的通信》为题公开发表。信末自注:1979年10月1日。载1979年第12期《鸭绿江》。

9日,致铁凝信。信末自注:1979年10月9日下午4时。载1980年第1期《山东文学》,以《耕堂函稿》为题。

> 创作的命脉在于真实,这是现实主义的起码之点,这种真实的含义是现实的真实和作家思想意态的真实。

16日,致李蒙英信。信末自注:10月16日。载1988年3月18日《天津日报》。

> 《晚华集》印出来后帮买一部分,烦请寄给开列在名单上的人。

19日,王林下午来访。谈到身体浮肿。赠王林一册《晚华集》。

21日,方纪亲笔用左手书"孙犁同志",题赠孙犁一册《方纪散文集》,签"方纪"二字时用印为阴文篆刻。

21日,致冉淮舟信。信末自注:10月21日。署名犁。载《幸存的信件》。

已看完《论孙犁的文学道路》书稿小引和第一章,请来取走。

24日,致柳溪信。信末自注:10月24日。后以《关于纪昀的通信》为题发表。载1979年12月1日《天津日报》。

复柳溪10月15日信。

30日,全国第四次文代大会召开。孙犁当选为中国作协第三届理事会理事。

10月,发表1962年旧作散文《石子》,副题为"病期琐事"。文末自注:1962年4月。载1979年第10期《北京文艺》。

11月

8日,致韩映山信。信末自注:11月8日。署名犁。载《孙犁书札:致韩映山》。

写了一组散文《乡里旧闻》,共4篇,可能在即将创刊的《散文》杂志发表。

> 按:即《度春荒》《村长》《风池叔》《干巴》。载1980年第1期《散文》。这是孙犁最早写作的《乡里旧闻》散文。从孙犁晚年创作内容来看,一个时期有一个重点,说明孙犁很好地考虑了晚年的创作道路,一个时期有一个时期的题材重点。一直到他搁笔,完美地结束了作家一生光荣的使命。

9日,致赵日升信。信末自注:1979年11月9日。载1992年1月1日《天津日报》。

14日,写作杂谈《谈校对工作》。文末自注:1979年11月14日。载1980年第1期《莲池》。

28日,再为1942年8月25日所作短篇小说《琴和箫》写后记。文末自注：1979年11月28日晨又记。载1980年第2期《新港》。

29日,致吕剑信。信末自注：11月29日。载1997年11月22日《天津日报》。

请吕自己先编好集子,然后推荐给出版社。

12月

1日,致刘锡诚信。信末自注：12月29日。

回复刘11月29日信。所约"文学三十年"文章不想写了,在这三十年中,"十年荒于疾病,十年废于遭逢"。每念及此,徒增惭怍与惊坦耳。所以写不下去。

> 按：1979年10月1日是中华人民共和国建国三十周年,在《文艺报》供职的刘锡诚提议编辑一本《文学三十年》纪念文集作为纪念。6月1日《文艺报》向全国各民族各地区的老作家发出了征稿信函,到截稿日期的8月底时,一共收到了茅盾等60多位作家的来稿,但没有收到孙犁的文章,而孙犁、赵树理、周立波和柳青四位作家又被誉为描写农村生活的"四大名旦"和"四杆铁笔",孙犁是"三十年文学"中一个不可或缺的人物。因此,刘锡诚11月29日给孙犁写了催稿信。孙犁仍然是没有写。1979年12月《文学三十年》全稿编定,最后以《文艺报》编辑部编《文学：回忆与思考》为书名,由人民文学出版社于1980年12月出版。

8日,冉淮舟来访。谈到山东师范学院中文系现代文学教研室编辑印行《中国当代文学研究资料·孙犁专辑》,错误之处不少。

14日,冉淮舟致孙犁信。信末自注：12月14日夜。载《津门书简》。

询问《秀露集》中是否收入《烈士陵园》。《江城》刊登的《善闇室纪年摘抄》中"王柳庄"系"五柳庄"之误。是否给山东师院中文系写信,指出《孙犁专辑》的错误。

16日,致冉淮舟信。信末自注:12月16日。署名犁。载《幸存的信件》。

回复冉14日等两封信。《延河》上的《烬余书札》刊出后,看后再编入《澹定集》,请抄一份《烈士陵园》,《江城》上的错字已经改正,对《中国当代文学研究资料·孙犁专辑》错误之处,不必写信。

17日,冉淮舟致孙犁信。信末自注:12月17日。载《津门书简》。

上午收到孙犁16日信,下午去天津人民图书馆抄好《烈士陵园》,寄上抄稿。

按:《烈士陵园》原载1965年9月18日《人民日报》。

17日,冉淮舟致孙犁信。信末自注:12月17日夜。载《津门书简》。

读了《关于〈大墙下的红玉兰〉的通信》《关于〈铁木前传〉的通信》,认为会有反响。询问去安国下乡时间到底是1952年还是1953年,1964年2月北京第5次印刷的《白洋淀纪事》中,《张秋阁》一文里"1937年春天"系1947年春天之误。

18日,写作杂文《和青年谈谈文学和创作问题》。文末自注:1979年12月18日上午。载1980年第1期《天津团讯》。载1980年3月1日《天津日报》。

按:收入《秀露集》时,改题为《新年,为〈天津团讯〉作》。

19日,写作序言《刘绍棠自选集序》。文末自注:1979年12月19日下午2时。载1980年1月10日《天津日报》文艺周刊。

按:收入《秀露集》时,改题为《〈刘绍棠小说选〉序》。《刘绍棠小说选》,北京出版社1980年9月版。

21日，致冉淮舟信。信末自注：12月21日，署名犁。载《幸存的信件》。

回复冉17日等信。1952年下乡时跨年度。《张秋阁》错误已改。为团市委写一文，为刘绍棠写一序，心力交瘁，想休息一下。

21日，致韩映山信。信末自注：12月21日，又及。载《孙犁书札：致韩映山》。

为团市委刊物写文章，为刘绍棠写序等，也写了《耕堂读书记》五章。为抄袭者不知羞耻，大动肝火，当场斥责一个为抄袭辩护的人，已提出辞去天津作协职务，"决不与此辈为伍，以辱晚年"。

23日，致铁凝信。信末自注：1979年12月23日。载天津工人文学社编《海河潮》1980年创刊号，题为《孙犁同志给青年作者的一封复信》。载1981年《小说界》文学丛刊创刊号。

回复铁凝21日信。谈读铁凝童话的感想，写童话要真诚善意，名识远见，良知良能，天籁之音。

25日，王林来访。向王林说《腹地》应当重新出版。王林估计还要靠孙犁声望才能重新出版。

26日，致季涤尘信。信末自注：12月26日。载《文学书事：作家给编辑的信》。

回复季24日信。答复《1980—1984年散文选》篇目选择事宜，《平原的觉醒》《在阜平》请季选其中一篇。

1979年，发表1962年旧作散文《黄鹂》，副题为"病期琐事"。文末自注：1962年4月。载北京通县文化馆编1979年《运河》。

1979年，发表重新找到的1964年旧作论文《关于儿童文学》。附记，文末自注：1978年8月。载《儿童文学研究》第一辑。

按：此文系孙犁在1964年6月对杨啸等几位儿童文学习作者的讲稿，1966年冬季散失。1978年8月略加整理，现在发表。

1979年，发表1975年旧作《〈善闇室纪年〉序》。并有附言。文末自注：1975年6月1日，善闇记。载中国作家协会福建分会编《榕树文学丛刊》1979年第1辑，福建人民出版社1979年9月版。

1980年 67岁

1月

14日，致韩映山信。信末自注：1月14日。署名犁。载《孙犁书札：致韩映山》。

建议韩今后写理论文章注意含蓄一点。

1月，月初西安《延河》杂志王愚来访。17日，王愚写出《语重心长话创作》。载1980年第3期《延河》杂志。

19日，冉淮舟致孙犁信。信末自注：1月19日夜。载《津门书简》。谈《琴和箫》及《旧篇新缀》中的《婚姻》（即《甜瓜》）。

22日，致阿凤信。信末自注：1980年1月22日。署名犁。载1992年2月12日《天津日报》满庭芳。

23日，致吕剑信。信末自注：1月23日。载1997年11月22日《天津日报》满庭芳。

吕之书稿昨日已面交百花文艺出版社。

27日，写作序言《从维熙自选集序》。文末自注：1980年1月27日上午，收见维熙来信，下午2时写成。载1980年2月7日《天津日报》文艺周刊。

按：收入《秀露集》时，改题为《〈从维熙小说选〉序》。《从维熙小说选》，北京出版社1980年11月版。

30日，写作散文《夜思》。文末自注：1980年1月30日夜有所思，凌晨起床写讫。载 1980 年第 9 期《北京文艺》。

叙述与老战友张冠伦的友谊,想到自己土改期间在饶阳县张岗、大官厅的经历,以及那个时代战友之间的真挚感情,感慨历史的沧桑。

1 月,写作杂文《耕堂读书记(一)》,共包括《庄子》、《韩非子》、曹丕《典论·论文》、陆机《文赋》、《颜氏家训》、《三国志·关羽传》、《三国志·诸葛亮传》七篇。文末自注:1980 年 1 月。载 1980 年第 2 期《散文》。

> 按:这是耕堂读书记系列文章最早写出来的一组。

2 月

3 日,致韩映山信。信末自注:2 月 3 日。署名犁。载《孙犁书札:致韩映山》。

最近又写一些文章,例如读书记。理论问题,要认真读一些书,先读马克思《政治经济学批判序言》,再读《鲁迅译文集》第 6 卷那 4 本书,可知现在的有些理论之争,几十年前就有了。

7 日,致韩映山信。信末自注:2 月 7 日。载《孙犁书札:致韩映山》。

寄回阎纲的稿子。韩大星治印,刻"耕堂杂文"或"耕堂文字"即可。

> 按:此信写在明信片上,邮局邮戳投递日期为 1980 年。刘宗武编《芸斋书简》置于 1978 年,误。

12 日,冉淮舟致孙犁信。信末自注:2 月 12 日夜。载《津门书简》。

第 1 期《莲池》杂志刊登的《谈校对工作》,具有全国指导意义。希望再允准在第 3 期《莲池》刊发《三烈士事略》等一组文章。

16 日,致铁凝信。信末自注:3 月 16 日晚。载 1981 年《小说界》

文学丛刊创刊号。

要多读书，多读外国小说，中国短篇小说，要读进去，读出兴趣来。

17日，冉淮舟致孙犁信。信末自注：2月17日夜。载《津门书简》。

收到北京朋友寄来复印件，计《二月通信》《第一个洞》《她从天津来》及《慷慨悲歌》四篇文章，《第一个洞》与《"藏"》关系紧密，研究家们会注意它们，建议收进《秀露集》。

按：1980年第2期《新港》重新发表《琴和箫》。1981年3月，百花文艺出版社出版《秀露集》，收进《琴和箫》《第一个洞》。

18日，致苑纪久信。信末自注：2月18日。

19日，致冉淮舟信。信末自注：2月19日晚。署名犁。载《幸存的信件》。

回复冉12日等信。《三烈士事略》等已经寄《莲池》主编苑纪久。想把一部分《书衣文录》寄即将创刊的山东《柳泉》杂志。

20日，冉淮舟致孙犁信。信末自注：2月20日夜。载《津门书简》。

回复孙犁19日信。1980年第1期《河北大学学报》刊发《书衣文录》三录。今天下午苑纪久同志来，请冉转达对孙犁的感谢。

25日，致冉淮舟信。信末自注：2月25日晚。署名犁。载《幸存的信件》。

校订完《她从天津来》，已完全忘记这篇稿子，虽质量差但颇可珍惜，可见当年当记者的文风，可收进《耕堂杂录》。《莲池》发表《三烈士事略》时，如能让安平县拍个石碑的照片配发，效果更好。现在要续写《乡里旧闻》。

27日，冉淮舟致孙犁信。信末自注：2月27日夜。载《津门书简》。

回复孙犁25日信。认为《书衣文录》可单独结集，《耕堂读书记》《耕堂函稿》《乡里旧闻》皆可单独出书，《晚华集》《秀露集》再出版，几本书加起来阵容就很可观了。《莲池》印刷条件差,照片不清晰,故而不配发照片了。3月份可能到北京铁道兵那里报到。

27日,致《人民文学》杂志社信。信末自注:2月27日。

回复该社26日信。婉拒给作品提意见,尊重多数评委意见。

2月,写作杂文《耕堂读书记(二)》,共包括《曾文正公手书日记》《翁文恭公日记》《缘督庐日记钞》三篇。文末自注:1980年2月。载1980年第3期《散文》。

2月,重新发表1942年8月25日所作短篇小说《琴和箫》,并1962年8月7日、1979年11月28日两次后记。载1980年第2期《新港》。

2月,《风云初记》一、二、三集合订本由人民文学出版社根据作家出版社1963年3月版重印。

2月,人民美术出版社出版连环画《荷花淀》,王长海改编,梁长林、陈文骥绘画。发行36万册。

3月

3日,致陈乔信。信末自注:3月3日。署名犁。

回复陈1日信。已经完全忘记冀中抗战学院校歌,张子舫同志能背诵出来,真是不容易。

按:张子舫,陈乔夫人。冀中军区火线剧社演员。

5日,致吕剑信。信末自注:犁3月5日。载1997年11月22日《天津日报》满庭芳。

6日,致吕剑信。信末自注:3月6日中午。载1997年11月22日《天津日报》满庭芳。

按:系在昨天信后又写的话。

8日,冉淮舟致孙犁信。信末自注:3月8日夜。载《津门书简》。

3月2日，再到北京上班。根据中华书局版原文，校对了《慷慨悲歌》。

10日，致冉淮舟信。信末自注：3月10日晚。署名犁。载《幸存的信件》。

回复冉2月27日、3月8日信。《慷慨悲歌》修改后可编入《耕堂读书记》，《秀露集》已经整理好交出版社，《散文》第2期登《耕堂读书记》5节，第3期再登2节，此后要暂停一下。《天津日报》增刊将刊发《烬余书札》，已经修改校样。最近身体不好，其他没写什么。以后续写《乡里旧闻》。

14日，写作散文《悼念李季同志》。文末自注：1980年3月14日。载1980年3月20日《天津日报》文艺周刊。

16日，致铁凝信。信末自注：1980年3月16日晚。载1981年《小说界》文学丛刊创刊号。

16日，致陈乔信。信末自注：10月24日。载1998年12月30日《天津日报》满庭芳。

回复陈13日信。忘记陈乔告诉的在抗战学院做教官时编的剧本《鹰燕记》了，但张子舫能背出来孙犁写的校歌，记忆力真好。

18日，为《练笔》杂志题字。

27日，14∶30接待吴泰昌。谈人生、文艺、真善美等。

27日，写作长篇散文《文学和生活的路》，副题为"同《文艺报》记者谈话"。文末自注：1980年3月27日。连载于1980年第6期、第7期《文艺报》。

> 按：这篇文章是与《文艺报》记者吴泰昌的谈话。采访共进行了3天。整理谈话稿的主要内容，长达一万五千多字。文中论述了孙犁的生活历程、文学见解，以及对文艺与政治、现实主义、人道主义诸问题的看法。与1980年9月16日写成的《答吴泰昌问》，

包含孙犁的人生观、世界观、创作观、生活观等诸多方面，是研究晚年孙犁思想、创作的最主要作品。

谈话稿原题目为《如何艺术地反映生活》，发表时改为此题。

29日，致韩映山信。信末自注：3月29日。署名犁。载《孙犁书札：致韩映山》。

《文艺报》记者来采访，大题目是"如何艺术地反映生活"。即吴泰昌采访，发表的文章叫《文学与生活的路》。

30日，冉淮舟致孙犁信。信末自注：3月30日。载《津门书简》。

《天津日报》刊登的悼念李季的文章极为深切。收到60元钱，今后不要总惦念着冉家庭生活。明日去大兴安岭等地，时间三四个月。

3月，写作书衣文《五种遗规》。文末自注：1980年3月，金梅代购。载1984年4月11日《天津日报》满庭芳。载《书衣文录》（增订版）。

系商务排印本。古代之有刑罚，使民有所畏惧。古有道德伦常之说，道德、伦理、教育、法制，乃全民之所需，立国之根本。当变革之期，群众揭竿而起，选士用人，不可拘泥细节。大局已定，则应教养生息，以道德法制教化天下。"未闻有当天下太平之时，在上者忽然想入非非，迫使人民退入愚昧疯狂状态。号称革命，自革已成之业，使道德沦丧，法制解体，人欲横流，祸患无穷……""道德伦理观念，成就甚难，进化缓慢。但如倒行逆施，则如江河决口，水之就下，退化甚易。十年动乱，可作千古借鉴矣。"

按：此段文字，能深入了解孙犁思想深处的变化。对"文革"的反思，并不比巴金迟钝，甚至还要深刻。研究孙犁思想史时不可忽略。

3月，百花文艺出版社出版《现代六十家散文札记》，林非著，列孙犁为一家。

4 月

9日，致潘之汀信。信末自注：1980年4月9日。

30日，致张子舫信。信末自注：4月30日。

4月，写作杂文《耕堂读书记（三）》，共包含《曾文正公手书日记》《能静居士日记》《翁文恭公日记》《缘督庐日记钞》四篇，并有较长的关于日记的看法。文末自注：1980年4月。载1980年第6期《散文》。

4月，整理散文《我的童年》，为总题《稚龄琐记》之一篇。文末自注：1980年4月。载1981年新蕾出版社出版《作家的童年》丛书第4辑。

按：本文系摘自《善闿室纪年》。

4月，写作书衣文《坛经校释》。文末自注：1980年4月，金梅代购。载《书衣文录》（手迹）。

5 月

3日，写作散文《被删小记》。文末自注：1980年5月3日夜。载1980年6月5日《天津日报》文艺周刊。

7日，写作书衣文《辽史》（一）。文末自注：耕堂1980年5月7日。载《书衣文录》（手迹）。

金梅代购史书二种，此书与《魏书》。

7日，写作书衣文《魏书》（一）。文末自注：耕堂1980年5月7日。载《书衣文录》（手迹）。

百衲本二十四史，缺五种，拟用标点本充之。

7日，写作书衣文《四库全书总目》。文末自注：1980年5月7日。

载 1984 年 4 月 11 日《天津日报》满庭芳。载《书衣文录》(增订版)。

原有 40 册万有文库本，劫中失去。金梅从夫子庙古旧书店购此缩印本送来。

16 日，冉淮舟致孙犁信。信末自注：5 月 16 日夜。载《津门书简》。

已经到达大兴安岭等地。

27 日，致韩映山信。信末自注：5 月 27 日下午。署名犁。载《孙犁书札：致韩映山》。

28 日，致傅瑛信。信末自注：5 月 28 日下午 1 时。后以《孙犁函稿》为题发表。载 1981 年 11 月 5 日《文学报》。

回复傅瑛来信，要写关于孙犁作品评论，请多读作品，不要道听途说。要从研究作品出发。

> 按：傅瑛此时系安徽大学学生，后来研究孙犁作品。此信对傅瑛写研究孙犁的作品有期望，希望傅瑛要多多了解孙犁的作品、生活经历、艺术爱好、性格气质，不能人云亦云；要从作品出发，把作品读熟，做好札记。可以参考《文学和生活的路》，了解孙犁的生活历程、文学见解，以及文艺与政治、现实主义、人道主义等。

5 月，写作论文《欧阳修的散文》。文末自注：1980 年 5 月。载 1980 年第 8 期《解放军文艺》。

5 月，写作杂文《耕堂读书记（四）》，内文题为"清代文献（一）"。文末自注：1980 年 5 月。载 1980 年第 7 期《散文》。

5 月，重新发表 1945 年旧作《三烈士事略》。文末自注：1945 年 12 月。载 1980 年第 3 期《莲池》。1962 年 9 月 22 日写了后记。

> 按：原为石刻，1962 年别人抄录而来。见 1945 年 12 月本条。

6月

1日,致李克明信。信末自注:6月1日。载1988年7月《荷花淀》创刊号。

10日,王林、张逢时上午来访。

11日,写作杂文《耕堂读书记(五)》,内文题为"清代文献(二)"。文末自注:1980年6月11日。载1980年第8期《散文》。

15日,致纪鹏信。信末自注:6月15日。

寄上《欧阳修的散文》。

> 按:此信《孙犁全集》《孙犁文集》皆未收。

19日,致韩映山信。信末自注:6月19日。载《孙犁书札:致韩映山》。

回复韩6月12日信。《文艺报》上的谈话,下期还有一半。

> 按:原信写的是收到6月22日信,应是手误。《孙犁文集》照排22日,误。

7月

15日,突然发生严重眩晕,并跌倒。休养一段时间,才慢慢恢复,然后逐项检查身体。

26日,致李克明信。信末自注:7月26日。署名犁。载1988年7月《荷花淀》创刊号。

27日,致韩映山信。信末自注:7月27日晚。署名犁。载《孙犁书札:致韩映山》。

7月,写作《致读者·作者》。文末自注:1980年7月。载1980年第3期《文艺增刊》。署名本刊编辑部。载1980年7月31日《天津日报》,题为《本报〈文艺增刊〉启事》,未署名。

系为《天津日报》编辑出版的《文艺增刊》所写,说明《文艺增刊》要锐意革新,继承文艺周刊传统,大力培养青年作者,开辟青年文学园地,发表新人新作,配合评介分析。提供青年文艺学习材料,借鉴作品。同时,约请老、中年作家发表创作,介绍经验,指导方向。

按:收入百花文艺出版社版《澹定集》时,改题为《〈文艺增刊〉致读者·作者》。

8月

3日,冉淮舟致孙犁信。信末自注:3月8日夜。载《津门书简》。

外地奔波几个月收获颇大。已看到《文艺报》上发表的《文学和生活的路》,内容丰富深刻。河北人民出版社要出版北京军区刘绳、刘波同志写的《作家与冀中》一书,写八九位老作家,已经在《莲池》发表了五六个作家的访问记,最后一篇想写孙犁。

5日,致冉淮舟信。信末自注:8月5日上午。署名犁。载《幸存的信件》。

回复冉3日及以前信。因无新材料可谈,访问记可不写了。《书衣文录》已编好,暂未找到出版社出版。

7日,写作《读作品记(一)》。文末自注:1980年8月7日立秋节。载1980年第10期《新港》。

借写读刘绍棠中篇小说《蒲柳人家》所感,谈及中国文学的现实主义问题,认为文学艺术自有其民族传统,外来的东西只有那些真正有生命力的,对中华民族的现实有所补益的,才能在中国的土壤上繁殖成活。

按:收入百花文艺出版社版《秀露集》时,改题为《读〈蒲柳人家〉》。

8日,冉淮舟致孙犁信。信末自注:8月8日。载《津门书简》。

《作家与冀中》须有孙犁采访文章。武汉《芳草》杂志刊登了阎豫昌写的《我心中的白洋淀——访作家孙犁同志》。

12日，致李屏锦信。信末自注：8月12日晚。载2001年2月19日《天津日报》。

寄《耕堂杂录》一部分书稿。

18日，致阎豫昌信。信末自注：8月18日。

建议阎写散文语言要含蓄。

29日，致铁凝信。信末自注：1980年8月29日。载1981年《小说界》文学丛刊创刊号。

回复铁27日信。谈对《盼》《灶火的故事》感想。

9月

1日，致李屏锦、康迈千信。信末自注：9月1日。载2001年2月19日《天津日报》满庭芳。

感谢准备出版《耕堂杂录》。

7日，致李屏锦信。信末自注：9月7日。载2001年2月19日《天津日报》满庭芳。

回复李5日信。寄《耕堂杂录》一部分书稿。

8日，致韩映山信。信末自注：9月8日。载《孙犁书札：致韩映山》。

回复韩7日信。开研讨会，请张庆田、张朴同志掌握即可。刊物题签，很快就试着写。

按：研讨会系指18日、19日关于荷花淀派的文学会议。

9日，致李屏锦、康迈千信。信末自注：9月1日。载2001年2月19日《天津日报》满庭芳。

又寄《耕堂杂录》一部分书稿。

12日，写作杂文《成活的树苗》。文末自注：1980年9月12日夜记。载1980年9月18日《天津日报》文艺周刊。

从树苗成活的规律，引发到作家培养的问题，认为什么刊物、什么人培养了什么成名的作家，不合事实。刊物和编者，对一个作家的成长，只能说起了一些帮忙助兴的作用。说是培养，恐怕是贪天之功。

按：这篇文章虽不长，论述的话题宏大，可以看作孙犁要写的《再论培养》。

16日，写讫论文《人道主义·创作·流派——作家孙犁答问》。文末自注：1980年9月16日答讫。载1981年第2期《文汇增刊》。

认为文学作品不只反映现实，还要改善人类的道德观念，发扬一种理想。凡是伟大的作家，都是伟大的人道主义者。对于文学流派也提出了独到的看法。

按：这是孙犁新时期继《文学和生活的路》之后，又一篇重要的论文。收入百花文艺出版社版《澹定集》时，改题为《答吴泰昌问》。

1982年3月19日致韩映山信，对此文有议论，对编者的删改表示了不满。

18日—19日，《河北文学》编辑部邀请本省及京、津等地部分作家和文学理论批评工作者，召开有关"荷花淀派"问题的小型学术讨论会。冯健男、阎纲、王畅等作了发言。1980年11月1日《人民日报》以《河北开展关于"荷花淀派"的讨论》为题进行报道；1980年第12期《河北文学》以《关于"荷花淀派"的讨论》为题进行报道。此为孙犁研究的第二波高潮。

按：中国作协河北分会、河北省文联文艺理论研究室、《河北文学》编辑部、《长城》（文学丛刊）编辑部联合举办的文艺理论写作班，就"荷花淀派"问题进行的热烈讨论在全国引起热烈反响。

其实,"文化大革命"结束以后孙犁作品已经引起全国各地文学评论工作者的注意,发表了众多研究文章,对孙犁创作思想、语言艺术、美学观点、现实主义力量,进行了多方面的研究与分析,形成了17年之后一个新的高潮。1979年9月,山东师院已经编辑出版了《中国当代文学研究资料·孙犁专辑》。1980年,河北人民出版社出版了周申明、邢怀鹏所著《孙犁的艺术风格》,更把孙犁研究推进一个新阶段。

21日,写作散文《乡里旧闻（二）》,共包含《木匠的女儿》《老刁》两篇。《木匠的女儿》文末自注:1980年9月21日晨;《老刁》文末自注:1980年9月21日晚。载1980年第11期《散文》。

24日,写作序言《〈艺文轶话〉序》。文末自注:1980年9月24日。载1981年第2期《读书》。

> 按:收入百花文艺出版社版《澹定集》时,改题为《吴泰昌〈艺文轶话〉序》。

29日,王林来访。赠送王两瓶崂山矿泉水,并告之求作序的人拒不胜拒。已调邹明回报社编《文艺增刊》。

29日,写作散文《菜虎》。文末自注:1980年9月29日晨。载1980年第12期《散文》。为《乡里旧闻（三）》之一篇。

29日,冉淮舟致孙犁信。信末自注:9月29日。载《津门书简》。陕西已经决定出版《论孙犁的文学道路》一书,希望孙犁写篇序言,鼓励和批评都行。10月20日左右拟和刘绳、刘波同志到天津拜访。《莲池》公开出版第一期时,一定要有孙犁文章。可写编辑生涯文章。

9月,写作书衣文《中国章回小说考证》。文末自注:耕堂1980年9月。载《书衣文录》(增订版)。

9月,河北人民出版社出版《孙犁的艺术风格》,周申明、邢怀鹏著。

10 月

5 日，写作散文《光棍》。文末自注：1980 年 10 月 5 日。载 1980 年第 12 期《散文》。为《乡里旧闻（三）》之一篇。

11 日，写作散文《〈善闇室纪年〉摘抄》，共包含《在安国县》《在北平》两篇。文末自注：1980 年 10 月 11 日晨。载 1981 年第 1 期《莲池》。

10 月中旬，写作杂文《本报〈文艺增刊〉将开辟"创作经验"专栏，兹摘录其辟栏说明如下》。文末自注：1980 年 10 月。载 1980 年 10 月 16 日《天津日报》文艺周刊。载 1980 年第 4 期《文艺增刊》。未署名。

> 按：这是为《天津日报》所编《文艺增刊》开辟"创作经验"专栏写作的说明。说明共分四个要点：一是专栏志在为广大文学青年服务；二是所录经验正反两面都要；三是专栏内一切泛泛之谈、故弄玄虚、自我吹嘘之作，虽名家不收，一切言之有物、甘苦亲历之谈，虽无名必录，一切从书本上寻章摘句、演绎推理而成的"创作方法"不收，认为目前流行的由此而成的"情节法""构思法"不仅无补实际，而且容易引人误入歧途，定要摈弃；四是回忆鲁迅先生当年介绍世界名家之创作时，必要求附译其创作经验，为培养青年作者，学习鲁迅先生做法，开辟此专栏，并重点经营之。收入百花文艺出版社版《澹定集》时，改题为《〈文艺增刊〉辟栏说明》。

17 日，致韩映山信。信末自注：10 月 17 日。载《孙犁书札：致韩映山》。

> 回复韩 14 日信。不记得对鲍昌说过那句话，传话不可信。近来又写了《乡里旧闻》等。上次寄去给《莲池》的题字了。

22日，写作诗歌《海鸥》。诗末自注：1980年10月22日下午。载1980年10月30日《天津日报》文艺周刊。

25日，写作杂文《〈文艺评论〉改进要点》。文末自注：1980年10月25日。载1980年11月14日《天津日报》文艺评论。未署名。

系为《天津日报》文艺评论版所写。共10个要点：一是文艺评论涉及文、音、美、剧各领域，以文学为主，以当代文学为主。二是本刊发表有关文学创作的各种形式的研究、评论文章，特别是对于正、反两方面的工作总结，特加注意，注意培养青年文艺评论队伍。三是力求办成学术性期刊，少登一般政治说教式的，引经据典、诗云子曰式的所谓文艺评论。四是力求办成"文艺"性的评论刊物，即评论本身亦要具备文艺性，因此文风、学风都要改进，力求做到有学有识。五是文艺评论本身也是学术，学是基础，术是方法。六是既是学术，就提倡百家争鸣，既不能捧杀，也不能棒杀，既不能为突出"政治"随意压制作品，亦不能借口"保护"作家随意压制批评。七是发表文章，不采取借"群众表态""座谈会"等形式，掩"一言"之实质。八是不采用结为"战线"的围攻性文字。九是发扬我国文艺评论优良传统，有学方能有识，真知灼见之作，必产生于勤奋好学，与广大青年文学评论者共勉。十是所发表文章，全凭质量。

按：虽然只是一篇对稿件提要求的短文，也论述了学与识、学与术、政治与艺术等方面的关系。

27日，致刘心武信。信末自注：1980年10月27日。载1981年第3期《文艺报》。

回复刘20日信。谈对《班主任》等的印象。

27日，冉淮舟致孙犁信。信末自注：10月27日夜。载《津门书简》。

把《善闇室纪年摘抄》交给了《莲池》。复印了《我们访问了苏联》

里孙犁写的7篇文章，有个别写作时间根据在《天津日报》发表时间推断，加了上去。又复印《新的里程》和《读〈海鸥〉》两篇，不知《文学短论》正续编是否收进了这两篇文章。

29日，致冉淮舟信。信末自注：10月29日。署名犁。载《幸存的信件》。

回复冉27日信。《新的里程》等二篇文章《文学短论》正续编皆未收。李湘洲处有完整的《冀中导报》平原副刊，他已允诺抄录《看过〈王秀鸾〉》。

29日，致姜德明信。信末自注：10月29日。载《孙犁书札：致姜德明》，姜德明编著，百花文艺出版社2013年5月版。

回复姜27日信。

10月下旬，冉淮舟带领北京军区作家刘绳、刘波到天津拜访孙犁。后来写出访问记《战火中的孙犁》，载1981年第7期《河北文学》，并收入《作家与冀中》一书。《作家与冀中》，刘绳、刘波著，花山文艺出版社1983年5月版。

30日，丁玲致孙犁信。信末自注：1980年10月30日。载1980年12月11日《天津日报》文艺周刊。载《天津日报》编1980年第4期《文艺增刊》。

11月

1日，写作论文《读作品记（二）》。文末自注：1980年11月1日晨。载1981年第1期《新港》。

系读刘心武中篇小说《如意》、短篇小说《写在不谢的花瓣上》后所感。认为作家应当描写生活积累丰富、思想理解深刻的事物。倘若要写十年动乱，则必须了解这场动乱产生的历史根源、社会根源，了解它在每个人的历史、生活、心理状态上的不同反映，而这些有待于政治上的进一步澄清，人民进一步的觉悟，和时间的再推移。

2日，致丁玲信。信末自注：1980年11月2日上午12时天津。载《天津日报》所编1980年第4期《文艺增刊》。载1980年12月11日《天津日报文》文艺周刊，题为《孙犁同志的复信——致丁玲》。

回复丁玲10月30日信。对丁玲在三十年代的革命文学创作颇多赞誉。大家虽然都经受磨难，但没有意志消沉，是文学事业鼓励着大家。写作要说实话、做实事，自言问心无愧，"对于创作，我是坚信生活是主宰，作家的品质决定作品的风格的。在我写的一些短小评论中，都贯彻着我这些信念"。

按：此信发表后，在当时产生很大影响。

4日，冉淮舟致孙犁信。信末自注：11月4日。载《津门书简》。

回复孙犁10月29日信。3日在北京图书馆（国家图书馆）查阅一天《冀中导报》，1946年8月至1948年底终刊，查到以下文章：《翻身十二唱》《光复唐官屯之战》《随感》及《相片》等12篇速写。

5日，写作序言《柳溪短篇小说选集序》。文末自注：1980年11月5日下午3时。载1980年11月13日《天津日报》文艺周刊。

12日，致冉淮舟信。信末自注：11月12日。署名犁。载《幸存的信件》。

回复冉4日信。感谢抄录文章。看过冉最近写的散文，以为写得仓促了一些，反映生活不够深刻，并有枝蔓之处。要有知识性。最近写作《读作品记（二）》用力较多。

14日，冉淮舟致孙犁信。信末自注：11月14日。载《津门书简》。

回复孙犁12日信。8日在京见到宋复光、李屏锦，转达了孙犁对《耕堂杂录》的出版意见，他们要冉写一本关于孙犁的评传。李克明、郑法清分别寄来了（写孙犁）的稿件，都提了意见。又写了

《论孙犁的文学道路》有关章节，请对后记提出意见。《安新看卖席记》没有收进《白洋淀纪事》。

17日，致冉淮舟信。信末自注：11月17日。署名犁。载《幸存的信件》。

寄回修改后的《论孙犁的文学道路》后记。

19日，致韩映山信。信末自注：11月19日。署名犁。载《孙犁书札：致韩映山》。

回复韩17日信。不当《莲池》顾问，但可以帮忙。关于那句传说，对此人本有戒心，结果仍然发生这种不愉快的事。铁凝来过了，劝她不要骄傲。

21日，写作杂文《万里和万卷》。文末自注：1980年11月21日晨。载1981年第2期《旅行家》。

22日，冉淮舟致孙犁信。信末自注：11月22日。载《津门书简》。

回复孙犁17日信。李屏锦把书衣文录按照年月编排了一下，这样好。所抄录过去的文章，"文化大革命"中遗失的仅仅差几篇没有找到。

24日，致冉淮舟信。信末自注：11月24日。署名犁。载《幸存的信件》。

回复冉22日信。收到寄来的《光复唐官屯之战》《翻身十二唱》《慷慨悲歌》《随感》四篇文章抄件，想把它们编入《耕堂杂录》。

24日，致康濯信。信末自注：11月24日。载2005年7月19日《天津日报》。

收到惠寄的《英雄树》，想要一套《郭嵩焘日记》。

24日，致李屏锦信。信末自注：11月24日。

27日，冉淮舟致孙犁信。信末自注：11月27日。载《津门书简》。

回复孙犁24日信。所说《光复唐官屯之战》等四篇文章可编入《耕堂杂录》。《新港》明年第1期刊发《读作品记（二）》，第2期刊发冉《欣慰的回顾——〈论孙犁的文学道路〉后记》。

29日，致曾秀苍信。信末自注：1980年11月29日。载1981年《小说界》文学丛刊创刊号。

30日，致铁凝信。信末自注：1980年11月30日晚。载1981年《小说界》文学丛刊创刊号。

寄上一册《孽海花》，此书先后两次送同一个朋友，产生精彩故事。

12月

1日，致冉淮舟信。信末自注：12月1日。署名犁。载《幸存的信件》。

请看傅瑛、黄景煜所编孙犁年表，修改后寄给他们。

3日，致冉淮舟信。信末自注：12月3日。署名犁。载《幸存的信件》。

看过刘绳、刘波写的《战火中的孙犁》，认为很好。

7日，写作论文《读作品记（三）》。文末自注：1980年12月7日。载1980年12月25日《天津日报》文艺周刊。

系读林斤澜短篇小说《记录》《拳头个》《阳台》《一字师》《开锅饼》后有所感想而作。认为创作规律是一个理论问题，但主要是一个实践问题。语言的应用应该自然，一拿架子就是败了一半。创作规律归纳起来包含作家的人生观（或称世界观、宇宙观）、生活的积累及文字的表现能力等各个方面，不应偏废。林斤澜作品师承鲁迅为主，追求白描手法，有幽默的成分，有些冷僻，反映现实生活是用解剖刀。

8日，写作杂文《〈耕堂杂录〉后记》。文末自注：1980年12

月8日晚。

8日,致王勉思信。信末自注:12月8日。载2005年7月19日《天津日报》满庭芳。

10日,写作诗歌《燕雀篇》。诗末自注:1980年12月10日上午。载1981年第1期《滹沱河畔》。

12日,冉淮舟致孙犁信。信末自注:12月12日。载《津门书简》。
刘绳他们得知所写采访孙犁文章得到孙犁肯定,很高兴。

12日,写作评论《读冉淮舟近作散文》。文末自注:1980年12月12日上午大风寒。载1981年第3期《莲池》。

> 按:孙犁在作品文末自注里,多次记录气象,例如大风、大寒、大暑等。孙犁先生在这些特殊的天气里写作,一方面,用他的话说是靠写作度过寒冷、暑热,另一方面也说明晚年孙犁写作的勤奋与刻苦。

12日,致冉淮舟信。信末自注:12月12日上午。署名犁。载《幸存的信件》。

随信寄上序言《读冉淮舟近作散文》。为写此序,反复思考,原因是冉的文章还有不少需要改进之处,但又不能只讲那些缺点。

17日,冉淮舟致孙犁信。信末自注:12月17日夜。载《津门书简》。

抄录周扬《建设社会主义文学的任务》中关于《风云初记》的一段话寄来。

18日,致韩映山信。信末自注:12月18日晚。署名犁。载《孙犁书札:致韩映山》。

回复韩16日信。最近又写了《读作品记》等。今日文坛,引张资平、张恨水为艺术大师,未上推至张竞生,乃国家民族之大幸矣。贩卖旧货,以为新奇;拉帮结派,自己壮胆。

19日，致冉淮舟信。信末自注：12月19日晚。载《幸存的信件》。

寄回冉淮舟《略论〈村歌〉》，"我看不错"。

24日，致李克明信。信末自注：12月24日。载1988年7月《荷花淀》创刊号。

看了克明写的有关孙犁稿子，觉得想当然的地方多，要有根据，力求确切第一。

24日，写作书衣文《古泉拓存》（上）。文末自注：1980年12月24日。载《书衣文录》（手迹）。

昨日整理《章氏丛书续编》，感慨其文字不及半世纪，已无人问津。

29日，写作诗歌《猴戏》。诗末自注：1980年12月29日，晚上写跋，当晚在跋后又记。载1981年第3期《新港》。

按：写作此诗歌及《新港》发表时原无副题，收入河南少儿出版社1983年12月版《孙犁诗选》时加副题"童年纪事"。

30日，致俞天白信。信末自注：12月30日。

回复俞16日信。为俞题写《吾也狂医生》书名。

30日，致陈乔信。信末自注：12月30日。署名犁。

12月，写作杂文《买〈太平广记〉记》。文末自注：1980年12月。载1981年1月1日《解放日报》。

12月，写作杂文《我的二十四史》。文末自注：1980年12月。载1981年2月1日《解放日报》。

12月，写作杂文《书目》。文末自注：1980年12月。载1981年4月29日《解放日报》。

按：收入百花文艺出版社版《澹定集》时，改题目为《我的书目书》。

1980年，写作书衣文《北京花卉》。文末自注：1980年，小淼购。载《书衣文录》(手迹)。

1981年　68岁

1月

2日,冉淮舟致孙犁信。信末自注:1月2日晚。载《津门书简》。

寄出抄好的《两天日记》。《读冉淮舟近作散文》交《莲池》苑纪久,他喜出望外。给香港《开卷》所写文章的原稿(即《答吴泰昌问》),如果需要,请来信。

7日,写作杂文《幻华室藏书记序》。文末自注:1981年1月7日。载1981年2月23日《人民日报》。

自己藏书的损失颇多,令人心痛。书衣文录所记多系时事及感想,非尽关书籍内容。此次所写藏书草目,系逐橱登记,杂乱并无统系。现在要把所列书目,及日常浏览所得,分类记其体要、版本,各为短文系之。

按:1995年1月2日致段华信:"想编一个藏书目录,也畏难未动。我只有一个草目,记得很杂,也很简单,实在不行,就把它复制几份,分赠爱书的朋友。近日并把所藏木板书,抄在卡片上,慢慢注上册数、作者、出版地点及年月,这也很费时日,不知能完成否?"1995年5月15日,孙犁早晨下楼散步感染风寒,从此搁笔。天道如此,此情可叹!!

7日,致韩映山信。信末自注:1月7日。载《孙犁书札:致韩映山》。

回复韩5日信。

13日,冉淮舟致孙犁信。信末自注:1月13日。载《津门书简》。

寄上抄出的《民兵参战平汉线》,原发表只分段没分行,抄的时候分行,分段处空行,文末写作日期系冉所加。

16日,致韩映山信。信末自注:1月16日。署名犁。载《孙犁书札:致韩映山》。

18日,致李屏锦信。信末自注:1月18日。载2001年2月19日《天津日报》满庭芳。

《耕堂杂录》封面由出版社自行做。

19日,写作书衣文《仪顾堂题跋》。文末自注:1981年1月19日。载《书衣文录》(增订版)。

为上海《解放日报》写幻华室藏书记,念及此书。

19日,写作序言《曼晴诗选序》。文末自注:1981年1月19日晚。载1981年2月9日《天津日报》文艺周刊。

24日,致韩映山信。信末自注:1月24日。署名犁。载《孙犁书札:致韩映山》。

26日,王林、张逢时来访。

26日,写作书衣文《典故纪闻》。文末自注:1981年1月26日。载1984年4月11日《天津日报》满庭芳。署名幻华室。载《书衣文录》(增订版)。

畿辅丛书只存此种。

28日,写作诗歌《蝗虫篇》,副题为"童年纪事",诗后写有附记。附记末自注:1981年1月28日记于幻华室。载1981年第3期《滹沱河畔》。

30日,致姜德明信。信末自注:1月30日。载《孙犁书札:致姜德明》。

回复姜27日信。

30日,致俞天白信。信末自注:1月30日。

297

1月，写作书衣文《鲁迅书信新集》。文末自注：1981年1月，姜德明寄赠。载《书衣文录》（手迹）。

1月，又犯眩晕一次。

2月

1日，写作《〈秀露集〉后记》。文末自注：1981年2月1日记。载1981年第4期《散文》。

1日，冉淮舟致孙犁信。信末自注：2月1日。载《津门书简》。

听金梅说孙犁给《新港》一首长诗，想来身体还好。

1日，写作书衣文《杜诗镜铨》（一）。文末自注：幻华室1981年2月1日。载《书衣文录》（手迹）。

对妄徒删窜自己作品愤愤不平，但看到古人记录有人在刻成之书上肆意窜改，谓之点窜本，气乃顿消。

2日，致冉淮舟信。信末自注：2月2日晚。载《幸存的信件》。

回复冉以前来信。近写诗作：《燕雀篇》刊发《滹沱河畔》第1期，给《新港》的长诗是《猴戏》，《蝗虫篇》想寄《山东文学》，未复《跋》一段。"这些都是童年印象，叙事，较长"。另写了《〈曼晴诗选〉序》，为《秀露集》写了后记，为《解放日报》写了三篇《买书记》，为《书讯》写了《买书记》序。《秀露集》小样已经看过，《开卷》未登的《答吴泰昌问》在《文汇月刊》第2期发表，但编者有改动。最近想休息一下，但市里又要开文代会。

4日，写作书衣文《杜诗镜铨》（九）。文末自注：幻华室1981年2月旧历除夕。载《书衣文录》（手迹）。

11日，写作论文《读作品记（四）》。文末自注：1981年2月11日。载1981年第4期《新港》。

系读宗璞短篇小说《鲁鲁》后有所感而作。认为宗璞小说有深厚的文学修养,严紧沉潜的创作风度,优美的无懈可击的文学语言。文学作品的第一要素是语言,但语言不是一个单纯的技巧问题,它与作家的品格气质、思想情操有关,发自肺腑之言,讷讷言之,常常能使听者动容落泪。这是衡量语言的天平标准。名利熏心,终日营营,不可能写出好作品。历史证明:凡在文学语言上有重大建树的作家,都是沉潜在艺术创造事业之中,经年累月,全神贯注,才得有成。

15日,致姜德明信。信末自注:2月15日。载《孙犁书札:致姜德明》。

随寄藏书记序。

18日,写作论文《关于"乡土文学"》。文末自注:1981年2月18日午饭之后记。载1981年第5期《北京文学》。

叙述对乡土文学的一些印象,委婉规劝刘绍棠不必拘泥于这个词,要有开放的心态,已经深入乡土,努力反映那一带人民的生活和风土人情、习惯,完全可以自信。乡土文学不一定永远称之为"乡土文学",凡是文艺,都要有根基:就是人民的现实生活,就是民族性格,就是民族传统。根基也受内在和外来的影响,逐渐变化;置于根基的作品,为当地人民所喜欢和接受,就能传之长久。

22日,致姜德明信。信末自注:2月22日晚。载《孙犁书札:致姜德明》。载《书衣文录》(手迹)。

按:寄题字,共两幅。

第一幅题字为:

为姜德明同志题所藏《少年鲁迅读本》

此书虽幼稚、浅陋,然可见我青年时期,对鲁迅先生景仰爱慕之深情。孙犁1981年2月22日灯下

按:此版本《少年鲁迅读本》乃新儿童社1949年4月版,知

识书店发行，新少年读物第1种。

第二幅题字为：

为姜德明同志题所藏精装本《白洋淀纪事》

君为细心人，此集虽系创作，从中可看到：1940到1948年间，我的经历，我的工作，我的身影，我的心情。实是一本自传的书。孙犁1981年2月22日

  按：姜德明所藏精装本为1962年版。

2月，写作书衣文《陈垣史源学杂文》。文末自注：1981年2月，金梅代购。载《书衣文录》（手迹）。

2月，写作书衣文《浮生六记》。文末自注：1981年2月，金梅代购。载1984年4月11日《天津日报》满庭芳。载《书衣文录》（手迹）。

俞平伯点校本，共四记。幼年有六记，系早期藏书，已忘记何处出版，不知下落。

  按：据袁行霈、侯忠义编《中国文言小说书目》，收录从独悟庵丛钞本至俞平伯校点本（人民文学出版社1980年版）近20个版本，各本均缺卷五、卷六。

2月，春节（2月5日）期间，天津市出版局孙五川、百花文艺出版社社长林呐来访，提议由百花文艺出版社编辑出版《孙犁文集》。经过一番准备，编辑、出版人员全部到位：林呐主持其事，出版社负责编辑为李克明、曾秀苍、张雪杉、顾传菁等。在讨论篇目、校勘文字时，又特别邀请邹明、冉淮舟、阿凤、沈金梅、郑法清等参加，由此拉开编辑《孙犁文集》的序幕。

3月

1日，为姜德明题字两幅。载1984年4月18日《天津日报》

满庭芳。载《孙犁书札：致姜德明》。载《书衣文录》(手迹)。

第一幅是为姜所藏《津门小集》题字：

回忆写这些文章时，每日晨五时起床，乘公共汽车至灰堆（灰堆，地名，大致在天津市河西区大沽南路与西横街交叉口一带——段华注），改坐"二等"（二等，自行车——段华注），至白塘口（白塘口，地名，现为天津市津南区白塘口镇——段华注）。在农村午饭，下午返至宿舍，已天黑。然后写短文发排，一日一篇，有时一日两篇。今无此精力矣。然在当时，尚有人视为"不劳动"、"精神贵族"、"剥削阶级"者。呜呼，中国作家，所遇亦苦矣。

德明同志邮寄嘱题，发些牢骚以应之。1981年3月1日下午孙犁题于澹定斋

第二幅是为姜德明所藏《晚华集》题字：

此集所收，虽有几篇旧作，然多系近年作品，观其笔意，较之青年时，有失有得。失者为青春热情，得者为老年阅历。不知德明同志以为然否？

1981年3月1日孙犁

1日，冉淮舟致孙犁信。信末自注：2月1日。载《津门书简》。

看到《人民日报》刊登的《藏书记序》，这又开辟了一个新的写作领域。《读冉淮舟近作散文》将发表在《莲池》第3期，不知能否改为《读作品记》。《光明日报》《北京日报》等请冉代向孙犁约稿。

4日，致冉淮舟信。信末自注：3月4日。载《幸存的信件》(给淮舟的信)。

《买书记》和《藏书记》是一回事，《人民日报》序本是写给《书讯》的，但《书讯》未见发表，故而投寄《人民日报》发表。《北京日报》等约稿俟有合适文章再说。《读冉淮舟近作散文》可改题为《读

作品记》，不要标数目了。《文汇月刊》发表稿件改动太大，请寄回原稿，以便编集子时用原稿照排。

11日，写作书衣文《通志堂集》（上）。文末自注：1981年3月11日装。载1984年4月11日《天津日报》满庭芳。载《书衣文录》（手迹）。

报社福利，每人可购6元书，因托金梅代购此二种，否则不需要此等书。

11日，致陈乔、张子舫信。信末自注：3月11日。

寄上照片一张。

12日，致姜德明信。信末自注：3月12日。署名犁。载1993年6月18日《大众日报》。载《孙犁书札：致姜德明》。

回复姜11日信。寄给姜德明的一个题跋，即《题孔德学校国文讲义》。赞同巴金建议成立中国现代文学馆。

16日，致鲍昌信。信末自注：3月16日下午。载1981年4月2日《天津日报》文艺周刊。

《庚子风云》确有独到之处，写农民的地方让人印象深刻。上层可少写，下层可多写。时代变迁，写上层容易流于皮毛，写下层容易合乎实际。要不求其大，只求其真。

19日，冉淮舟致孙犁信。信末自注：3月19日。载《津门书简》。

回复孙犁4日信。郑法清见冉，谈《孙犁传略》，第1章、第2章将在第3期、第4期《散文》杂志刊出，百花文艺出版社出版此书。天津准备编辑出版孙犁文集，这是很令人欣喜的事情。

21日，写作书衣文《徐霞客游记》（上、下）。文末自注：1981年3月21日灯下装讫记。载1984年4月11日《天津日报》满庭芳。载《书衣文录》（增订版）。

很多古籍出版说明，如同呓语。

25日，写作论文《与友人论传记》。文末自注：1981年3月25日。载《人民日报》编1981年第3期《大地》文艺增刊。

28日，写作论文《与友人论学习古文》。文末自注：1981年3月28日。载1981年第6期《散文》。

3月，散文小说集《秀露集》由百花文艺出版社出版。

4月

1日，晚，写作散文《大星陨落》，副题为"悼念茅盾同志"。文末自注：1981年4月1日晚。载1981年第5期《新港》。

2日，致冉淮舟信。信末自注：4月2日。署名犁。载《幸存的信件》。

《琴和箫》的后记已经编入《秀露集》中。四川也想出文集，没同意。《孙犁文集》初拟五卷：短篇、中篇、长篇、散文、理论。如有可能再编一本杂著（包括诗）。有暇时可帮助想想，提些方案。关于传记写法，已写了《与友人论传记》和《与友人论学习古文》，可以参考。

2日，冉淮舟致孙犁信。信末自注：4月2日上午。载《津门书简》。

寄来《答吴泰昌问》手稿。

9日，写作杂文《我写过的电影脚本》，副题为"芸斋断简"。文末自注：1981年4月9日。载1983年6月28日《羊城晚报》。

11日，致韩映山、苑纪久信。信末自注：4月15日。

15日，致李大振信。信末自注：4月15日。

感谢约稿，并建议李下去(从石家庄河北人民出版社调到衡水地区文联)，工作关系可以保留在出版社。

23日，写作书衣文《吴趼人研究资料》。文末自注：1981年4月23日大风。载1984年4月11日《天津日报》满庭芳。载《书衣文录》（手迹）。

字号太小，不能读。

23日，写作书衣文《契诃夫文集》（第1卷）。文末自注：1981年4月23日。载《书衣文录》（手迹）。

吴泰昌寄赠。

26日，写作论文《读作品记(五)》。文末自注：1981年4月26日。载1981年第6期《新港》。

系读舒群短篇小说《少年CHEN女》后有所感而作。舒群是20世纪30年代中国文坛兴起的东北作家之一。叙述在延安鲁艺期间与舒群的战友厚谊，充满深情。对舒群的这篇小说也做了评论，认为舒群的作品虽不是什么重大题材，却是结构紧严，情节进展得合情合理，非常自然，看不到人为痕迹。舒群也在语言上进行了有益探索，功力深厚。借此，也就一些文学现象提出自己的看法，认为文学作品的主要基础，是现实生活和作家对生活的感受与认识。强加情节于并不理解的生活之上，丝毫无补于生活。情节是生活之流激起的层层波浪，它是从有丰富生活基础并对它有正确理解的作家笔下，自然流露出来的。而评论家写作评论文章，也应该从实际出发，不能无限吹捧。

26日，致韩映山信。信末自注：4月26日。署名犁。载《孙犁书札：致韩映山》。

谈学习古文等。

30日，写作论文《读一篇散文》。文末自注：1981年4月30日。载1981年7月4日《人民日报》。

贾平凹这篇精短散文是一篇没有架子的散文。而当前的文章在往长里发展，原因在于有的人或以地位高，或以名声重，以为不把文章写长，不足以显示自己身份，且长而空洞。青年人争相模仿，于是文章就愈来愈长了。

  按：这是孙犁看了当天《天津日报》上刊登的贾平凹散文《一棵小桃树》之后有所感而写。1981年5月17日晚，致姜德明信："半月以前，寄贵报副刊一稿，题为《读一棵小桃树》，系文艺随笔性质"。说明此文原题为《读〈一棵小桃树〉》，《人民日报》发表时改为此题。

4月，写作杂文《题孔德学校国文讲义》。文末自注：1981年4月。载1981年6月7日《文汇报》。

  按：3月12日致姜德明信已经谈到此题跋，说明题跋写于4月之前。在《文汇报》发表时文末自注为1981年4月，应是寄给《文汇报》时的抄录日期。

5月

4日，冉淮舟致孙犁信。信末自注：5月4日于太原。载《津门书简》。

回复孙犁4月2日信。信才从北京转来。《孙犁文集》出七卷或八卷为好。七卷：短篇、中篇、长篇、散文、杂文、诗歌、理论；八卷，再增补一卷书信。字数大概在150万字。《论孙犁的文学道路》陕西已经发排。

4日，张维兄妹、杨循、周申明、韩映山等来访。

5日，远山眉（远千里女儿）、韩映山来访。中午留韩映山在家吃饺子。

与韩映山谈：写作要写自己的东西，自己的语言。艺术作品也离政治远一点，但从来没有说脱离政治，是不要图解政治，投政治之机。在《文学和生活的路》里批驳了这个曲解。

6日，致冉淮舟信。信末自注：5月6日晚。载《幸存的信件》。

回复冉4日信。百花文艺出版社已经组成《孙犁文集》编辑班子:李克明负责,其他为曾秀苍、顾传菁等。林呐责成他们三月编出。他们几人各有特点。这些天很为此事担心,怕弄不太好。请冉开列短篇小说、散文及理论篇目,与出版社开列的对照,也以三月为度。文集编辑原则,仍以严格为主,不贪大求多。篇目,以写作年月为序。《摘树叶》是一篇散文,可能是发表在油印刊物上。近写了《大星陨落》《读作品记(五)》等。

9日,写作四言《生辰自述》,并跋。跋末自注:1981年5月9日(阴历四月初六)。载1981年第4期《莲池》。

9日,冉淮舟致孙犁信。信末自注:5月9日下午。载《津门书简》。

回复孙犁6日信。已经编出文集短篇目录。1962年版《白洋淀纪事》有一些问题,作品年月排列多有错乱。

10日,致冉淮舟信。信末自注:5月10日下午五时。署名犁。载《幸存的信件》。

回复冉9日信。编目用力甚勤,感谢。

11日,致冉淮舟信。信末自注:5月11日晨。署名犁。载《幸存的信件》。

寄上《生辰自述》,问《莲池》能否刊登。文集目录编出后,可以《孙犁文集拟目》为题,加以解说、辨证,找个大学学报发表。

11日,写作论文《读作品记(六)》。文末自注:1981年5月11日。载1981年第7期《新港》。

此文系读李准短篇小说《王结实》后有所感而作。认为李准的这篇小说写得很真实,充满幽默感,使人不断笑出眼泪。李准作品中的幽默感,并不全在语言的选择上,他的幽默来自于对生活的观察认识:认识得广,认识得深刻。对生活理解深了,不愿意大喊大叫,也不愿意用委委屈屈的办法表现它,经过沉淀,终于含着眼泪,用冷静的嘲讽手法来表现它,这就是幽默艺术。幽默是现实主义文学的一个方面，一种表现手法。凡是伟大的作品，都有幽默感。幽默，是文学的一种要素。

13日，冉淮舟致孙犁信。信末自注：5月13日中午。载《津门书简》。

回复孙犁10日、11日信。《生辰自述》交给《莲池》，将刊发在第4期。文集拟目，苑纪久说一定要发《莲池》第5期。搞文集拟目，非常有必要。过几天从保定回北京，再做调整，已写好说明，即请审阅。

14日，写作书衣文《新文学史料》（第11期）。文末自注：1981年5月14日，昨日因食不洁物，半夜腹泻。载2004年1月6日《天津日报》满庭芳。载《书衣文录》（增订版）。

北京市商业局删改《山地回忆》太多，为此生气。自己处处以旧理以责相遇之人和事，徒增烦恼。

15日，致冉淮舟信。信末自注：5月15日上午。载《幸存的信件》。

回复冉13日信。文集说明定位《编目说明》。文集辨证（或考证、考索）：每篇目下，除注明写作年月外，尽量注明最初发表在何处；写作年月的辨证，要说明弄错的原因；文字增删也要辨证；版本源流、沿革要辨证；佚缺篇目说明原因、过程，也有征集之意。总之，此种文字，需要简明、具体，要有材料，有考据，有说服力，并读着有兴味为上。另半月前寄武培真一篇《读〈一棵小桃树〉》，因是原稿，不用时请寄回。

按：武培真，时任《人民日报》编辑，曾任《天津文艺》编辑。

15日，致贾平凹信。信末自注：1981年5月15日下午3时。载1980年第10期《长安》，发表时原题为《关于散文的一封信》。

回复贾12日信。书信体论文。

17日，致姜德明信。信末自注：5月17日晚。署名犁。载《孙犁书札：致姜德明》。

回复姜 16 日信。谈到《读一篇散文》，即 4 月 30 日读贾平凹散文《一棵小桃树》之后，又写一些论文。

17 日，写作书衣文《谈龙录·石洲诗话》。文末自注：1981 年 5 月 17 日悲观堂书。载 1984 年 4 月 11 日《天津日报》满庭芳。载《书衣文录》（增订版）。

市图书馆管理员盗书倒卖，无人负责，甚至有文物级书籍，辜负了爱书人的捐赠。

  按：首次出现悲观堂。

18 日，冉淮舟致孙犁信。信末自注：5 月 18 日。载《津门书简》。

回复孙犁 15 日信。继续完善文集编目。还要去北京图书馆抄《一别十年同口镇》《新安游记》。

21 日，冉淮舟来，商谈文集编目之事。冉又去百花文艺出版社商量文集编目。

22 日，韩映山、周渺来辞，他们 23 日回保定。

22 日，写作书衣文《东斋记事·春明退朝录》。文末自注：澹定室装，1981 年 5 月 22 日。载 1984 年 4 月 11 日《天津日报》满庭芳。载《书衣文录》（手迹）。

《东斋记事》有丛书集成本。

27 日，写作杂文《书淮舟所拟文集目录后》。文末自注：1981 年 5 月 27 日灯下。载 1981 年第 5 期《莲池》。

  按：为了编辑、校勘《孙犁文集》，冉淮舟编写了《孙犁著作年表》《孙犁作品单行、结集、版本沿革年表》。这是第一次较完整编辑孙犁作品年表，对研究孙犁作品及作品集版本颇有参考价值。两个年表皆附印在百花文艺出版社版《孙犁文集》第 5 册。

28 日，写作杂文《祝衡水〈农民文学〉创刊》。文末自注：

1981年5月28日。载1981年《农民文学》创刊号。

31日，冉淮舟带着完善一些的编目回到北京。

6月

1日，冉淮舟到北京图书馆，在1945年重庆《新华日报》上查出了《游击区生活一星期》和《白洋淀边一次小斗争》，在1948年《石家庄日报》上查到了《种谷的人》。

3日，冉淮舟到保定，校对《莲池》排出的《生辰自述》。

4日，致姜德明信。信末自注：6月4日。署名犁。载《孙犁书札：致姜德明》。

西谛书目不错。

6日，冉淮舟致孙犁信。信末自注：6月6日中午。载《津门书简》。

报告查找到《游击区生活一星期》等情况。

7日，致冉淮舟信。信末自注：6月7日晚。署名犁。载《幸存的信件》。

回复冉6日信。校对完《生辰自述》，直寄苑纪久。《莲池》刊登《孙犁文集拟目（附说明）》一文，别催太急。百花文艺出版社编辑又加上张雪杉，所写《书淮舟所拟文集目录后》在顾传菁姓名之上请加上张雪杉名字。文集内容已复制出《鲁迅·鲁迅的故事》等五种。

10日，写作书衣文《杜诗镜铨》。文末自注：1981年6月10日。载1984年4月18日《天津日报》满庭芳。载《书衣文录》（增订版）。

系傅正谷赠送。上次题字系木刻本。

11日，冉淮舟致孙犁信。信末自注：6月11日中午。载《津门书简》。

回复孙犁7日信。《琴和箫》序言慢慢写。在石家庄，仍只在1948年《石家庄日报》查到《种谷的人》。看到《蝗虫篇》发表在第 3 期《滹沱河畔》。拿到一份《耕堂杂录》清样，书出版后，请送吕正操、刘沙同志一本，也请送徐光耀、苑纪久同志。

> 按：《琴和箫》序，就是后来著名的散文《同口旧事》。

14 日，致冉淮舟信。信末自注：6 月 14 日。署名犁。载《幸存的信件》。

回复冉 11 日信。山东师范学院找到两篇文章，一是《王凤岗坑杀抗属》，二是《冀中导报》批判孙犁"客里空"典型的文章。延安《解放日报》上刊登的《关于"冀中一日"》，系从《晋察冀日报》转载。

14 日，致姜德明信。信末自注：6 月 14 日。署名犁。载《孙犁书札：致姜德明》。

回复姜德明 11 日信。谈 6 月 7 日《文汇报》发表的题跋，即《题孔德学校国文讲义》。

10 日，写作序言《金梅〈文海求珠集〉序》。文末自注：1981 年 6 月 10 日灯下。载 1981 年 7 月 23 日《天津日报》文艺周刊。

17 日，写作散文《同口旧事》，副题为"《琴和箫》序"。文末自注：1981 年 6 月 17 日雨后写讫。载 1981 年第 6 期《莲池》。

> 按：冉淮舟在帮助编辑《孙犁文集》时，萌发了把孙犁所写有关白洋淀的全部作品编成书的想法。此想法得到孙犁大力支持。书编好后，定名为《琴和箫》，花山文艺出版社 1982 年 12 月出版。

20 日，致傅瑛信。信末自注：6 月 20 日。署名犁。载 1999 年 5 月 22 日《天津日报》。

收到傅瑛写的关于孙犁的论文（即孙犁创作年表），请她参考冉淮舟的年表。

26 日，致冉淮舟信。信末自注：6 月 26 日。署名犁。载《幸存的信件》。

寄去《同口旧事》修改稿，请冉改正抄稿。

27日，冉淮舟致孙犁信。信末自注：6月27日晚。载《津门书简》。

回复孙犁26日信。收到《同口旧事》修改稿，以为可以和《戏的梦》相媲美，更加突出白洋淀，此篇和《保定旧事》《某村旧事》一起三篇"旧事"，可与《书的梦》《画的梦》《戏的梦》"三梦"相辉映。《澹定集》已经告诉张雪杉，稿子复印后送回，并开列书目。手迹也正联系单位复制。

27日，接《散文世界》电报，要封二照片。

28日，致姜德明信。信末自注：6月28日。署名犁。载《孙犁书札：致姜德明》。

芸斋小说近已写成7篇。

6月，杂文集《耕堂杂录》由河北人民出版社出版。

7月

3日，姜德明写作《读〈被删小记〉之余》，记述有人编书，对《荷花淀》的删改，以及对茅盾、巴金作品的删改。

5日，致姜德明信。信末自注：7月5日。载《孙犁书札：致姜德明》。

收到姜寄来其著《书叶集》，谈此书兼及鲁迅研究："这样从性格与气质上细心地研究鲁迅的作品，现在还是很少见的。研究一个伟大的人物，如果只从众所周知的几点大的方面去作人云亦云的研究，也就没有意思了。鲁迅是作家，尤其应该从修养、性格方面作些实事求是的研究。鲁迅生前，曾对要给他记录言行的人说：缺点也要记。这就说明他的伟大。"准备应邀写关于萧红的稿件，并寄给姜一册刚出版的《耕堂杂录》，说："此书只印4000册，我亦不想多送人，只送一些旧人及有同好者。"

6日，读姜德明《读〈被删小记〉之余》，写了读后记。全文为：
读后附记

近又有人编选国文教材，以"规范"为名，对《山地回忆》，大加删改。不过事先寄来改样，我复信说："请你不要这样体无完肤地改我的文章也不要选我的作品。"

又：就是收到你的信的同时，来了两位老师，他们发现：中国青年出版社1978年新版《白洋淀纪事》，文字与旧版不同。除有整段删节外，文字改作也很多。这使我大吃一惊，因为关于删改文字，出版社一直没有同我打过招呼。这是一本书，事关重大，我已通知各处正在编印我的作品的同志：1978年版的《白洋淀纪事》，已不可据，请用1958年或1962年的版本。

孙犁

1981年7月6日灯下

6日，致李大振信。信末自注：7月6日。

请李查询一个作者寄到河北人民出版社的诗集《红柳》，不能出版的话退给人家。

6日，致冉淮舟信。信末自注：7月6日。署名犁。载《幸存的信件》。

回复冉6月27日从保定所寄信。请冉再抄一遍《同口旧事》交苑纪久发表。有人反映中国青年出版社1978年版《白洋淀纪事》改动太大，对照一下《"藏"》即知，请告知李克明他们，编辑文集不可据此版本，《编目说明》中要注明此点。

8日，冉淮舟致孙犁信。信末自注：7月8日。载《津门书简》。

回复孙犁6日信。《同口旧事》改稿已处理妥当。抓紧对照新旧版本《白洋淀纪事》。7号在北京图书馆查出《关于"读者往来"》《新文学与新中国妇女》发表日期，《关于"冀中一日"写作运动》发表在延安1942年11月3日《解放日报》。看到《人民日报》发表的《读一篇散文》，听到反映很好。所发询问《拟目》函，陆续收到一些回复。李屏锦送5册《耕堂杂录》，都被别人拿走了。也要给刘沙同志一册。刘沙说：《晚华集》中《服装的故事》里提到吕正操同志的职务晋绥军区副司令员，实为司令员。

8日，致姜德明信。信末自注：7月8日。署名犁。载《孙犁书札：致姜德明》。

8日，写作《海葵赋》附记。文末自注：1981年7月8日记。载1983年第3期《长城》。

9日，为1959年所作《无题》写附记。文末自注：1981年7月9日。载1983年第3期《长城》。

10日，冉淮舟致孙犁信。信末自注：7月10日晚。载《津门书简》。

对照新旧版本《白洋淀纪事》，认为以1962年版为底本，再与《村歌》联合校对后，再对照1978年版《白洋淀纪事》，可知后者改动之处。看到北京图书馆目录卡上有香港版《荷花淀》。《"藏"》及《村歌》诸篇对照情况略录附信后。

10日，致冉淮舟信。信末自注：7月10日。署名犁。载《幸存的信件》。

回复冉8日信。《琴和箫》序标题用《同口旧事（代序）》。中国青年出版社1978年版《白洋淀纪事》出版前，当时是用1961年版校对了上半部寄给他们，没想到白校了。是张学正查对《"藏"》的引文时发现的。《幸存的信件序》及《烬余书札》皆编入《澹定集》。请给张雪杉一份《同口旧事》复制稿。

11日，冉淮舟致孙犁信。信末自注：7月11日晚。载《津门书简》。

回复孙犁10日信。中国青年出版社改动的文章，《孙犁文集》出版后就能消除一些影响。曼晴来信谈孙犁在《石家庄日报》上发

313

表作品情况。读了李克明在《长城》上发表的《一个作家的足迹——孙犁创作生活片段》，错误之处颇多，他收进集子里时要劝他改正。

按：李克明《一个作家的足迹——孙犁创作生活片段》，载1981年第2期《长城》。

12日，致姜德明信。信末自注：7月12日。署名犁。载《孙犁书札：致姜德明》。

14日，姜德明致孙犁信。

16日，致姜德明信。信末自注：7月16日上午。署名犁。载《孙犁书札：致姜德明》。

和上两封信一起，都是谈论关于是否删除一个附记。

16日，写作序言《〈张志民小说选〉序》。文末自注：1981年7月16日大雨过后灯下记。载1981年第1期《小说林》（创刊号）。

回忆与张志民的交情，也评论其小说。张志民的小说记录了时代，记录了作者的生活经历和思想经历，这些作品都很朴实，含有作家的激情和理想。作家与时代密不可分，历史会记得为国家和民族战斗、牺牲的战士、作家。有轻飘之人写几篇作品，就逐华筵，争驿舍，肥马轻车，登泰山小天下以天下安危为己任的人，是大言不惭。在历史和文学领域，人才的出现并非完全后来居上，超越之说也不是很科学的，强调过甚，会成为一种历史虚无观点。

按：《张志民小说选》，湖南人民出版社1982年11月版。

17日，冉淮舟致孙犁信。信末自注：7月17日下午。载《津门书简》。

在北京图书馆核对香港版《荷花淀》，与上海版除版权页外，其他都一样。看到1949年4月知识书店版《少年鲁迅读本》。张雪杉今天上午来，说月底要在天津开一个文集碰头会，也要再编一个与拟目不一样的孙犁著作年表，按编年排列，也把各种集子、单行本补入。

19日,冉淮舟致孙犁信。信末自注:7月19日晚。载《津门书简》。在北京图书馆所藏《平原杂志》上发现《说书》《介绍〈时事传〉》。

25日,写作杂文《我的致意》。文末自注:1981年7月25日。载1981年8月1日《保定日报》。

> 按:《保定日报》创办"荷花淀"文学副刊,派两位同志到天津,请孙犁题写刊头,孙犁觉得有老王卖瓜之感,就没有题写。他们又请孙犁写一篇文章,就是这篇《我的致意》。文中希望"荷花淀"文学副刊要百花齐放,充满生机。

7月,写作杂文《本刊缩短刊期、更易刊名启事》。文末自注:1981年7月。载《天津日报》编1981年第3期《文艺增刊》。署名天津日报《文艺增刊》编辑部。载1981年9月3日《天津日报》,题为《本报〈文艺增刊〉缩短刊期、更易刊名启事》,未署名。

> 按:收入百花文艺出版社版《澹定集》时,改题为《〈文艺增刊〉更名、缩短刊期启事》。《文艺增刊》出刊周期长,现在改为双月刊;"增刊"使人有临时凑稿或不庄重之感,因此刊名改为《文艺》。虽然改刊期、易名,所发表文章宗旨仍然不变,朴实无华;内容不标新立异,形式不追求刺激。

7月,胡少安来访。胡写出《在寂寞中追求——作家孙犁谈文学创作》,发表于1981年第10期《人才》杂志。

8月

4日,冉淮舟等人来访。

5日,写作序言《文集自序》。文末自注:1981年8月5日写讫。载1981年9月2日《人民日报》。

> 按:系统地概括了自身的创作道路、性格气质、文学事业上的

师承，以及对于现实主义文学、对于中国新文学道路、对于文艺与政治关系、文学语言等多方面的观点，系为自己半个世纪以来的文学里程所作的总结。

《孙犁文集》五册七卷，百花文艺出版社1981—1982年陆续出版，约一百七十余万字。

6日，写作《〈澹后集〉后记》。文末自注：1981年8月6日下午雨中。载1981年第10期《新港》。

按：散文集《澹定集》，百花文艺出版社1981年10月出版。

7日，冉淮舟致孙犁信。信末自注：8月7日中午。载《津门书简》。

在天津图书馆所藏《文艺学习》查到《写作漫谈》《回答〈文艺学习〉编辑部的问题》。在保定见到刘纪，他说刘同庸应为刘通庸。《农村速写》后记已抄好寄给张雪杉。

13日，致冉淮舟信。信末自注：8月13日。署名犁。载《幸存的信件》。

回复冉7日信。文集自序及《澹定集》后记均已写好。文集自序等文集接近出版时再发表。李克明他们已经把目录誊抄好。二女儿孙晓淼寄来一些照片，拟翻拍后用在文集里。

13日，致韩映山信。信末自注：8月13日。署名犁。载《孙犁书札：致韩映山》。

编文集，很忙了一阵子。又编了《澹定集》。

18日，冉淮舟致孙犁信。信末自注：8月18日中午。载《津门书简》。

回复孙犁13日信。在北京图书馆翻拍《风云初记》三集手稿12页，可用在文集里。百花文艺出版社寄来的文集编目，仍有诸多漏排。《孙犁文集》发稿前工作基本妥善，《著作年表》等改后就发排。

21日，写作《关于写游记的一封信》。信末自注：1981年8月21日。

21日,致姜德明信。信末自注:8月21日。署名犁。载《孙犁书札:致姜德明》。

回复姜16日信,言:"拙作蒙留用,甚为感谢。成文仓促,发排前,望你看看,有不妥字句,删削之。千万不要客气。"这是指寄给姜德明的《文集自序》。

24日,致王勉思信。信末自注:8月24日。载2005年7月19日《天津日报》。

正编文集,不少文章是康濯保存下来的,时常想念他的好处。

30日,写作论文《读萧红作品记》。文末自注:1981年8月30日改讫。载1981年第11期《大地》。

30日,致姜德明信。信末自注:8月30日。载《孙犁书札:致姜德明》。

《读萧红作品记》随寄给姜德明。

8月,写作书衣文《北齐书》(第1册)。文末自注:1981年8月。载《书衣文录》(手迹)。

金梅从北京代购。

8月,写《和青年谈游记写作》。文末自注:1981年8月。

8月,周申明写作论文《孙犁小说的现实主义力量》。文末自注:1981年8月修改。载《双花赏评》,周申明著,花山文艺出版社1987年9月版。

9月

2日,写作书衣文《汉简缀述》。文末自注:1981年9月2日,今日有郊外之游,晨起题此。载1984年4月18日《天津日报》满庭芳。载《书衣文录》(增订版)。

哀陈梦家之不幸,购买此书。

按：陈梦家（1911—1966），浙江上虞人，生于江苏南京，曾用笔名陈慢哉，诗人、考古学家。著有诗集《梦家诗集》《不开花的春》等，考古学专著《武威汉简》《汉简缀述》等。1966年9月自杀。

4日，致姜德明信。信末自注：9月4日下午。署名犁。载《孙犁书札：致姜德明》。

回复姜2日信，言："序文见报如此之快，甚为铭感。所作删节亦为妥当。那一段原是我后来补写，有无均无关也。"并言："读萧红文刊于《大地》十一月号，对纪念鲁迅先生也是点缀。"

5日，王林、万力下午来访。孙犁告诉他们今年热得够呛，养的小鸟也热死了。

8日，致韩映山信。信末自注：9月8日下午。署名犁。载《孙犁书札：致韩映山》。

《耕堂杂录》好多朋友都没送，只送给一些教师。

19日，写作书衣文《日知录》（第1册、第5册）。文末自注：耕堂装于1981年9月19日。载《书衣文录》（手迹）。

近日以文集校对事，心颇劳烦，夜间不能安睡。

琐事勿轻易张口求人，勿轻易求人致口信。

19日，致陈乔信。信末自注：9月19日。

20日，写作书衣文《章太炎年谱长编》。文末自注：1981年9月20日。载1984年4月18日《天津日报》满庭芳。载《书衣文录》（增订版）。

此谱收编外文字，其战斗锋利文字约略可见。文人与时代不能分割，特别是像章太炎这种人的文字，必须印证史实，方得其解。

21日，致张雪杉信。信末自注：9月21日晨。载《幸存的信件》。

请张转冉淮舟：文集中的《书衣文录》之《鲁迅全集》《五代史平话》两条，文末添"1976年"字样，移至《近思录》之后，

《鲁迅全集》条列在《五代史平话》条之后。《耕堂杂录》后记不必修改。

26日，写作论文《读柳荫诗作记》。文末自注：1981年9月26日晨，写完并改讫。载《天津日报》编1981年第4期《文艺增刊》。

9月，写作书衣文《太平寰宇记》。文末自注：1981年9月装。载《书衣文录》（手迹）。

9月，《孙犁作品评论集》由百花文艺出版社出版，百花文艺出版社编，收评论36篇，又附张学正、刘宗武编《孙犁研究资料目录索引》（1949—1981）。

10月

4日，冉淮舟致孙犁信。信末自注：10月4日。载《津门书简》。寄上《〈孙犁文集〉校勘记》，请修改。

5日，致罗宗强信。信末自注：10月5日。后以《〈李杜论略〉读后——给罗宗强的信》为题发表。载1981年10月17日《天津日报》文艺评论。

8日，写作短论《小说与伦理》，副题为"小说杂谈"。文末自注：1981年10月8日。载1981年10月20日《人民日报》。

> 按：从此篇开始，孙犁集中精力写了关于小说的论文。这些论文都不长，实践着他的写短文的理念，且篇篇内容实在，针对性强。到1985年5月11日最后一篇《小说与批评》写完，他一共写了26篇。实际上，他写的《文林谈屑》中的如《小说名目》《"复杂的性格"论》等，也基本可以归为此类。

8日，写作短论《叫人记得住的小说》，副题为"小说杂谈"。文末自注：1981年10月8日下午。载1981年10月30日《人民日报》。

10日，写作书衣文《题李燕生所作篆刻》。文末自注：1981年

10月10日。载1984年4月18日《天津日报》满庭芳。载《书衣文录》（增订版）。

就一般艺术规律而言：欲有创新，必先师古，必拜名师，但不能师古不化，或失博采众长。

> 按：李燕生，祖籍四川，生于燕京，22岁选入故宫博物院从事专业书法篆刻创作。现居北京。

14日，冉淮舟致孙犁信。信末自注：10月14日中午。载《津门书简》。

任彦芳和袁乃晨改编的剧本《风云初记》已经完成，想在25日到天津听听意见。

14日，致冉淮舟信。信末自注：10月14日。载《幸存的信件》。

回复冉4日信。看过《〈孙犁文集〉校勘记》，觉得体例大体可以。近来身体不好，只写了《读柳荫诗作记》等几篇文章。文集照片又调整几幅。寄上前几天写的一个条幅。

15日，致张金池信。信末自注：10月15日上午11时。

16日，冉淮舟致孙犁信。信末自注：10月16日中午。载《津门书简》。

回复孙犁14日信。文集照片似可不换。

17日，写作短论《小说成功不易》，副题为"小说杂谈"。文末自注：1981年10月17日晨雨。载1981年11月6日《人民日报》。

17日，致冉淮舟信。信末自注：10月17日上午。署名犁。载《幸存的信件》。

回复冉14日信。任彦芳他们可先把《风云初记》剧本寄来看看再说。在阜平主要住过城南庄、三将台、平阳。《花城》明年介绍孙犁，请冉开列一些书目。

17日，写作短论《小说是美育的一种——小说杂谈》，副题为"小说杂谈"。文末自注：1981年10月17日。载1981年11月13日《人民日报》。

18日，致冉淮舟信。信末自注：10月18日。载《幸存的信件》。

寄回又看过了的《〈孙犁文集〉校勘记》，寄上傅瑛从安徽省图书馆找到的《〈子夜〉中所表现中国现阶段的经济的性质》复制件。《小说杂谈》已经写了4节，《人民日报》将发表首节。

按：《〈子夜〉中所表现中国现阶段的经济的性质》，署名芸夫，载1934年1月第41号《中学生》杂志"中国现势特辑"。

18日，冉淮舟致孙犁信。信末自注：10月18日夜。载《津门书简》。

回复孙犁17日信。《花城》书目已经开列。《孙犁文集》清样打出后，要再看过才放心。拟去阜平看看。

18日，写作短论《小说的体和用》，副题为"为《青年文学》创刊作"。文末自注：1981年10月18日。载1982年《青年文学》创刊号。

按：1981年12月20日《光明日报》作了转载。这篇文章其实是近期孙犁写的小说短论系列内一篇，收入百花文艺出版社版《尺泽集》时，副题被删去。

18日，写作短论《小说的欧风东渐》，副题为"小说杂谈"。文末自注：1981年10月18日。载1981年11月20日《人民日报》。

18日，致傅瑛信。信末自注：10月18日，12月1日又及。署名犁。载1999年5月22日《天津日报》满庭芳。

回复傅10月15日信。12月1日信抄录了1970年10月26日下午作旧体诗《悼内子》，让傅录入年表。

21日，写作诗歌《吊彭加木》。诗末自注：1981年10月21日夜。载1981年10月29日《天津日报》文艺周刊。

21日,致陈乔信。信末自注:10月21日。载1998年12月30日《天津日报》。

鼓励陈乔多练书法,修身养性。

24日,致冉淮舟信。信末自注:10月24日。署名犁。载《幸存的信件》。

请冉看看四川人民出版社即将出版的《孙犁小说选》清样。

25日,致韩映山信。信末自注:10月25日。署名犁。载《孙犁书札:致韩映山》。

回复韩23日信。

26日,冉淮舟致孙犁信。信末自注:10月26日午。载《津门书简》。

回复孙犁18日信。已给李克明写信说:文集清样,出来一本就校对一本。

30日,致姜德明信。信末自注:10月30日。载《孙犁书札:致姜德明》。

寄上《小说杂谈》3则。

31日,致冉淮舟信。信末自注:10月31日下午。署名犁。载《幸存的信件》。

回复冉26日信。文集封面设计还好,清样最好5本一起看。

10月,百花文艺出版社出版《澹定集》。

10月,赵园写作论文《孙犁对于"单纯情调"的追求》。载《论小说十家》,浙江文艺出版社1987年5月版。

10月,电影文学剧本《风云初记》完成,任彦芳根据长篇小说《风云初记》改编。载《任彦芳文集》影视文学卷,香港天马图书公司2000年5月版。

11月

1日，冉淮舟致孙犁信。信末自注：11月1日中午。载《津门书简》。

《孙犁小说选》清样已看完，明天就可寄回四川。《荷花淀》校对时就觉得拟目、校勘记作用很大。惦念文集，担心出现误排漏排。

2日，冉淮舟致孙犁信。信末自注：11月2日晚。载《津门书简》。

回复孙犁10月31信。《孙犁小说选》清样已经寄出。仍惦记《孙犁文集》清样。

4日，写作散文《"古城会"》。文末自注：1981年11月4日上午。

5日，致姜德明信。信末自注：11月5日。载《孙犁书札：致姜德明》。

回复姜4日信。谈贾平凹的散文，以及邓友梅的小说《寻访画儿韩》。

> 按：《寻访画儿韩》写于1981年3月1日，发表于1981年10月24日《人民日报》大地副刊，所以，孙犁先生这封信应写于1981年11月5日。《孙犁书札：致姜德明》把此信置于1980年，误。《孙犁全集》《孙犁文集》《芸斋书简》等皆误。

6日，冉淮舟致孙犁信。信末自注：11月6日。载《津门书简》。

《孙犁文集拟目说明》已寄给曼晴，准备发表在明年第2期《滹沱河畔》。

6日，写作散文《第一次当记者》。文末自注：1981年11月6日改讫。载1982年第1期《散文》杂志。

7日，写作短论《真实的小说和唬人的小说》，副题为"小说杂谈"。文末自注：1981年11月7日上午。载1981年11月27日《人民日报》。

7日，写作短论《小说的取材》，副题为"小说杂谈"。文末自注：

1981年11月7日中午。载1981年12月2日《人民日报》。

9日,冉淮舟致孙犁信。信末自注:11月9日晚。载《津门书简》。

收到傅瑛寄回的《孙犁年表》,可以公开发表了。明天,拟和刘绳去阜平。

11日,写作短论《小说的抒情手法》,副题为"小说杂谈"。文末自注:1981年11月11日下午。载1981年12月11日《人民日报》。

19日,致李屏锦信。信末自注:11月19日。

20日,冉淮舟和邹明来访。

21日,写作短论《小说忌卖弄》,副题为"小说杂谈"。文末自注:1981年11月21日晨。载1981年12月17日《人民日报》。

22日,晚七点,由石坚陪同,到迎宾馆见吕正操,并谈论文艺方面的一些问题。吕赞孙犁写的《小说杂谈》等好,孙犁回答说身体不好,只能写短的。谈起两人共同经历的战争年代,孙犁深有感触地说:"在战争年代,解放区出了多少好的作品哪!"吕说目前作品生活、知识面都少,并称赞莎士比亚戏剧,孙犁说主要是哲理方面,它的语言真是千锤百炼的。石坚写有长文《将军作家一夕谈》,经孙犁看后刊登在邹明主编的《天津日报》文艺增刊第4期上。(参阅2007年7月22日《天津日报》)。

23日,冉淮舟致孙犁信。信末自注:11月23日晨。载《津门书简》。

《风云初记》清样已经拿到,开始校对。

24日,写作小说《鸡缸》,副题为"芸斋小说"。文末自注:1981年11月24日。载1982年第2期《收获》。署名孙芸夫。

> 按一:这是新时期以后孙犁写的最早的一篇小说。1981年12月18日致姜德明信谈到此事;1981年12月4日致韩映山信:"我近来写了三篇小说,是写我在文化大革命中遭遇的。本来是不想写

这些东西了，但有时想，我如不写，别人是不会知道这些细节。为后世计，我还是写一点吧。"芸斋小说是孙犁在写作体裁、内容方面新的开拓，有独创的性质。上海《收获》杂志有眼光，以巴金先生名义托多人说和，力约这些发轫之作；最终，芸斋小说在《收获》最早发表，迅速引起文艺界瞩目。

按二：山东画报出版社版《芸斋书简》（1998年6月版）把1981年12月4日致韩映山信，置于1982年12月4日，误。

26日，写作小说《女相士》，副题为"芸斋小说"。文末自注：1981年11月26日晚。载1982年第2期《收获》。署名孙芸夫。

28日，写作小说《高跷能手》，副题为"芸斋小说"。文末自注：1981年11月28日上午。载1982年第2期《收获》。署名孙芸夫。

12月

1日，致傅瑛信。信末自注：12月1日。署名犁。载1999年5月22日《天津日报》满庭芳。

与10月18日信一起邮寄。内录1970年10月26日作旧体诗《悼内子》，请傅瑛录入年表。

3日，致韩映山信。信末自注：12月3日。载《孙犁书札：致韩映山》。

寄近照一张。

4日，保定青年作者杜建来访。

4日，致韩映山信。信末自注：12月4日晚。载《孙犁书札：致韩映山》。

谈朋友之道，"现在，是不能责朋友以道义的。我不愿出门，也不愿来客人，是我看得太清楚了"。并谈到写《芸斋小说》的动机。

6日，致李屏锦信。信末自注：12月6日。载2001年2月19日《天津日报》。

购买两册《耕堂杂录》。

10日,写作短论《小说的结尾》,副题为"小说杂谈"。文末自注:1981年12月10日。载1981年12月21日《人民日报》。

12日,致姜德明信。信末自注:12月12日。署名犁。载《孙犁书札:致姜德明》。

回复姜12日信。希望姜反馈对一些近作的社会反映。入冬以来身体有恙,服药才愈。

12日,致李屏锦信。信末自注:12月12日。载2001年2月19日《天津日报》。

不再要《耕堂杂录》。

14日,致俞天白信。信末自注:12月14日。

回复俞10日信。收到题写书名、河北人民出版社出版的俞著《吾也狂医生》,寄去照片、字幅各一。

16日,冉淮舟致孙犁信。信末自注:12月16日晚。载《津门书简》。

在北京图书馆所存《大公报》上查到了《我决定了》《北平的地台戏》。

18日,致姜德明信。信末自注:12月18日晨。载《孙犁书札:致姜德明》。

回复姜12月16日长信,此日天津大雪。这封信写得也长。言及"这些年来,我为文章,是从来不碰当前所谓青年作家的,偶一涉及则系我素日尊重之作者及爱重之作品",例如贾平凹、周克芹、李志君等。触动一帮人的,"不是论抒情(指《小说的抒情手法》)那一篇,而是论唬人(指《真实的小说和唬人的小说》)那一篇",这一篇指出了那些人的命根子。而看不惯一些人,把文场弄成了官场、交易所、杂巴地。有些人以保护青年的面目出现，谁不和他合作，好像就不关心青年，"我以为现在拿着保育院的手绢，给青年们擦眼泪的人，很可能就是过去惯于挥舞棍棒的人，随着形势，变化其手中的武器罢了"。"我近日写了三篇所谓小说，总题为《芸斋杂记》，白话小说而后以文言跋尾，就像《聊斋志异》的'异史氏曰'，已投寄一家刊物"。信中所说三篇杂记，就是后来的芸斋小说，最初写的三篇《鸡缸》《女相士》《高跷能手》，投寄的刊物为《收获》杂志。信里透漏出：一是芸斋小说确实受《聊斋志异》影响，二是写芸斋小说前，作者进行了认真谋划。

19日，致冉淮舟信。信末自注：12月19日。载《幸存的信件》。

回复冉16日信。傅瑛、黄景煜《孙犁年表》可交《新文学史料》牛汉同志。

21日，致韩映山信。信末自注：12月21日。署名犁。载《孙犁书札：致韩映山》。

22日，写作散文《新年杂忆》。文末自注：1981年12月22日。载1982年1月1日《解放日报》。

28日，写作杂文《谈妒》，副题为"芸斋琐谈"。文末自注：1981年12月28日。载1982年2月17日《解放日报》。

> 按：从本文开始，在随后几年，孙犁又写了40篇左右的琐谈，纵横议论人生、读书、写作等，都是短文，却篇篇入木三分，是其一生人生况味体现。

29日，写作小说《言戒》，副题为"芸斋小说"。文末自注：1981年12月29日晨起改讫。载1982年第2期《收获》。署名孙芸夫。

12月，写作散文《新年悬旧照》。文末自注：1981年12月。载1982年1月1日《文汇报》。

第4期《当代文学研究参考资料》刊发《孙犁近作目录索引》

(1976.10—1981.2)，中国当代文学研究会编。

1982年　69岁

1月

2日，写作小说《三马》，副题为"芸斋小说"。文末自注：1982年1月2日晨起改讫。载1982年第2期《收获》。署名孙芸夫。

2日，写作书衣文《大卫·科波菲尔》（上、下）。文末自注：1982年1月2日。载《书衣文录》（手迹）。

5日，中国作协天津分会召开第二次会员大会。上午选举理事，下午理事开会，选举孙犁为主席。

5日，在中国作协天津分会第二次代表大会作报告，题目为《中国作家协会天津分会第二次会员大会工作报告》。载1982年天津市文联编印《天津市第二次文艺工作者代表大会文件汇编》。

　　按：因身体不好，请假，报告由大会筹备领导小组成员鲍昌代为宣读。

6日，作协天津分会继续开会。中国作协党组书记张光年讲话。照相留念，孙犁未参加。

6日，冉淮舟致孙犁信。信末自注：1月6日晨。载《津门书简》。校对完《孙犁文集》（三）清样，比《风云初记》麻烦，想当面说说情况。

6日，下午4时，张光年来访。

8日，致冉淮舟信。信末自注：1月8日上午。署名犁。载《幸存的信件》。

天津文联、作协将召开代表大会，但已向会议请假，冉可以来谈谈《孙犁文集》《风云初记》校对情况。

　　按：天津市第二次文艺工作者代表大会9日—13日在天津科学会堂召开。

12日，写作论文《再论流派》，副题为"给冯健男的信"。信末自注：1982年1月12日。载1982年2月3日《文汇报》。

13日，在天津市文学艺术工作者第二次代表大会作闭幕词（书面）。

14日，《天津日报》在第1版全文刊登昨日作的闭幕词。天津市文联编印《天津市第二次文艺工作者代表大会文件汇编》收录。

13日，写作论文《文学期刊的封面》。文末自注：1982年1月13日下午。

17日，致冉淮舟信。信末自注：1月17日。署名犁。载《幸存的信件》。

请冉代校对山东师范大学中文系现代文学教研室编《孙犁作品系年》。

20日，致冉淮舟信。信末自注：1月20日。署名犁。载《幸存的信件》。

请冉转告四川人民出版社，只买20册《孙犁小说选》。

20日，冉淮舟致孙犁信。信末自注：1月20日晚。载《津门书简》。

《孙犁文集》（五）清样刚看完，误排漏排多。又收到《孙犁文集》（四）清样。山东系年已经寄回，李克明又寄来他们编的系年，错误之处很多。

23日，冉淮舟致孙犁信。信末自注：1月23日上午。载《津门书简》。

回复孙犁20日信。正校《孙犁文集》（四）。

26日，致刘宗武、张学正信。信末自注：1月26日。

1月，出版小说集《孙犁小说选》。四川人民出版社于1982年1月以"当代作家自选丛书"之一出版。

2月

3日，写作书衣文《海明威短篇小说选》。文末自注：1982年2月3日，吴泰昌寄赠。载《书衣文录》（手迹）。

3日，致王勉思信。信末自注：2月3日。载2005年7月19日《天津日报》满庭芳。

收到寄来的《郭嵩焘日记》第三册，这本书的确有价值。《芙蓉》文章写好即寄去。

6日，写作诗歌《柳絮篇》。诗末自注：1982年2月6日下午。载1982年2月18日《天津日报》文艺周刊。

9日，写作散文《报纸的故事》。文末自注：1982年2月9日。载1982年2月18日《光明日报》。

10日，致张根生信。信末自注：1982年2月10日。载1987年4月2日《人民日报》。

抗战材料应抓紧整理，但各自为战最好。

按：抗战时，张根生在安平县任过县委书记，孙犁抗战胜利后回家，就是张根生请孙犁写了烈士纪念碑碑文。曾任中共吉林省委书记。

12日，写作散文《亡人逸事》。文末自注：1982年2月12日晚。载1982年第4期《人民文学》。

按：此文在收入人民日报出版社版《芸斋小说》、百花文艺出版社版《孙犁文集·续编》时，归入芸斋小说内。在收入百花文艺出版社版《尺泽集》时，归入散文。其实，这就是一篇散文；且孙犁芸斋小说本来就是亦真亦假，亦假亦真，说它虚构它有很多真实的内容，说它真实它又有虚构成分。这是那个特殊的时代，避免别人对号入座引起麻烦，孙犁采取的自保措施。

16日，致韩大星信。

16日，写作论文《谈美》。文末自注：1982年2月16日下午改讫。载1982年3月11日《中国青年报》。

文前有小序。西北大学研究生李君来询问作品何以如此之美，就把平时思考有关艺术与美之问题，竭诚以告。李走后，整理谈话成此文。

   按：李君即李永生，著有《孙犁小说论》，北岳文艺出版社1988年7月版。

19日，致韩映山信。信末自注：2月19日。署名犁。载《孙犁书札：致韩映山》。

20日，致傅瑛信。信末自注：2月20日。署名犁。

祝贺傅新婚。年表稿子给了《新文学史料》。

21日，致铁凝信。信末自注：2月21日晚灯下。公开发表时以《关于我的琐谈》为题，副题为"给铁凝的信"。载1982年6月9日《文汇报》。

24日，发表杂文《谈才》，副题为"芸斋琐谈"。文末无自注。载1982年2月24日《文汇报》。

25日，写作诗歌《一朵小花》。诗末自注：1982年2月25日晨起作。

27日，致吴泰昌信。信末自注：2月27日。署名犁。

回复吴24日信。《收获》将发表5篇《芸斋小说》。

3月

1日，史立德到天津参加全国工交会议，下午与王林一同看望孙犁。

> 按：史立德（1914—2000），河北清苑人，曾任冀中各界抗战建国联合会主任，全国供销总社副主任、党组副书记，国务院财贸办公室副主任。

6日，写作序言《王昌定〈绿叶集〉序》。文末自注：1982年3月6日下午。载1982年3月15日《天津日报》文艺评论。

12日，冉淮舟致孙犁信。信末自注：3月12日。载《津门书简》。

河南一出版社有人来京，想约孙犁一部书稿。

12日，致姜德明信。信末自注：3月12日。载《孙犁书札：致姜德明》。

回复姜10日信。谈到《收获》《人民文学》刊登芸斋小说，香港《大公报》《文汇报》评论孙犁作品的文章，认为"他们的书评写得质量不低，但标题有时吓人，有点商业性"。

19日，致韩映山信。信末自注：3月19日灯下。署名犁。载《孙犁书札：致韩映山》。

学习古文，要读一些选本，例如《古文观止》《聊斋志异》等。近来写文章也不多，发表时被删改得面目全非。寄上一幅字，最近求的人也多了。

20日，冉淮舟致孙犁信。信末自注：3月20日晨。载《津门书简》。

河南出版社仍然约稿，傅瑛、黄景煜《孙犁年表》是否可以给他们。

20日，致宫玺信。信末自注：3月20日。

回复宫2月24日信。

21日，致姜德明信。信末自注：3月21日。署名犁。载《孙犁书札：致姜德明》。

答应为田流作品集写序。

24日，写作书衣文《唐小本释氏碑二十种》（三）。文末自注：

1982年3月24日下午。载《书衣文录》(手迹)。

感冒及心情不佳，半月来不思写作，仅观赏字帖。

29日，写作序言《〈田流散文特写集〉序》。文末自注：1982年3月29日上午。载1982年5月17日《人民日报》。

4月

4日，写作书衣文《宋拓夏承碑》。文末自注：1982年4月4日。载《书衣文录》(增订版)。

共15册，题字者系商务印行，其余均为上海艺苑真堂社印行。

7日，冉淮舟致孙犁信。信末自注：4月7日。载《津门书简》。

吕正操、程子华等牵头写冀中抗战史，选孙犁为委员。铁道兵正式宣布撤销，机关大乱。

7日，写作论文《再谈贾平凹的散文》。文末自注：1982年4月7日晚，大风降温，披棉袄，灯下记。载1982年4月22日《天津日报》文艺周刊。

9日，致冉淮舟信。信末自注：4月9日。载《幸存的信件》。

回复冉3月12日、3月20日、4月7日信。身体一直染病，情绪不好，什么都没干。河南那里，冉的书可以交他们。第4期《人民文学》发表一篇小说。

按：《人民文学》发表的小说系《亡人逸事》。

14日，写作序言《玛金诗选序》。文末自注：1982年4月14日下午4时。载《风暴，我灵魂的音乐》，玛金著，安徽教育出版社1997年5月版。

按：此序导致孙犁公开声明从此之后不再给人写序，见1982年6月16日《序的教训》。此序前半部分内容，孙犁在1982年10月19日写作《商展思的诗》时，都已选用。

15日,致彭荆风信。信末自注:4月15日。

19日,致姜德明信。信末自注:4月19日。载《孙犁书札:致姜德明》。

回复姜17日信。谈到把《玛金诗选序》在《昆仑》等刊登之事。

  按:玛金认为此序可能影响他的诗选销量,因此要求孙犁撤回此序。《玛金诗选》未收录此序,《风暴,我灵魂的音乐》收录了此序,但作为附录。

25日,写作杂文《谈名》,副题为"芸斋琐谈"。文末自注:1982年4月25日晨。载1982年5月12日《解放日报》。

25日,写作杂文《谈谀》,副题为"芸斋琐谈"。载1982年5月26日《文汇报》。

  按:本文后面有一附记,说明与《谈名》同一天写了《谈谀》。

26日,致保定地区文联信。信末自注:4月26日。全信如下。

保定地区文联:

  接来信,知道五月中旬,将召开韩映山作品讨论会,我非常高兴。希望大会获得成功,并祝贺映山同志,希望他在创作上,有新的收获。

  映山同志在创作上是很有成绩的,很有特色的,很有影响的。他也很勤奋。对于他目前的创作,我也在近几年里,常写信和他研讨。我看主要还是打开创作局面的问题,不要限在一个小范围里。

  我本应前去参加盛会,近日体检,情况不太好,就不去了,希望你们原谅。

  祝

好

              孙犁

             4月26日晚

按：《孙犁全集》《孙犁文集》皆未收录此信。韩映山作品研讨会，5月15日—16日在保定召开，张庆田主持，刘绍棠等发言。

27日，致韩映山信。信末自注：4月27日。署名犁。载《孙犁书札：致韩映山》。

保定地区文联来信，要召开韩作品研讨会，不能参加，但已回信。

5月

1日，写作短论《小说的作用》，副题为"小说杂谈"。文末自注：1982年5月1日改讫。载1982年5月24日《羊城晚报》。

1日，写作短论《小说与时代》，副题为"小说杂谈"。文末自注：1982年5月1日晚灯下改讫。载1982年6月5日《羊城晚报》。

3日，写作短论《谈比》，副题为"小说杂谈"。文末自注：1982年5月3日大风，不能外出，成短文二，四日晨起改讫。载1982年5月27日《羊城晚报》。

5日，写作短论《佳作产于盛年》，副题为"小说杂谈"。文末自注：1982年5月5日上午。载1982年6月18日《羊城晚报》。

5月，写作短论《谈名实》，副题为"小说杂谈"。文末自注：1982年5月。载1982年5月13日《羊城晚报》。

10日，写作书衣文《红楼梦》。文末自注：1982年5月10日。载《书衣文录》（增订版）。

郭志刚寄赠。新印古籍质量堪忧，近年标点之《三国志平话》几不能读。

13日，写作论文《两个问题》。文末自注：1982年5月13日。载1982年5月20日《天津日报》文艺周刊。

15日，写作杂文《谈谅》，副题为"芸斋琐谈"。文末自注：1982年5月15日。载1982年7月11日《解放日报》。

28日，写作杂文《谈慎》，副题为"芸斋琐谈"。文末自注：1982年5月28日晨再改一次。载1982年6月10日《人民日报》。

28日，再淮舟致孙犁信。信末自注：5月28日。载《津门书简》。建议编一部诗选给河南的出版社。

  按：后诗选编出，即《孙犁诗选》，河南少年儿童出版社1983年12月版。

28日，写作书衣文《文选》（上）。文末自注：1982年5月28日晚记。载2004年1月6日《天津日报》满庭芳。载《书衣文录》（增订版）。

  另有中华四部备要本。此本字体较清，并断句。

28日，写作书衣文《文选》（下）。文末自注：1982年5月28日晚记。载2004年1月6日《天津日报》满庭芳。载《书衣文录》（增订版）。

  1976年晚间读此书于蚊帐中，后值地震乃罢。四部备要本有误植，一直想新买一版本。目前旧籍铅印，实不如四部备要本。

29日，写作书衣文《文选》（中）。文末自注：5月29日，晨起又题。载2004年1月6日《天津日报》满庭芳。载《书衣文录》（增订版）。

  "文革"焚书，线装书难购。偶有线装书出现,非一般人能购得起，中华影印就成了首选。现在整理古籍，意在普及，谈不上学术创造。人才日见稀少，求如胡克家之人才，不可多得矣。

30日，写作散文《外祖母家》，副题为"乡里旧闻"。文末自注：1982年5月30日。载1982年7月6日《羊城晚报》。

31日，写作散文《瞎周》，副题为"乡里旧闻"。文末自注：1982年5月31日上午续写毕。

31日，写作散文《楞起叔》，副题为"乡里旧闻"。文末自注：

1982年5月31日下午。载1982年7月11日《羊城晚报》。

6月

2日，写作散文《根雨叔》，副题为"乡里旧闻"。文末自注：1982年6月2日。

5日，写作序言《贾平凹散文集序》。文末自注：1982年6月5日晨起改讫。载1982年7月5日《人民日报》。

7日，致俞天白信。信末自注：6月7日。

9日，致姜德明信。信末自注：6月9日。署名犁。载1993年6月18日《大众日报》。载《孙犁书札：致姜德明》。

寄上《贾平凹散文集序》。

10日，冉淮舟致孙犁信。信末自注：6月10日。载《津门书简》。

四川人民出版社版《孙犁小说选》序言，问题不大，勿担心。

14日，致韩映山信。信末自注：6月14日。署名犁。载《孙犁书札：致韩映山》。

回复韩13日信。

16日，写作杂文《序的教训》。文末自注：1982年6月16日上午。载1983年1月26日《天津日报》文化园地。

按：从此之后，孙犁不再给别人写序。

19日，致姜德明信。信末自注：6月19日。署名犁。载1993年6月18日《大众日报》。载《孙犁书札：致姜德明》。

贾平凹回信同意发表序言。《贾平凹散文集序》个别地方请修改。

19日，写作杂文《小说名目》，副题为"文林谈屑"。文末自注：1982年6月19日晚。

20日，写作杂文《自然生态》，副题为"文林谈屑"。文末自注：1982年6月20日晚。

22日，写作序言《旧抄新识小引》。文末自注：1982年6月22日清晨。载1982年第4期《文谈》。

27日，写作短论《小说的精髓》，副题为"小说杂谈"。文末自注：1982年6月27日清晨。载1982年7月22日《羊城晚报》。

27日，写作短论《小说与青年》，副题为"小说杂谈"。文末自注：1982年6月27日上午。载1982年8月5日《羊城晚报》。

28日，致韩大星信。信末自注：6月28日。

寄上一张照片。

29日，写作短论《小说与历史》，副题为"小说杂谈"。文末自注：1982年6月29日。载1982年8月24日《羊城晚报》。

29日，冉淮舟致孙犁信。信末自注：6月29日。载《津门书简》。

基本编好了《孙犁诗选》。

6月，写作杂文《电报约稿》，副题为"文林谈屑"。载百花文艺出版社1984年3月版《远道集》。

> 按：从这篇文章开始，孙犁又开始"文林谈屑"系列短文写作。

其实，与小说杂谈性质差不多，不过，谈的话题更广泛。

7月

2日，致冉淮舟信。信末自注：7月2日。署名犁。载《幸存的信件》。

《孙犁诗选》内不编入旧体诗及鼓词。百花文艺出版社想出诗集，河南酝酿在前，故而仍让河南出版。

> 按：后百花文艺出版社出版了《孙犁新诗选》。

4日，写作《〈尺泽集〉后记》。文末自注：1982年7月4日下午大热，闻雷声。

5日，致周骥良信。信末自注：7月5日。载2002年8月22日《天津日报》。

> 按：信在王家斌《文坛巨擘双星会》一文中。接待好丁玲。王愿坚另行邀请。

9日,冉淮舟致孙犁信。信末自注:7月9日中午。载《津门书简》。听说《孙犁文集》五册已全部出齐,很高兴。

14日,写作杂文《谈忘》,副题为"芸斋琐谈"。文末自注：1982年7月14日。载1982年第17期《新观察》。

15日,写作杂文《谈迁》,副题为"芸斋琐谈"。文末自注：1982年7月15日清晨。暑期已届,大院只有此时安静。载1982年第17期《新观察》。

25日,写作杂文《谈书》,副题为"芸斋琐谈"。文末自注：1982年7月25日雨。载1982年9月7日《解放日报》。

26日,致张雪杉信。信末自注：7月26日。载2003年7月11日《天津日报》。

> 按：信在张雪杉《孙犁先生二三事》一文中。

28日,致马秀华信。信末自注：1982年7月28日晚。

> 按：马秀华,花山文艺出版社编辑。

31日,冉淮舟致孙犁信。信末自注:7月31日。载《津门书简》。曼晴已经同意为《孙犁诗选》写序。

31日,王林下午来访。

7月,写作散文《吊挂及其它》,副题为"乡里旧闻"。文末自注：1982年7月。载1983年1月27日《中国青年报》。

> 按：收入《远道集》时,增加《小戏》一节。

8月

5日,冉淮舟致孙犁信。信末自注:8月5日。载《津门书简》。

发现保定图书馆有全套《平原杂志》。

> 按:《平原杂志》其实共出七期,冉当时仅发现六期。孙犁先生回忆文章也有误。但第 7 期非孙犁所编,编者为潘之汀。

10 日,致冉淮舟信。信末自注:8 月 10 日。署名犁。载《幸存的信件》。

回复冉前几信。斟酌《翻身十二唱》是否从《孙犁诗选》中抽出。《孙犁文集》中的《蒿儿梁》有错。《平原小集》可先编目。

12 日,冉淮舟致孙犁信。信末自注:8 月 12 日夜。载《津门书简》。

在《平原杂志》上的稿子都抄完了。

> 按:这是目前为止能看到的冉淮舟致孙犁的最后一封信。

12 日—13 日,写作书信体论文《关于编辑工作的通信》。信末自注:1982 年 8 月 12 日下午至 13 日下午。载 1982 年第 10 期《人民文学》。

14 日,致韩映山信。信末自注:8 月 14 日。署名犁。载《孙犁书札:致韩映山》。

回复韩 13 日信。文集已出版,有便人时捎去一套。

26 日,致冉淮舟信。信末自注:8 月 26 日。署名犁。载《幸存的信件》。

> 按:请冉校阅《新文学史料》准备刊登的傅瑛、黄景煜编著《孙犁年表》,看完信后把信转给傅瑛。

26 日,致冉淮舟信。信末自注:8 月 26 日下午 6 时。署名犁。载《幸存的信件》。

收到曼晴写的《〈孙犁诗选〉序》。

9 月

6 日,写作书衣文《巢林笔谈》。文末自注:1982 年 9 月 6 日,金梅代买。载《书衣文录》（手迹）。

14日，写作论文《与〈南开文艺〉编辑的谈话》。文末自注：1982年9月14日，刘志武整理。载1982年9月29日《天津日报》文化园地。

> 按：天津南开文学社《南开文艺》编辑部编辑宋乃谦、滑富强、刘志武拜访孙犁，说现在的文学青年急于求成，写几篇文章，看本书，就能成为作家了。他们希望孙犁谈谈对此事的看法。这篇文章就是谈话稿，由刘志武整理。谈话中所说舒群短篇小说《美女CHEN情》，载1982年第5期《天津日报》编《文艺》双月刊。

17日，写作书衣文《艺风堂友朋书札》。文末自注：1982年9月17日，金梅代购，下午送来。载1984年4月21日《天津日报》满庭芳。载《书衣文录》（增订版）。

下午，谷应也送来一幅托裱拓件，数月前所求。

> 按：谷应，贵州安顺人，作家，曾任《新港》小说组组长等。

20日，写作散文《关于小说〈菅儿梁〉的通信》。信末自注：1982年9月20日。载1982年9月30日《天津日报》。

> 按：1943年冬季，孙犁为躲避日本鬼子的扫荡，打游击到山西省繁峙县菅儿梁村。繁峙县编县志，写信向孙犁了解这次的情况，孙犁回复此信。
>
> 目前，集寨并村时，菅儿梁村已全部搬迁，村废。

24日，写作诗歌《印象》。诗末自注：1982年9月24日晨。

> 按：此诗系写对莫耶的印象。莫耶（1918—1986），原名陈淑媛、陈爰，笔名白冰、椰子、沙岛，福建省安溪县人。1937年到延安，创作的《延安颂》传遍敌后各抗日根据地。1938年随120师到冀中，1944年春调晋绥军区。新中国成立后到甘肃工作，晚年写了大量回忆录。诗中提到的回忆录叫《生命的拼搏》，发表在《飞天》杂志。

24日，致张梦阳信。信末自注：9月24日。载2013年6月12日《中华读书报》。

谈《鲁迅论》《鲁迅·鲁迅的故事》。

30日，写作论文《谈作家的立命修身之道》，副题为"给蒙古族作家佳峻的信"。信末自注：1982年9月30日夜。载1982年11月8日《羊城晚报》。

30日，写作散文《删掉的忠告》，副题为"芸斋断简"。文末自注：1982年9月30日。载1983年7月3日《羊城晚报》。

> 按：孙犁以"芸斋断简"形式，共写了四篇，其实是散文，回忆自己的几件事情。

10月

11日，致姜德明信。信末自注：10月11日。署名犁。载《孙犁书札：致姜德明》。

《关于编辑工作的通信》要在第10期《人民文学》发表。

> 按：孙犁在信中把《关于编辑工作的通信》误写为《关于编辑工作的通讯》。百花文艺出版社版《孙犁书札：致姜德明》（手迹）把此信写作时间置于1983年，误。《孙犁全集》《孙犁文集》皆误。

13日，王林、鲍昌下午来访。告诉他们从国庆节期间患感冒，迄今仍不断咳嗽。

14日，致冉淮舟信。信末自注：10月14日。署名犁。载《幸存的信件》。

《平原小集》书目通读一遍，《平原杂志》上的"今年新年"等四篇似乎是别人写的，暂时不收录。故宫博物院李燕生同志写了一副对联，请问问裱好没有。

> 按：《平原小集》后来没有出版，文章分散编入《琴和箫》《耕

堂杂录》等。

14日，写作杂文《裁下的半截信》，副题为"芸斋断简"。文末自注：1982年10月14日清晨。载1983年7月3日《羊城晚报》。

19日，写作论文《商展思的诗》。文末自注：1982年10月19日。

10月，花城出版社出版散文集《耕堂散文》。系"花城文库"之一种。

10月，陕西人民出版社出版《论孙犁的文学道路》，系"中国现代作家研究丛书"之一种，冉淮舟著。

11月

3日，写作诗歌《窗口》。诗末自注：1982年11月3日。载1983年第3期《诗刊》。

13日，致姜德明信。信末自注：11月13日。署名犁。载《孙犁书札：致姜德明》。

感谢姜寄来其散文集《清泉集》。

> 按：《清泉集》，1982年9月上海文艺出版社出版。

24日，致李贯通信。信末自注：11月24日。载1982年12月2日《天津日报》满庭芳。

> 按：李贯通，此时在山东省鱼台县工作。

24日，致侯桂柱信。信末自注：11月24日。载1982年12月2日《天津日报》。

> 按：侯桂柱，此时在山西省临汾市工作。

26日，写作小说《幻觉》。文末自注：1982年11月26日灯下。载1983年第1期《人民文学》。署名孙芸夫。

26日，致李屏锦信。信末自注：11月26日。载2001年2月19日《天津日报》满庭芳。

婉拒题字。并请花山文艺出版社编辑马秀华把致她的一封信抄来。

11月，写作书衣文《茨威格小说集》。文末自注：1982年11月，百花赠。载《书衣文录》（手迹）。

12月

1日，致冉淮舟信。信末自注：12月1日。署名犁。载《幸存的信件》。

北京师大一分校中文系傅桂禄同志从首都图书馆抄来了《冬天，战斗的外围》《活跃在火线上的民兵》（均与曼晴同署名），以及发表在《抗敌报》上的诗歌《七七画十景》。

按：这是目前为止能看到的孙犁致冉淮舟的最后一封信。

4日，致贾平凹信。信末自注：1982年12月4日清晨。载1982年12月26日《解放日报》。

4日，写作序言《〈青春遗响〉序》。文末自注：1982年12月4日清晨。载1982年12月23日《天津日报》文艺周刊。

想把青年时代写的一些文章编成一本书，取名为《青春遗响》。

按：书编成未出版，稿件陆续在其他集子中刊出。

6日，写作散文《青春余梦》，并序。文末自注：1982年12月6日清晨。载1983年1月19日《文汇报》。

6日，致韩映山信。信末自注：12月6日下午。署名犁。载《孙犁书札：致韩映山》。

8日，写作杂文《谈稿费》，副题为"芸斋琐谈"。文末自注：1982年12月8日。载1983年第2期《萌芽》。

10日，致韩映山信。信末自注：12月10日。署名犁。载《孙犁书札：致韩映山》。

12日,王林日记记载:冉淮舟午间来访,谈到第10期《人民文学》上孙犁发表的《关于编辑工作的通信》。

14日,写作论文《谈铁凝的〈哦,香雪〉》。文末自注:1982年12月14日。

16日,写作小说《地震》,副题为"芸斋小说"。文末自注:1982年12月16日晚。载1983年第4期《人民文学》。署名孙芸夫。

19日,写作散文《芸斋梦余》。文末自注:1982年12月19日。载1983年第3期《散文》杂志。

23日,写作杂文《谈师》,副题为"芸斋琐谈"。文末自注:1982年12月23日下午1时30分。载1983年1月1日《羊城晚报》。

25日,写作序言《〈孙犁散文选〉序》。文末自注:1982年12月25日。载1983年1月28日《人民日报》。

25日,致《新港》编辑部信。文末自注:12月25日。

推荐陈乔夫人张子舫稿件。

26日,写作散文《火炉》。文末自注:1982年12月26日上午。载1983年1月22日《光明日报》。

28日,致谢大光信。信末自注:12月28日。

30日,写作杂文《文字疏忽》,副题为"文林谈屑"。文末自注:1982年12月30日下午。

12月,写作散文《母亲的记忆》。文末自注:1982年12月。载1983年7月28日《文汇报》。

12月,散文小说集《尺泽集》由百花文艺出版社出版。

12月,山西人民出版社出版《孙犁创作散论》,郭志刚著。

1982年,致宋曙光、孙淑英信。

按:此信存宋曙光《忆前辈孙犁》一文中,失去一部分内容及写作日期,发表时置于1982年,暂排此处。

1983年　70岁

1月

5日，写作杂文《文章题目》，副题为"文林谈屑"。文末自注：1983年1月5日下午新的一年试笔。

9日，写作杂文《谈友》，副题为"芸斋琐谈"。文末自注：1983年1月9日下午。载1983年1月31日《羊城晚报》。

19日，写作诗歌《灵魂的拯救》。诗末自注：1983年1月19日上午。载1983年3月12日《羊城晚报》。

20日，致姜德明信。信末自注：1月20日。载《孙犁书札：致姜德明》。

将尽可能为姜德明要创办的刊物写稿。

> 按：刊物实际是丛刊《绿》。孙犁后来寄给《绿》散文《住房的故事》。

22日，写作散文《牲口的故事》。文末自注：1983年1月22日。载1983年3月19日《光明日报》。

29日，写作杂文《"复杂的性格"论》，副题为"文林谈屑"。文末自注：1983年1月29日下午。

1月，写作杂文《刊物面目》，副题为"文林谈屑"。

1月，写作杂文《评论家的妙语》，副题为"文林谈屑"。

1月，写作书衣文《人间词话新证》。文末自注：1983年1月，齐鲁书社赠。载《书衣文录》（手迹）。

2月

5日,写作散文《住房的故事》。文末自注:1983年2月5日。载万叶散文丛刊《绿》第一辑。

> 按:《绿》,即1月20日致姜德明信中所说刊物,文化艺术出版社1983年6月出版。

10日,写作书衣文《清秘述闻三种》(上、中)。文末自注:1983年2月10日(旧历12月28日),金梅代购。载1984年4月21日《天津日报》满庭芳。载《书衣文录》(手迹)。

19日,致王萍慧信。信末自注:1983年2月19日。

> 按:王萍慧此时在江西省都昌县文化馆工作。

19日,致宫玺信。信末自注:2月19日。

27日,致韩映山信。信末自注:2月27日。载《孙犁书札:致韩映山》。

2月,写作杂文《名山事业》,副题为"文林谈屑"。

2月,写作书衣文《歌德的格言和感想集》。文末自注:1982年2月,刘宗武赠。载《书衣文录》(手迹)。

3月

14日,写作书衣文《美化文学名著丛刊》(共11种)。文末自注:1983年3月14日下午记。载1984年4月21日《天津日报》满庭芳。载《书衣文录》(手迹)。

此即鲁迅所谓专印劣书之世界书局出版物,为得张岱《陶庵梦忆》购之,金梅代购。

18日,写作杂文《宾馆文学》,副题为"文林谈屑"。文末自注:1983年3月18日午后。

19日，致林楚平信。信末自注：3月19日。感谢林寄赠两本书。

> 按：此信《孙犁全集》《孙犁文集》皆未收。林楚平在新华社工作，与作家林斤澜同乡。寄赠的两本书是林翻译的《克莱采奏鸣曲》和《家庭的幸福》。

21日，致天津业余作者黄淑兰信。信末自注：1983年3月21日。载1983年第2期《南开文艺》。

> 按：黄淑兰此时系南开文学社社员。

21日，写作小说《还乡》，副题为"芸斋小说"。文末自注：1983年3月21日下午写讫。载1983年4月14日《羊城晚报》。

24日，写作小说《小混儿》，副题为"芸斋小说之九"。文末自注：1983年3月24日。载1983年6月15日《文汇报》。署名孙芸夫。

25日，香港《文汇报》发表海阳《浅说"孙犁风格"——读〈耕堂散文〉笔记》。

3月，写作书衣文《家庭的幸福》。文末自注：林楚平译赠，1983年3月。载《书衣文录》（手迹）。

3月，写作书衣文《艺概》。文末自注：1983年3月，金梅赠。载《书衣文录》（手迹）。

3月，人民文学出版社出版《荷花淀派作品选》，收入孙犁小说11篇。

3月，《孙犁文论集》由人民文学出版社出版。共收文132篇，及金梅、李蒙英"编后记"1篇。

4月

5日，写作散文《猫鼠的故事》。文末自注：1983年4月5日。载1983年5月14日《光明日报》。

6日，写作诗歌《希望》，副题为"七十自寿"。诗末自注：1983年4月6日晨。载1983年第8期《诗刊》。

7日，写作杂文《我和〈文艺周刊〉》。文末自注：1983年4月7日中午。载1983年5月5日《天津日报》文艺周刊。

20日，写作散文《夜晚的故事》。文末自注：1983年4月20日改讫。载1983年5月19日《解放日报》。

24日，写作杂文《运动文学与揣摩小说》，副题为"文林谈屑"。文末自注：1983年4月21日。

5月

1日，写作论文《关于散文创作的答问》。文末自注：1983年5月1日晨五时起写。大院节日嘈杂。前屋受干扰，则移稿至后屋；后屋受干扰，又持稿回前屋。至晚初稿成。次日晨改定之。载1983年第9期《人民文学》。

14日，王林、万力陪同冯牧晚上来访。

13日，写作小说《修房》，副题为"芸斋小说"。文末自注：1983年5月13日晨。载1983年5月29日《羊城晚报》。署名孙芸夫。

28日，写作书衣文《文选》（上）。文末自注：1983年5月28日晚记。载1984年4月21日《天津日报》满庭芳。载2004年1月6日《天津日报》满庭芳。载《书衣文录》（增订版）。

另有中华四部备要本。此本字体较清，并断句。

> 按：《天津日报》最初刊登时注明此文写于1982年5月28日，未见手迹，置疑。

29日，写作书衣文《文选》（中、下）。文末自注：（1983年）5月29日晨起又题。载1984年4月21日《天津日报》。载2004年1月6日《天津日报》。载《书衣文录》（增订版）。

"文革"焚书,线装书难购。偶有线装书出现,非一般人能购得起,中华影印就成了首选。现在整理古籍,意在普及,谈不上学术创造。人才日见稀少,求如胡克家之人才,不可多得矣。1976年晚间读此书于蚊帐中,后值地震乃罢。

  按:《天津日报》最初刊登时注明此文写于1982年5月28日,未见手迹,置疑。

6月

23日,写作书衣文《文苑英华》。文末自注:1983年6月23日记。载1984年4月21日《天津日报》满庭芳。载《书衣文录》(增订版)。

金梅代购。夜起,地板上有一黑甲虫,优游不去,灯下视之,忽有诗意。

23日,写作诗歌《甲虫》。诗前自注:夜起,地板上有一甲虫,优游不去,灯下视之,忽有诗意,1983年6月23日记。载1990年5月4日《羊城晚报》。署名芸斋。

7月

14日,致吕剑信。信末自注:7月14日。载1997年11月22日《天津日报》满庭芳。

15日,中共天津市委宣传部开会研究鲁迅文艺奖金之事,孙犁、王林、蒋子龙得大奖。孙犁向评委会写信:不评上王林,我也不参加。

16日,王林同天津作协秘书长马丁上午来访。

31日,致贾平凹信。信末自注:1983年7月31日晚7时。载1984年5月10日《天津日报》满庭芳。

8月

1日，任彦芳开始改编电影文学剧本《荷花淀的女人》。1983年8月1日—9月3日写于白洋淀、苍岩山。1984年11月7日改于河北军区招待所。载《任彦芳文集》影视文学卷，香港天马图书公司2000年5月版。

5日，写作杂文《〈报告文学的感情和意志〉作者附记》。文末自注：1983年8月5日。载1983年8月25日《天津日报》文艺周刊。

> 按：同时刊登了《角邱血》《谁能忍受》《坑水红了》《山药窖里的死尸》。

11日，《天津日报》刊登消息：作家孙犁把1500元鲁迅文艺奖金全捐赠给天津市少年儿童福利基金会。早晨，新闻联播也播此消息。

17日，写作散文《一九五六年的旅行》。文末自注：1983年8月17日追记。载1983年9月15日《羊城晚报》。

27日，写作论文《谈文学与理想》。文末自注：1983年8月27日。载1983年9月27日《羊城晚报》。

8月，新蕾出版社出版诗集《白洋淀之曲》。根据1964年版重印。

9月

1日，写作散文《吃饭的故事》。文末自注：1983年9月1日晨，大雨不能外出。载1983年11月5日《光明日报》。

2日，写作小说《玉华婶》。文末自注：1983年9月2日晨改讫。载1983年第11期《文汇月刊》。

2日，写作散文《秋喜叔》，副题为"乡里旧闻"。文末自注：1983年9月2日。载1984年第7期《作家》。

3日，写作散文《疤增叔》，副题为"乡里旧闻"。文末自注：1983年9月3日。载1983年10月26日《文汇报》。

5日，写作杂文《〈远道集〉后记》。文末自注：1983年9月5日上午。载1983年9月22日《天津日报》文艺周刊。

7日，写作杂文《谈改稿》，副题为"芸斋琐谈"。文末自注：1983年9月7日。载1983年10月3日《人民日报》。

8日，写作杂文《谈读书》，副题为"芸斋琐谈"。文末自注：1983年9月8日晨雨。载1983年9月22日《人民日报》。

8日，写作杂文《谈修辞》，副题为"芸斋琐谈"。文末自注：1983年9月8日下午。雨仍在下着。

9日，写作杂文《谈评论》，副题为"芸斋琐谈"。文末自注：1983年9月9日晨。

9日，上午与谢大光闲谈，谈到自己的出生时代、当时背景、生活环境、故乡村庄、家庭、祖父、父亲、母亲等。

10日，致李屏锦信。信末自注：9月10日。载2001年2月19日《天津日报》。

鼓励李继续写文章。

11日，致姜德明信。信末自注：9月11日。署名犁。载《孙犁书札：致姜德明》。

《谈读书》个别字词有修改。

19日，写作杂文《谈爱书》，副题为"芸斋琐谈"。文末自注：1983年9月19日夜记。载1983年10月18日、20日《羊城晚报》。

22日，写作杂文《爱书续谈》，副题为"芸斋琐谈"。文末自注：1983年9月22日。载1983年10月24日《人民日报》。

按：原题为《谈爱书》，收入上海文艺出版社1986年2月版《老荒集》时，改为此题。

24日,致姜德明信。信末自注:9月24日晚。署名犁。载《孙犁书札:致姜德明》。

称赞"万叶散文丛刊"第一辑《绿》编选得好。

25日,致韩映山信。信末自注:9月25日。署名犁。载《孙犁书札:致韩映山》。

27日,写作杂文《我和古书》,副题为"芸斋琐谈"。文末自注:1983年9月27日。载1983年11月7日《深圳特区报》。

29日,致姜德明信。信末自注:9月29日。署名犁。载《孙犁书札:致姜德明》。

回复姜27日信。姜编散文《悼画家马达》,里面写孙犁从延安到张家口,路上持一根"六道"木棍,姜不懂什么是"六道",孙犁答复"因为那种木棍有六道沟纹,故名"。

9月,江苏人民出版社出版《孙犁研究专集》。中国当代文学研究资料丛书之一种,刘金镛、房福贤编。全书共分孙犁的生平与创作、评论文章选辑、孙犁著作系年、评论文章目录索引四部分。

10月

4日,写作杂文《我中学时课外阅读的情况》,副题为"芸斋琐谈"。文末自注:1983年10月4日。载1984年1月《中学生阅读》(创刊号)。

> 按:《中学生阅读》发表时无副题,收入上海文艺出版社版《老荒集》时也无副题。

11日,写作书衣文《艺林散叶》。文末自注:1983年10月11日,泰昌赠。载《书衣文录》(手迹)。

12日,写作散文《包袱皮儿》。文末自注:1983年10月12日晨。载万叶散文丛刊第二辑《丹》。

按：万叶散文丛刊第二辑《丹》，由百花文艺出版社1984年2月出版。

16日，写作散文《书信》。文末自注：1983年10月16日。载1983年11月6日《解放日报》。

22日，写作杂文《谈"打"》，副题为"芸斋琐谈"。文末自注：1983年10月22日。载1984年2月14日《羊城晚报》。

26日，写作杂文《小说与电影》，副题为"芸斋琐谈"。文末自注：1983年10月26日下午。载1983年12月2日《人民日报》。

11月，写作书衣文《南亭笔记》。文末自注：1983年10月，金梅代购。载《书衣文录》（手迹）。

11月，写作书衣文《庄氏史案本末》。文末自注：1983年10月，金梅代购。载《书衣文录》（手迹）。

11月，写作书衣文《释迦方志》。文末自注：1983年10月，金梅代购。载《书衣文录》（手迹）。

11月

7日，写作书衣文《居延汉简甲编》。文末自注：1983年11月7日装竟记。载1984年4月21日《天津日报》满庭芳。载《书衣文录》（增订版）。

大女儿又运来一书柜，拟装笨重书籍。此书可与近日买的《王国维遗书》对照阅读。

25日，写作书衣文《青琐高议》。文末自注：1983年11月25日，金梅赠。载《书衣文录》（手迹）。

11月，冀中抗日斗争史资料研究会成立，由河北省委领导，吕正操、程子华为主任，孙犁被聘为顾问。

12 月

3 日,致李安哥信。信末自注:12 月 3 日。载 2008 年 7 月 24 日《文汇读书周报》。

> 按:信函复印件存李安哥《从未谋面的忘年交——忆孙犁先生给我的来信》一文中。

17 日,写作杂文《买〈王国维遗书〉记》。文末自注:1983 年 12 月 17 日下午四时改讫。载 1984 年 1 月 4 日、7 日、11 日、21 日、25 日《天津日报》满庭芳。

18 日,写作杂文《改稿举例》。文末自注:1983 年 12 月 18 日下午。载 1984 年 3 月 8 日《中国青年报》。

23 日,致房树民信。信末自注:1983 年 12 月 23 日。载 1984 年 1 月 12 日《中国青年报》。

24 日,写作杂文《实事求是与短文》。文末自注:1983 年 12 月 24 日。载 1984 年 1 月 26 日《文学报》。

12 月,电影《风云初记》上映。编剧任彦芳,导演罗泰,主要演员常戎、吴丹。长春电影制片厂摄制。

12 月,《孙犁诗选》由河南少年儿童出版社出版。

12 月,散文集《书林秋草》由生活·读书·新知三联书店出版。收文 55 篇,及吴泰昌"编后记"1 篇。

1984 年　71 岁

1 月

12 日,致潘之汀信。信末自注:1 月 12 日。载 1987 年 7 月 1 日《天津日报》。

已把潘四篇稿介绍给《天津日报》编辑的《文艺》双月刊。

13日，致李屏锦信。信末自注：1月13日上午。载2001年9月28日《天津日报》。

感谢惠赠书、挂历等。

14日，写作书衣文《宋书》（第1册）。文末自注：1984年1月14日，金梅代购。载《书衣文录》（手迹）。

19日，写作书衣文《郭嵩焘日记》（第1卷）。文末自注：1984年1月19日，金梅代购。载《书衣文录》（增订版）。

王勉思、杨坚寄赠。中午吃鸡，碎骨挤落一齿。

22日，写作杂文《买〈魏书〉、〈北齐书〉记》。文末自注：1984年1月22日。载1984年2月8日、15日、18日、22日《天津日报》。

23日，致吕剑信。信末自注：1月23日。载1997年11月22日《天津日报》。

1月，写作书衣文《永丰乡人行年录》。文末自注：1984年1月，姜德明寄赠。载《书衣文录》（手迹）。

1月，散文集《孙犁散文选》由人民文学出版社出版。共收文90篇，及"序"1篇，谢大光"编后记"1篇。

1月，广西人民出版社出版《孙犁作品欣赏》，林焕标、卢斯飞著。

2月

15日，写作书衣文《达夫书简》。文末自注：1984年2月15日，小胖赠。载1984年4月21日《天津日报》满庭芳。载《书衣文录》（增订版）。

达夫善于婚前追逐，不善婚后掌握；善于婚前谋划，不善婚后维持，此浪漫主义所致。文人不能见机，取祸于无形；天才不可恃，人誉不可信。

　　按：小胖，原名马津海，曾任《小说月报》负责人，石坚之子。

16日，致韩映山信。信末自注：2月16日。署名犁。载《孙犁书札：致韩映山》。

23日，写作小说《葛覃》，副题为"芸斋小说"。文末自注：1984年2月23日。载1984年4月2日《羊城晚报》。署名孙芸夫。

2月，写作书衣文《洪宪纪事诗三种》。文末自注：1984年1月，金梅代购。载《书衣文录》（手迹）。

3月

2日，写作杂文《谈"印象记"》，副题为"芸斋琐谈"。文末自注：1984年3月2日下午。载1984年3月20日《人民日报》。

4日，写作小说《春天的风》。文末自注：1984年3月4日。载1984年第6期《文汇月报》。署名孙芸夫。

7日，写作散文《戏的续梦》。文末自注：1984年3月7日。载1984年5月5日《光明日报》。

17日，写作杂文《文学与乡土》，副题为"芸斋琐谈"。文末自注：1984年3月17日午后。载1984年第7期《农村青年》。

20日，整理一部分《书衣文录》，并前记。前记自注："1984年3月20日作者记：前有此录，已印行矣。续有所得，仍辑存之。体例不变。"载1984年4月11日、18日、21日《天津日报》满庭芳。

20日，写作杂文《谈简要》。文末自注：1984年3月20日。载1984年3月29日《文学报》。

27日，致郑法清信。信末自注：3月27日。

28日，写作散文《昆虫的故事》。文末自注：1984年3月28

日上午。载 1984 年 12 月 5 日《人民日报》。

3 月，散文小说集《远道集》由百花文艺出版社出版。

春天，为鲍晶题写条幅。内容是韦应物诗句。自注：鲍晶同志正字。1984 年春日书于幻华室。

4 月

2 日，致张金池信。信末自注：4 月 2 日。

6 日，写作小说《一九七六年》，副题为"芸斋小说"。文末自注：1984 年 4 月 6 日。载 1984 年 5 月 20 日《羊城晚报》。署名孙芸夫。

10 日，写作诗歌《眼睛》。诗末自注：1984 年 4 月 10 日下午 4 时。载 1984 年第 7 期《诗刊》。

按：诗人公木看到后，写有和诗。

12 日，写作短论《小说与题材》，副题为"小说杂谈"。文末自注：1984 年 4 月 12 日。载 1984 年 6 月 25 日《羊城晚报》。

13 日，写作短论《小说与三角》，副题为"小说杂谈"。文末自注：1984 年 4 月 13 日。载 1984 年 7 月 5 日《羊城晚报》。

14 日，写作短论《读小说札记》。文末自注：1984 年 4 月 14 日写讫。载 1984 年 5 月 18 日《天津日报》。

23 日，写作散文《移家天津》，副题为"善闇室纪年摘抄"。文末自注：1984 年 4 月 23 日。载 1984 年第 7 期《散文》。

25 日，写作书衣文《铁围山丛谈》。文末自注：1984 年 4 月 25 日，金梅代购。载《书衣文录》（手迹）。

27 日，写作散文《父亲的记忆》。文末自注：1984 年 4 月 27 日。上午寒流到来，夜雨泥浆。载 1984 年 6 月 10 日《解放日报》。

29 日，写作小说《小 D》，副题为"芸斋小说"。文末自注：1984 年 4 月 29 日下午。载 1984 年第 5 期《十月》。署名孙芸夫。

1984年第11期《小说选刊》转载。

30日,致韩金星信。信末自注:1984年4月30日报纸两份寄还。载1984年5月10日《天津日报》。

写作要少雕琢,散文要写熟悉的事物。小说、散文都可以写,该用什么形式就用什么形式,但生活准备尚不充分时,多写散文。

按:韩金星系韩映山二儿子。

5月

2日,写作散文《唐官屯》。文末自注:1984年5月2日。载1984年第5期《长城》。

6日,致罗雪村信。信末自注:5月6日。载2005年7月19日《天津日报》满庭芳。

回复罗4日信。感谢肖像画得好,摄影亦佳,在小幅签名,寄回留念。希望寄来一些藏书票。

按:本日也寄给刘梦岚信,但是在1994年5月6日。《天津日报》刊发此信时注明1984年,那时候孙犁先生和刘梦岚、罗雪村还没有建立联系,疑误置。由此类推,8月30日信、12月28日信,《天津日报》刊发时都注明写于1984年,实系1994年。

7日,写作散文《红十字医院》,副题为"病期经历之一"。文末自注:1984年5月7日。载1984年6月17日《光明日报》。

9日,致宫玺信。信末自注:5月9日。

9日,写作小说《王婉》,副题为"芸斋小说"。文末自注:1984年5月9日晨。载1984年第5期《十月》。署名孙芸夫。1984年第11期《小说选刊》转载。

19日,写作杂文《买〈饮冰室文集〉记》。文末自注:1984年5月19日下午写讫。载1984年6月2日、6日、11日《天津日报》满庭芳。

21日，王林晚上看了电影《风云初记》，认为虽有成功之处，但把原来拟拍的两集压缩为一集，表现人物主线不清，也使观众搞不清电影的主要人物、主要故事为何。

5月，写作书衣文《华严金师子章校释》。文末自注：1984年5月，金梅代购。载《书衣文录》（手迹）。

5月，写作书衣文《归潜志》。文末自注：1984年5月，金梅代购。载《书衣文录》（手迹）。

5月，写作书衣文《邵氏闻见后录》。文末自注：1984年5月，金梅代购；商务排印本后录残缺，因补购此本。载《书衣文录》（手迹）。

6月

1日，写作杂文《〈买崔东壁遗书〉记》。文末自注：1984年6月1日写讫。载1984年9月1日《光明日报》。

22日，致张金池信。信末自注：6月22日。

23日，写作书信体论文《散文的感发与含蓄》，副题为"给谢大光同志的信"。信末自注：1984年6月23日晨。载1984年9月25日《人民日报》。

23日，写作诗歌《老树》。诗末自注：1984年6月23日晚。

7月

23日，写作书衣文《陆贽文》。文末自注：1984年7月23日，厦门学生赠。载《书衣文录》（手迹）。

27日，致张昌华信。信末自注：7月27日。

8月

4日，致傅瑛信。信末自注：8月4日。

傅编孙犁年表将在《新文学史料》发表。

31日,致韩映山信。信末自注:8月31日下午。署名犁。载《孙犁书札:致韩映山》。

《远道集》拖了一年多才出书,《老荒集》交给上海文艺出版社了。

9月

5日,写作书衣文《朱子文集》(一)。文末自注:1984年9月5日装,准备读后作文也。载《书衣文录》(手迹)。

7日,致杨栋信。信末自注:9月7日。

回复杨8月31日信。

11日,致丁玲信。信末自注:9月11日。载1985年5月11日《羊城晚报》。

12日,写作书信体论文《从〈腊月·正月〉谈起——致苏予同志》。信末自注:9月12日。载文学双月刊1985年第1期《中国》(创刊号)。

> 按:收入百花文艺出版社版《陋巷集》时,改题为《读〈腊月·正月〉》。

14日,写作杂文《读〈伊川先生年谱〉记》。文末自注:1984年9月14日改讫。

15日,写作杂文《读〈朱熹传〉记》。文末自注:1984年9月15日。

17日,写作杂文《读〈宋文鉴〉记》。文末自注:1984年9月17日下午。

21日,写作论文《谈笔记小说》。文末自注:1984年9月21日下午。载1984年10月10日《天津日报》。

22日,致田晓明信。信末自注:9月22日。

> 按:田晓明此时系《天津日报》文艺部编辑。

25日,鲁藜夫妇上午来访。鲁藜面色不佳,眼深陷。

上午,《光明日报》编辑冯立三来访,为李准长篇小说约写评论。

25日,写作书衣文《花随人圣庵摭忆》。文末自注:1984年5月25日上午,金梅代买送来。载2004年1月6日《天津日报》满庭芳。载《书衣文录》(手迹)。

26日,致姜德明信。信末自注:9月26日。署名犁。载1993年6月18日《大众日报》。载《孙犁书札:致姜德明》。

询问《花随人圣庵摭忆》(孙犁信中误为《人随花圣庵摭忆》)作者黄(黄秋岳)的生平。

按:《花随人圣庵摭忆》由上海古籍书店1983年10月据1943年本影印出版。后又以上海书店出版社名义再版。

28日,致韩映山信。信末自注:9月28日。署名犁。载《孙犁书札:致韩映山》。

28日,写作散文《小汤山》,副题为"病期经历"。文末自注:1984年9月28日晨四时记。载1985年第2期《收获》。

30日,写作散文《青岛》,副题为"病期经历"。文末自注:1984年9月30日晨三时写讫。载1985年第2期《收获》。

10月

2日,致房树民信。信末自注:10月2日晨起。

6日,写作散文《太湖》,副题为"病期经历"。文末自注:1984年10月6日下午。载1985年5月23日《羊城晚报》。

10日,石坚来访。送来李准《黄河东流去》长篇小说上、下集。

10日,致李准信。信末自注:10月10日。载1985年5月11日《羊城晚报》。

回复下午收到的李信。

14日,致杨栋信。信末自注:10月14日。

15日，写作论文《谈读书记》。文末自注：1984年10月15日晨改讫。载1984年11月17日、11月24日、12月1日《天津日报》满庭芳。

22日，写作杂文《谈赠书》，副题为"芸斋琐谈"。文末自注：1984年10月22日。载1984年12月8日《光明日报》。

10月，周申明写作论文《一部值得重视的中篇小说——孙犁〈村歌〉简评》。文末自注：1984年10月修改。载《双花赏评》。

10月，周申明写作论文《小说家的诗论——浅谈孙犁的诗歌理论》。文末自注：1984年10月。载《双花赏评》。

11月

8日，致葛文信。信末自注：11月8日中午。载1986年1月6日《人民日报》。

12日，致潘之汀信。信末自注：11月12日。载1987年7月1日《天津日报》满庭芳。

20日，致李贯通信。发表时以《和青年作家李贯通的通信》为题。信末自注：1984年11月20日。载1984年12月10日《天津日报》文艺评论。

按：系书信体论文，李贯通致孙犁信也一并发表。

23日，致姜德明信。信末自注：11月23日。署名犁。载1993年6月18日《大众日报》。载《孙犁书札：致姜德明》。

感谢姜先后抄录的黄濬材料，并认为《花随人圣庵摭忆》是下了功夫的。

24日，致杨栋信。信末自注：1984年11月24日。载1985年5月9日《天津日报》文艺周刊。载1985年5月11日《羊城晚报》。

写文章要注意含蓄，不能泛泛走走、看看，写些泛泛的、面面俱到没有新意的文章。

28日，致王蒙信。信末自注：11月28日。载1985年5月11日《羊城晚报》。

30日，写作论文《谈通俗文学》。文末自注：1984年11月30日。载1985年1月14日《人民日报》。1985年1月24日《解放日报》摘发部分内容。

12月

10日，致冯立三信。信末自注：12月10日。载1985年5月11日《羊城晚报》。

13日，写作书衣文《春游琐谈》。文末自注：1984年12月13日。载《书衣文录》（手迹）。

姜德明告知书名，金梅代购。

15日，致姜德明信。信末自注：12月15日上午。署名犁。载《孙犁书札：致姜德明》。

谈两个问题：一是说许姬传给他写信要看《买〈王国维遗书〉记》，双方通信；二是请姜询问杨宪益在20世纪30年代是否在保定育德中学教过短时间的高中班英文课。

按：后经姜当面向杨询问，杨回答没有教过。

16日，写作散文《鞋的故事》。文末自注：1984年12月16日。载1985年第7期《散文选刊》。

27日，致韩映山信。信末自注：12月27日。载《孙犁书札：致韩映山》。

忘记给韩弄一本《远道集》，《老荒集》出版后一定寄一本。

27日，致宫玺信。信末自注：12月27日。

31日，致李贯通信。信末自注：1984年12月31日。载1985

年1月10日《天津日报》文艺周刊。

31日,致姜德明信。信末自注:1984年12月31日。署名犁。载1985年5月11日《羊城晚报》。载《孙犁书札:致姜德明》。

谈到常常做梦逛书市。《远道集》因出版周期长,手下无存书,准备找一本赠姜。

31日,致李贯通信。信末自注:1984年12月31日。载1985年1月10日《天津日报》文艺周刊。

12月,金梅发表论文《试论孙犁的美学理想和短篇小说》。载《创作与评论》,中国作家协会天津分会、天津文学研究所编,百花文艺出版社1984年12月版。

12月,辛宪锡发表论文《"我是个现实主义作家"——孙犁小说探索之一》。载《创作与评论》。

12月,顾传菁发表论文《读孙犁的〈耕堂杂录〉》。载《创作与评论》。

1985年　72岁

1月

5日,以书信形式写论文《再谈通俗文学——致贾平凹同志》。信末自注:1985年1月5日。载1985年第3期《中国》文学双月刊。

5日,致李屏锦信。信末自注:1月5日上午。署名犁。载2001年9月28日《天津日报》满庭芳。

回复李1984年12月12日、27日信。

11日,写作书衣文《老子校释》。文末自注:1985年1月11日收到。载《书衣文录》(手迹)。

同日收到冒公木名之哈市 18 岁青年本名前明者谩骂信一件。

11 日，致杨栋信。信末自注：1 月 11 日。

15 日，写作书衣文《劝诫四录》（一）。文末自注：1985 年 1 月 15 日。载《书衣文录》（增订版）。

近日拟写中国旧小说中的劝诫一文，因及此书。

23 日，写作书衣文《贯华堂〈水浒传〉》（一）。文末自注：1985 年 1 月 23 日，又及。载《书衣文录》（增订版）。

近日装完 40 册。里面色情描写，比时下小说色情描写高明多了。

27 日，致姜德明信。信末自注：1 月 27 日。署名犁。载《孙犁书札：致姜德明》。

感谢收到徐一士（1890—1971）著作，20 世纪 30 年代京津大报连载徐的文章，孙当时在追求革命文艺，不屑于看此类文章。现在去读，"反觉此等作品较之煊赫一时之所谓文学创作，对人更有用处"，也买到了张伯驹的《春游屑谈》（准确书名为《春游琐谈》——段华注）。

按：从邮戳看，系 1985 年。《孙犁书札：致姜德明》置于 1986 年，误。《孙犁全集》《孙犁文集》皆误。

31 日，致姜德明信。信末自注：1 月 31 日。署名犁。载《孙犁书札：致姜德明》。

回复 27 日姜信。寄赠小幅字，并告知近期《羊城晚报》《文论报》皆有致姜信发表。

2 月

1 日，写作杂文《我喜爱的一篇散文》。文末自注：1985 年 2 月 1 日。载 1985 年第 3 期《文汇月刊》。

14 日，致姜德明信。信末自注：2 月 14 日。署名犁。载《孙犁书札：致姜德明》。

谈到读徐一士作品《一士类稿》，说近来印的书错误多，但"其中关于王闿运及章太炎，材料甚多，很有用。他虽然也是抄书，然剪裁得当，按语亦平和公正。甚不易也"。

3月

3日，写作书衣文《通志略》。文末自注：1985年3月3日。载《书衣文录》（增订版）。

24日，以书信形式写论文《给某刊编辑的信》。信末自注：1985年3月24日。载1985年5月23日《人民日报》。

3月，写作书衣文《殷芸小说》。文末自注：1985年3月，金梅赠。载《书衣文录》（手迹）。

4月

4日，致吕剑信。信末自注：4月4日。署名犁。载1997年11月22日《天津日报》。

4日，写作书衣文《倾盖集》。文末自注：1985年4月24日。载《书衣文录》（增订版）。

吕剑寄赠。学习古体诗范本。在北京及青岛养病时写一些旧诗，"文革"期间老伴焚毁，心里从未遗憾。

11日，写作散文《钢笔的故事》。文末自注：1985年4月11日。载1985年4月28日《光明日报》。

11日，给《羊城晚报》寄小说。

14日，致万振环信。信末自注：4月14日。载《我与孙犁的深情厚谊》，万振环著，广东旅游出版社2008年4月版。

回复万10日信。询问一组《芸斋短简》和散文《太湖》。

17日，致天津袁玉兰信，信末自注：4月17日。载1985年5月9日《天津日报》文艺周刊。

小说要以发掘日常生活为主，越是日常习见的越有意义；偶然性的东西可供一噱，但没有多少回味的余地。

22日，致万振环信。信末自注：4月22日。载《我与孙犁的深情厚谊》。

回复万18日信。告诉万寻找的散文是《太湖》（病期经历），短简系致丁玲、李准、王蒙等共5封。

> 按：万振环找出稿件，短简发表于5月11日《羊城晚报》，《太湖》发表于5月23日《羊城晚报》。

29日，致杨栋信。信末自注：1985年4月29日。载1986年5月15日《天津日报》文艺周刊。

30日，致韩映山信。信末自注：4月30日。载1987年7月3日《天津日报》满庭芳。载《孙犁书札：致韩映山》。

回复韩4月27日信。给韩大星寄字幅一件。

5月

3日，写作短论《小说与色情》，副题为"小说杂谈"。文末自注：1985年5月3日。载1985年6月23日《光明日报》。

4日，写作短论《小说与劝惩》，副题为"小说杂谈"。文末自注：1985年5月4日。载1985年6月18日《羊城晚报》。

9日，写作短论《小说与武侠》，副题为"小说杂谈"。文末自注：1985年5月9日。载1985年6月22日《羊城晚报》。

11日，写作短论《小说与批评》，副题为"小说杂谈"。文末自注：1985年5月11日。载1985年6月25日《羊城晚报》。

14日，致万振环信。信末自注：5月14日。载《我与孙犁的深情厚谊》。

寄上杂谈三篇,即《小说与劝惩》《小说与武侠》《小说与批评》。

18日,写作论文《读〈沈下贤集〉》。文末自注:1985年5月18日。载1985年6月7日《天津日报》文艺评论。

25日,4月11日寄给《羊城晚报》小说才寄到。

26日,写作论文《读〈哭庙纪略〉》。文末自注:1985年5月26日。载1985年6月6日《今晚报》。

27日,写作论文《读〈丁酉北闱大狱纪略〉》。文末自注:1985年5月27日。载1985年6月19日《天津日报》满庭芳。

30日,致姜德明信。信末自注:5月30日,又及。署名犁。载《孙犁书札:致姜德明》。

回复姜26日信。4月11日寄给《羊城晚报》小说,本月中旬寄给《人民日报》副刊部刘梦岚小说两篇、函稿八通。

按:此时,姜到人民日报出版社任社长。

5月,写作书衣文《石屋余沈》。文末自注:1985年5月,金梅代购。载《书衣文录》(手迹)。

5月,民族出版社出版维吾尔文《风云初记》,任运昌译。

6月

1日,致韩映山信。信末自注:6月1日。署名犁。载《孙犁书札:致韩映山》。

11日,致万振环信。信末自注:6月11日。载1985年10月23日《人民日报》。载《天津日报》编1986年第4期《文艺》。

13日,写作杂文《谈鼓吹》,副题为"芸斋琐谈"。文末自注:1985年6月13日。载1985年7月16日《人民日报》。

15日,写作杂文《官浮于文》,副题为"芸斋琐谈"。文末自注:

1985年6月15日。载1985年7月13日《文艺报》。

  按：此文在《文艺报》刊发时，原副标题为"文林谈屑"。

 17日，樊允行上午来看望。

 17日，写作散文《老屋》。文末自注：1985年6月17日下午。载1985年7月28日《光明日报》。

 19日，写作书信体论文《和谌容的通信》。信末自注：1985年6月19日。

 22日，致万振环信。信末自注：6月22日。载《我与孙犁的深情厚谊》。

 提过意见后，退还万的作品。

  按：11日另写有读后感，以书信体发表于1985年10月23日《人民日报》。同期发表有致杨栋信。

 23日，写作杂文《诗外功夫》，副题为"芸斋琐谈"。文末自注：1985年6月23日改讫。

 27日，写作散文《大嘴哥》，副题为"乡里旧闻"。文末自注：1985年6月27日下午。载1985年7月15日《羊城晚报》。

7月

 9日，致万振环信。信末自注：7月9日。署名犁。载《我与孙犁的深情厚谊》。

 15日，致杨栋信。信末自注：7月15日。

 回复杨4日信。

 19日，致俞天白信。信末自注：7月19日。

 28日，致韩映山信。信末自注：7月28日下午。署名犁。载1987年7月3日《天津日报》满庭芳。载《孙犁书札：致韩映山》。

 回复韩26日信。建议韩在写"孙犁印象记"系列文章时，不要单纯歌颂，要把见到的他性格上的缺点，也要写进去。

8月

1日，整理《善闇室纪年摘抄（1937—1945年）》。文末自注：1985年8月1日抄。载1985年8月18日《光明日报》。

16日，路一、梁斌、杨循来访。送给路一一部精装的《孙犁文集》。

24日，整理《善闇室纪年摘抄（1946—1949年）》。文末自注：1985年8月24日抄。载1985年10月13日《羊城晚报》。

26日，写作杂文《〈金瓶梅〉杂说》。文末自注：1985年8月26日，昨夜雨，晨四时起作此文，下午二时草讫。载1985年9月19日《天津日报》文艺评论。

26日，致万振环信。信末自注：8月26日。署名犁。载《我与孙犁的深情厚谊》。

回复万19日信。寄去《善闇室纪年摘抄（1946—1949年）》。

30日，整理《善闇室纪年摘抄（1913—1936年）》。文末自注：1985年8月30日抄。载1986年第1期《随笔》杂志。

31日，写作散文《小贩》。文末自注：1985年8月31日。载1985年9月19日《人民日报》。后收入《1985—1987散文选》。

8月，论文杂文集《编辑笔记》由山西人民出版社出版，系"编辑丛书"之一种。

9月

2日，写散文《悼念田间》。文末自注：1985年9月2日。载1985年9月5日《天津日报》。

3日，几名摄影爱好者要去白洋淀采风，行前来拜望。为他们题字一幅："白洋淀纪行。孙犁1995年9月3日"。后题字在天津市北郊区文化馆编总第 9 期《北郊创作》文学季刊封底发表。字存张凡处。张凡拍摄了郭里口村女游击队员曹真晚年生活。

7 日，致张金池信。信末自注：9 月 7 日。

12 日，致郝伯承信。信末自注：9 月 12 日晚。载 1986 年 5 月 15 日《天津日报》。

按：郝伯承在河南工作。

15 日，晚上听收音机里一位教师朗诵《为了忘却的记念》，虔诚地、默默地听完，心情很复杂。

15 日，致杨栋信。信末自注：1985 年 9 月 15 日。载 1985 年 10 月 29 日《人民日报》。

回复杨 4 日信。

21 日，写作杂文《听朗诵》，副题为"芸斋琐谈"。文末自注：1985 年 9 月 21 日晨改抄讫。

27 日，写作杂文《文林谈屑》，共 10 条。文末自注：1985 年 9 月 27 日。此文先投上海《文汇报》，该报于 1985 年 10 月 21 日刊登了一部分；余下的 6 节 1985 年 11 月 23 日在《天津日报》文艺评论发表。

10 月

1 日，致姜德明信。信末自注：1985 年 10 月 1 日。署名犁。载 1986 年 1 月 18 日《羊城晚报》。载《孙犁书札：致姜德明》。

2 日，致韩映山信。信末自注：10 月 2 日。署名犁。载 1987 年 7 月 3 日《天津日报》满庭芳。载《孙犁书札：致韩映山》。

今日收到房树民信，寄来的《中国青年报》上有韩写的《修书》，认为写的有点真实感。自己不愿意写回忆录，发表的《善闇室纪年》也很简略。

2日，致房树民信。信末自注：1985年10月2日晨起。载1986年1月18日《羊城晚报》。

6日，金梅陪同吴泰昌等来访。

6日，写作书衣文《石屋续沈》。文末自注：1985年10月6日，金梅代购。载《书衣文录》（手迹）。

8日，写作散文《晚秋植物记》。文末自注：1985年10月8日。载1985年11月10日《光明日报》。

18日，写作杂文《谈死》，副题为"芸斋琐谈"。文末自注：1985年10月18日。载1985年11月28日《羊城晚报》。

18日，写作杂文《谈"补遗"》，副题为"芸斋琐谈"。文末自注：1985年10月18日下午。载1985年12月7日《羊城晚报》。

19日，致万振环信。信末自注：10月19日。署名犁。载《我与孙犁的深情厚谊》。

未收到《羊城晚报》复刊5周年纪念册。寄上《谈死》《谈"补遗"》两篇琐谈。

24日，致梅梓祥信。信末自注：10月24日。载1986年1月18日《羊城晚报》。

指出梅散文的优点和缺点，不能有漏洞，不能虚构。

11月

3日，致姜德明信。信末自注：1985年11月3日晚。载1986年1月1日《文论报》。载《孙犁书札：致姜德明》。

回复姜1日信。天津买不到明信片了。上海报纸刊登文章《文林谈屑》，原有10节只刊登4节短小的。今年是本命年，正考虑书在身后如何处理。

8日，致葛文信。信末自注：11月8日中午。

回复葛7日信。对田间的逝世表示哀悼，并要写一篇纪念文章。

8日，致黄宏地信。信末自注：11月8日大风寒。载1985年12月12日《人民日报》。

散文要通过一个普通的人，普通的事，把一个道理或一个思想，揭示出来。

> 按：黄宏地，在海南工作。

10日，致温超藩信。信末自注：11月10日。署名犁。

> 按：温超藩，《天津日报》文艺部编辑。

15日，致康迈千信。信末自注：11月15日。载1986年1月1日《文论报》。

15日，致万振环信。信末自注：11月15日。载1986年1月28日《羊城晚报》。载《我与孙犁的深情厚谊》。

收到纪念册。寄上短信一束（见1986年1月18日《羊城晚报》）。

21日，致张金池信。信末自注：11月21日。

给张金池《老荒集》目录，张用于编孙犁作品年表续编。

29日，致万振环信。信末自注：11月29日。署名犁。载《我与孙犁的深情厚谊》。

回复万21日信。问候万的病情，感谢《羊城晚报》赠报。

12月

3日，致杨振喜信。信末自注：12月3日。载2002年7月27日《今晚报》。

> 按：信存杨振喜《怀念孙犁》一文中。

7日，致韩映山信。信末自注：12月7日。署名犁。载1987年7月3日《天津日报》满庭芳。

认为韩写的《书法》《赠书》两篇孙犁印象记文章为佳，因为写得真实而具体。

7日，致万振环信。信末自注：12月7日。载《我与孙犁的深情厚谊》。

13日，致吕剑信。信末自注：12月13日。载1997年11月22日《天津日报》。

17日，致韩映山信。信末自注：12月17日。署名犁。载1987年7月3日《天津日报》满庭芳。载《孙犁书札：致韩映山》。

收到先后寄来剪报。今年冷，写作不多。

12月，新蕾出版社主办的第12期《作文通讯》刊发题词："多读些历史故事，多观察社会人生。赠《作文通讯》。孙犁1985年"。

1986年　73岁

1月

1日，写作诗歌《作家之死》。文末自注：1986年1月15日抄。载1986年第5期《诗刊》。署名老荒。

按：1日写，15日修改。

1日，写作书衣文《集外集拾遗补编资料》。文末自注：1986年1月1日。载《书衣文录》（增订版）。

今日作小诗《作家之死》，"天明时此题忽入脑海，不知何故"。

3日，写作书信体论文《关于传记文学的通信》。信末自注：1986年1月3日下午二时。载1986年3月1日《文论报》。

5日，致李屏锦信。信末自注：1月5日上午。署名犁。载2001年9月28日《天津日报》满庭芳。

10日，写作论文《创作随想录》。文末自注：1986年1月10日。

载1986年第4期《人民文学》。

12日—18日,周申明写作论文《论孙犁的文学贡献》。文末自注:1986年元月12至18日初稿,1986年6月1日修改。载《双花赏评》。

15日,修改诗歌《作家之死》。诗末自注:1986年1月15日抄。载1986年第5期《诗刊》。署名老荒。

20日,致杨献瑶信。信末自注:1月20日。载1986年5月15日《天津日报》文艺周刊。

回复杨信。收到诗集,选读一些,觉得写得淡雅而寓深情。

  按:杨献瑶,在北京工作。

23日,致余穗祥信。信末自注:1月23日。载1986年5月15日《天津日报》文艺周刊。

回复余6月20日信。今后再有习字,定当寄呈。

  按:疑6月系1月之误。余穗祥,在上海工作。

23日,致万振环信。信末自注:1月23日。署名犁。载《我与孙犁的深情厚谊》。

收到照片。寄字幅一。

  按:字幅内容录自《荀子·劝学》:"积土成山,风雨兴焉;积水成渊,蛟龙生焉。"下面用小楷注:"余有王先谦集解本,然未细读,今据学校课本书之。第二积字甚不佳。"

27日,致杨栋信。信末自注:1月27日。

31日,写作杂文《谈作家素质》。文末自注:1986年1月31日。载1986年2月15日《天津日报》文艺评论。

31日,代吕正操将军起草《王林选集·序》。文末自注:1986年1月31日。载《王林选集》(上),百花文艺出版社1987年5月版。

2月

12日,写作书衣文《弘明集》(上)。文末自注:1986年2月12日。载《书衣文录》(手迹)。

按:写作日期手迹系12日,发表时误植为2日。

2月,散文小说集《老荒集》由上海文艺出版社出版。

3月

月初,丁玲病危。

3日,中国作家协会拟定丁玲治丧委员会名单,计41人,孙犁列名。

3日,致万振环信。信末自注:3月3日。署名犁。载《我与孙犁的深情厚谊》。

请万转告《随笔》黄伟经:《善闇室纪年》太短,不能独立出书。

4日,丁玲逝世。

4日,写作杂文《〈书衣文录〉拾补》小引。文末自注:1986年3月4日记。载1986年3月29日《天津日报》满庭芳。载《书衣文录》(增订版)。

按:此日《〈书衣文录〉拾补》(上)共刊登书衣文录12条。

6日,写作《〈书衣文录〉拾补》再跋。文末自注:1986年3月6日晨起改讫记。载1986年4月2日《天津日报》满庭芳。载《书衣文录》(增订版)。

按:此日《〈书衣文录〉拾补》(下)共刊登书衣文录16条。

7日,写作散文《关于丁玲》。文末自注:1986年3月7日下午二时写讫。载1986年3月19日《人民日报》。

7日,致姜德明信。信末自注:3月7日。署名犁。载《孙犁书札:

致姜德明》。

感谢惠寄《兰亭论辩》，2月15日《天津日报》刊登了《谈作家素质》一文。

> 按：《兰亭论辩》，郭沫若、启功等著，是二十世纪六十年代关于《兰亭序》真假的一次论辩，在书法史上影响很大。

10日，写作书衣文《兰亭论辩》。文末自注：1986年3月10日。载《书衣文录》（增订版）。

姜德明寄赠。姜附信称三角钱一本。书中每件插图即值三角，拿着文化开玩笑，可叹也。

14日，致韩映山信。信末自注：3月14日。署名犁。载《孙犁书札：致韩映山》。

建议"孙犁印象记"系列不要重发。

21日，致韩映山信。信末自注：3月21日。署名犁。载《孙犁书札：致韩映山》。

回复韩16日信。

21日，致唐山市委办公室信。信末自注：3月21日。

回复此办15日信。对唐山抗震纪念碑碑文无意见。

27日，致某函授中心。信末自注：1986年3月27日。载1987年11月30日《天津日报》满庭芳。

希望青年朋友们读书要不分中外，多方面借鉴。写作要不分体裁，什么都要练练。待人要不分贵贱、各行各业都要交朋友。识物要多记花鸟虫鱼之名。

4月

1日，写作书信体论文《散文的虚与实》，副题为"致张秋实、卫建民"。文末自注：4月1日。载1986年5月8日《光明日报》。

4日，写作杂文《谈照像》，副题为"芸斋琐谈"。文末自注：1986年4月4日，清明前一天。载1986年4月20日《羊城晚报》。

4日，致万振环信。信末自注：4月4日。署名犁。载《我与孙犁的深情厚谊》。

寄上一稿。

13日，写作杂文《照像续谈》，副题为"芸斋琐谈"。文末自注：1986年4月13日晚。载1986年5月11日《羊城晚报》。

17日，写作杂文《风烛庵杂记》。文末自注：1986年4月17日剪贴旧作。载1986年6月15日《羊城晚报》。署名姜化。

20日，致刘心武信。信末自注：4月20日。署名犁。载1986年5月15日《天津日报》文艺周刊。

回复刘12日信。赞同刘所提刊物编辑方针。

21日，致王炜、李笙信。信末自注：4月21日。

回复20日信。

21日，致万振环信。信末自注：4月21日。署名犁。载《我与孙犁的深情厚谊》。

寄上一稿。

26日，写作杂文《谈自裁》，副题为"芸斋琐谈"。文末自注：1986年4月26日下午记。载1986年7月15日《羊城晚报》。

28日，致万振环信。信末自注：4月28日。载《我与孙犁的深情厚谊》。

寄上一稿。

29日，致韩映山信。信末自注：4月29。署名犁。载1986年5月15日《天津日报》文艺周刊。载《孙犁书札：致韩映山》。

建议写"孙犁印象记"系列时，注意删去关于孙犁家乡的不妥内容。

29日,致杨栋信。信末自注:4月29日。署名犁。载1986年5月15日《天津日报》文艺周刊。

4月,写作书衣文《续古文观止》。文末自注:1986年4月,张秋实寄赠。载《书衣文录》(手迹)。

5月

13日,致姜德明信。信末自注:1986年5月13日。署名犁。载1986年8月24日《羊城晚报》。载《孙犁书札:致姜德明》。

回复姜9日信。外出则写些散文,家居则写些读书札记之类,这一办法,很赞成。但自己不外出,所以要多写些读书随笔。

16日,致万振环信。文末自注:1986年5月16日。署名犁。载1987年第6期《散文世界》。载《我与孙犁的深情厚谊》。

称赞《羊城晚报》发表孙犁的作品很少有错别字。《照像续谈》"官衔高而得奖金者"排为"官衔高而得奖重者",也不为错。信中提到两篇稿子,指《风烛庵杂记》(6月15日刊出)、《谈自裁》(7月15日刊出)。

16日,为杨建民藏冀中版《文学入门》题:"文学入门　孙犁著　1986年5月16日题"。

21日,致何流信。信末自注:1986年5月21日。载1987年第6期《散文世界》。

回复何4月10日信。对抄袭的青年,就不批评了。

23日,致吕剑信。信末自注:5月23日。署名犁。载1986年8月24日《羊城晚报》。

24日,写作诗歌《童年》。诗末自注:1986年5月24日下午。载1986年第6期《啄木鸟》。

27日,写作小说《鱼苇之事》,副题为"芸斋小说"。文末自注:

1986年5月27日。载1986年第7期《人民文学》。

6月

5日，致郭志刚信。信末自注：1986年6月5日。载1986年8月24日《羊城晚报》。

读到郭在《文学评论》(25)所刊作品，觉得摆脱了一般论文的写作方法。

> 按：此处应为《文学评论丛刊》第25辑。

5日，致谢大光信。信末自注：6月5日。

17日，致姜德明信。信末自注：1986年6月17日。署名犁。载1987年第6期《散文世界》。载《孙犁书札：致姜德明》。

回复8日姜信。感谢姜寄的两种字帖，读帖可以养性。

25日，写作杂文《〈陋巷集〉后记》。文末自注：1986年6月25日下午作。载1986年7月30日《人民日报》。

30日，致万振环信。信末自注：6月30日。署名犁。载《我与孙犁的深情厚谊》。

寄上一束短简。

7月

19日，续写作诗歌《海边》。文末自注：1976年12月21日记；1986年7月19日下午小雨又止，闷热。

7月，北岳文艺出版社出版《孙犁传——笔耕生涯》，"作家艺术家文学传记丛书"之一种，管蠡（郑法清）著。

8月

3日，致张志民信。信末自注：1986年8月3日。署名犁。载

1987年第6期《散文世界》。

回复张7月29日信。

12日，写作散文《老家》。文末自注：1986年8月12日，晨起作。闷热，小雨。载1986年8月31日《光明日报》；收入《中国当代散文精华》。

14日，写作散文《大根》，副题为"乡里旧闻"。文末自注：1986年8月14日。载1986年9月25日《羊城晚报》。

15日，写作散文《刁叔》，副题为"乡里旧闻"。文末自注：1986年8月15日。载1986年10月11日《羊城晚报》。

18日，致万振环信。信末自注：8月18日。署名犁。载《我与孙犁的深情厚谊》。

寄上二稿。

23日，写作杂文《买〈章太炎遗书〉记》。文末自注：1986年8月23日校讫并记。载1986年10月12日《光明日报》。

30日，写作杂文《谈头条》，副题为"芸斋琐谈"。文末自注：1986年8月30日下午。载1986年9月30日《人民日报》。

8月，姜德明写作杂文《〈少年鲁迅读本〉》，介绍这本书，收录进1990年11月版《书廊小品》。

> 按：1990年12月23日孙犁致姜德明信，第一段所说《书廊小品》的"有关拙著"，就是指《少年鲁迅读本》。

9月

10日，写作杂文《风烛庵文学杂记三抄》。文末自注：1986年9月10日剪贴近作。载1986年11月13日《羊城晚报》。署名姜化。

> 按：《羊城晚报》发表时原为《风烛庵文学杂记》，1986年11月20日《天津日报》文艺周刊转载；收入《无为集》时，改为此题。

13日，韩映山、李克明上午到访。谈及刚出版的《老荒集》以及即将出版的《陋巷集》，对当前文学作品取一些香艳离奇的题目表达了忧虑。

21日，致程林信。信末自注：1986年9月21日。载1987年11月25日《天津日报》满庭芳。

自己的小说写得似是而非，并不好。年老多病，近年写得少了。

25日，写作书衣文《太平御览》（第1册、第2册、第3册）。载《书衣文录》（增订版）。

第1册文末自注：1986年9月25日。

有两个版本：1963年版，1985年版。穷学生出身，买两本杂志都不易，困乏之中奋力苦学，得稍有知识。

第2册文末自注：1986年9月25日下午。

书籍成为商品，如同烟酒送人，乃古"书帕"遗意。

第3册文末自注：1986年9月25日下午外有恶声，心意不属。

六十年代国家经济困难，所印书纸张低劣。现如今纸张佳，装订等却质量低劣。

28日，致韩映山信。信末自注：9月28日。署名犁。载《孙犁书札：致韩映山》。

回复韩22日信。

29日，写作书衣文《唐玄序集王羲之书〈金刚经〉》。文末自注：1986年9月29日晚记。载《书衣文录》（增订版）。

前些年为姜德明书一条幅"如露亦如电"，见鲁迅先生也为日本僧寮书此5字，但一直不知出处。今日忽在此书结尾看到偈语，找到出处：一切有为法，如梦幻泡影；如露亦如电，应作如是观。

听广播，知关于精神文明建设决议，心情激动，"过去从未如此关心政治，晚年多虑，心情复杂，非一言可尽，慨然良久"。

30日，致万振环信。信末自注：9月30日，10月2日又及。署名犁。载《我与孙犁的深情厚谊》。

寄上《风烛庵文学杂记》（11月13日《羊城晚报》刊登）。

又及：同意1985年6月11日致万信作为万长篇小说《喋血东江》代序。

10月

2日，致姜德明信。信末自注：10月2日。署名犁。载《孙犁书札：致姜德明》。

感谢寄来的《书味集》，不知是否收到托吴泰昌捎去的《老荒集》。

按：《书味集》系读书随笔集，姜德明著，生活·读书·新知三联书店1986年7月出版。

2日，在9月30日致万振环信后附记同意代序之事。

14日，致卫建民信。信末自注：10月14日。载2014年第2期《新文学史料》。

感谢赠送玉米面、核桃仁，谈及《散文的虚与实》及卫在《散文世界》杂志上发表的访问记。

17日，致宫玺信。信末自注：10月17日。署名犁。

17日，写作散文《木棍儿》。文末自注：1986年10月17日下午，寒流至，不能外出，作此消遣。10月18日作"附记"。载1986年11月30日《光明日报》。

18日，写作散文《木棍儿》的附记。载1986年11月30日《光明日报》。

20日，写作论文《谈杂文》。文末自注：1986年10月20日改讫。载1986年11月20日《羊城晚报》。

21日，致万振环信。信末自注：10月21日。署名犁。载《我与孙犁的深情厚谊》。

寄上一稿。

11月

3日，致延安文艺学会信。信末自注：11月3日。

婉拒出席会议。

13日，写作书信体论文《关于报告文学的通信》，副题为"致侯军"。信末自注：11月13日。载1986年11月28日《天津日报》报告文学。

> 按：发表时附有侯军11月10日致孙犁信。实际是讨论报告文学写作。并赠送侯军《老荒集》一册。题字为："侯军同志指正　孙犁　1986年11月"。

20日，写作杂文《风烛庵文学杂记续抄》。文末自注：1986年11月20日剪贴近作。载1986年12月22日《羊城晚报》。

22日，写作杂文《读〈吕氏春秋〉》。文末自注：1986年11月22日记。载1986年12月13日《人民日报·海外版》。

23日，致宫玺信。信末自注：11月23日。

28日，致季涤尘信。信末自注：11月28日。载《文学书事：作家给编辑的信》。

回复季24日信。谈《陋巷集》以后集子编辑。季涤尘要编辑《人生的太阳——作家艺术家致青少年》，孙犁婉拒写有关青少年稿件，因对他们思想感情不了解。请季帮买一册《儿女英雄传》。

28日，致万振环信。信末自注：11月28日。载《我与孙犁的深情厚谊》。

寄上《风烛庵文学杂记续抄》（12月22日《羊城晚报》刊出）。给万《喋血东江》题写了书名。

29日，写作杂文《读〈燕丹子〉》，副题为"兼论小说与传记文学之异同"。文末自注：1986年11月29日。载1987年1月10日《人民日报·海外版》。

12月

6日，致郑云云信。信末自注：1986年12月6日。载1987年4月2日《人民日报》。

写散文不要求多，平时要多想想，非写不可的时候再写。

9日，致韩映山信。信末自注：12月9日。署名犁。载《孙犁书札：致韩映山》。

用"姜化"笔名写了文章，最近在看《吕氏春秋》等书。

11日，写作小说《一个朋友》，副题为"芸斋小说"。文末自注：1986年12月11日下午写讫。载1987年1月8日《羊城晚报》。署名孙芸夫。

12日，致万振环信。信末自注：12月12日。载《我与孙犁的深情厚谊》。

寄上《一个朋友》。

17日，致关国栋信。信末自注：12月17日。载1987年11月25日《天津日报》满庭芳。

回复关13日信。婉拒参加活动。

20日，写作杂文《买〈世说新语〉记》。文末自注：1986年12月20日记。载1987年1月25日《光明日报》。

23日，致万振环信。信末自注：12月23日。署名犁。载《我与孙犁的深情厚谊》。

回复万18日信。婉拒参加《羊城晚报》笔会，已经给《羊城晚报》总编辑关国栋同志回信了。

12月，姜德明写作杂文《读孙犁的散文》。

1986年，写作诗歌《天使》。诗末自注：1986年。

1986年，4月4日所写《谈照像》获1986年度《羊城晚报》花地佳作奖。

1987年　74岁

1月

1日—2日，开始腹泻，此后半个月才止住。

3日，写作书衣文《知堂书话》（上）。文末自注：1987年1月3日，刘宗武赠。载《书衣文录》（手迹）。

> 按：发表时多一段内容（增订版载录），对周作人进行评价，颇有自己独特的认识。

5日，致李屏锦信。信末自注：1月5日。署名犁。

寄上两幅字。

7日，写作散文《告别》，副题为"新年试笔"。文末自注：1987年1月7日记。载1987年1月26日《羊城晚报》。

10日，写作杂文《买〈流沙坠简〉记》。文末自注：1987年1月10日写讫。载1987年2月17日《人民日报·海外版》。

12日，致万振环信。信末自注：1月12日。署名犁。载《我与孙犁的深情厚谊》。

去年在《羊城晚报》刊发稿件12篇，十分感谢。寄上《告别——新年试笔》（1月26日《羊城晚报》刊发）。

20日，致韩映山信。信末自注：1月20日。署名犁。载《孙犁书札：致韩映山》。

21日，致杨栋信。信末自注：1月21日，又及。署名犁。

2月

6日，致万振环信。信末自注：2月6日。署名犁。载《我与孙犁的深情厚谊》。

身体不好，可能要停止写稿。

13日，致冯界信。信末自注：1987年2月13日。载1987年11月25日《天津日报》满庭芳。

回复冯1月27日信。年老体衰，只能写点回忆及感想。

13日，致周尊攘信。信末自注：2月13日。载1987年11月25日《天津日报》满庭芳。

回复周7日信。身体欠佳，写作不易，有作品时一定寄请指正。

16日，致韩映山信。信末自注：2月16日。署名犁。载《孙犁书札：致韩映山》。

20日，写作杂文《买〈宦海指南〉记》。文末自注：1987年2月20日。载1987年3月18日《人民日报·海外版》。

26日，写作杂文《读〈棠阴比事〉》。文末自注：1987年2月26日写讫。载1987年4月2日《人民日报·海外版》。

26日，致刘梦岚信。信末自注：2月26日。

回复刘14日信。

26日，致季涤尘信。信末自注：2月26日。载《文学书事：作家给编辑的信》。

收到《1980—1984年散文选》（人民文学出版社1986年版）。

2月，写作书衣文《观沧阁藏魏齐造像记》。文末自注：1987年2月。载《书衣文录》（增订版）。

3月

6日，致季涤尘信。信末自注：3月6日。载《文学书事：作家给编辑的信》。

今日收到季托别人带来的《儿女英雄传》。

7日，写作书衣文《儿女英雄传》。文末自注：1987年3月7日。载《书衣文录》（增订版）。

季涤尘代觅。文人著书写小说，多在"无聊"之时，曹雪芹、蒲松龄、文康皆如此。曹与文身世略同，而作品风格相去甚远，非经历之分，乃思想见识之别。

19日，写作书衣文《元和郡县图志》（一、十二）。文末自注：1987年3月19日晚题。载《书衣文录》（手迹）。

包完12册。近日颇想读此类书，有读书之趣。

23日，致张金池信。信末自注：3月23日。

3月，写作书衣文《洛阳伽蓝记校释》。文末自注：1987年3月。载《书衣文录》（增订版）。

4月

5日，写作散文《鸡叫》。文末自注：1987年4月5日清明节。载1987年5月3日《光明日报》。

7日，写作小说《杨墨》，副题为"芸斋小说"。文末自注：1987年4月7日写讫。载1987年6月18日《羊城晚报》。署名孙芸夫。

9日，写作小说《杨墨续篇》，副题为"芸斋小说"。文末自注：1987年4月9日写讫。载1987年6月20日《羊城晚报》。署名孙芸夫。

15日，写作小说《冯前》，副题为"芸斋小说"。文末自注：1987年4月15日写讫。载1987年11月8日《人民日报》。署名孙芸夫。

20日，致季涤尘信。信末自注：1987年4月20日。载1987年7月6日《天津日报》。载《文学书事：作家给编辑的信》。

回复季15日信。近日身体又患腹泻。读了季寄来的《儿女英雄传》。

20日，致姜德明信。信末自注：4月20日。署名犁。载1987年7月6日《天津日报》。载《孙犁书札：致姜德明》。

近日患腹泻。本月作《芸斋小说》三篇，散文《鸡叫》。阅读书目，知近之所谓古籍，多是旧版刷印，然价也昂。

4月，写作杂文《风烛庵文学杂记》。文末自注：1987年4月。载1987年6月8日《羊城晚报》。署名姜化。

4月，写作书衣文《挥麈录》。文末自注：1987年4月。载《书衣文录》（增订版）。

尚有丛书集成影津逮秘书本。内四三二条"王俊首岳侯状"全用口语，有很多延续明人小说中，至清而一变。

4月，写作杂文《书衣文录撼遗》。文末自注：1987年4月。

4月，散文集《陋巷集》由百花文艺出版社出版。

4月，北京出版社出版《孙犁的小说艺术》，金梅著。

5月

1日，写作杂文《读〈李卫公会昌一品集〉》。文末自注：1987年5月1日写讫。载1987年6月7日《人民日报·海外版》。

1日，致李屏锦信。信末自注：5月1日。载2001年9月28日《天津日报》满庭芳。

寄去小字幅二张。

13日，写作杂文《耕堂函稿》附记。函稿系致田间信。文末自注：1987年5月13日记。载1988年4月11日《天津日报》满庭芳。

按:发表了1950年×月23日,1953年8月6日及9月12日,1954年6月16日,1955年12月13日,1956年9月26日共6封信。

15日,写作小说《无花果》,副题为"芸斋小说"。文末自注:1987年5月15日下午至晚写讫,16日晨起修改,大风。载1987年11月8日《人民日报》。署名孙芸夫。

17日,致刘梦岚信。信末自注:5月17日上午。

寄去两篇《芸斋小说》。

17日,致刘梦岚信。信末自注:5月17日下午。

寄去致田间信8封。

18日,致万振环信。信末自注:5月18日。载《我与孙犁的深情厚谊》。

寄上一稿。

25日,致杨栋信。信末自注:5月25日。署名犁。

27日,致万振环信。信末自注:5月27日。署名犁。载《我与孙犁的深情厚谊》。

平时托报社寄稿,但收发混乱,现在自己去到邮局寄稿。寄上《杨墨》(6月18日《羊城晚报》刊发)和《杨墨续篇》(6月20日《羊城晚报》刊发)。

6月

4日,致段华信。信末自注:6.4。载1988年第10期《散文世界》。

按:段华,当时在河南读书。

6日,致李淑娟信。信末自注:1987年6月6日。载1987年7月6日《天津日报》满庭芳。

读了李的散文,觉得写农村生活比较细腻活泼。文章可以写得再简练一些,含义深一些,留点回味的余地。

6 日，致万振环信。信末自注：6 月 6 日。署名犁。载《我与孙犁的深情厚谊》。

看过万的《孙犁剪影》《归来》两篇散文，感觉挺好，但文章以简练为好。

7 日，致张金池信。文末自注：6 月 7 日。

10 日，写作小说《颐和园》，副题为"芸斋小说"。文末自注：1987 年 6 月 10 日下午写讫。载 1987 年第 8 期《人民文学》。署名孙芸夫。

14 日，致韩映山信。信末自注：6 月 14 日。署名犁。载《孙犁书札：致韩映山》。

又写了《芸斋小说》。

15 日，盛英来访，赠送一册司马长风著《中国新文学史》。

> 按：9 月 10 日写作《风烛庵文学杂记三抄》时提到读此书的感想。

16 日，写作小说《宴会》，副题为"芸斋小说"。文末自注：1987 年 6 月 16 日写讫。载 1987 年 7 月 28 日《羊城晚报》。

19 日，致罗维扬信。信末自注：6 月 19 日。

回复罗 12 日信。

23 日，致张学新信。信末自注：6 月 23 日。

对张学新夫人去世表示哀悼。

26 日，致万振环信。信末自注：6 月 26 日。署名犁。载《我与孙犁的深情厚谊》。

《小说月报》想转载《杨墨》《杨墨续篇》，没有同意。寄上《宴会》(7 月 23 日《羊城晚报》刊发)。

27 日，诗人张志民、傅雅雯（《北京文学》编辑）夫妇专程从京来访。孙犁向他们谈萧克作品，并说：萧克是将军，写回忆录更好。

27 日，致韩映山信。信末自注：6 月 27 日。署名犁。载《孙犁书札：致韩映山》。

今年共写 7 篇《芸斋小说》。韩寄来的前年的几封信，将在《天津日报》发表。

30 日，写作书衣文《钟嵘、司空诗品》。文末自注：1987 年 6 月 30 日重装，为便于握持也。载《书衣文录》（手迹）。

6 月，发表《题赠一青年作者》。载《天津日报》编《文艺》双月刊 1987 年第 3 期。

  按：题字内容摘自《风烛庵文学杂记》。

7 月，北京出版社出版《荷塘纪胜——论孙犁的散文》，郭志刚著。

7 月

3 日，致姜德明信。信末自注：7 月 3 日。署名犁。载《孙犁书札：致姜德明》。

收到《相思一片》，甚为感谢。

  按：《相思一片》，散文集，姜德明著，人民文学出版社 1987 年 5 月出版。

12 日，致万振环信。信末自注：7 月 12 日。署名犁。载《我与孙犁的深情厚谊》。

今年写《芸斋小说》7 篇，唯投给《羊城晚报》的 4 篇刊登得最快。

15 日，写作小说《蚕桑之事》，副题为"芸斋小说"。文末自注：1987 年 7 月 15 日下午写讫。

22 日，致姜德明信。信末自注：1987 年 7 月 22 日。署名犁。载 1987 年 11 月 27 日《天津日报》满庭芳。载《孙犁书札：致姜德明》。

回复姜 20 日信。统计写了《芸斋小说》22 篇。读《相思一片》后有感想，一是通过作者与这些人的特殊交往来写的，二是有什么就写什么，很自然。这种文字，最好多写人不经心的小事，避去人所共知的大事。

27日，致范政浩信。信末自注：7月27日。载1987年11月25日《天津日报》满庭芳。

回复范20日信。婉拒为文学大系写导言。

27日、28日，发表《书衣文录》共19则。载1987年7月27日、28日《人民日报·海外版》。

> 按：收入《无为集》时增加《太平御览》《唐玄序集王羲之书〈金刚经〉》两则。

8月

1日，致姜德明信。信末自注：1987年8月1日。署名犁。载1987年11月27日《天津日报》满庭芳。载《孙犁书札：致姜德明》。

回复姜7月31日信。感谢寄来剪报。室温摄氏34度，大热。养蝈蝈，喂大米饭好。

6日，上海二位客人来访。

万振环来访。谈到不同意《小说月报》转载《杨墨》《杨墨续篇》的原因是杂志是天津的，写的是在天津的人。送给万《孙犁文论集》《书林秋草》。

7日，写作杂文《我的农桑畜牧花卉书》。文末自注：1987年8月7日写讫。载1987年8月17日、19日、21日《天津日报》满庭芳。

8日，万振环来道别。

10日，致姜德明信。信末自注：8月10日。署名犁。载《孙犁书札：致姜德明》。

回复姜8日信。又写成《我的农桑畜牧花卉书》《蚕桑之事》。前一篇写于本月7日，后一篇写于7月15日下午。

> 按：《孙犁书札：致姜德明》把此信置于1981年8月10日，误。

《孙犁全集》《孙犁文集》皆误。

20日，致姜德明信。信末自注：8月20日。署名犁。载《孙犁书札：致姜德明》。

自己在1937年"七七"抗战全面爆发时的情形，都写在《风云初记》首章了。

25日，写作杂文《读〈求阙斋弟子记〉》（一）。文末自注：1987年8月25日记。载1987年9月21日《天津日报》满庭芳。

25日，致万振环信。信末自注：8月25日。署名犁。载《我与孙犁的深情厚谊》。

收到万寄来的照片。

9月

2日，写作杂文《读〈求阙斋弟子记〉》（二）。文末自注：1987年9月2日写讫。载1987年9月23日《天津日报》满庭芳。

8日，写作杂文《读〈求阙斋弟子记〉》（三）。文末自注：1987年9月8日写讫。载1987年9月25日《天津日报》满庭芳。

14日，致刘梦岚信。信末自注：9月14日。载2004年7月11日《天津日报》。

询问5月中旬寄去的两篇《芸斋小说》、8封致田间信件事宜。

14日，致韩映山信。信末自注：9月14日。署名犁。载《孙犁书札：致韩映山》。

回复韩12日信。

15日，写作杂文《我的金石美术图画书》。文末自注：1987年9月15日写讫。9月17日写附记。载1987年10月13日《羊城晚报》。

17日，写作杂文《我的金石美术图画书·附记》。文末自注：9月17日。载1987年10月13日《羊城晚报》。

22日，致季涤尘信。信末自注：1987年9月22日。载1987年11月30日《天津日报》满庭芳。载《文学书事：作家给编辑的信》。

《无为集》粗略编了一下，先寄去部分书稿。

22日，致万振环信。信末自注：9月22日。署名犁。载《我与孙犁的深情厚谊》。

寄上《我的金石美术图画书》（10月13日《羊城晚报》刊发）。

9月，周申明发表论文《白洋淀里荷花香——漫谈孙犁创作的艺术特色》（上、下）。载《双花赏评》。

10月

5日，写作散文《老焕叔》，副题为"乡里旧闻"。文末自注：1987年10月5日，6日又写《附记》。载1987年11月14日《羊城晚报》。

6日，写作散文《老焕叔·附记》。载1987年11月14日《羊城晚报》。

7日，致万振环信。信末自注：10月7日。署名犁。载《我与孙犁的深情厚谊》。

寄上《老焕叔》（11月14日《羊城晚报》刊发）。

10日，致季涤尘信。信末自注：1987年10月10日，载1987年11月30日《天津日报》满庭芳。载《文学书事：作家给编辑的信》。

回复季6日信。如果《无为集》书稿字数不够，可以不出，把寄去的稿件寄回来即可。自己对书的薄厚、大小没有要求。

12日，致陈静信。信末自注：10月12日。载1987年11月30日《天津日报》满庭芳。

以后写作，可以更自然一些，更通俗易懂一些。

14日，致姜德明信。信末自注：10月14日。署名犁。载《孙犁书札：致姜德明》。

回复姜 10 月 10 日信。如果有合适的房子，要搬家。并言："前几天，编了一本集子，寄给涤尘同志，字数恐怕不够，但也只好先交去，以免措手不及。书名为《无为集》"。

按：《无为集》由人民文学出版社 1989 年 9 月出版，故《孙犁书札：致姜德明》把此信置于 1981 年，误。

18 日，写作书衣文《养生随笔》。文末自注：1987 年 10 月 18 日。载《书衣文录》（手迹）。

刘宗武购赠，傅正谷送来。前些时托人买，未买到，今天见之甚以为快也。

19 日，致姜德明信。信末自注：1987 年 10 月 19 日。署名犁。载 1987 年 11 月 27 日《天津日报》满庭芳。载《孙犁书札：致姜德明》。

回复姜 10 日信。已经编了《无为集》给季涤尘同志。

19 日，写作散文《黄叶》。文末自注：1987 年 10 月 19 日下午。载 1987 年 10 月 26 日《天津日报》满庭芳。

按：文中"可惜他只是一个退休老人"一句，1991 年收入《孙犁文集》续编时孙犁改为"可惜他只是一个离休老人"。

21 日，致季涤尘信。信末自注：10 月 21 日。载《文学书事：作家给编辑的信》。

回复季 17 日信。又寄去《老焕叔》《无花果》《冯前》等书稿。

26 日，写作书衣文《三余札记》（上、下）。文末自注：1987 年 10 月 26 日装。载《书衣文录》（手迹）。

大院变动，老年搬家并非易事。近小人谋利，人心向恶，不可挽救，实可叹也。

按：公开发表时，此文变动较大。

26 日，写作书衣文《西藏纪游》（上、下）。文末自注：1987 年 10 月 26 日晚。载《书衣文录》（手迹）。

对此书毫无印象。但近来关于西藏话题多，阅读后增加一些知识。

27日，致姜德明信。信末自注：10月27日。署名犁。载《孙犁书札：致姜德明》。

感谢姜寄赠散文集《燕城杂记》，但文章编排有点乱。

按：《燕城杂记》，姜德明著，浙江文艺出版社1987年10月出版。

27日，致万振环信。信末自注：10月27日。署名犁。载《我与孙犁的深情厚谊》。

看到万振环寄来的安徽《文化周报》剪报，上面刊有万写孙犁的《难忘的拜会》一文。

30日，致卫建民信。信末自注：10月30日。署名犁。载2014年第2期《新文学史料》。

感谢卫建民寄赠玉米面，《无为集》书稿已经交给人民文学出版社。

11月

5日，写作散文《悼曾秀苍》。文末自注：1987年11月5日下午。载1987年11月11日《天津日报》满庭芳。

12日，致姜德明信。信末自注：1987年11月12日。署名犁。载1987年11月27日《天津日报》满庭芳。载《孙犁书札：致姜德明》。

回复姜11月10日信。《芸斋小说》文体，一写就是这样，得罪人，而得罪的又多是朋友熟人，所以的确有点怯笔了。住的大院改为报社发行处，车水马龙，很乱空气污染，散步堵塞，看书、写作都受影响，明年才能搬家。

13日，致侯军信。信末自注：11月13日。

谈报告文学。

14 日，致单三娅信。信末自注：1987 年 11 月 14 日。署名犁。载 1988 年 2 月 24 日《天津日报》满庭芳。

回复单 9 日信。

20 日，写作散文《小同窗》。文末自注：1987 年 11 月 20 日下午。载 1988 年 1 月 3 日《光明日报》。

21 日，致季涤尘信。信末自注：1987 年 11 月 21 日。载 1988 年 2 月 24 日《天津日报》满庭芳。载《文学书事：作家给编辑的信》。

又寄去《无为集》几篇稿件，并请季严格把关，宁缺毋滥。

24 日，写作杂文《买〈汉魏六朝名家集〉记》（上）。文末自注：1987 年 11 月 24 日。载 1987 年 12 月 11 日《天津日报》满庭芳。

28 日，写作杂文《买〈汉魏六朝名家集〉记》（中）。文末自注：1987 年 11 月 28 日。载 1987 年 12 月 14 日《天津日报》满庭芳。

29 日，致卫建民信。信末自注：1987 年 11 月 29 日。载 1988 年 3 月 18 日《天津日报》。载 2014 年第 2 期《新文学史料》。

回复卫 25 日信。李又然写散文谨严的创作方法，使他留下来的作品很少，而且知音不是太多。这是一种文学史上不止一次出现的现象。

12 月

3 日，写作杂文《买〈汉魏六朝名家集〉记》（下）。文末自注：1987 年 12 月 3 日。载 1987 年 12 月 18 日、21 日《天津日报》满庭芳。

5 日，致季涤尘信。信末自注：1987 年 12 月 5 日。载 1988 年 2 月 24 日《天津日报》满庭芳。载《文学书事：作家给编辑的信》。

回复季 3 日信。季身体不好，出书不是必须事，可把书稿先寄回，有机会时再合作。

10 日，写作书衣文《文献通考》（上、下）。文末自注：1987

年12月10日灯下记。载2004年1月6日《天津日报》满庭芳。载《书衣文录》(手迹)。

金梅代购。孙景西来,其儿子结婚,给1000元。

按:孙景西,孙犁侄子。

19日,致杨坚信。信末自注:1987年12月19日。载1988年3月18日《天津日报》满庭芳。

回复杨13日信。《船山全书》出版说明拟得好,此书出版后,对学术的贡献是很显著的。

21日,致韩映山信。信末自注:12月21日。署名犁。载《孙犁书札:致韩映山》。

大院改为报社自办发行处,很乱。

21日,致万振环信。信末自注:12月21日。署名犁。载《我与孙犁的深情厚谊》。

住处大院改为报社自办发行处,很乱,没写什么。

26日,致吕剑信。信末自注:12月26日。署名犁。载1997年11月22日《天津日报》满庭芳。

回复吕23日信。《陋巷集》出版后寄呈。

30日,致季涤尘信。信末自注:1987年12月30日。载1988年2月24日《天津日报》满庭芳。载《文学书事:作家给编辑的信》。

回复季27日信。又寄去读书记、短简各一组,系《无为集》稿件。

1988年　75岁

1月

6日,致钱丹辉信。信末自注:1988年1月6日。载1988年第

2 期《延安文艺研究》。

> 按：钱丹辉此时在陕西工作。

6日，致姜德明信。信末自注：1月6日。署名犁。载《孙犁书札：致姜德明》。

感谢赠书。

12日，写作杂文《〈无为集〉后记》。文末自注：1988年1月12日。载1988年2月25日《人民日报》。

2月

6日，致姜德明信。信末自注：1988年2月6日。署名犁。载1989年5月21日《文汇报》。载《孙犁书札：致姜德明》。

准备搬家，苦不堪言。前些日子把《无为集》后记寄给了袁茂余同志，交了季涤尘同志的差。

9日，致万振环信。信末自注：2月9日。载《我与孙犁的深情厚谊》。

今天下午收到谢大光转来的万信。

10日，致姜德明信。信末自注：2月10日。载《孙犁书札：致姜德明》。

> 按：谈到人民文学出版社编辑季涤尘拿走了《陋巷集》之后的集子，即《无为集》。《陋巷集》出版于1987年，此信谈到该集子，写信时间不可能晚于1987年；又信中提到数月前季涤尘拿走《无为集》书稿，结合致季涤尘信，可断定此信写于1988年，《孙犁书札：致姜德明》置于1981年，误。《孙犁全集》《孙犁文集》皆误。

14日，内蒙古赤峰市中学生高寒青致函孙犁。

21日，写作杂文《百花文艺出版社建社三十周年贺词》。文末自注：1988年2月21日。载百花文艺出版社1988年版《我与百花》。

22日，写作书信《复寒青同学》。信末自注：2月22日。载《天津日报》编1988年第2期《文艺》，原题为《复一位中学生的信》。

回复寒青14日信。很高兴收到信，看到了15岁对文学创作赤诚的心。只有严肃纯朴地对待生活，才能严肃纯朴地对待文学艺术。那些把文学艺术看作是荒诞玩闹化身的人，最终必然导致荒诞玩闹地对待生活。每年都可以看到，不久以前还在玩弄魔术，哗众取宠的人，在文艺舞台上消声敛迹了。希望继续好好学习。

按：寒青，原名高寒青，内蒙古赤峰人。1995年毕业于国际关系学院新闻系，现在新华社香港分社工作。

26日，致韩映山信。信末自注：2月26日。署名犁。载《孙犁书札：致韩映山》。

准备搬家，每天装一件杂物，就很累。

28日，致张志民信。信末自注：1988年2月28日。署名犁。载1989年5月21日《文汇报》。

回复张25日信。

29日，致姜德明信。信末自注：1988年2月29日。署名犁。载1989年8月3日《文汇报》。载《孙犁书札：致姜德明》。

感谢姜春节前赠书《文教资料》一种。读过谢国桢的书，也买过一些。最近为搬家每天装书一箱，或整理其他杂物，没精力做别的事了。

29日，致季涤尘信。信末自注：2月29日。载《文学书事：作家给编辑的信》。

寄上《无为集》后记、小传、照片等。

春天，写作杂文《谈镜花水月》。文末自注：1988年春。载1988年7月26日《人民日报》，收录《芸斋小说》作为"代后记"。

3月

4日，致邓基平信。信末自注：3月4日。

按：邓基平即自牧，山东作家。

14日，致孙柏昌信。信末自注：3.14（1988年）。载1988年第10期《散文世界》。

按：孙柏昌，诗人，此时在大港油田工作。

28日，致李华敏信。信末自注：3月28日。

4月

19日，致姜德明信。信末自注：4月19日。署名犁。载《孙犁书札：致姜德明》。

回复姜4月14日信。准备搬家，书籍及瓷器已装箱完毕，计书二十余箱，器物十几筐。住的大院，地上已无一棵青草，中国大地，工业化之后，自然生长物之前途，由此院可略悟其端倪矣。看了姜寄来的中国书店的书目，此次整理书籍，发现从此店邮购之书甚多，且多为甲、上之品，那些书买的时候都很便宜，现在却都值钱了："在手中玩弄着，深感我的书库，一下变为了金库"。今年只买了一部书《文献通考》。

23日，致卫建民信。信末自注：4月23日。署名犁。载2014年第2期《新文学史料》。

回复卫20日信。3月18日《天津日报》第五版刊登致卫的一封信，生日时吃一碗面条，言语之间有点孤寂。

5月

2日，写作散文《菜花》。文末自注：5月2日灯下写讫。载

1988年6月5日《光明日报》。

9日，写作小说《罗汉松》，副题为"芸斋小说"。文末自注：1988年5月9日写讫。载1988年8月7日《人民日报》。署名孙芸夫。收入《1988年短篇小说选》。

13日，致姜德明信。信末自注：5月13日。署名犁。载《孙犁书札：致姜德明》。

17日，致李永生信。信末自注：5月17日。

> 按：此信写作年份待考，但系写于1988年之前，故暂列于此处。

6月

7日，致刘梦岚信。信末自注：1988年6月7日。载1988年6月17日《人民日报》，题为《文友之间》。

祝贺《人民日报》及副刊40周年大庆。

12日，写作散文《转移》。文末自注：1988年6月12日凌晨记。载1988年7月17日《光明日报》。

16日，致杨天放信。信末自注：6.16。载1988年第10期《散文世界》。

> 按：杨天放，此时在北京工作。

20日，致戈焰信。信末自注：6月20日。

20日，写作书衣文《郁离子评注》。文末自注：1988年6月20日下午，傅之公子送来此书，当即包装之，并题记焉。载《书衣文录》（增订版）。

傅正谷赠。

6月，写作杂文《读〈旧唐书〉记》。文末自注：1988年6月。分10节先后载1988年6月22、27日、29日，7月1日、4日、6日、8日、11日、13日、18日《天津日报》满庭芳。

7月

4日,致常跃强信。信末自注:7.4。载1988年第10期《散文世界》;1988年第12期载"更正"。

> 按:常跃强,此时在山东工作。

4日,致郭志刚信。信末自注:1988年7月4日。载1988年第10期《散文世界》。

回复郭6月27日信。要搬家,希望郭把《孙犁传》写出来。

10日,致姜德明信。信末自注:7月10日。署名犁。载《孙犁书札:致姜德明》。

回复姜7月7日信。欣慰姜顺利出国归来。告知姜最近在《人民日报》《光明日报》发表两篇散文,《天津日报》正刊登读《旧唐书》的文章。应约寄上三封短简。

13日,写作小说《续弦》。文末自注:1988年7月13日。载1988年11月6日《人民日报·海外版》。署名孙芸夫。

16日,致季涤尘信。信末自注:1988年7月16日。载1988年第10期《散文世界》。载《文学书事:作家给编辑的信》。

回复季12日信。仍未搬进新居。题写《无为集》书名,请季转交给设计者柳成荫。

17日,写作小说《石榴》。文末自注:1988年7月17日,大热。载1988年11月5日《文汇报·笔会》。署名孙芸夫。

19日,致单三娅信。信末自注:1988年7月19日。载1988年第10期《散文世界》。

22日,因旧屋漏雨,先把书籍运到南开区学湖里16号楼新居(当时人称蛇形楼)。新居距离南开大学、天津大学都很近。

25日,致万振环信。信末自注:7月25日。署名犁。载《我与孙犁的深情厚谊》。

家已搬到新居，过几天就去住。

26日，致刘文霄信。信末自注：7月26日。载1989年5月21日《文汇报》。

> 按：刘文霄此时在保定。

30日，致李之琏信。信末自注：7月30日晚。载1989年5月21日《文汇报》。

回复李28日信。

7月，北岳文艺出版社出版《孙犁小说论》，李永生著。

8月

1日，致康濯信。信末自注：8月1日。

回复康7月25日信。祝贺康搬进新居。

3日，写作杂文《我的位置和价值》。文末自注：1988年8月3日改讫。载1989年第1期《随笔》。署名时限。

3日，致黄伟经信。信末自注：8月3日。载1989年5月21日《文汇报》。

回复黄7月25日信。

> 按：黄伟经，此时是《随笔》杂志负责人。

4日，致魏巍信。信末自注：8月4日。载1990年12月27日《文学报》。

4日，致潘之汀信。信末自注：1988年8月4日。载1992年1月1日《天津日报》满庭芳。

回复潘7月29日信。正准备搬家，简复。

10日，开始搬家，从旧居搬到新居。离开居住了近五十年的和平区多伦道216号大院，搬到南开区鞍山西道学湖里16号楼。

16日，致韩映山信。信末自注：8月16日。署名犁。载《孙犁书札：致韩映山》。

回复韩6日信。南开大学中文系召开孙犁作品研讨会，不能到会。

26日，致姜德明信。信末自注：1988年8月26日。署名犁。载1989年8月3日《文汇报》。载《孙犁书札：致姜德明》。

已经搬家到新居。干涸多年的白洋淀因今年雨大和调水，又来水了，但只能作为临时水库，因上游各河，不能再常年流水。

26日，致邓基平信。信末自注：8月26日。载1990年12月27日《文学报》。

9月

6日，写作书衣文《龚自珍年谱》。文末自注：1988年9月6日装。载《书衣文录》（手迹）。

邓基平寄赠。

9月，《耕堂序跋》由湖南人民出版社出版，系"骆驼丛书"之一。共收文72篇，及《〈序的教训〉（代序）》1篇，谢大光"编后记"1篇。

10月

14日，天津作协、南开大学等联合召开孙犁作品研讨会。

14日，韩映山、马越（安新县作家）上午到南开区学湖里寓所看望。谈及：在白洋淀生活时间很短，虽写了一些关于白洋淀的作品，但底子很薄。现在，干涸多年的白洋淀又来水了，要保护好。早希望再回去看看，但总是没有去成。

17日，写作杂文《郭志刚和孙犁的一次谈话》。文末自注：1988年10月17日。载《天津日报》编1988年第6期《文艺》双月刊。

1988年12月26日《天津日报》做了摘编。

  按：此由田晓明根据录音整理而出。郭志刚为写孙犁传记，1988年10月17日由田晓明陪同，到孙犁寓所进行了一次随意长谈，谈及孙犁的生活、写作等各个方面，可以看作继《文学和生活的路》之后孙犁又一次较全面阐述自己观点的一篇重要文章。研究者需要认真研读。收入《如云集》时，改题为《和郭志刚的一次谈话》。

11月

  1日，致邓基平信。信末自注：11月1日。

  收到赠书。

  1日，致李屏锦信。信末自注：11月1日。署名犁。载2001年9月28日《天津日报》满庭芳。

  婉拒题字。

  9日，致卫建民信。载2014年第2期《新文学史料》。

  8月10日搬家后，至今天什么都没干；但和郭志刚谈了一次长话，天津日报《文艺》双月刊要整理发表。搬家后来信仍可以寄天津日报社，棒子面可以寄到多伦道旧址。

  18日，致卫建民信。信末自注：11月18日。署名犁。载2014年第2期《新文学史料》。

  喝粥确能带来快乐，但新住处暖气没来，让人烦恼。

  24日，致季涤尘信。信末自注：11月24日。载《文学书事：作家给编辑的信》。

  回复季14日信。《无为集》出书后，购50册。同意季编辑《1985—1987散文选》收入《小贩》。

  24日，致万振环信。信末自注：11月24日。署名犁。载《我与孙犁的深情厚谊》。

收到寄来的证书、奖金。

  按：《谈照像》获 1986 年度《羊城晚报》花地佳作奖。

26 日，致韩映山信。信末自注：11 月 26 日。署名犁。载《孙犁书札：致韩映山》。

搬到学湖里，条件改善了。近期《文艺》将刊登与郭志刚的谈话录音整理稿，3 万字。

12 月

1 日，写作书衣文《智囊全集》。文末自注：1988 年 12 月 1 日装讫记。载《书衣文录》（增订版）。

李屏锦寄赠。读章含之文章，知毛曾从她家借阅此书。章士钊收藏此类书籍，无足怪。毛一生大智大慧，奇谋奇计，非古所有，尚以为不足，晚年仍借鉴不已，此可异也。

1 日，写作书衣文《中国大百科全书》（中国文学 I）。文末自注：1988 年 12 月 1 日装讫记。载 2004 年 1 月 6 日《天津日报》满庭芳。载《书衣文录》（增订版）。

1988 年 10 月，郭志刚持赠。

14 日，致姜德明信。信末自注：12 月 14 日。署名犁。载《孙犁书札：致姜德明》。

《芸斋小说》就截止到今年，以后怕写不成了。自搬入新居，虽然冬天也暖，但觉得生活不方便，已经四个多月没写东西。

18 日，致杨栋信。信末自注：12 月 18 日。署名犁。

18 日，致傅瑛信。信末自注：12 月 18 日。载 1999 年 5 月 22 日《天津日报》满庭芳。

回复傅 8 日信。婉拒傅瑛为其老师求题字。

23 日，致姜德明信。信末自注：12 月 23 日。署名犁。载《孙犁书札：致姜德明》。

《玉华姐》《鱼苇之事》《蚕桑之事》可收进《芸斋小说》，可以请卫建民帮助拟一目录。

> 按：《孙犁书札：致姜德明》置此信于1989年，误。《孙犁全集》《孙犁文集》误。

23日，致季涤尘信。信末自注：12月23日。载《文学书事：作家给编辑的信》。

回复季19日信。《书衣文录·红楼梦》条两处文字修改：把"人文出版之《三国志平话》"改为"近年标点出版之《三国志平话》"，把"此科学院校注本"改为"此乃校注本"。

29日，致万振环信。信末自注：12月29日。署名犁。载《我与孙犁的深情厚谊》。

收到万著《喋血东江》，四川文艺出版社1988年8月出版。

1988年，写作书衣文《雷塘庵弟子记》（第1册、第2册、第4册）。载《书衣文录》（增订版）。

此生不能为官，看此书为看达官贵人经历。为自由奔波一生，及至晚年，困居杂院。社会日恶，人心日险，转移无地，亦堪自伤。文途自如此，如当初转入官途，情况将大不同矣。病老心烦，环境恶劣。虽封窗闭户，心亦不安。居家遇此辈，反不如黑夜遇强梁矣。不可谈人心向善。

> 按：此条发表时未注明写作时间，有"下午雨"三字。从文内"困居杂院""虽封窗闭户，心亦不安"等语推测，此文写于多伦道大杂院。1988年8月，孙犁搬家到学湖里。此条暂时放在1988年。

1989 年　　76 岁

1 月

9 日，写作散文《近作三篇》之一，题为《菜根》。文末自注：1989 年 1 月 9 日试笔。载 1989 年 3 月 17 日《羊城晚报》。

10 日，写作散文《近作三篇》之二，题为《拉洋片》。文末自注：1989 年 1 月 10 日。载 1989 年 3 月 17 日《羊城晚报》。

13 日，写作散文《近作三篇》之三，题为《看电视》。文末自注：1989 年 1 月 13 日写讫。载 1989 年 3 月 17 日《羊城晚报》。

16 日，写作小说《我留下了声音》。文末自注：1989 年 1 月 16 日写讫。载 1989 年 2 月 19 日《光明日报》。署名孙芸夫。

2 月

17 日，写作杂文《读〈宋书·范晔传〉》。文末自注：1989 年 2 月 17 日写讫。载 1989 年 3 月 10 日、13 日《天津日报》。

22 日，致萧宜信。信末自注：2 月 22 日。载《凭窗忆语》，文汇出版社 2018 年 3 月版。

27 日，致邓基平信。信末自注：2 月 27 日。署名犁。

回复邓 15 日信。

27 日，致余章瑞信。信末自注：2 月 27 日。

回复余 21 日信。谈《芸斋小说》已被收入各种集子的情况。

3 月

2 日，致万振环信。信末自注：3 月 2 日。署名犁。载《我与孙犁的深情厚谊》。

7日，写作散文《悼曼晴》。文末自注：1989年3月7日。载1989年4月2日《光明日报》。

7日，致余章瑞信。信末自注：3月7日。

回复余2月25日信。商量《芸斋小说》收文之事。

10日，早起开始眩晕，不能行动，后扶墙而行。下午，报社大夫来看，未愈。

11日，早晨，孙晓达请天津电台大夫来看病。报社又来一大夫，同车多人来看望。

11日，写作书衣文《胡适红楼梦研究论述全编》。文末自注：1989年3月11日下午。载《书衣文录》（手迹）。

16日，致杨栋信。信末自注：3月16日。

16日，致刘梦岚信。信末自注：3月16日下午5时。

25日，致邢海潮信。信末自注：3月25日。署名弟孙犁。载1993年第1期《长城》。

> 按：邢系孙犁高中同班同学。这是北平分别后，第1次写信。从孙犁致邢全部信函可以看出，孙犁与邢谈的日常起居等很多，也主动帮助邢，送钱赠物等，充分体现出孙犁的古道热肠，重情重义。

25日，致余章瑞信。信末自注：3月25日。

31日，致邢海潮信。信末自注：3月31日。署名犁。载1993年第1期《长城》。

写信用明信片，寄去书一册，刊物一种。

4月

15日，致万振环信。信末自注：4月15日。署名犁。载《我与孙犁的深情厚谊》。

寄上一稿。

17日，致邢海潮信。信末自注：4月17日。署名弟孙犁。载1993年第1期《长城》。

回复邢8日信。简介自己情况。

19日，致卫建民信。信末自注：4月19日。署名犁。载2014年第2期《新文学史料》。

回复卫14日信。《芸斋小说》已经编好，交给了人民日报出版社社长姜德明，有几篇原不是芸斋小说。近来不想再写什么，彻底休息一下。

　　　　按：此后一段时间确实没有多写文章。

22日，致刘梦岚信。信末自注：4月22日。载2004年7月11日《天津日报》满庭芳。

健康刚恢复，休息一段再写稿。

5月

7日，致韩映山信。信末自注：5月7日。署名犁。载《孙犁书札：致韩映山》。

别人帮助编了《耕堂读书记》及《芸斋小说》，但《芸斋小说》里有几篇原不是小说。

13日，致邢海潮信。信末自注：5月13日。署名弟犁。载1993年第1期《长城》。

回复邢3日信。希望邢寄来谈剧的文章。重新联系上，很高兴。

18日，写作书衣文《古今伪书考补正》。文末自注：1989年5月18日。载《书衣文录》（手迹）。

邓基平寄赠。"国家形势堪忧，心绪不宁，午饭后装整之。"

29日，致邢海潮信。信末自注：5月29日。署名弟犁。载

1993 年第 1 期《长城》。

已把邢的稿件转交《天津日报》。

29 日,致韩映山信。信末自注:5 月 29 日。署名犁。载《孙犁书札:致韩映山》。

建议韩读西洋古典美学,即西洋古代哲学家、艺术家例如亚里士多德、黑格尔等人的著作,也可以先买西洋文学史看看;读中国古典美学,是指《文心雕龙》《文赋》《诗品》等,在文艺理论上开拓一下,对创作有好处。

31 日,致季涤尘信。信末自注:5 月 31 日。载《文学书事:作家给编辑的信》。

回复季 27 日信。希望《无为集》书中书信年月日要统一,因准备搬家,自己不看校样了。

6月

23 日,致邓基平信。信末自注:6 月 23 日。

23 日,致邢海潮信。信末自注:6 月 23 日。署名犁。载 1993 年第 1 期《长城》。

《天津日报》可能选用邢写的文章;邢业余如果有精力例如代出版社看一些古籍文稿,自己愿意帮忙。

6 月,《耕堂读书记》由百花文艺出版社出版。共收文 40 篇,《谈读书记》(后代记) 1 篇。

7月

12 日,致姜德明信。信末自注:7 月 12 日。署名犁。载《孙犁书札:致姜德明》。

自 3 月份中旬患晕病,看不进去书和写不下文章,恐从此就安度晚年了。

12日，致吕剑信。信末自注：7月12日。署名犁。载1997年11月22日《天津日报》满庭芳。

26日，致邢海潮信。信末自注：7月26日。署名弟犁。

业余做些事，已经和百花文艺出版社社长郑法清同志谈过，他可能去看邢时与邢面谈此事。

7月，1989年第7期《散文选刊》转载3月17日《羊城晚报》所刊发《近作三篇》，包括《看电视》《菜根》《拉洋片》。

8月

4日，致韩映山信。信末自注：8月4日。载《孙犁书札：致韩映山》。

4日，致万振环信。信末自注：8月4日。载《我与孙犁的深情厚谊》。

27日，写作书衣文《史记》（序目，卷115）。文末自注：1989年8月27日装讫记。载《书衣文录》（手迹）。

中学时购《史记菁华录》读，但书损失于抗日战争。进城后，在天祥商场得此本，线装14册。自入夏以来，国家多事，久已无心读书，今晨找出此书开始阅读，未知结果如何。

按：可参阅1990年2月开始作的《读〈史记〉记》。

28日，写作书衣文《史记》（卷121—卷130）。文末自注：1989年8月28日装讫记。载《书衣文录》（手迹）。

去年8月间搬到学湖里，读书作文几乎停止。3月份又眩晕。读此有强大吸引力著作，振奋精神。

31日，致卫建民信。信末自注：8月31日。署名犁。载2014年第2期《新文学史料》。

回复卫29日信。犯宿疾不能写文章,书也很少读了。

9月

13日,致自牧信。信末自注:9月13日。署名犁。

14日,致刘梦岚信。信末自注:9月14日。载2004年7月11日《天津日报》满庭芳。

搬家后疲惫,休息一段再写稿。

19日,写作书衣文《遵生八笺》。文末自注:1989年9月19日,邓基平寄。书价昂,已寄款去。载《书衣文录》(增订版)。

此书收进四部丛刊,已不易得。

22日,致邹明信,副题为"祝贺与希望"。信末自注:1989年9月22日。载1989年10月31日《人民日报》。载《天津日报》编1989年第6期《文艺》双月刊。

23日,致邢海潮信。信末自注:9月23日。署名弟犁。载1993年第1期《长城》。

回复邢16日信。天津日报社准备再选登邢的文章,又届秋凉,建议邢多珍摄。

9月,小说散文集《无为集》由人民文学出版社出版。

10月

14日,写作书衣文《史记》(卷59—卷74)。文末自注:1989年10月14日中午。载《书衣文录》(手迹)。

邹明手术顺利,担心他病情。

> 按:增订版置于《遵生八笺》条下,误。

14日,致韩映山信。信末自注:10月14日。署名犁。载《孙犁书札:致韩映山》。

24日，致卫建民信。信末自注：10月24日。署名犁。载2014年第2期《新文学史料》。

今日收到卫的爱人从山西省洪洞县寄来的棒子面和核桃仁，感激莫名；写作、读书仍少，不知何时方能振作也。

29日，致李屏锦信。信末自注：10月29日上午。载2001年9月28日《天津日报》。

照片、手迹、小传，托报社寄。

11月

8日，致姜德明信。信末自注：11月8日。署名犁。载《孙犁书札：致姜德明》。

《天津日报》文艺部老编辑邹明病重，心情甚为不安。《芸斋小说》印出后，拟购100册送朋友们。

8日，致刘梦岚信。信末自注：11月8日。署名犁。载2004年7月11日《天津日报》。

自三月以来，没写多少文章。邹明病很麻烦，令人不安。

8日，收到邓基平寄赠《菜根谈》。

10日，写作书衣文《菜根谈》。文末自注：1989年11月10日下午装讫记。载《书衣文录》（手迹）。

书后附有傅连暲序。傅在汀州参加红军，随军长征，于我军医疗大有贡献。傅序中颇以国人争权夺利为大病，文中有"举国若狂，隐忧何极"之语，今日读之，如针时弊。所言，实目前有识者之同慨。世事变化，竟有如此出人意外者。傅氏已作古，不能重为嗟乎矣。

15日，致韩映山信。信末自注：11月15日。署名犁。载《孙犁书札：致韩映山》。

为邹明生病和《文艺》被砍掉伤心。

18，致季涤尘信。信末自注：11月18日。载《文学书事：作家给编辑的信》。

收到人民文学出版社9月出版的《无为集》样书，印得不错。

27日，致潘之汀信。信末自注：1989年11月27日。载1992年1月1日《天津日报》满庭芳。

12月

4日，致邢海潮信。信末自注：12月4日。署名弟犁。

让邢安心养病。

6日，致万振环信。信末自注：12月6日。署名犁。载《我与孙犁的深情厚谊》。

11日，写作散文《记邹明》。文末自注：写于1989年12月11日。载1990年1月18日《光明日报》。

20日，召开邹明追悼会。

20日，致姜德明信。信末自注：12月20日。署名犁。载《孙犁书札：致姜德明》。

收到《芸斋小说》样书。告知姜德明新搬到学湖里的详细通讯地址：300192 天津市鞍山西道学湖里16号楼2门301。

20日，致邓基平信。信末自注：12月20日。

寄上给邓题写书名。

29日，致杨栋信。信末自注：12月29日下午。

1989年，《近作三篇》获1989年度《羊城晚报》花地佳作奖。

1990年　77岁

1月

3日，致季涤尘信。信末自注：1月3日。载《文学书事：作家给编辑的信》。

请姜德明转去一册《无为集》签名本。50册买的书收到，尚未收到20本样书。

4日，写作书衣文《天津杨柳青画社藏画集》。文末自注：1990年1月4日下午记。载《书衣文录》（增订版）。

身体不好，心情郁闷，看这些画解闷。

8日，致韩映山信。信末自注：1月8日。署名犁。载《孙犁书札：致韩映山》。

寻找《荷花淀》杂志，并说《记邹明》已经投《光明日报》。

8日，致卫建民信。信末自注：1月8日。署名犁。载2014年第2期《新文学史料》。

赠送的签名本《无为集》已经托姜德明转去。

10日，写作书衣文《菜根谭》。文末自注：1990年1月10日下午无事包装之，并记。载《书衣文录》（手迹）。

此又一版本，河北大学哲学系学生寄赠。并不喜欢此书，既非禅理，又非理学，是失意的读书人自作聪明写的，不一定行得通。青年人喜欢它，其实不可靠。

12日，写作书衣文《三松堂自序》。文末自注：1990年1月12日宗璞寄赠，次日又记。载《书衣文录》（手迹）。

原以为作者自撰，今知大部为他人记录。

13 日，致徐光耀信。信末自注：元月 13 日晚。署名犁。载 1998 年 2 月 21 日《天津日报》满庭芳。载《孙犁书札：致徐光耀》，河北美术出版社 2020 年 6 月出版。

  按：1991 年 11 月 15 日上午写有说明短文。

15 日，致潘之汀信。信末自注：1990 年 1 月 15 日。

婉拒写序。

15 日，致王恩宇信。信末自注：1 月 15 日。载 2002 年 8 月 9 日《陶城报》。

  按：信存王恩宇《白洋淀荷花永馨香》一文中。王恩宇，原《工人日报》编辑，已殁。

23 日，致邢海潮信。信末自注：1 月 23 日。署名弟犁。载 1993 年第 1 期《长城》。

告诉邢看 1 月 18 日《光明日报》上一文。

  按：文章系《记邹明》。

23 日，致姜德明信。信末自注：1 月 23 日。署名犁。载《孙犁书札：致姜德明》。

寄《无为集》三册分送姜德明、季涤尘、卫建民。告诉姜：尚未收到《芸斋小说》稿费所购书。

1 月，短篇小说集《芸斋小说》由人民日报出版社出版。

1 月，百花文艺出版社出版《孙犁评传》，周申明、杨振喜著。

2 月

2 日，写作散文《记春节》。文末自注：1990 年 2 月 2 日上午。载 1990 年 2 月 17 日《羊城晚报》。署名芸斋。

2 日，写作杂文《谈理解》。文末自注：1990 年 2 月 2 日上午。载 1990 年 3 月 10 日《羊城晚报》。署名芸斋。

2日,致杨栋信。信末自注:2月2日。署名犁。

4日,致季涤尘信。信末自注:2月4日。载《文学书事:作家给编辑的信》。

尚未收到人民文学出版社《无为集》20册样书。

5日,写作散文《新居琐记·锁门》。文末自注:1990年2月5日,昨日立春。载1990年3月29日《文汇报》。

5日,写作散文《新居琐记·装修》。文末自注:1990年2月5日下午。载1990年3月29日《文汇报》。

7日,写作散文《新居琐记·民工》。文末自注:1990年2月7日下午。载1990年3月29日《文汇报》。

7日,致姜德明信。信末自注:2月7日。署名犁。载《孙犁书札:致姜德明》。

询问出版社赠送的《无为集》,《芸斋小说》稿费、购书、赠书(样书)皆未收到。信箱老是丢失信函。

8日,致郑法清信。信末自注:2月8日。

12日,致卫建民信。信末自注:2月12日上午。载2014年第2期《新文学史料》。

腹泻,月初引起心脏不适,心脏如钟摆,用的时间长了,中间且多乱摆乱摇,到了一定时候,出现点毛病,也是很自然的。春节张榜谢客,书不看,文章也不写了,是个病人模样了。

24日,致韩映山信。信末自注:2月24日。署名犁。载《孙犁书札:致韩映山》。

25日,致季涤尘信。信末自注:2月25日。署名犁。载《文学书事:作家给编辑的信》。

请姜德明转去《芸斋小说》签名本。收到20册样书。

2月,张学新发表《并非只为孙犁辩——评〈我观孙犁〉》。系对《文学自由谈》上一篇无端批评孙犁文章的反驳。载《解放区文学评论集》，天津教育出版社 1999 年 5 月出版。

3 月

3 日，致姜德明信。信末自注：3 月 3 日。署名犁。载《孙犁书札：致姜德明》。

告诉姜家里信箱上锁，信函不容易丢了。收到《芸斋小说》稿费、书。

4 日，致张金池信。信末自注：3 月 4 日。

5 日，致邢海潮信。信末自注：3 月 5 日。署名犁。载 1993 年第 1 期《长城》。

回复邢 1 日信。给邢汇去 200 元钱，备烟茶之用。

6 日，写作杂文《读〈史记〉记》（上、中）。文末自注：1990 年 3 月 6 日。载 1990 年 4 月 9 日、11 日、13 日、16 日、20 日、25 日《天津日报》满庭芳。

9 日，写作杂文《读〈史记〉记》（下）。文末自注：1990 年 3 月 9 日写讫。载 1990 年 4 月 27 日、30 日《天津日报》满庭芳。

11 日，写作杂文《读〈史记〉记·跋》。文末自注：1990 年 3 月 11 日晨记。载 1990 年 5 月 2 日《天津日报》满庭芳。

13 日，写作散文《悼万国儒》。文末自注：1990 年 3 月 13 日上午。载 1990 年 3 月 23 日《人民日报》。

23 日，致季涤尘信。信末自注：3 月 23 日。载《文学书事：作家给编辑的信》。

《无为集》中读书记部分有几处文字未加书名号，主要在《章太炎遗书》《燕丹子》《李卫公会昌一品集》。

26 日，写作书衣文《瓶外卮言》。文末自注：1990 年 3 月 26 日，又记。载《书衣文录》（手迹）。

金梅赠送。1940年出版。

31日，致邢海潮信。信末自注：3月31日，署名犁。载1993年第1期《长城》。

请邢抄录一些给他的信，准备收进书信集，以存双方友谊。

3月，长篇小说《风云初记》（第一、二、三集合本）由花山文艺出版社出版，系抗日战争文学丛书之一。

4月

5日，写作散文《楼居随笔·观垂柳》。文末自注：1990年4月5日晨。载1990年5月27日《羊城晚报》。

5日，写作散文《楼居随笔·观藤萝》。文末自注：1990年4月5日晨。载1990年5月27日《羊城晚报》。

5日，写作散文《楼居随笔·听乡音》。文末自注：1990年4月5日下午。载1990年5月27日《羊城晚报》。

7日，写作散文《楼居随笔·听风声》。文末自注：1990年4月7日晨。载1990年5月27日《羊城晚报》。

10日，写作散文《记老邵》。文末自注：1990年4月10日写讫。载1990年4月22日《光明日报》。署名芸斋。

12日，致邢海潮信。信末自注：4月12日。署名弟犁。载1993年第1期《长城》。

回复邢4日信。寄来的致邢信录过副本，原件寄回给邢保存。并说郑法清很快会和邢联系。

14日，致韩映山信。信末自注：4月14日。署名犁。载《孙犁书札：致韩映山》。

最近又发表一些文章，写了纪念邵红叶的文章，投寄《光明日报》。

14 日，致卫建民信。信末自注：4 月 14 日。署名犁。载 2014 年第 2 期《新文学史料》。

告知卫在《天津日报》连载的《读〈史记〉记》《记老邵》，在《羊城晚报》《文汇读书周报》等上面发表一些文章、书信。

15 日，致吕剑信。信末自注：4 月 15 日。署名犁。载 1997 年 11 月 22 日《天津日报》满庭芳。

15 日，致自牧信。信末自注：4 月 15 日。署名犁。

18 日，致万振环信。信末自注：4 月 18 日。载《我与孙犁的深情厚谊》。

前几天寄上《楼居随笔》（共四篇：《观垂柳》《观藤萝》《听乡音》《听风声》，5 月 27 日《羊城晚报》刊发）。只收到《记春节》一文的样报。

22 日，致万振环信。信末自注：4 月 22 日。署名犁。载《我与孙犁的深情厚谊》。

回复万 16 日信。谈及《书衣文录》发表时 4 处错排。未收到《谈理解》样报。

4 月，发表杂文《书衣文录》（10 则）。载 1990 年 4 月 14 日《羊城晚报》。署名耕堂。

5 月

1 日，致邢海潮信。信末自注：5 月 1 日。署名犁。载 1993 年第 1 期《长城》。

不知道念希师何年逝世。

按：念希是别号，原名孙松岭，蠡县人，育德中学高中国文教员。

1 日，致卫建民信。信末自注：5 月 1 日。署名犁。载 2014 年第 2 期《新文学史料》。

回复卫4月27日寄来的信。祝贺卫全家搬到北京。并说:"我写的东西,经你一指点,我再看看,每每就确实觉得有那么一种变化。但在你指出以前,我是一点感觉也没有的。"

11日,致李屏锦信。信末自注:5月11日。载2001年9月28日《天津日报》。

称赞花山文艺出版社出版的抗日战争文学丛书印得不错。

25日,致徐光耀信。信末自注:5月25日。载1998年2月21日《天津日报》满庭芳。载《孙犁书札:致徐光耀》。

回复徐18日信。前几日一老同志动情谈及孙犁,那是感时伤逝,联想到老同志。前几日已托艾东同志转送一册小书,从中可知近况。

按:1991年11月15日上午又写有说明。

27日,致杨栋信。信末自注:5月27日。

6月

3日,致卫建民信。信末自注:6月3日。署名犁。载2014年第2期《新文学史料》。

回复卫2日信。谈《如云集》的出版,并说:"近来和我谈论文章的人,已经不多,你的言论,常常引起我的兴味,但是,希望能谈一些缺点。"

3日,写作书衣文《续世说》(一)。文末自注:1990年6月3日装。载《书衣文录》(手迹)。

4日,上午接到陈肇信,说几十年寻觅不见的《论通讯员及通讯写作诸问题》5月27日在北京图书馆找到,但可能是翻印本。欣喜异常,当即复信,并给北京的小女儿写信,协助复制。

4日,写作书衣文《今世说》。文末自注:1990年6月4日装,下午又记。载《书衣文录》(手迹)。

记述找到《论通讯员及通讯写作诸问题》一书,很是激动、高兴。

4日,下午,重庆出版社三同志来访,谈解放区文学丛书出版事。希望他们出精品。

4日,写作书衣文《续世说》(一)。文末自注:1990年6月4日。载《书衣文录》(手迹)。

记述下午重庆来访者谈话大意。

4日,写作书衣文《续世说》(二)。文末自注:1990年6月4日晨装讫记。载《书衣文录》(手迹)。

人皆以抄本为贵,其实,抄错之处多。

4日,写作书衣文《续世说》(三)。文末自注:1990年6月4日晨偶记。载《书衣文录》(手迹)。

于此书倒读,接受反面教育。幼年读书德行为先,是正面教育。经历人生之后,乃知反面教材不能不施于幼年也。这就是鲁迅先生常常告诉青年人,人可以坏到何种程度,使之遇到时,有准备,不感意外。然青年人天真,如柔石辈,常常不以为然,后遭不幸,悔之已晚。

按:后来者不可不察个中深意。

6日,致邢海潮信。信末自注:6月6日。署名弟犁。载1993年第1期《长城》。

回复邢1日信。有几本书,拟有人去时捎给邢。书信也拟先在报刊上发表一部分。

9日,致韩映山信。信末自注:6月9日。署名犁。载《孙犁书札:致韩映山》。

13日,致陈乔信。信末自注:6月13日。

15日,写作散文《一本小书的发现》。文末自注:1990年6月15日记,时患感冒。载1990年7月2日《人民日报》。

18日,写作杂文《我的经部书》。文末自注:1990年6月18日改讫,大热,挂蚊帐。载1990年7月2日《今晚报》。

21日,写作杂文《我的史部书》。文末自注:1990年6月21日写讫。载1990年7月11日《天津日报》满庭芳。

27日,写作杂文《我的子部书》。文末自注:1990年6月27日写讫;7月1日补记。载1990年7月27日《天津日报》满庭芳。

28日,写作杂文《我的集部书》。文末自注:1990年6月28日,8月28日清晨附记。载1990年8月10日《天津日报》满庭芳。

7月

4日,致邢海潮信。信末自注:7月4日。署名弟犁。载1993年第1期《长城》。

鼓励邢写自传。

4日,致韩映山信。信末自注:7月4日。署名犁。载《孙犁书札:致韩映山》。

5日,写作杂文《我的丛书零种》。文末自注:1990年7月5日写讫。北京有来客。6日补记"附记",闷热,挥汗作。载1990年7月16日《今晚报》。

7日,致姜德明信。信末自注:7月7日。署名犁。载《孙犁书札:致姜德明》。

发表在保定育德中学20世纪30年代《育德月刊》上的独幕剧《顿足》,可复制或抄写,费用不用姜付。又写了一些藏书小品,涉及经、史、子、集、丛书,共五篇,每篇2000字左右,在《天津日报》《今晚报》发表。

8日,写作杂文《耕堂读书记》,副题为"关于报告文学和纪实文学"。文末自注:1990年7月8日记。载1990年8月20日《羊城晚报》。

15 日，致姜德明信。信末自注：7 月 15 日。署名犁。载《孙犁书札：致姜德明》。

独幕剧《顿足》弄不到就算了。自离开学校，很少进图书馆。

18 日，致邢海潮信。信末自注：7 月 18 日。署名弟犁。载 1993 年第 1 期《长城》。

回复邢 14 日信。请郑法清寄一本关于孙犁的传记给邢。

19 日，写作书衣文《孙犁传》。文末自注：1990 年 7 月 19 日清晨。载《书衣文录》（增订版）。

梦见邹明，失声痛哭。

　　按：《孙犁传》，郭志刚、章无忌著，北京十月文艺出版社 1990 年出版。

19 日，写作散文《觅哲生》。文末自注：1990 年 7 月 19 日晨。载 1990 年 10 月 18 日《人民日报》。

26 日，写作杂文《〈论通讯员及通讯写作诸问题〉校读后记》。文末自注：1990 年 7 月 26 日下午记；次日晨起又记。载 1990 年 8 月 14 日《光明日报》。

28 日，致曾镇南信。信末自注：1990 年 7 月 28 日。载 1992 年 1 月 1 日《天津日报》满庭芳。

请人（系托段华）找来 1990 年第 1—6 期《作家》杂志，上面连续发表曾镇南《孙犁散文研习录》，认为写得好，读得细，读得认真，从阅读中研究作品。寄赠曾《无为集》《芸斋小说》各一册。

30 日，万振环来访，谢大光陪同。

31 日，写作书衣文《太平广记》（第 1 册、第 2 册、第 4 册、第 5 册）。文末自注：1990 年 7 月 31 日上午，心烦，无事记。载《书衣文录》（手迹）。

第 1 册文末自注：1990 年 7 月 31 日上午，心烦，无事记。

清心寡欲，谨言慎行。

此为 1961 年印本，从纸张可见当时国家经济困难之状。有人言文化与政治无关，或脱离政治，殆呓语耳。周汝昌一种书，就被某出版社印得不堪入目。

第 2 册：此书虽多谈神怪，而采撷繁富，虽有错，但唐以前好多书散佚，此可珍贵也。

第 4 册文末自注：1990 年 7 月 31 日。

此书虽卷帙浩繁，但编纂队伍精干，不到一年半编成，不到四年印成书。工作效率可谓高矣。现如今条件大有改善，却无此效率。

第 5 册文末自注：1990 年 7 月 31 日下午闷热。

今日所谓作家，条件优越，待遇好，收入高，无战争之苦，无生计之劳，怨政治干涉了他的创作，要求宽容、理解，并以养鸟产卵孵化为比喻，哀叹环境不理想。

8 月

2 日，写作杂文《暑期读书漫录·太平广记》（上）。文末自注：8 月 2 日晨记。载 1990 年 9 月 7 日《天津日报》。署名芸斋。

2 日，写作书衣诗歌《太平广记》（第 5 册）。诗末自注：1990 年 8 月 2 日上午偶作。载《书衣文录》（手迹）。

诗曰：

> 津卫有才子，怨人不宽容；
> 养鸟深荫处，雏出大放鸣。
> 作家譬孵卵，干预不成功；
> 此乃豢养辈，将身比野生。

2日，写作书衣文《太平广记》（第6册）。文末自注：1990年8月2日晨。载《书衣文录》（手迹）。

杜甫及其祖父杜审言，被列入轻薄类，举其狂诞事实，也多可笑。

又写旧体诗一首：

一生多颠沛，忧患无已时；
沉迷雕虫技，至老意迟迟。
实是无能为，藉此谋衣食；
多难竟不死，上天赐耄耋。

诗后又说：总结自己一生，最大毛病是冲动，行为多突然，并非自觉，事后恍然若失。

5日，韩映山、李克明来访。送给韩一册《芸斋小说》。谈及：现在写文章，也不像从前想说什么就说什么。邹明去世，难过了很多天。写评论一定要多掌握作家的材料，仔细、认真地谈作家作品。编刊物不能丢作者的稿子。写作要有自己的主见。青年作者容易变得是非、善恶不分，注意培养。贾大山的小说挺喜欢，见到就读。最近找到《论通讯员及通讯写作诸问题》，觉得还真不错。没受过沈从文小说影响，读他的作品也很少。

6日，写作书衣文《太平广记》（第7册）。文末自注：1990年8月6日晨记。载《书衣文录》（手迹）。

为找新保姆而纠结。

6日，写作书衣文《太平广记》（第8册）。文末自注：1990年8月7日晨记。载《书衣文录》（手迹）。

按：记述与韩映山、李克明见面情况。1990年8月5日，韩映山日记也多有记载。

9日，写作书衣文《聊斋佚文辑注》。文末自注：1990年8月9日记，下午又记。载《书衣文录》(手迹)。

8月5日邓基平寄赠。蒲氏如无小说，其文集实不足传。《与诸侄书》论作文之法。任何文章，不摭实，不会有佳作。

> 按：具体请参阅同日所作杂文《暑期读书漫录·蒲松龄杂文》(上)。

9日，写作杂文《暑期读书漫录·蒲松龄杂文》(上)。文末自注：1990年8月9日记。载1990年9月7日《天津日报》满庭芳。署名芸斋。

11日，写作书衣文《太平广记》(第10册)。文末自注：1990年8月11日晨起无聊记。载《书衣文录》(手迹)。

> 按：从郑振铎著文学史商人与士子之争一章，谈到商人与士子之争。具体观点请参阅同日所作杂文《暑期读书漫录·"商文之间"》(下)。

11日，写作杂文《暑期读书漫录·"商文之间"》(下)。文末自注：8月11日晨起无聊记。载1990年9月10日《天津日报》满庭芳。署名芸斋。

14日，写作杂文《暑期读书漫录·夷坚志》(下)。文末自注：1990年8月14日记。载1990年9月10日《天津日报》满庭芳。署名芸斋。

16日，写作散文《闲情》。文末自注：1990年8月16日中午记。载1990年8月28日《人民日报》。署名芸斋。

> 按：收入《如云集》时，改题为《谈闲情》。

22日，写作书衣文《唐宋传奇集》。文末自注：1990年8月22日。载《书衣文录》(增订版)。

人民文学出版社1952年2月根据旧《鲁迅全集》印行，3月购到。新版全集没收此书。近日读《太平广记》连及此书。序跋文字中颇多妙语，青年时都会背诵。

23日，写作杂文《朋友的彩笔》。文末自注：时1990年8月23日记。载1990年11月4日《光明日报》。署名芸斋。

29日，写作杂文《读唐人传奇记》。文末自注：1990年8月29日记。载1990年9月21日、24日、26日《天津日报》满庭芳。

30日，万振环一家三口来访。谈及新居生活状况，书衣文录写作等，并合影留念。

9月

1日，致邢海潮信。信末自注：9月1日。署名犁。载1993年第1期《长城》。

2日，致韩映山信。信末自注：9月2日。载《孙犁书札：致韩映山》。

又陆续在《人民日报》《光明日报》等刊出短文。又写了一首诗抄来。诗即"一生多颠沛"。

2日，致杨栋信。信末自注：9月2日，又及。

4日，致邓基平信。

5日，致刘梦岚信。信末自注：9月5日。载2004年7月11日《天津日报》。

今年写了一些文章，在《人民日报》《光明日报》等刊发。《觅哲生》发表与否，不要勉强。

7日，百花文艺出版社谢大光拿走《如云集》书稿。但此时还未写后记。

8日，致卫建民信。信末自注：9月8日。载2014年第2期《新文学史料》。

15日，致鲁承宗信。信末自注：9月15日。载1998年6月29日《天津日报》满庭芳。

几十年来一直怀念，现在重新联系上，真是天外飞来的好消息。寄上字幅、照片和小传等，今后慢慢叙情。

> 按：这是和鲁承宗重新联系上后首次回信。鲁承宗，1933年8月入育德中学高中高级第8班，全班共61人。1992年2月26日，孙犁写作散文《同乡鲁君》记述二人的友谊。

26日，致曾镇南信。信末自注：1990年9月26日。载1992年1月1日《天津日报》满庭芳。

上封信寄出第二天，收到曾寄来的杂志及信。

26日，致万振环信。信末自注：9月26日。署名犁。载《我与孙犁的深情厚谊》。

收到与万家人的合影照片。新寄的《书衣文录》不妥处请删改。请寄来万在《羊城晚报》花地发表的《新居访孙犁》剪报。收到获奖证书、奖金。

> 按：《谈理解》获1989年度《羊城晚报》花地佳作奖。

30日，致邢海潮信。信末自注：9月30日。署名弟犁。载1993年第1期《长城》。

已把邢的两篇文章转给本地报纸。抄录"一生多颠沛"诗请邢修改。

10月

5日，发表杂文《书衣文录——附摭遗》，共14则。载1990年10月5日《羊城晚报》。署名耕堂。

7日，致邢海潮信。信末自注：10月7日。署名弟犁。载1993年第1期《长城》。

告诉邢上次转的两篇稿子《今晚报》已经刊登一篇。并告诉邢自己妻子的忌日，长已4岁。

11日，致万振环信。信末自注：10月11日。载《我与孙犁的深情厚谊》。

夸赞《羊城晚报》刊登《楼居随笔》时排印甚佳，无错字。又寄短简5封。

21日，致邢海潮信。信末自注：10月21日。署名弟犁。载1993年第1期《长城》。

又寄来的三稿，均交《今晚报》，已经刊出关于张衡的一篇。

27日，写作杂文《庚午文学杂记》，共5篇：《作家与新潮》《作家与文化》《作家与道德》《作家与经济》《希望》。文末自注：1990年10月27日改讫。载1990年11月19日、20日《今晚报》。

按：收入百花文艺出版社版《如云集》时，改题为《庚午文学杂记》（一）。

10月，写作杂文《庚午文学杂记》，共四篇：《大奖》《评论》《新星》《流派》。文末自注：1990年10月。载1990年11月18日、24日《新民晚报》夜光杯。

按：收入百花文艺出版社版《如云集》时，改题为《庚午文学杂记》（二）。

11月

5日，致韩映山信。信末自注：11月5日。载《孙犁书札：致韩映山》。

回复韩1日信。开始编文集续编，约80万字。

5日，致卫建民信。信末自注：11月5日。载2014年第2期《新文学史料》。

回复卫10月31日信。近日写了一些文学杂记，原为15节，经合并，成为9节，共5000余字。已经复印了，细读一遍，真如一路闷棍横扫下去，不分男女老少，多有伤害。因此，能否有勇气发表，尚不敢定。文集续编自春节动议，现在开始着手编辑。

8日，致严建平信。信末自注：11月8日。载2019年7月8日《天津日报》。

寄上文学杂记四篇，可分开登，四次登也可以。

  按：四篇稿是《大奖》《评论》《新星》《流派》。分2次刊登于1990年11月18日、24日《新民晚报》夜光杯。严建平（1954—），浙江桐乡人，《新民晚报》原副总编辑。

8日，致王兆新信。信末自注：1990年11月8日。载1992年2月12日《天津日报》满庭芳。

感谢王寄来的三首诗，已经读过了，自己年老体衰，写不好了，希望年轻人多写。

  按：王兆新，山东诗人。

9日，致常跃强信。信末自注：11月9日。

创作不在数量多少，主要看认真不认真。

12日，写作散文《老同学》。文末自注：1990年11月12日。载1990年12月11日《光明日报》。

13日，致邢海潮信。信末自注：11月13日。署名弟犁。载1993年第1期《长城》。

回复邢8日信。《今晚报》三稿全部刊出。寄去一幅字，以应邢替人求索。

13日，写作书衣文《胡适的日记》（上）。文末自注：1990年11月13日。载《书衣文录》（手迹）。

15日，致耿见忠信。信末自注：11月15日。

22日,写作散文《记陈肇》。文末自注:1990年11月22日病起作。载1991年4月22日《人民日报》。

25日,写作杂文《耕堂读书随笔》(一)之《朱买臣传》。文末自注:1990年11月25日。载1991年1月9日《文汇报·随笔》一期。

26日,写作杂文《耕堂读书随笔》(二)之《司马相如传、严助传》。文末自注:1990年11月26日。载1991年1月23日《文汇报·随笔》二期。

26日,致刘梦岚信。信末自注:11月26日。署名犁。载2004年7月11日《天津日报》满庭芳。

把《记陈肇》一文最后一句"既不伸手,从不邀功"改为"从不伸手,更不邀功"。

27日,致康濯信。信末自注:11月27日。载2005年7月19日《天津日报》满庭芳。

写信少,也是因为身体日见衰弱,写文章也是习惯。

按:这是目前所知孙犁致康濯最后一封信。

27日,致曾镇南信。信末自注:1990年11月27日。载1992年1月1日《天津日报》满庭芳。

收到曾寄来的书,立即阅读,并言:"以充沛的感情,作详尽之评述,加之以文采,此文论写作之三要素"。

30日,写作杂文《耕堂读书随笔》(三)之《义门读书记》。文末自注:1990年11月30日。载1991年4月24日《文汇报·随笔》八期。

30日,写作杂文《耕堂读书随笔》(四)之《胡适的日记》。文末自注:1990年11月30日下午,大风竟日未停。昨夜不适,夜半曾穿衣起床,在室内踱步。载1991年7月17日《文汇报》。

冬季,送段华一字幅。字幅内容为自己所作诗,叮嘱段华此诗有点情绪消沉,没公开前不要拿出去发表。诗末自注:庚午冬季,段华同志存念。孙犁。

全诗为:

> 不自修饰不自哀,
> 不信人间有蓬莱。
> 阴晴冷暖随日过,
> 此生只待化尘埃。

12月

9日,致杨栋信。信末自注:12月9日。

10日,致万振环信。信末自注:12月10日。署名犁。载《我与孙犁的深情厚谊》。

13日,致邢海潮信。信末自注:12月13日。署名弟犁。载1993年第1期《长城》。

19日,致邢海潮信。信末自注:12月19日。署名弟犁。载1993年第1期《长城》。

回复邢15日信。写作《老同学》以前,并未告诉邢,有不妥处请谅解。寄上一幅字。天寒,望珍摄。

按:《老同学》写于11月12日,记述孙犁与邢海潮的友谊,载1990年12月11日《光明日报》。

22日,写作杂文《耕堂题跋·俞平伯序跋集》。文末自注:1990年12月22日。载1991年4月15日《新民晚报》。载《书衣文录》(手迹)。

按:手迹本把《新文学史料》排成第9期,误。实为第4期。

23日,致姜德明信。信末自注:12月23日。署名犁。载《孙犁书札：致姜德明》。

收到姜的书，里面有介绍孙犁作品（《少年鲁迅读本》）的章节，认为姜写得很好。自11月中旬患腹泻，到12月初，共5次，身体大弱。虽然要全身心休息，还是写了文章，寄给《新民晚报》《文汇报》。出版了《耕堂读书记》，准备送给姜德明、季涤尘、卫建民，尚未送。

按：姜德明2011年12月写有《爱情滋味》一文，说其作品集《书廊小品》1990年10月出版后，送给孙犁一册，孙犁当年12月23日就写了回信，称赞了其中有关孙犁作品（《少年鲁迅读本》）的章节。《孙犁书札：致姜德明》把此信置于1991年12月23日，误。《孙犁全集》《孙犁文集》皆误。

27日，写作杂文《耕堂读书随笔·〈高长虹传略〉》。文末自注：1990年12月27日。次日（28日）又记。载1991年1月18日《新民晚报》夜光杯。

28日，写作杂文《耕堂读书随笔·〈文人笔下的文人〉》。文末自注：1990年12月28日。载1991年1月25日《新民晚报》夜光杯。

30日，致邢海潮信。信末自注：12月30日。署名弟犁。载1993年第1期《长城》。

收到邢稿件，很快转给《天津日报》编辑张金池了。寄上一幅字。

12月，北京十月文艺出版社出版《孙犁传》，"中国现代作家传记丛书"之一种，郭志刚、章无忌著。

12月，为杨栋题一字幅。内容为"一生多颠沛"诗。

1991年　78岁

1月

2日，致万振环信。信末自注：1月2日。署名犁。载《我与孙犁的深情厚谊》。

回复万1990年12月29日信。读到了万的儿子在广州市中学生小报《明日之星》头条发表的《我见到了孙犁爷爷》。

3日，致陈晓峰信。信末自注：1991年1月3日。

读沈从文作品不多，觉得他的文字有点蹩脚。

6日，写作书衣文《文徵明行书〈离骚〉》。文末自注：1991年1月6日病稍可，记于小屋南窗之下。载《书衣文录》（增订版）。

文字为工具，以易书易认为主。近有书法作者，以狂以怪为高，可作杂技看。"余近习字，专以传统为重，求其有法可依，绝不作狂纵之态也。"

6日，致韩映山信。信末自注：1月6日。载《孙犁书札：致韩映山》。

《朋友的彩笔》虽无恶意，但李克明读后多方辩解。可见写文章不易，得罪人很容易。近又写一首诗。即"不自修饰不自哀"那首。

8日，致严建平信。信末自注：元月8日。载2019年7月8日《天津日报》。

从6日起，收到惠赠的《新民晚报》，甚为感谢。寄上读书随笔二则。

> 按：二稿为《高长虹传略》《文人笔下的文人》。分别在1991年1月18日、25日《新民晚报》夜光杯刊出。

9日,致常跃强信。信末自注:1月9日。载2018年6月18日《文汇报》。

按:此封信存常跃强发表在2018年6月18日《文汇报》笔会的《孙犁先生赠字》一文中。

随信并寄常跃强书法作品一幅。书写内容为:

文章如土欲何之,翘首东云惹梦思。
所恨芳林寥落甚,春兰秋菊不同时。

诗为鲁迅所作,题为《偶成》。见1981年版《鲁迅全集》第七卷第432页。《鲁迅日记》1932年3月31日记录的"又为沈松泉书一幅云……",就是指这首诗。

10日,写作杂文《耕堂题跋·岳少保书武侯出师二表》。文末自注:1991年1月10日。载1991年4月15日《新民晚报》。

10日,致邢海潮信。信末自注:1月10日,又及。署名犁。载1993年第1期《长城》。

15日,写作书衣文《知堂谈吃》。文末自注:1991年1月15日旧历元旦之晨记。载1991年4月15日《新民晚报》夜光杯。载《书衣文录》(手迹)。

周作人,过去也有人知道他文章好,是他自己不争气,当了汉奸。有人认为自己不原谅周作人是有局限性。沈从文文章也不是鲁迅后最好的作品。不能把自己与沈挂钩。

按:1991年1月15日系农历十一月三十。1991年5月12日致严建平信已经说明自己写错。

18日,致王勉思信。信末自注:1月18日。载2005年7月19日《天津日报》。

康濯逝世，不胜哀悼，请节哀。

19日，写作散文《悼康濯》。文末自注：1991年1月19日下午。载1991年2月1日《天津日报》满庭芳。

22日，致张金池信。信末自注：1月22日。

23日，致鲁承宗信。信末自注：1月23日。载1998年6月29日《天津日报》。

回复鲁1月6日信，并寄"不自修饰不自哀"字幅。

25日，致邢海潮信。信末自注：1月25日。署名弟犁。载1993年第1期《长城》。

回复邢20日信。寄去一幅字，请邢转给一位姓李的先生。给邢寄去旧诗稿，请他改正。

26日，致项国成信。信末自注：1月26日。

26日，致季涤尘信。信末自注：1月26日。署名弟犁。载《文学书事：作家给编辑的信》。

回复季21日信。拟赠季《耕堂读书记》。同意《散文三篇》收进季编辑的《1988—1990散文选》，但把《菜根》改成《吃菜根》，以便和其他二题相称。

26日，致邓基平信。信末自注：1月26日。

26日，致常跃强信。信末自注：1月26日。

询问9日寄的字幅是否收到。

1月，1991年第1期《中流》杂志刊登两篇文章：

一、《并非只为孙犁辩——评〈我观孙犁〉》，作者田兴文（张学新）。文章对《文学自由谈》上刊登的《我观孙犁》的偏激观点进行了反驳。

二、《草原·薄雾·彩虹——读孙犁新作〈芸斋小说〉》，作者朱兵。

1月，百花文艺出版社出版诗集《孙犁新诗选》。

2月

4日,写作书衣文《谈龙录》。文末自注:1991年2月4日下午记;从前天上午,贴条子谢来访者。载《书衣文录》(手迹)。

去年11月中旬患腹泻,两月间共6次。今年1月底心脏不适。

6日,致邢海潮信。信末自注:2月6日。署名弟犁。载1993年第1期《长城》。

回复邢1月29日信。告知身体腹泻,然"兄之晚境,弟每念及,为之神伤。幸兄旷达,万望达观处世,保重身心为盼"。并附致项先生信一封。

按:即1月26日致项国成信。

9日,写作杂文《耕堂题跋·莲池书院法帖》。文末自注:1991年2月9日病中记;10日又记。载1991年4月15日《新民晚报》。

15日,写作杂文《耕堂题跋·知堂谈吃》。文末自注:1991年2月15日,旧历元旦,晨记。载1991年4月15日《新民晚报》。

20日,致陈乔信。信末自注:2月20日。

26日,致王勉思信。信末自注:2月26日。载2005年7月19日《天津日报》。

过去寄给康濯的信,以后如有机会,仍以康濯名义编辑、发表或出版。

3月

4日,致张金池信。信末自注:3月4日。署名犁。

10日,致刘宗武信。信末自注:3月10日上午。载1994年8月19日《天津日报》满庭芳。

回复刘8日信。想看《陈独秀书信集》。

25日，写作小说《心脏病》。文末自注：1991年3月25日记。载1991年4月13日《光明日报》。

4月

1日，致鲁承宗信。信末自注：4月1日。载1998年6月29日《天津日报》满庭芳。

回复鲁3月26日信。

1日，致邢海潮信。信末自注：4月1日。署名弟犁。载1993年第1期《长城》。

8日，上午致王勉思信。信末自注：4月8日。

给王寄去题写的《康濯纪念集》书名横、竖各一。

15日，写作小说《忆梅读〈易〉》。文末自注：1991年4月15日写讫。时大病初愈，此作，颇不利养生。载1991年5月3日《羊城晚报》。

18日，致张帆信。信末自注：4月18日。

> 按：此信未见《孙犁全集》《孙犁文集》。张帆（1919—2002），原名张英池，河北省清苑县人。曾任中国新闻社副社长、总编辑。著有《长城内外》《罗布泊风云》等。其父张培植（1891—1939），在保定创办协生印书局，孙犁在育德中学所读进步书籍，多由此书局印制。抗战开始后，为晋察冀边区做了很多事，后被日本鬼子杀害。

19日，致万振环信。信末自注：4月19日。载《我与孙犁的深情厚谊》。

寄上小说《忆梅读〈易〉》，"校对务希费心"。

23日，致韩映山信。信末自注：4月23日。载《孙犁书札：致韩映山》。

心脏不好。请参阅本月 13 日《光明日报》上所刊登文章。

> 按：文章系 3 月 25 日所写《心脏病》。

29 日,致刘梦岚信。信末自注:4 月 29 日。载 2004 年 7 月 11 日《天津日报》满庭芳。

5 月

8 日,致邢海潮信。信末自注:5 月 8 日。署名犁。载 1993 年第 1 期《长城》。

回复邢 4 月 29 日信。希望邢多写历史知识、古典文学知识的短文投稿。

10 日,写作杂文《耕堂读书随笔·船山全书》。文末自注:1991 年 5 月 10 日。载 1991 年 5 月 22 日《新民晚报》夜光杯。

12 日,致严建平信。信末自注:5 月 12 日。载 2019 年 7 月 8 日《天津日报》。

《知堂谈吃》文末自注写作日期自己写错。寄上另一稿。

> 按:稿为读书随笔《船山全书》。1991 年 5 月 22 日《新民晚报》夜光杯刊登。

17 日,致卫建民信。信末自注:5 月 17 日上午。署名犁。载 2014 年第 2 期《新文学史料》。

《记陈肇》在报社放了 5 个月才得发表,且抹去写作日期。寄上一字幅。

23 日,写作杂文《耕堂读书随笔·刘半农研究》。文末自注:1991 年 5 月 23 日上午。载 1991 年 6 月 4 日《新民晚报》夜光杯。

25 日,致鲁承宗信。信末自注:5 月 25 日。署名犁。载 1998 年 6 月 29 日《天津日报》。

回复鲁 6 日信。不大过生日,有时候一个人吃碗面条完事。

25日，致邢海潮信。信末自注：5月25日。署名犁。载1993年第1期《长城》。

回复邢20日信。近期大病一场，不知近日是否寄稿给报社。

25日，致邓基平信。信末自注：5月25日。

27日，致严建平信。信末自注：5月27日。载2019年7月8日《天津日报》。

寄上一稿。

> 按：稿为《读〈刘半农研究〉》。1991年6月4日《新民晚报》夜光杯刊登。

30日，写作散文《故园的消失》。文末自注：1991年5月30日。载1991年7月23日《光明日报》。

6月

1日，致张金池信。信末自注：6月1日。

9日，致韩映山信。信末自注：6月9日。载《孙犁书札：致韩映山》。

最近又发表一些文章，也写了纪念康濯的文章。给陈晓峰信，看是否可以在《荷花淀》杂志发表。

10日，致姜德明信。信末自注：6月10日。署名犁。载《孙犁书札：致姜德明》。

收到姜寄的《顿足》复印件，甚为感谢，"幼年文字，虽无大意思，然亦甚难于老年时重见"。

11日，致卫建民信。信末自注：6月11日。载2014年第2期《新文学史料》。

《忆梅读〈易〉》只能当作小说看，不能联系实际。

12日，写作杂文《耕堂题跋·纪晓岚文集》。文末自注：1991

年6月12日上午。

16日，致陈乔信。信末自注：6月16日。

18日，致郭保林信。信末自注：1991年6月18日。载1992年1月1日《天津日报》。

感谢寄来的几册书。看了郭的小说，觉得是现实主义的，语言好，想象也丰富，但结构仍有松散之处，要注意集中、简要。

按：郭保林，山东诗人。

19日，致段华信。信末自注：6月19日。

找下毓方发表在1990年第9期《人民文学》上的《半世纪的情谊》，系写孙犁与康濯半个世纪友谊的文章。

按：段华从南开大学图书馆复印后给他送去。

22日，致邢海潮信。信末自注：6月22日。署名弟犁。载1993年第1期《长城》。

回复邢17日信。

25日，致李大振信。信末自注：6月25日。

回复李17日信：改编电视剧，没有意见。

27日，致吕剑信。信末自注：6月27日晚。署名犁。载1997年11月22日《天津日报》满庭芳。

最近诗作，请看7月份《诗刊》上的诗《眼睛》。

30日，天津日报社来人，请他们挂号寄给邢海潮《芸斋小说》一册。

7月

1日，致邢海潮信。信末自注：7月1日。署名弟犁。载1993年第1期《长城》。

回复邢6月27日信。说"兄能安心乡居，写些文章，以遣时日，是弟之所望也"。

2日，致卫建民信。信末自注：7月2日。载2014年第2期《新文学史料》。

回复卫6月15日信。说他解释的"穷愁"二字对。给卫写的字，上款是后加，怕墨涸。

3日，致严建平信。信末自注：7月3日。载2019年7月8日《天津日报》。

询问《读〈刘半农研究〉》样报和原件是否寄回。

5日，致刘梦岚信。信末自注：7月5日晨。载2004年7月11日《天津日报》。

按：回复刘2日长信。此信写得也较长。主要是谈了自己的病情、养生情况，并希望刘也要从容生活。

5日，写作杂文《耕堂题跋·东坡七集》。文末自注：1991年7月5日下午四时。载1991年9月15日《今晚报》。

7日，致韩映山信。信末自注：7月9日。载《孙犁书札：致韩映山》。

回复韩4日信，寄给韩三张照片。

11日，致常跃强信，信末自注：7月11日。

回复常3日信。

14日，致罗维扬信。信末自注：7月14日。

回复罗6月27日信。寄一字幅。

22日，写作小说《无题》。文末自注：1991年7月22日晨足成之。载1991年8月30日《新民晚报》。署名芸斋。

按：这是孙犁所写最后一篇芸斋小说。从此，再没有写过小说。

从小说中可以看到，借着总结主人公的一生，像是给自己的一生作了总结。1991年8月31日致姜德明信中说，这篇文章是自悼文。

23日，写作杂文《文过》，系文事琐谈之一。文末自注：1991年7月23日足成之。载1991年8月12日《新民晚报》。署名芸斋。

23日，写作杂文《暑期杂记·思念文会》。文末自注：1991年7月23日下午。载1991年8月14日《羊城晚报》。署名芸斋。

24日，写作杂文《暑期杂记·胡家后代》。文末自注：1991年7月24日上午。载1991年8月14日《羊城晚报》。署名芸斋。

24日，写作杂文《暑期杂记·捐献棉袄》。文末自注：1991年7月24日下午。载1991年8月14日《羊城晚报》。署名芸斋。

25日，写作杂文《暑期杂记·分发书籍》。文末自注：1991年7月25日上午。载1991年8月14日《羊城晚报》。署名芸斋。

26日，致张金池信。信末自注：7月26日。

26日，致卫建民信。信末自注：7月26日。载2014年第2期《新文学史料》。

回复卫23日信。近日又写几篇文章，发表后会告诉卫。报纸不同，刊登速度不同。

27日，谢晋来访，送谢《耕堂读书记》。

30日，致邢海潮信。信末自注：7月30日。署名弟犁。载1993年第1期《长城》。

回复邢13日信。《天津日报》准备用邢写的稿件，嘱天津日报社给邢寄些稿纸过去。

7月，姜德明写作散文《津门小记》，记述在天津吃锅巴菜，拜访孙犁。

8月

4日，写作杂文《文虑》，系文事琐谈之二。文末自注：1991年8月4日上午。载1991年10月12日《光明日报》。

4日，致姜德明信。信末自注：8月4日。载《孙犁书札：致姜德明》。

回复姜7月30日信。有人对孙犁题跋写了偏激的文章，具有攻击性，孙犁没有反击，信中向姜介绍了攻击文章的观点；"另外，写在书上的文字，都是不经意的，不用轻易示人，也是经验"，并说近日《羊城晚报》刊登四节文章，《新民晚报》刊登两篇文章。

8日，致侯军信，副题为"耕堂函稿"。信末自注：8月8日。载天津日报社编《新闻史料》第23期。载1992年2月12日《天津日报》满庭芳。

回复侯7日信。《论通讯员及通讯写作诸问题》一书虽署名集体讨论，其实是自己一个人写作。重印此书，希原样保留。

10日，写作杂文《耕堂题跋·历代名人年谱》。文末自注：1991年8月10日。载1991年9月15日《今晚报》。

11日，写作杂文《耕堂读书随笔·东坡先生年谱》。文末自注：1991年8月11日改讫。载1991年9月4日《天津日报》满庭芳。

14日，收到鲁承宗6日信。

15日，致鲁承宗信。信末自注：8月15日。载1998年6月29日《天津日报》。

回复鲁6日信。鲁读过《芸斋小说》,就都读过孙犁写的小说了。不知鲁是否有孙犁年轻时的照片。临帖，也是玩玩。

15日，致邢海潮信。信末自注：8月15日。署名弟犁。载1993年第1期《长城》。

邢写赵高的文章《天津日报》已经刊出。《芸斋小说》可见孙犁"文革"期间经历。

20日，写作书衣文《陈独秀书信集》。文末自注：(1991年8月)20日上午。载1991年9月15日《今晚报》。载《书衣文录》(手迹)。

昨日刘宗武赠。书信多从文集中辑出，中学时读过文集。

21日，写作序言《文集续编序》。文末自注：1991年8月21日晨记。载1991年11月25日《人民日报》。

26日，致邢海潮信。信末自注：8月26日。署名犁。载1993年第1期《长城》。

稿子收到，将很快转给有关报社。希望邢在乡村多看书多写见闻，可减少寂寞。

28日，写作杂文《耕堂题跋·铁云诗存》。文末自注：1991年8月28日。载1991年9月15日《今晚报》。载《书衣文录》(手迹)。

29日，致邓基平信。信末自注：8月29日。

回复邓25日信。

31日，致姜德明信。信末自注：8月31日上午。载《孙犁书札：致姜德明》。

回复姜29日信。《新民晚报》删去一篇文章文末自注，该报还有一篇自悼文未发表（系指《无题》）。《孙犁文集续编》序文已经寄给《人民日报》。

9月

6日，致高云华信。信末自注：1991年9月6日。载1992年1月1日《天津日报》满庭芳。

感谢高寄来诗集，自己78岁，乏善可告，写短文系消遣性质；"自邹明逝世，每以人生无常为叹"。

按：高云华系内蒙古赤峰市诗人，其女为（高）寒青。已殁。

6日，致万振环信。信末自注：9月6日。载《我与孙犁的深情厚谊》。

7日，致卫建民信。信末自注：9月7日。载2014年第2期《新文学史料》。

《无题》发表在 8 月 30 日《新民晚报》。

15 日，致卫建民信。信末自注：9 月 15 日。载 2014 年第 2 期《新文学史料》。

回复卫 11 日信。近年已经很少有人和自己谈文章得失，而卫所谈深得其心，"我的毛病，在于少实际，多幻想，这还够不上理想主义，到头来，只能落个虚无主义"。

24 日，发表杂文《老年文字》，系文事琐谈之三。文末自注：1991 年 9 月。载 1991 年 9 月 24 日《新民晚报》。署名芸斋。

26 日，致邢海潮信。信末自注：9 月 26 日。载 1993 年第 1 期《长城》。

回复邢 21 日信。寄去《耕堂读书记》一册，为吴君索字，因病后没写，检出旧作一幅附上。

29 日，致刘梦岚信。信末自注：9 月 29 日。载 2004 年 7 月 11 日《天津日报》。

麻烦刘把下面一段话加在文集续编序末尾："要之，积习难改，别无所能。一息尚存，仍当有作，不敢有负于读者。"

　　按："序"指写于 1991 年 8 月 21 日《文集续编序》，载 1991 年 11 月 25 日《人民日报》。

29 日，致韩映山信。信末自注：9 月 29 日。载《孙犁书札：致韩映山》。

回复韩 24 日信。

10 月

7 日，患病，眩晕。

9 日，收到姜德明所寄《鲁迅藏书研究》，鲁迅研究室编，中国文联出版公司1991年12月版(提前出版)。

10日,致姜德明信。信末自注:10月10日。载《孙犁书札:致姜德明》。

感谢寄来《鲁迅藏书研究》,认为"从思想研究进入藏书研究,学术多了一点","弟以为书固然是思想来源之主要者,然固定思想者,则为现实。从书本上来的思想是不固定的,多变的"。给此书包了书皮,并题写"戒定慧"三个字,此三个字书内有。

13日,致姜德明信。信末自注:10月13日。署名犁。载《孙犁书札:致姜德明》。

回复姜8日信。有全盘西化之忧。

10月,《孙犁作品评论续编》由百花文艺出版社出版,滕云、张学正、刘宗武编。收文章36篇,附录收马越、张文波《孙犁与白洋淀》,刘宗武《新时期以来出版的孙犁著作目录》,刘宗武、张学正《孙犁研究资料主要目录索引》(续编)。

10月,李启仁发表论文《试论孙犁的叙事诗创作》。载《让历史告诉未来——解放区文学研究论文集》,天津社科院解放区文学研究中心、中国解放区文学研究会编,天津社会科学院出版社1991年10月出版。

11月

2日,致姜德明信。信末自注:11月2日。载《孙犁书札:致姜德明》。

谈及武汉书市,说亚东图书馆所印书"在标点与考证上下功夫的也不多见"。目前很少买书,对出版界不信任。

5日,致刘梦岚信。信末自注:11月5日。载2004年7月11日《天津日报》。

刘寄来神功袋,给刘寄款40元。今冬要买取暖器。身体不好,大地稿子也写不成了,已经给石英写了信。

  按:大地,指《人民日报》大地副刊。

5日,致邢海潮信。信末自注:11月5日。载1993年第1期《长城》。

邢写的稿件已经在《天津日报》《今晚报》分别刊出。

7日,致万振环信。信末自注:11月7日。载《我与孙犁的深情厚谊》。

精力有限,报纸看不了多少,明年请停止赠报,以免浪费。

8日,致张维发信。信末自注:11月8日。

回复张4日信。寄去"安平中学"题字。

  按:张维发,原河北省安平中学校长。

12日,致鲁承宗信。信末自注:11月12日。载1998年6月29日《天津日报》。

10月7日又患病一次。

13日,为发表一组《芸斋短简——致韩映山》(共12件)写《附记》。文末自注:1991年11月13日孙犁识。载1991年11月23日《今晚报》。

15日,写散文《寄光耀》。文末自注:1991年11月15日上午记。

18日,致万振环信。信末自注:11月18日。署名犁。载《我与孙犁的深情厚谊》。

  按:原寄来一组致邢海潮信,又要回去,不发表了。

19日,致姜德明信。信末自注:11月19日。署名犁。载《孙犁书札:致姜德明》。

回复姜15日信。读姜散文《津门小记》有感。姜说对津门记述有二:一是吃锅巴菜,二是访问孙犁。信中说读后感:"不知为什么,我读后，忽然把二者联想在一起。今日之地方特产、风味小吃，实已只有其名，而无其实。但有这种感觉的，必须是过去真正吃过的，年轻人，你怎样说，他也不明白，因为他过去没有吃过。老兄过去吃过，但仍兴趣不减，盖已多日不吃，忘乎所以矣。黄秋耘之一言不发，盖已吃出其味道不佳。""文学何尝不如此呢？"这是谈文学的一种比喻。

26日，把《寄光耀》投寄《光明日报》。

12月

2日，致张维发信。信末自注：12月2日。

询问"安平中学"题字是否收到。

7日，致徐光耀信。信末自注：12月7日。载《孙犁书札·致徐光耀》。

告诉徐写了《寄光耀》，已投《光明日报》。

10日，致张维发信。信末自注：12月10日。

回复张2日、6日信。

10日，写作杂文《耕堂读书随笔·桓谭传》，副题为"一个音乐家的悲剧"。文末自注：1991年12月10日。载1992年1月18日《新民晚报》夜光杯。

16日，写作杂文《耕堂读书随笔·冯衍传》，副题为"一个文过其实的人"。文末自注：1991年12月16日。载1992年1月12日《羊城晚报》。

19日，写作杂文《耕堂读书随笔·班固传》，副题为"一个为政治服务的文人"。文末自注：1991年12月19日。载1992年1月22日《羊城晚报》。

19日，致侯军信。信末自注：12月19日。载1992年2月12日《天津日报》满庭芳。

看到侯在《新闻史料》上刊登的论文，论述广泛，材料运用周到，实在用了功夫。

21日，写作杂文《耕堂读书随笔·后汉书小引》。文末自注：1991年12月21日。载《新民晚报》。

24日，写作杂文《耕堂读书随笔·马援传》，副题为"一篇好传记"。文末自注：1991年12月24日。载1992年2月20日《羊城晚报》。

26日，致万振环信。信末自注：12月26日。载《我与孙犁的深情厚谊》。

寄上稿件二种。

> 按：稿件都是读书记，一是《读〈后汉书卷58·冯衍传〉》（1992年1月12日《羊城晚报》刊发），一是《读〈后汉书卷70·班固传〉》（1992年1月22日《羊城晚报》刊发）。

28日，致卫建民信。信末自注：12月28日。载2014年第2期《新文学史料》。

准备发表给卫的信，希望提前修改一下。

29日，写作杂文《耕堂读书随笔·贾逵传》，副题为"关于经术"。文末自注：1991年12月29日。载1992年2月12日《新民晚报》夜光杯。

31日，写作杂文《耕堂读书随笔·朱穆传》，副题为"关于交友"。文末自注：1991年12月31日下午。载1992年2月28日《新民晚报》夜光杯。

1992年　79岁

1月

6日，致段华信。信末自注：1月6日。

> 按：请段华复制1979年第5、6期合刊《江城》杂志上发表的《善闇室纪年摘抄·在延安》一文。编辑文集续编时，想把收到作品集时编辑删去的一百多字恢复。南开大学图书馆无此杂志，段华后在北京市所属首都图书馆复制后给孙犁送去。

7日，致严建平信。信末自注：元月7日。载2019年7月8日《天津日报》。

寄上读书随笔四则。

> 按：读书随笔四则即《后汉书卷58·桓谭传》《后汉书卷66·贾逵传》《后汉书卷73·朱穆传》《后汉书卷57·王丹传》。分别在1992年1月18日、2月12日、2月28日《新民晚报》夜光杯刊出。

7日，写作杂文《庸庐闲话》之一，共《我的起步》《我的戒条》《我的自我宣传》《我最佩服的人》四篇。文末自注：1992年1月7日。载1992年4月5日《羊城晚报》。

> 按：《羊城晚报》发表时漏了《我最佩服的人》标题。

9日，写作杂文《文宗》，系文事琐谈之四。文末自注：1992年1月9日。

10日，写作杂文《庸庐闲话》之二《我与官场》。文末自注：1992年1月10日。载1992年4月5日《羊城晚报》。

11日，致万振环信。信末自注：1月11日。载《我与孙犁的深情厚谊》。

寄上稿件一。

> 按：稿件是读书记，即《读〈后汉书卷54·马援传〉》（2月20日《羊城晚报》刊发）。

15日，致邢海潮信。信末自注：1月15日。署名弟犁。载1993年第1期《长城》。

回复邢12日信。仍然希望邢乡居无事，多写文章。

19日，致刘梦岚信。信末自注：1月19日。载2004年7月11日《天津日报》。

去年10月病又复发一次，写不成文章。

23日，致姜德明信。信末自注：1月23日，又及。载《孙犁书札：致姜德明》。

没听说过鲁迅编过《戈里基文录》，也可能是别人辑录《海上述林》高氏文字冒充。近因时常失眠，心脏偶有不适。

23日，致卫建民信。信末自注：1月23。载2014年第2期《新文学史料》。

喜欢卫寄来的《古籍整理出版情况简报》，在上面看到《唐才子传校注》，托卫买一册。

30日，写作散文《残瓷人》。文末自注：1992年1月30日下午，大风。载1992年2月17日《人民日报》。

31日，致卫建民信。信末自注：1月31日。载2014年第2期《新文学史料》。

《唐才子传校注》如能买到，请挂号寄来。

2月

1日，致李安哥信。信末自注：2月1日。载2008年7月24日《文汇读书周报》。

按：信函影印件存李安哥《从未谋面的忘年交——忆孙犁先生给我的来信》一文中。

4日，致鲁承宗信。信末自注：2月4日。载1998年6月29日《天津日报》。

感谢鲁从北京寄来人参。

7日，致万振环信。信末自注：2月7日。署名犁。载《我与孙犁的深情厚谊》。

寄上稿件《庸庐闲话》四则：《我的起步》《我的戒条》《我的自我宣传》《我与官场》（4月5日《羊城晚报》刊发）。

8日，致卫建民信。信末自注：2月8日。署名犁。载2014年第2期《新文学史料》。

已收到寄来的《唐才子传校注》。把《唐才子传校笺》与《唐才子传校注》弄混了。

13日，致邢海潮信。信末自注：2月13日。署名弟犁。载1993年第1期《长城》。

回复邢4日信。不知自己的书信集何时能出版。

18日，致徐光耀信。信末自注：2月18日。载1994年第1期《长城》。载《孙犁书札：致徐光耀》。

18日，致自牧信。信末自注：2月18日。

回复1月13日信。

19日，致韩映山信。信末自注：2月19日。载1994年12月16日《天津日报》满庭芳。载《孙犁书札：致韩映山》。

文集续编尚未出版，如果得到样书多，会送给韩和徐光耀。

19日，致杨栋信。信末自注：2月19日。

请杨抄过来一部分给他的信，预备编书信集。

21日，致卫建民信。信末自注：2月21日。载2014年第2期《新文学史料》。

同意卫把自己的创作分为四期。给卫寄去《唐才子传校注》书款20元。告诉卫几篇文章的发表时间与报纸名称。

23日，写作散文《东宁姨母》，系新春怀旧之一。文末自注：1992年2月23日。

23日，致姜德明信。信末自注：2月23日。载《孙犁书札：致姜德明》。

过去不大知道伦明。1月间曾写文章一阵。近来觉得，近年古籍整理一是过于繁琐，本文不长，注文很长，应该留一些东西，叫读者自己去查找，什么也注上，是对付小孩子的办法，不一定好，二是书价太贵，个人已无法问津，只能兴叹矣。请问问中华书局门市部是否有《朱子语类》，但先不要买。

23日，致刘梦岚信。信末自注：2月23日。载2004年7月11日《天津日报》。

感谢迅速发表小稿。去年年底一连写了10篇小稿，现在没写什么。

26日，写作散文《同乡鲁君》，系新春怀旧之二。文末自注：1992年2月26日。

27日，致邢海潮信。信末自注：2月27日。署名弟犁。载1993年第1期《长城》。

回复邢22日信。看到今天《今晚报》刊登邢的《费祎之死》，此文文笔甚佳。一别数十年，不知何时能见面。乡村如能订一份报纸，亦可解闷。

27日，致卫建民信。信末自注：2月27日。载2014年第2期《新文学史料》。

回复卫24日信。认为卫四段分法很新颖。这几天又写几篇文章。

称赞卫读自己的作品认真。

3月

5日，致万振环信。信末自注：3月5日。载《我与孙犁的深情厚谊》。

回复万2月26日信。感谢读书记的冯衍传、班固传、马援传发表时校对精审。另四篇《新民晚报》发表了。

7日，致邓基平信。信末自注：3月7日。

回复邓3日信。不再编序跋集。

9日，致严建平信。信末自注：3月9日。载2002年7月22日出版《人物》。载2019年7月8日《天津日报》。

四篇读书随笔顺利刊出，校对精审，甚为感谢。读书记已发完，近日未写。今后想写点通俗稿件。感谢惦念身体，天津中西医还可以。

按：信存严建平《想念孙犁先生》一文中。

9日，致杨栋信。信末自注：3月9日。

不过生日了，请不要来。

9日，致卫建民信。信末自注：3月9日。载2014年第2期《新文学史料》。

今年决定不过生日。

10日，致刘宗武信。信末自注：3月10日。载1994年8月19日《天津日报》。

不过生日。

13日，致徐光耀信。信末自注：3月13日。载1994年第1期《长城》。载《孙犁书札：致徐光耀》。

13日，致邢海潮信。信末自注：3月13日。署名弟犁。

回复邢3日信。《孙犁文集》不必购买，届时赠送邢。

22日，致姜德明信。信末自注：3月22日。载《孙犁书札：致姜德明》。

感谢姜寄来书目。爱书人爱看书目，"其实中国古籍，就是那么些，我也买得差不多了，但还是喜爱看书目"，20世纪30年代，现代书局出过一本总书目，孙犁写了评论（现在有复印件）。青年时代读书，是顺应潮流，老年读书是想停留，凉爽凉爽。买书也没有多大兴趣了。

24日，写作杂文《我的仗义》，系《庸庐闲话》之三。文末自注：1992年3月24日。4月3日晨补记。载1992年5月17日《羊城晚报》。

30日，写作书衣文《胡适文粹》。文末自注：1992年3月30日，房树民寄赠。载《书衣文录》（手迹）。

胡适好像离我们很远了。

31日，致杨栋信。信末自注：3月31日。

珍藏本文集出错多。

3月，写作杂文《我的读书生活》。文末自注：1992年3月。

3月，散文小说集《如云集》由百花文艺出版社出版。

4月

3日，早晨为3月24日所写《我的仗义》写作补记。

3日，致万振环信。信末自注：4月3日。载《我与孙犁的深情厚谊》。

寄上《我的仗义》（5月17日《羊城晚报》刊发）。

13日，写作杂文《野味读书》。文末自注：1992年4月13日。载1992年5月9日《文汇读书周报》。

16日，致万振环信。信末自注：4月16日。署名犁。载《我与孙犁的深情厚谊》。

回复万 7 日信。

19 日，写作杂文《耕堂题跋·汉娄寿碑》。文末自注：1992 年 4 月 19 日下午记，6 月 13 日补记。载 1992 年 6 月 29 日《天津日报》满庭芳。

22 日，致邢海潮信。信末自注：4 月 22 日。署名弟犁。

25 日，致贾平凹信。信末自注：4 月 25 日。载 1992 年《美文》杂志创刊号。

> 按：此信中引用李国文作品一句病句，最终引起李的攻击。

5 月

3 日，致邢海潮信。信末自注：5 月 3 日。署名弟犁。载 1993 年第 1 期《长城》。

回复邢 4 月 28 日信。看到邢这封信情绪好，很高兴。劝邢写作，也是为让他排遣寂寞。

5 日，致罗维扬信。信末自注：5 月 5 日。

8 日，80 岁大寿。儿子孙晓达在广州出差，叫大女儿回石家庄，二女儿有病没来，连一碗长寿面都没有吃。但报社来了不少人，合影留念。

13 日，谢大光来访。

13 日，致卫建民信。信末自注：5 月 13 日。载 2014 年第 2 期《新文学史料》。

谈生日那天状况。

14 日，致万振环信。信末自注：5 月 14 日。载《我与孙犁的深情厚谊》。

不过生日。

17 日，致邢海潮信。信末自注：5 月 17 日。署名弟犁。载

1993年第1期《长城》。

回复邢10日信。邢寄给孙犁七十来封信,请邢抄录一些给他的信寄回来,以便编入通信集。今之修县志,人才太少,水平太低,对"志"的知识也差,修成后多不成样子。

20日,致卫建民信。信末自注:5月20日。载2014年第2期《新文学史料》。

回复卫16日信。"白洋淀纪事"原来是有计划,但战争年代,计划不好说,日本鬼子投降后,回到家乡才又写《采蒲台》等几篇。在延安写的《荷花淀》抗日故事是听来的,"所以有人说,我的小说,'想象'成分多。其实,《荷花淀》等篇,是我在延安时的思乡之情、思亲之情的流露,感情色彩,多于现实色彩"。

24日,致邓基平信。信末自注:5月24日。

6月

1日,致鲁承宗信。信末自注:6月1日。署名愚兄孙犁。载1998年6月29日《天津日报》满庭芳。

回复鲁5月17日信。谈养生及养花等问题,觉得自己养花如同老家所说"种地不上粪,瞎胡混"而已。

2日,致邢海潮信。信末自注:6月2日。署名弟犁。载1993年第1期《长城》。

收到邢抄来的信,拟订为一册,将来都收进书信集,以资纪念。

3日,写作杂文《耕堂题跋·簠斋古印集》。文末自注:1992年6月3日。

7日,致刘章信。信末自注:6月7日。

  按:信存刘章《孙犁的诚信》一文中。

8日,致卫建民信。信末自注:6月8日署名犁。载2014年第

2 期《新文学史料》。

给《随笔》杂志寄去几封致卫信。有机会，想出一本书信集。

11 日，致侯军信。信末自注：6 月 11 日。

> 按：信存侯军《遥寄文星——怀念孙犁先生》一文中。

12 日，写作杂文《耕堂题跋·袁世凯奏议》。文末自注：1992 年 6 月 12 日下午。载 1992 年 6 月 29 日《天津日报》满庭芳。

13 日，写作杂文《耕堂题跋·唐才子传校注》。文末自注：1992 年 6 月 13 日晨。载 1992 年 6 月 29 日《天津日报》满庭芳。

13 日，写作杂文《买〈朱子语类〉记》。文末自注：1992 年 6 月 13 日从书衣抄录，并附记。

13 日，写作杂文《耕堂题跋·汉娄寿碑》补记。文末自注：6 月 13 日补记。载 1992 年 6 月 29 日《天津日报》。

13 日，写作杂文《耕堂题跋·模印砖画》。文末自注：1992 年 6 月 13 日记。载 1992 年 6 月 29 日《天津日报》满庭芳。

14 日，写作杂文《耕堂题跋·专门名家》。文末自注：1992 年 6 月 14 日下午记。载 1992 年 6 月 29 日《天津日报》满庭芳。

17 日，写作杂文《耕堂题跋·南阳汉画像汇存》，附记。文末自注：1992 年 6 月 17 日上午记。附记文末自注：下午又及。载 1992 年 7 月 24 日《天津日报》满庭芳。

17 日，写作杂文《耕堂题跋·蒿里遗珍拾补》。文末自注：1992 年 6 月 17 日下午记。载 1992 年 7 月 24 日《天津日报》满庭芳。

18 日，写作杂文《耕堂题跋·何典》。文末自注：1992 年 6 月 18 日上午。载 1992 年 8 月 24 日《天津日报》满庭芳。

20 日，致姜德明信。信末自注：6 月 20 日。载《孙犁书札：致姜德明》。

目前书价太高，上涨太快。《如云集》出版后，会寄去一册。

21日，写作书衣文《周易杂论》。文末自注：1992年6月21日晨无聊，久不包书自娱，觅出装之。载《书衣文录》（手迹）。

自牧寄赠。

21日，写作书衣文《白居易家谱》。文末自注：1992年6月21日装之。载《书衣文录》（手迹）。

自牧寄赠。

21日，写作书衣文《赵执信年谱》。文末自注：1992年6月21日装之。载《书衣文录》（手迹）。

自牧寄赠，贺78岁生辰。

21日，致万振环信。信末自注：6月21日。署名犁。载《我与孙犁的深情厚谊》。

寄上一部分《耕堂题跋》。

22日，致韩大星信。信末自注：6月22日。载1993年12月10日《天津日报》。

回复韩19日信。感谢韩刻印谱。

26日，写作杂文《耕堂题跋·雪堂校刊群书叙录》。文末自注：1992年6月26日晨。载1992年8月24日《天津日报》满庭芳。

29日，写作杂文《耕堂题跋·秦淮广记》。文末自注：1992年6月29日晨。

29日，写作杂文《耕堂题跋·俞樾书枫桥夜泊诗（石刻）》。文末自注：1992年6月29日下午。

30日，致万振环信。信末自注：6月30日。载《我与孙犁的深情厚谊》。

续寄一部分《耕堂题跋》（7月10日《羊城晚报》刊发）。

6月，百花文艺出版社出版《孙犁文集》(珍藏本)。文集共8册，分为前编5册,续编3册。前编即百花文艺出版社1981—1982年版，续编收《远道集》《尺泽集》《老荒集》《陋巷集》《无为集》《如云集》6集文章，以及新陆续发现的抗日战争、土改时期的旧作和文集前编未能收编的文稿。续编书末附录张金池《孙犁著作年表续编》《孙犁作品单行、结集、版本沿革年表续编》。

7月

1日，致韩映山信。信末自注：7月1日。载1994年12月16日《天津日报》满庭芳。载《孙犁书札：致韩映山》。

最近只写了一些题跋。希望韩多写，来日方长。

3日，写作杂文《耕堂题跋·簠斋藏镜》。文末自注：1992年7月3日晨。同日又记，又记。

6日，写作杂文《耕堂题跋·古泉丛话》。文末自注：1992年7月6日晨。

9日，致邢海潮信。信末自注：7月9日。

只记得张砚方（已逝）、黄振宗等几个中学同学姓名。

11日，致常跃强信。信末自注：7月11日。载1999年10月20日《天津日报》满庭芳。

回复常7月3日信。认为常的散文写得出神入化，并附读书笔记纸一张。

15日，致韩大星信。信末自注：7月15日，又及。载1993年12月10日《天津日报》满庭芳。

收到韩寄来的几方印。

15日，致卫建民信。信末自注：7月15日。载2014年第2期《新文学史料》。

致他的几封信《随笔》杂志第5期发表。近来又写一些题跋在几家报纸刊登。中国广播电视出版社将出版散文集《孙犁散文》，由吕剑的儿媳妇编辑。

15日，致万振环信。信末自注：7月15日。载《我与孙犁的深情厚谊》。

续寄一部分《耕堂题跋》（8月5日《羊城晚报》刊发）。

28日，致邢海潮信。信末自注：7月28日。署名弟犁。载1993年第1期《长城》。

按照邢提供同班同学名单，只记得3个。天大热，希珍摄。

30日，致万振环信。信末自注：7月30日。载《我与孙犁的深情厚谊》。

续寄《耕堂题跋》4则（9月16日《羊城晚报》刊发）。

8月

1日，致姜德明信。信末自注：8月1日。载《孙犁书札：致姜德明》。

因买的《如云集》书未到，尚未寄出。天津热，为了练笔，6月份只写了十几条题跋。

按：随信寄姜剪报一份，题为《文字最多的藏书印》，录清代藏书家杨继振藏书印，共159字。孙犁注明原载1992年第1期《文献》。

5日，致卫建民信。信末自注：1992年8月5日。载2014年第2期《新文学史料》。

卫来看望次日，康濯夫人王勉思来看望。没找到《契诃夫书信集》。

10日，致徐光耀信。信末自注：8月10日。载《孙犁书札：致徐光耀》。

回复徐7月28日信。看到《长城》杂志上刊登的1964年11月14日照片，很高兴。

10日,致李屏锦信。信末自注:8月10日。载2001年9月28日《天津日报》满庭芳。

10日,致常跃强信,信末自注:8月10日。

12日,写作散文《我的绿色书》。文末自注:1992年8月12日清晨。载《绿叶》杂志。

12日,致韩大星信。信末自注:8月12日。载1993年12月10日《天津日报》。

13日,写作散文《扁豆》,系秋凉偶记之一。文末自注:1992年8月13日清晨,又记。

16日,写作散文《再观藤萝》,系秋凉偶记之二。文末自注:1992年8月16日清晨。

16日,写作散文《后富的人》,系秋凉偶记之三。文末自注:1992年8月16日清晨。

17日,写杂作文《我的"珍贵二等"》。文末自注:1992年8月17日清晨。

24日,致常跃强信,信末自注:8月24日。

寄上给刘先生写的书名,请转给他。

26日,致邢海潮信。信末自注:8月26日。署名弟犁。载1993年第1期《长城》。

看到《今晚报》刊登邢的作品了,仍希望他多寄稿。

26日,致杨栋信。信末自注:8月26日。

9月

4日,致万振环信。信末自注:9月4日。载《我与孙犁的深情厚谊》。

寄上一稿。

5日，致徐光耀信。信末自注：9月5日。载《孙犁书札：致徐光耀》。

回复徐8月21日信。感谢寄来1964年11月14日一张合影。

8日，致韩映山信。信末自注：9月8日。载1994年12月16日《天津日报》。载《孙犁书札：致韩映山》。

劝韩对文坛有些现象不要老生气，写作路子要进行开拓。

8日，致邢海潮信。信末自注：9月8日。

准备把一些致邢信寄给《长城》杂志发表，最能见人性灵的是书信。古人深明此义，故选本多有书简录存。

8日，致卫建民信。信末自注：9月8日。载2014年第2期《新文学史料》。

感谢卫愿意为中国广播电视出版社出版《孙犁散文》帮忙，但孙犁因和他们不熟，尚未向出版社提出请卫帮忙。又写了几篇散文，交给《散文》《绿叶》等。

10日，致徐光耀信。信末自注：9月10日。载《孙犁书札：致徐光耀》。

询问致邢海潮信能否在《长城》杂志刊登。

14日，致常跃强信，信末自注：9月14日。

15日，致姜德明信。信末自注：9月15日。载《孙犁书札：致姜德明》。

换季时容易犯病，心脏也不稳。旧书越来越不易得，新书多但质量差。平时翻翻存的旧书，但这也和字画一样，老玩也就腻了。

15日，致卫建民信。信末自注：9月15日。载2014年第2期《新文学史料》。

欧阳修是个纯净的文人安分的"儒"，宋朝对待文人，还是很宽厚的。陕西人民出版社来组"随笔名人系列"，谢绝了。此前后悔答应南开大学一教授，为河南编"名作家代表作"。请复制《我的"珍贵二等"》寄来。

17日，致徐光耀信。信末自注：9月17日。载1994年第1期《长城》。载《孙犁书札：致徐光耀》。

回复徐14日信。感谢《长城》准备发表一批致邢海潮信。

19日，写作书衣文《宋司马光通鉴稿》。文末自注：1992年9月19日，九馀老人装。载1995年2月15日《天津日报》文艺评论。

按：在《甲戌理书记》。

19日，写作书衣文《宋贤遗翰》。文末自注：1992年9月19日。载1995年2月15日《天津日报》文艺评论。

按：在《甲戌理书记》。

20日，致邢海潮信。信末自注：9月20日。署名弟犁。

24日，致郑法清信。信末自注：9月24日。

29日，致卫建民信。信末自注：9月29日。载2014年第2期《新文学史料》。

请帮买一册《随笔》第5期。

9月，北岳文艺出版社出版《铁木前传》。系"农村百景丛书"之一种。

10月

3日，致徐光耀信。信末自注：10月10日。载《孙犁书札：致徐光耀》。

寄去邢海潮写孙犁的一篇文章，请转给《长城》。

11日，致邢海潮信。信末自注：10月11日。署名弟犁。

告诉邢已经把他写的文章转给《长城》杂志。文集出版后，就寄去一套。

18日，致罗维扬信。信末自注：10月18日。

18日，致常跃强信。信末自注：10月18日。

21日，致鲁承宗信。信末自注：10月21日。署名愚兄孙犁。载1998年6月29日《天津日报》满庭芳。

回复鲁9月24日信。看过鲁发表在1992年9月15日《民盟报》上的《忆耀邦同志》，觉得真实扼要，没有冗文。

22日，致徐光耀信。信末自注：10月22日灯下。载《孙犁书札：致徐光耀》。

寄给徐一幅字。称赞徐在《长城》上的两篇小说好，称赞贾大山小说好，并在读铁凝《他嫂》。

按：《孙犁书札：致徐光耀》把徐光耀11月3日致孙犁信错排为3月11日。

24日，收到姜德明寄来的毛边本《北京乎——现代作家笔下的北京》（上、下册），姜德明编，生活·读书·新知·三联书店1992年2月初版。

25日，致姜德明信。信末自注：10月25日。载《孙犁书札：致姜德明》。

读《北京乎——现代作家笔下的北京》时，是裁页而读，里面有些好文章，对老北京来说，是个梦华录。找了一册毛边本来对照，工艺不一样。

26日，致自牧信。信末自注：10月26日。

把自牧送的书，单独捆在一起了。

11月

2日，致邢海潮信。信末自注：11月2日。署名弟犁。

多写稿，写好后不发表也可以先放着。

7日,致徐光耀信。信末自注:11月7日。载1994年第1期《长城》。载《孙犁书札:致徐光耀》。

回复徐3日信。每年冬天也是心脏不好,希望徐也要注意。看完了铁凝的《他嫂》。

8日,致韩映山信。信末自注:11月8日。载《孙犁书札:致韩映山》。

12日,致万振环信。信末自注:11月12日。载《我与孙犁的深情厚谊》。

谈《如云集》错字。

12日,致萧宜信。信末自注:11月12日。载《凭窗忆语》。

22日,致铁凝信。信末自注:11月22日。

回复铁7日信。谈对《他嫂》的读后感。认为铁凝语言好,有修养。

27日,致郑法清信。信末自注:11月27日。

12月

4日,百花文艺出版社社长郑法清带领李华敏给孙犁送《孙犁文集》珍藏本。

5日,致万振环信。信末自注:12月5日。载《我与孙犁的深情厚谊》。

10日,致吴云信。信末自注:12月10日。载1998年2月21日《天津日报》满庭芳。

回复吴3日信。

16日,致韩映山信。信末自注:12月16日。载《孙犁书札:致韩映山》。

20日,致胡天纯、季涤尘信。信末自注:12月20日。载《文学书事:作家给编辑的信》。

22 日，致鲁承宗信。信末自注：12 月 22 日。载 1998 年 6 月 29 日《天津日报》满庭芳。

今年是大灾之年，病情危急，幸得救治。希鲁也以颐养为主。

26 日，致邢海潮信。信末自注：12 月 26 日。署名弟孙犁。

回复邢 24 日信。两个多月没来信，挂牵邢，向邢的弟弟写信询问。知邢虽受伤但无大碍，方得稍慰。

26 日，致邢江潮信。信末自注：12 月 26 日。

感谢邢江潮告诉邢海潮近况。

> 按：邢江潮，系邢海潮胞弟。

31 日，致卫建民信。信末自注：12 月 31 日。载 2014 年第 2 期《新文学史料》。

《孙犁文集》出版，出版社是竭尽全力的。自己忽然感到"万事大吉"，据乡谚是不吉利的，"自此，我想默默退出文场"。

1993 年　80 岁

1 月

12 日，致姜德明信。信末自注：1 月 12 日。载《孙犁书札：致姜德明》。

问姜是否搬入新居。读《北京乎》，上册收录林庚散文《北平的早晨》，林庚文章写得很好，过去读得不多。

> 按：写此信时临近春节，孙犁特意选了民间艺术泥人《吉庆有余》

信纸。一条大红鱼上，坐一个喜兴的娃娃。

13 日，致铁凝信。信末自注：1 月 13 日。

感谢铁寄来泥塑，保存很好。

27日,致李屏锦信。信末自注:1月27日。载2001年9月28日《天津日报》。

感谢惠赠的日本释圆仁著《入唐求法巡礼行记校注》。

> 按:此书后来写有书衣文。

27日,致李安哥信。信末自注:正月初五。载2008年7月24日《文汇读书周报》。

> 按:信函复印件存李安哥《从未谋面的忘年交——忆孙犁先生给我的来信》一文中。

30日,致卫建民信。信末自注:1月30日。载2014年第2期《新文学史料》。

本来担心春节没人照顾,春节时外地两个女儿来,对自己照顾很好。但写东西确实不想写了,也在谢绝赠阅报刊。《长城》第1期将发表给老同学邢海潮的40多封信。最近在看《入唐行记》。

2月

4日,致韩映山信。信末自注:2月4日。载《孙犁书札:致韩映山》。

告诉韩,写给贾平凹信中引用的病句,出自李国文文章。李写文章攻击。

5日,致邢海潮信。信末自注:2月5日。

回复邢1月23日信。给邢寄去精装版《孙犁文集》。

9日,致姜德明信。信末自注:2月9日。载《孙犁书札:致姜德明》。

所寄来港刊,读后觉得水平似不高,所谈党史、鲁迅,如隔靴搔痒,且多臆断。搬到新居,安置书籍时要从容置之,否则,杂乱无章,今后会破坏雅兴。手下无《芸斋小说》,能否找一册,寄给山西省沁源县杨栋。

10日,致卫建民信。信末自注:2月10日。载2014年第2期《新文学史料》。

不再写作的理由,在给贾平凹和卫的信都说了。

16日,致韩大星信。信末自注:2月16日。

18日,致韩映山信。信末自注:2月18日。载《孙犁书札:致韩映山》。

《太平广记》价值极高,要读一下。最近写东西不多,写了几首诗。这几首诗都抄在信中。

一:写给保姆杨玉珍女儿小珍的字幅

保定风光好,抱阳一亩泉。
莲池多古迹,少年曾流连。
至今不能忘,秀水白衣庵。
往事已成梦,故人散如烟。

二、读《长城》某期小说

小说爱看贾大山,平淡之处有奇观。
可惜作品发表少,一年只见五六篇。

按:1992年10月22日致徐光耀信亦录此诗。

三、写给娄凝先女儿娄向丽的字幅

八年争战成陈迹，故人音容已渺茫。

只有白发存记忆，太行山顶衰草霜。

20 日，致徐光耀信。信末自注：2 月 20 日。载 1994 年第 1 期《长城》。载《孙犁书札：致徐光耀》。

回复徐 17 日信。谈日常养生，并说自己不吃药出名。

21 日，致徐光耀信。信末自注：2 月 21 日。载《孙犁书札：致徐光耀》。

接着昨天的信谈一些话题。文集续编，出现不少纰漏。印书也难了。又录"保定风光好""八年争战成陈迹"二首，但在后一首诗后注明"癸酉（1993 年）春季"四字。

3 月

11 日，致邢海潮信。信末自注：3 月 11 日。署名弟犁。载 1994 年 2 月 28 日《天津日报》。

11 日，致卫建民信。信末自注：3 月 11 日。载 2014 年第 2 期《新文学史料》。

14 日，收到姜德明寄来的信及小报。

15 日，致姜德明信。信末自注：3 月 15 日。载《孙犁书札：致姜德明》。

过去读过梁章钜的《楹联丛话》及《续话》。过去也读过作家李俊民的小说《跋涉的人们》，系育德中学图书管理员王斐然所赠。不知道李俊民就是李守常。有些编辑就闹了笑话。近日觉得健康状况急剧下滑。

15 日，致徐光耀信。信末自注：3 月 15 日晨。载 1994 年第 1 期《长城》。载《孙犁书札：致徐光耀》。

只有老朋友，才能说出知心话。愿意在心情好的时候给徐写信。接着前面的信，续谈一些话题。去年开始给各地亲友写信，不过"八十大寿"，但小型的有实质内容的座谈会是可以的。花钱买名声，耻于干此事，"光耀，我们苦难一生，到了晚年，还争个什么？特别是和'别人'争个什么？那会有什么好处？"要多加保重，少生闲气，看点有趣味的书。

18日，致卫建民信。信末自注：3月18日。载2014年第2期《新文学史料》。

27日，致徐光耀信。信末自注：3月27日。载1994年第1期《长城》。载《孙犁书札：致徐光耀》。

回复徐23日信。周申明同志已经来过，向周说了开会的意见。上封信说的有趣味的书，高雅的如《太平广记》、《阅微草堂笔记》一类，通俗的如《杂纂》（李义山）、《笑林广记》之类。

1993年春天，写作杂文《耕堂题跋·梅村家藏稿》。载1994年3月5日《新民晚报》夜光杯。

> 按：1994年4月8日致段华信："新民登的《梅村家藏稿》，是一篇未完稿，原是想写吴伟业的，病前只写了一半，病后无力续之，就作为题跋发表了。现在已经有很多力不从心的现象。"

4月

1日，致邢海潮信。信末自注：4月1日。署名弟犁。载1994年2月28日《天津日报》满庭芳。

回复邢3月19日、23日信。告诉邢近日身体不好。

4日，致姚恩河信。信末自注：4月4日。

> 按：姚恩河即姚远，孙犁延安鲁艺学生。

4日,致李屏锦信。信末自注:4月4日。载2001年9月28日《天津日报》。

前几年李替亲属求字,当时寄的是小幅,近日忆及,现找出一幅大的寄上。

8日,致姜德明信。信末自注:4月8日。载《孙犁书札:致姜德明》。

感谢姜寄来作品集。学问平时要积累,但生平动荡,积累少。春节后,为宿疾所困,读书、写作都不行。

  按:孙犁此时因大病,身体已经很虚弱了。

13日,写作杂文《耕堂题跋·入唐求法巡礼行记校注》(日本释圆仁)。文前自注:1993年4月13日装。载1994年2月24《新民晚报》夜光杯。

18日,致韩映山信。信末自注:4月18日。载《孙犁书札:致韩映山》。

对病情颇感失去信心。

28日,写作书衣文《何典》。文末自注:1993年4月28日,山东自牧寄赠,贺余80岁生日也。载《书衣文录》(手迹)。

4月,为上海陆灏题字。内容为:"我不会写字,一见好纸就更拘束。这是老毛病了,改也改不掉。只好又把这张信笺糟蹋了。陆灏先生一笑。孙犁1993年4月"。

5月

2日,天津日报社社长邱允盛来看望。身体虚弱,怕冷,但拒绝了邱要报社买电暖气的提议。

3日,作为权宜之计,天津日报社买了一个电热宝送来。

3日,致徐光耀信。信末自注:5月3日。载1994年第1期《长

城》。载《孙犁书札：致徐光耀》。

感谢周良沛寄书。最近身体不好，大女儿从石家庄来照料。《河北日报》刊发了致铁凝信，没有寄报，请复制一份寄来。

8日，致卫建民信。信末自注：5月8日。载2014年第2期《新文学史料》。

婉拒《小说家》发表致卫信函。

中旬，病情开始加重。

中旬，天津日报社向天津市委、天津市委宣传部紧急报告孙犁病情。市委常委刘峰岩批示："孙犁同志是我国著名作家，是宝贵财富。对他的疾病一定要高度重视，目前要抓紧确诊，精心治疗，早日恢复健康"。并说："缺一名市委常委，后备力量有的是，孙犁没了，再没有第二个"。报社也派人与市卫生局、一中心医院联系、沟通。

22日，邱允盛来做住院的思想工作。孙犁仍表示不愿受折腾。

23日，孙晓达告诉邱，孙犁愿意过完生日（26日）去医院。

24日，晚，一人在屋，病情加重，休克。

24日，夜里疼得厉害，决定住院。原定今日去，因大风，又推迟一天。

25日，上午住进天津一中心医院。条件尚可，也就放心了。

其后，医院坚持每天给输液、输血。

26日，农历四月初六，孙犁80岁生日，在医院度过。

6月

2日，中共天津市委副书记李建国专程到医院看望。经过一个多星期补充营养，身体也有好转。吃了医院的四个芙蓉包子。

11日，吃东西又不行。钡餐检查结果，胃的幽门严重梗阻，需要手术。

12日，医院做手术准备，做孙犁思想工作。下午，《今晚报》总编辑李夫也来做工作。孙犁说，不是怕死，是怕折腾。

14日，《天津日报》总编辑吴炳晶到医院看望。报社、一中心医院分别向市委报告孙犁病情。市委副书记李建国批示："同意再请有关专家会诊一次，权衡手术治疗的利弊，务请各方面认真配合"。

15日，一中心医院请天津市肿瘤医院腹部组主任王殿昌会诊。下午，天津日报社召开专题会议，研究对下一步治疗的意见。

16日，孙晓达、邱允盛、李夫、于明堂（一中心医院副院长）研究治疗措施。孙犁仍表示不想手术。天津日报社又向天津市委写报告，请求指示。

17日，李建国在天津日报社16日报告上批示："请一中心医院想方设法全力进行治疗。请德占、立昌、旭东、盛霖同志阅示"。

18日，天津市卫生局组织专家对病情进行第三次会诊。参加的专家有吴咸中、鲁焕章、李庆瑞、于明堂等。吴咸中说有把握手术成功。

19日，上午，李之琏到天津市第一中心医院干部病房看望孙犁。孙晓达、邱允盛、李夫做孙犁思想工作，让他同意手术。

20日，终于同意做手术。

21日，一中心医院着手做手术准备。

22日，李建国到医院听取有关准备工作汇报，然后又专门到病房看望。

下午三点，天津市卫生局主持召开第4次专家会诊会议，确定手术方案，并决定成立医疗抢救小组。会议结束，集体到病房看望。看到这么多专家，孙犁表示有信心。

23日，抢救小组将手术方案上报天津市委，李建国批示："同意，请大家齐心合力，争取最好的治疗效果"。

24日,孙犁胃部手术。李建国8:00到医院。孙犁8:30进手术室,11:05左右出来。一切按计划进行。吴咸中等专家精心给予治疗。

25日,专家会诊,病情稳定。

7月

1日,手术后一周,病情稳定,李建国、吴炳晶到医院看望。

中旬,河北省文联等联合在河北省安新县召开孙犁作品研讨会,共四天。

8月

3日,从天津总医院出院。出院时96斤。其后安心养病。

9月

1日,韩映山、杨润身上午来看望。幽默地告诉他俩说:这次病,差一点见不到了;老杨到医院看我,在病床前恭恭敬敬鞠了个躬,真以为是告别仪式了……

按:杨润身(1923—2020),河北平山县人,天津作协副主席,著有长篇小说《风雨柿子岭》等,参与编剧《白毛女》等。

13日,致邢海潮信。信末自注:9月13日。署名弟犁。载1994年2月28日《天津日报》。

通报自己的病情。

13日,致徐光耀信。信末自注:9月13日。载1994年第1期《长城》。载《孙犁书札:致徐光耀》。

通报自己病情。

15日,致姜德明信。信末自注:9月15日。载《孙犁书札:致姜德明》。

感谢大病手术期间姜的多次来信、赠书。出院已四十多天,仍很虚弱,但饮食大有改观。

15日,致刘梦岚信。信末自注:9月15日。载2004年7月11日《天津日报》。

> 按:大病期间,对刘专程来看望,而没得见面,事后很难过。

16日,致卫建民信。信末自注:9月16日。载2014年第2期《新文学史料》。

通报病情。

19日,致张金池信。信末自注:9月19日。

请张把给刘绍棠的信寄走。

> 按:孙犁染疾手术期间,偏瘫的刘绍棠托段华给孙犁带去信件、4本签名著作、《古寿千幅》1册问候孙犁,祝寿孙犁,孙犁出院后就给刘绍棠回了信。

19日,致刘绍棠信。信末自注:9月19日。载1993年10月8日《天津日报》满庭芳。

感谢寄来的著作四种,《古寿千幅》1册,并通告病情。

> 按:此信发表时附有刘绍棠1993年9月25日致孙犁信。

30日,上午,在阳台上用细砂纸打磨《鲁迅书简》书顶尘污,并为之包衣。

9月,由著名理论评论家陈涌、李希凡等任顾问,程代熙任主编之一的《文艺理论与批评》第五期集中刊登了魏巍、郭志刚、韩映山、周申明四位同志的发言稿,以及评论孙犁艺术成就的文章,报道了7月份在白洋淀举行的孙犁文学活动60周年研讨会概况,并刊发了《生活是文学的源泉,思想是文学的灵魂——祝孙犁同志文学创作60周年》一文。

10 月

1 日，写作杂文《耕堂题跋·鲁迅书简》。文末自注：10 月 1 日上午记。载 1994 年 2 月 24 日《新民晚报》夜光杯。

2 日，致邢海潮信。信末自注：10 月 2 日下午。署名弟犁。载 1994 年 2 月 28 日《天津日报》满庭芳。

回复邢 9 月 18 日信。告知体重现在是 106 斤。

2 日，致段华信。信末自注 10 月 2 日。

通报病情，谈致韩大星信。

> 按：段华把孙犁致韩大星 5 封信抄好，寄给孙犁。孙犁说放一放再发表。后来，信在《作家》杂志、《天津日报》分别发表。

11 日，致赵润民信。信末自注：10 月 11 日。

寄字幅一，酬谢惠赠画册。

12 日，致徐光耀信。信末自注：10 月 12 日。载 1994 年第 1 期《长城》。载《孙犁书札：致徐光耀》。

回复徐 9 日信。同意《长城》发表信，即后来的《孙犁致徐光耀信 9 封》。简述近期身体情况。

13 日，致万振环信。信末自注：10 月 13 日。载《我与孙犁的深情厚谊》。

明年务必停止赠报，不造成浪费。

22 日，致邢海潮信。信末自注：10 月 22 日。载 1994 年 2 月 28 日《天津日报》满庭芳。

最近吃食物，觉得口味大不如从前。育德中学包子，总是南瓜馅，不想吃，"你吃了二年，我吃了六年"。

24 日，致万振环信。信末自注：10 月 24 日。载《我与孙犁的深情厚谊》。

简告病情。

24日，致常跃强信。信末自注10月24日。载1999年10月20日《天津日报》满庭芳。

简述自己的病情。

24日，致杨栋信。信末自注：10月24日。

通告病情。

27日，致韩映山信。信末自注：10月27日。载《孙犁书札：致韩映山》。

简述见面后身体恢复情况。

11月

1日，写作杂文《耕堂题跋·文集珍藏本》。文末自注：1993年11月1日。

12日，写作书衣文《孔子世系》。文末自注：1993年11月12日。载《书衣文录》（手迹）。

养病装书，"系"字误书，究竟老矣。

12日，写作书衣文《挂枝儿·山歌》。文末自注：1993年11月12日，养病无聊，觅书包装消遣。载《书衣文录》（手迹）。

1992年11月，自牧寄赠。

12日，致徐光耀信。信末自注：11月12日下午。载《孙犁书札：致徐光耀》。

回复徐8日信。赏玩文物，一不可太上瘾，二不可花大钱，看书和实物不是一回事。

14日，致邢海潮信。信末自注：11月14日下午。署名弟犁。载1994年2月28日《天津日报》满庭芳。

回复邢7日信。知邢在为百花文艺出版社审校古籍。希望邢多干点活。近日在读周亮工的《赖古堂集》,诗文多凄苦之词;读清人文集甚少,像这样有兴趣,还是首遇。

18日,致高寒青信。信末自注:11月18日。全信如下。

寒青同志:

接到您的来信,非常高兴,也非常感谢!

这几年,我身体一直不好,而又不到医院检查,因此,把病耽误了,以致非常危险,幸遇良医,才转危为安。但究竟年纪大了,手术以后,恢复很慢,现在仍很虚弱。但总的情况是好的,病痛解除了,饮食也很好,希勿念。并望转告令尊,谢谢他对我的关怀。

希望您继续努力,把书读好。

即祝

冬安!

孙犁
(1993年)11月18日

按:高寒青此时在国际关系学院新闻系学习。

23日,致韩映山信。信末自注:11月23日。载《孙犁书札:致韩映山》。

此信写得较长,主要是谈自己受攻击的感受,和对目前文坛的看法。

12月

4日,致邢海潮信。信末自注:12月4日。载1994年2月28日《天津日报》满庭芳。

回复邢11月23日信。希望邢继续为百花文艺出版社校对古籍,略有收入。最近出的辞典多,但有价值者少。近日在读《民国通俗演义》。

10日，致罗维扬信。信末自注：12月10日。

回复罗5月12日信。

13日，致韩映山信。信末自注：12月13日。载《孙犁书札：致韩映山》。

写给韩大星的信，段华复制寄来，前几天在《天津日报》发表了。

13日，致卫建民信。信末自注：12月13日。载2014年第2期《新文学史料》。

写作有困难，一是不看当前文学书报，不知道具体情况不能随便说，二是最近所读如《民国通俗演义》等都是消遣性质。看能否买到中国书店《林琴南文集》。

15日，致邢海潮信。信末自注：12月15日。署名弟犁。载1994年2月28日《天津日报》满庭芳。

回复邢11日信。认为《民国通俗演义》里保存了不少史料。《废都》尚未读，早年曾写文介绍贾平凹散文。寄上杨宪益一首诗，他英文、中文均修养甚深，英文版《风云初记》即其夫人（戴乃迭）翻译。高中时有一英文教师，以为是此公，打听后不是。

> 按：1984年12月15日致姜德明信，请姜代为打听杨宪益是否在育德中学教过英文。经姜面询杨先生，杨回答说没有。
>
> 查育德中学校史资料，有一英文教员叫杨成奇，别号杨杰臣，河北临城人，1906年2月到校任教。

18日，致姜德明信。信末自注：12月18日。载《孙犁书札：致姜德明》。

感谢多次来信。身体逐渐恢复，能看书了。看了张伯驹、郑逸梅的笔记，刘禺生的辛亥革命回忆录，蔡东藩的《民国通俗演义》。

21日，致韩映山信。信末自注：12月21日。载《孙犁书札：

致韩映山》。

1942年在山里入党，参加革命非吕正操用小毛驴接走，提醒韩不要轻易引用别人的话。最近读了《华严金师子章校释》《坛经校释》。

23日，致卫建民信。信末自注：12月23日。载2014年第2期《新文学史料》。

回复中午收到的卫信。谈对林琴南的印象，觉得林文桐城味太浓。

30日，致韩映山信。信末自注：12月30日。载《孙犁书札：致韩映山》。

《容斋随笔》是一部很有价值的书，随笔中的上品。最近在读《阅微草堂砚谱》，是柳溪送的。看在柳溪面子上，当了《纪晓岚全集》的顾问。

31日，致卫建民信。信末自注：12月31日。载2014年第2期《新文学史料》。

仍与卫谈林琴南。解放初期街头林译多，那时无藏书家之念，故与林失之交臂。但听说商务印林译小说起家，印《圣经》也影响深远。由林文，想到读《续古文观止》，读了两天，开卷有益。不知何时可触动情思，即爆发读书乐趣也。近日读《阅微草堂砚谱》，觉得每砚铭文真是不错的古代小品。

12月，百花文艺出版社出版《孙犁散文选集》，金梅编。收入作家不同时期的作品62篇。书前金梅撰写的序言，对作家的人生经历、作品的时代背景、艺术手法、展示的人生哲理、美学理念，作了深刻的剖析，为读者完美地赏析作品提供了有益的帮助。

1994年　81岁

1月

1日，致葛文信。信末自注：(1994年) 元旦。

> 按：葛文寄来一篇写孙犁及其老伴的文章。孙犁提出修改建议，交给《天津日报》发表了。

2日，致刘梦岚信。信末自注：1月2日。载2004年7月11日《天津日报》。

回复刘1993年12月29日信。出院5个多月，身体恢复不错，也练练笔，给朋友们写写信，思路一如往昔，文字也还通顺。

3日，致徐光耀信。信末自注：1月3日。载《孙犁书札：致徐光耀》。

谈身体恢复情况，每天利用书信练笔。

4日，写作书衣文《琉璃厂小志》。文末自注：1994年1月4日。载《书衣文录》（手迹）。

已有一本，北京友人孙桂升又送一本，刘宗武带来。

5日，写作书衣文《说园》。文末自注：1994年1月5日装。载《书衣文录》（手迹）。

北京友人孙桂升赠。此为大病后新添书籍，虽非己购，然爱书之情，似仍未已也。

6日，致邢海潮信。信末自注：1月6日。署名弟犁。载1994年2月28日《天津日报》满庭芳。

知邢体重增加，心情好转，甚感欣慰。

10日，致王爱玲信。信末自注：1月10日。

11日，致徐光耀信。信末自注：1月11日。载《孙犁书札：致徐光耀》。

谈青花瓷。

11日，致卫建民信。信末自注：1月11日。载2014年第2期《新文学史料》。

青年时读书，局限性很大，一心只读革命书，每天啃哲学和经济学，不读张恨水、包天笑等。现在读书，也是拉蔓式。

14日，致姜德明信。信末自注：1月14日。载《孙犁书札：致姜德明》。

姜可在北京逛琉璃厂买旧书，自己却不可能，天津古文化街一次都没有去过。近日，有人送一册《琉璃厂小志》，翻了翻，那里面的记述，都是文献了，社会已经没有了那种基础，也不会再现那种气氛和情调。最近整理旧存，发现捆书的报纸，多为批林批孔的1974年。看一些书，例如涵芬楼《涵芬楼烬余书录》，高级连粉纸线装五册，非常悦目，且便宜，买的时候只合现在的5元钱，但现在的100元也买不到类似质量的好书。

14日，致万振环信。信末自注：1月14日。载《我与孙犁的深情厚谊》。

病得时间长，不了解文坛情况，也不愿再接触，以后看情形再说。给朋友们写信，算是练笔，已经很不错了。

18日，写作书衣文《南明野史》。文末自注：1994年1月18日制此护书，因见此书，近日读过去所购《南明史料》。载《书衣文录》（手迹）。

商务民国十九年排印本，原名《明末五小史》，又名《明季五藩实录》。

记录住院、手术、出院日期，治疗专家。

20日,致卫建民信。信末自注:1月20日。载2014年第2期《新文学史料》。

近来换一些书的包衣,顺便翻翻被换包衣的书。铅印平装或精装的书,书顶尘埃,用砂纸打磨,就能变干净。读书仍然是拉蔓式。

23日,致邢海潮信。信末自注:1月23日。载1994年2月28日《天津日报》满庭芳。

回复邢17日信。寄一字幅,请邢转给人家。近读南明史料。

27日,致卫建民信。信末自注:1月27日。载2014年第2期《新文学史料》。

与卫谈有关晚明著作,认为徐鼒《小腆纪年》等是完善的明末史记。明末清初,的确是一个大动乱的时代。知识分子很难应付得当,非死即降。像钱谦益、吴伟业这些人,是很狼狈的,而顾炎武和归庄却能活下来,是各有各的特殊能力和办法,实在不容易想象了。

29日,致徐光耀信。信末自注:1月29日。载《孙犁书札:致徐光耀》。

昨晚阅读了徐在《人民文学》发表的小说,这种事情,在时代上说,已成逝波;在情感上说,乃是积淀。寄给徐、韩映山的信,希望整理一下,准备发表。

29日,致赵润民信。信末自注:1月29日。

寄字一幅。

29日,写作书衣文《昭陵碑林书法集锦》。文末自注:1994年1月29日。载1995年2月15日《天津日报》文艺评论。

　　按:在《甲戌理书记》。

31日,写作书衣文《寒松阁谈艺琐录》。文末自注:1994年1月31日重装。载《书衣文录》(手迹)。

内有旧题。

1月，河南人民出版社出版《孙犁代表作》，张学正编。共收文127篇。《前言》为张学正所作，书末附《孙犁作品集目录》。

2月

1日，写作杂文《耕堂题跋·明史纪事本末》。文末自注：1994年2月1日，为作一简易书套储之。芸斋记于阳窗下。载1994年2月24《新民晚报》夜光杯。

2日，致郭志刚信。信末自注：2月2日。

通告自己的病情，以及恢复情况，并谈及自己最近整理书籍事宜。

5日，百花文艺出版社张爱乡等来访，言不久张将去河北。

6日，致邢海潮信。信末自注：2月6日。署名弟犁。

回复邢1月31日信。《天津日报》将发表一些致邢信。近来没写文章，不是不能写，而是当今文坛成了是非场所，不想掺和。

7日，致韩映山信。信末自注：2月7日。载《孙犁书札：致韩映山》。

读有关明史著作，明末清初，中国大动乱，时间长，人民真难活下去。

8日，致李安哥信。信末自注：2月8日。载2008年7月24日《文汇读书周报》。

> 按：信函复印件存李安哥《从未谋面的忘年交——忆孙犁先生给我的来信》一文中。

11日，致卫建民信。信末自注：阴历正月初二（2月10日）。载2014年第2期《新文学史料》。

请卫整理病后有关读书的几封信，寄给《文汇读书周报》陆灏同志。

11日，致段华信。信末自注：阴历正月初二（2月11日）。载1994年10月1日《文汇读书周报》。

建议段华不能只编报纸，也要各地多跑跑，才能写好作品。要多读中国古典书，否则也写不好作品。目前正在读明史，包括南明野史，也要段华开一个春节读书的目录给他。

按：段华当时在中华人民共和国林业部中国林业报社工作。

15日，致严建平信。信末自注：元（2）月8日。载2019年7月8日《天津日报》。

去年大病，基本恢复。寄上一稿。

按：此信严建平2月18日收到，2月错写为元月。稿为《耕堂题跋》三则：《入唐求法巡礼行记校注》《鲁迅书简》《明史纪事本末》，1994年2月24日《新民晚报》夜光杯刊出。

16日，致韩映山信。信末自注：2月16日。载《孙犁书札：致韩映山》。

给韩信，以及给徐光耀信，可编排一下在报刊发表。

16日，致徐光耀信。信末自注：2月16日下午4时。载《孙犁书札：致徐光耀》。

回复徐12日信。告诉他又向《人民日报》《新民晚报》投稿了。

17日，致严建平信。信末自注：2月17日。载2019年7月8日《天津日报》。

寄上一稿。

按：稿为《题〈梅村家藏稿〉》。1994年3月5日《新民晚报》夜光杯刊出。

21日，致段华信。信末自注：2月21日。载1994年10月1日《文汇读书周报》。

看到段华来信说读了不少书，很高兴。当作家，一定要多读书。

线装书,买几部玩玩即可。前几天也读了《通志堂集》《赖古堂集》,前者感情不合,后者读得细,写了文章。

23日,致傅正谷信。信末自注:2月23日。载1994年4月18日《天津日报》。

祝贺梦文化研讨会就要召开。梦文化是一种典型的人文科学,梦是一种自然现象,但更是一种意识形态,与文学艺术创作有千丝万缕的联系。

24日,致徐光耀信。信末自注:2月24日。载1995年第4期《长城》。载《孙犁书札:致徐光耀》。

回复徐21日信。最近发表一些信。本不想写什么,但积习难改。

28日,致韩映山信。信末自注:2月28日。载1994年12月16日《天津日报》满庭芳。载《孙犁书札:致韩映山》。

买书和读书不是一回事,买书要实用。可先买前四史读。

3月

1日,致艾东信。信末自注:3月1日。载1995年第4期《长城》。

回复艾2月6日信。感谢《长城》发那么多信。

1日,致常跃强信。信末自注:3月1日。载1999年10月20日《天津日报》满庭芳。

告诉常身体恢复不错,并寄近日习字一小幅留念。

2日,写作书衣文《蜀典》。文末自注:1994年3月2日下午记。载1995年2月15日《天津日报》文艺评论。

> 按:在《甲戌理书记》。

4日,致邢海潮信。信末自注:3月4日。署名弟犁。

近期在读美术理论方面的书。

8日,致徐光耀信。信末自注:3月8日。载1995年第4期《长

城》。载《孙犁书札：致徐光耀》。

谈及在阳台上养花养草。

10 日，致韩映山信。信末自注：3 月 10 日。载《孙犁书札：致韩映山》。

最近随便读书，看一些关于美术的书，写了文章。前几天段华来了，最近他买了不少书。徐光耀身体不好，也要少打扰他。

12 日，致卫建民信。信末自注：3 月 12 日。载 2014 年第 2 期《新文学史料》。

看到《文汇读书周报》上发表的信了，近日写了关于画论的读书笔记，约 6 千字。

13 日，写读书随笔《读画论记》。文末自注：1994 年 3 月 13 日（阴历二月初二）。外面大风，窗前阳光甚暖。至此，本文结束。盖自旧历年后，余开始读书、为文，已近一月矣。载 1994 年 3 月 23 日《天津日报》文艺评论。

> 按：除"引"之外，共有《画法要录》《画论丛刊》《画鉴》《宣和画谱》《画史》《文人画之价值》《石涛画语录》七条。

15 日，致邢海潮信。信末自注：3 月 15 日。署名弟犁。

回复邢 9 日信。想买报上最近宣传的那本外国小说，可找人去买。

> 按：所言外国小说系指《尤利西斯》。当时，人民文学出版社和译林出版社都在出版此书。

15 日，致段华信。信末自注：3 月 15 日。载 1994 年 10 月 1 日《文汇读书周报》。

收到段华寄的报纸，有孙犁题字刊头，很高兴。建议段华也不能只读古书，也要读外国新潮书籍，藉知世界文化现状。编刊物，也要兼收并蓄，采取集纳主义。寄上一个字幅。

按：段华此时到林业部《中国林业报》副刊部工作。

19日，上午10时，滕云、宋安娜、张金池、沈金梅、郑法清、李华敏、刘宗武来家，商量召开孙犁研究会成立事宜。重申：不要拉赞助，其他皆不过问。

19日，写作书衣文《中国书法全集·康梁罗郑卷》。文末自注：1994年3月19日，下午又记。载1995年2月15日《天津日报》文艺评论。载《书衣文录》（手迹）。

北京耿见忠持赠，报以小型石印书《西域水道记》一部四册。此君读书甚多，前途不可限量。文字非小道，文人之趋避亦反映其间。几人合集，乃时代丑净之先后演出。今之青年，不知汉奸为何物，租界为何物，竟然拟议建立租界博物馆。

按：在《甲戌理书记》。

19日，写作书衣文《阅微草堂砚谱》。文末自注：1994年3月19日记。载1995年2月15日《天津日报》文艺评论。

按：在《甲戌理书记》。

20日，致韩映山信。信末自注：3月20日。载《孙犁书札：致韩映山》。

近日写了近8000字的《读画论记》。

25日，致段华信。信末自注：3月25日，大风。载1994年10月1日《文汇读书周报》。

告诉段华：3月23日《天津日报》刊登了近8000字的《读画论记》。《六十种曲》有开明原版。六十名家词，甚至《全宋词》都买了，但没看。《牡丹亭》是因为《红楼梦》推崇，所以买了，上次题字就在里面，但对戏曲并没有研究。张相的《诗词曲语词汇释》很有用，要常翻翻。

25日，致姜德明信。信末自注：3月25日。载《孙犁书札：

致姜德明》。

回复姜 23 日信。各地报刊,近期发了一些信函,借此向朋友们表达身体又好些的信息。23 日《天津日报》刊登了 8000 字的《读画论记》。文化界推崇汉奸的反常现象,除去周(作人)氏,如罗振玉、郑孝胥等,都受青睐。甚至有人拟建租借博物馆。据说是"孕育"出了一种"文化"。近年来印的一些好书,《中国书法全集》就不错,不过,贵一点。

25 日,致潘炳环信。信末自注:3 月 25 日。

回复潘 2 月 21 日信。感谢潘告知谢采江晚年一些情况,在纸上签名,让潘贴到扉页上,算是签名本。

> 按:潘炳环是河北开滦一中教师,潘给孙犁写信,告知孙犁老师谢采江晚年的一些情况。"余初到开滦一中,谢老已退休几年。然亦能时而见之。但弯腰背曲,已老态龙钟矣。不过,精神尚好。常在道上走动,还邮寄信件什么的。(19) 76 年,唐山大地震,仍健在,逝于 80 年代,享年九十有四。其年过花甲,还添贵子,小儿子亦教语文。现在马家沟耐火材料厂中学供职。"孙犁的信和潘炳环的信均见于潘著《天籁之音》,作家出版社 2009 年 6 月版。

29 日,致徐光耀信。信末自注:3 月 29 日。载 1995 年第 4 期《长城》。载《孙犁书札:致徐光耀》。

建议徐买一个康熙大碗。

29 日,写作书衣文《佩文斋书画谱》(一)。文末自注:1994 年 3 月 29 日上午,耕堂识。载《书衣文录》(手迹)。

已购置多年,拟读一过,"上天既不厌其生存,自当努力,余光使其有所辉照也"。

4 月

  4 日，致张学新信。信末自注：4 月 4 日。

  段华寄来的书收到了。

  6 日，致邢海潮信。信末自注：4 月 6 日。署名弟犁。

  8 日，致段华信。信末自注：4 月 8 日。载 1994 年 10 月 1 日《文汇读书周报》。

  照片照得很好，已不带病容。写了画论，本想写书论、史论，不好写，就放下了，现在仍在看书画方面的书。《新民晚报》刊登的《梅村家藏稿》，病前写了一半，病后无力续之，就作为题跋发表了。也准备写关于书法的读书记。再寄一个字幅，内容出自《醉打山门》。

  按：1994 年 3 月，段华专门从北京到天津看望孙犁，拍了不少照片。段华给孙犁寄去几张，孙犁收到后回复此信。

  8 日，致王勉思信。信末自注：4 月 8 日。

  回复王 2 日信。应王勉思请求，题写《康濯纪念集》书名。

  8 日，致万振环信。信末自注：4 月 8 日。载《我与孙犁的深情厚谊》。

  回复万 3 日信。

  10 日，致段华信。信末自注：4 月 10 日。

  托段华给作家周翼南转寄信件，并字一幅。

  10 日，致周翼南信。文末自注：4 月 10 日。

  按：此信及字一幅，由段华挂号寄到武汉市文联。

  15 日，致徐光耀信。信末自注：4 月 15 日。载 1995 年第 4 期《长城》。载《孙犁书札：致徐光耀》。

  市场上大盘（古玩）容易买而大碗难买到。天气暖和了，准备下楼活动。

17日,致段华信。信末自注:4月17日。载1994年10月1日《文汇读书周报》。

也正在读《画禅室随笔》和《艺舟双楫》。《孙可之文集》未读过。买书要有计划,不能滥收。

18日,致梁斌信。信末自注:4月18日。载1994年4月18日《天津日报》。

祝贺梁斌80大寿,祝贺梁斌研究会成立,请老战友接受诚挚的祝贺。

18日,徐光耀、韩映山、段华来看望。谈及文章犀利,说现在也有所顾忌,不能老让孙犁得罪人。李国文连续写文章攻击,忍了很久,写文章反驳。《天津日报》刊登的《读画论记》写了一个星期,说明去年手术后脑力、体力恢复得都不错。

18日,贺敬之来看望。

22日,致万振环信。信末自注:4月22日。载《我与孙犁的深情厚谊》。

寄上书信三件。

　　按:致徐光耀、段华、葛文(5月27日《羊城晚报》刊发)。

26日,致肖复兴信。信末自注:4月26日。

回复肖24日信。写作,文风正已很不易。

28日,致徐光耀信。信末自注:4月28日。载1995年第4期《长城》。载《孙犁书札:致徐光耀》。

谈18日贺敬之、徐光耀、韩映山、段华等看望之事。并谈肖复兴写的文章。

29日,致杨栋信。信末自注:4月29日。

建议杨多读古代大家文集,不要只读小品,另外要看一些历史书。

5月

6日,致罗雪村信。信末自注:5月6日。载2005年7月19日《天津日报》满庭芳。

回复罗4日信。称赞罗肖像画得好、照片照得好。

按:《天津日报》刊发时置此信于1984年,误。

6日,致刘梦岚信。信末自注:5月6日。载2004年7月11日《天津日报》满庭芳。

回复刘4日信。对罗雪村的创作(绘画)很满意,已致函致谢。梁斌研究会成立期间,家里来客人多,很累,现在慢慢恢复了。

7日,致段华信。信末自注:5月7日。

1994年4月18日,徐光耀、韩映山、段华等看望孙犁,段华带的摄影记者拍了四人合影照片。孙犁请段华把照片送到二女儿那里。

7日,致韩映山信。信末自注:5月7日。载《孙犁书札:致韩映山》。

梁斌研究会成立期间,来看的人多,很疲惫。

8日,写作书衣文《历代诗话》(上、下)。文末自注:1994年5月8日重装。载《书衣文录》(手迹)。

内有1974年题词。

11日,致鲁承宗信。信末自注:5月11日。载1998年6月29日《天津日报》满庭芳。

去年生日前一天被迫住进天津总医院,现在恢复不错,自己和朋友们都高兴。最近得知,当年身体很弱的两位老师:谢采江老师活了九十多岁,王斐然老师尚在,可见人的寿命是很乐观的。

15日,致姜德明信。信末自注:5月15日。载《孙犁书札:致姜德明》。

三月份情绪好,所以振作写了一些文章。四月份有干扰,情绪大落,既不读书,也不写作。

16日,81岁生日,一个人吃炸酱面一碗。

16日,致徐光耀信。信末自注:5月16日。载《孙犁书札:致徐光耀》。

回复徐13日信。寄上一幅字(杜甫《悲陈陶》)。今天生日,一个人吃一碗面。《说瓷》之类的书,看着玩即可。

17日,致卫建民信。信末自注:5月17日。载2014年第2期《新文学史料》。

已经能下楼活动。

21日,致韩映山信。信末自注:5月21日。载《孙犁书札:致韩映山》。

身体不好,看不成廊坊一位同志写的《铁木后传》。

> 按:飞雁(张荣春)写的《铁木后传》。

22日,致邢海潮信。信末自注:5月22日。署名弟犁。

回复邢4月12日、5月19日信。三月份情绪好,写了那篇文章(指《读画论记》),四月份有些干扰,且不断有些小病痛。

30日,致徐光耀信。信末自注:5月30日。载1995年第4期《长城》。载《孙犁书札:致徐光耀》。

谈习字,并请转寄贾大山一幅字。

30日,致韩映山信。信末自注:5月30日。载《孙犁书札:致韩映山》。

寄一幅字。

31日,致邢海潮信。信末自注:5月31日。

寄上一幅字,请转项(国成)先生。

6月

3日,致段华信。信末自注:6月3日。载1994年10月1日《文汇读书周报》。

回复段5月31日信。《法书要录》不急着要。身体在逐渐恢复,已下楼活动一个月。诗话读得不多,笔记小说洋洋大观,有价值者少。唐宋佳作较多,元代也较好,明清则太滥。扫叶山房所印书,有收藏价值。《笔记小说大观》可不买,新印校对不善,尤其要慎购。照片包扎好再托人带。另寄一字幅。

4日,写作书衣文《墨巢秘玩·宋人画册》。文末自注:1994年6月4日记,同日记,次日又记。载1995年2月15日《天津日报》文艺评论。

按:在《甲戌理书记》。

4日,写作书衣文《华新罗写景山水册》。文末自注:1994年6月4日记。载1995年2月15日《天津日报》文艺评论。

按:在《甲戌理书记》。

4日,写作书衣文《石涛画东坡时序诗册》。文末自注:1994年6月4日题。载1995年2月15日《天津日报》文艺评论。

按:在《甲戌理书记》。

4日,写作书衣文《石涛山水册页》。文末自注:1994年6月4日记。载1995年2月15日《天津日报》文艺评论。

按:在《甲戌理书记》。

6日,致肖复兴信。信末自注:6月6日。

回复肖3日信。宋元读书记佳作多,现代优秀读书记截止到鲁迅、郑振铎。买一部《四库全书总目提要》是治学有效途径,鲁迅日记书账也可通读一遍。读书中西兼顾为好，中国古籍择要读。

8日，写作书衣文《顾恺之画女史箴》。文末自注：1994年6月8日重装。载1995年2月15日《天津日报》文艺评论。

　　按：在《甲戌理书记》。

8日，写作书衣文《张大千生平和艺术》。文末自注：1994年6月8日下午，卫建民寄赠。载1995年2月15日《天津日报》文艺评论。

　　按：在《甲戌理书记》。

8日，致徐光耀信。信末自注：6月8日。载1995年第4期《长城》。载《孙犁书札：致徐光耀》。

回复徐4日信。谈佛经，以及贾大山寄开列的几本佛经书。

8日，致韩映山信。信末自注：6月8日。载《孙犁书札：致韩映山》。

谈业余养鸟。

9日，张学新来访，带来段华托付的照片。有全身站立，有坐着，有合影。

9日，致段华信。信末自注：6月9日。

可抄来一些信。信中不妥的话，请删去。皆编入给《文汇读书周报》那批信中。最近整理一些书，题了一些字。

17日，致肖复兴信。信末自注：6月17日晨。

回复肖13日信。简单通报身体恢复情况。买书时《书目答问》可以参考。

25日，致肖复兴信。信末自注：6月25日。

回复肖22日信。看了肖在《天津日报》上刊登的散文，写得很真诚，读后很感动。

26日，致徐光耀信。信末自注：6月26日。载1995年第4期《长城》。载《孙犁书札：致徐光耀》。

谈日常身体锻炼。

26日，致邢海潮信。信末自注：6月26日。

两个版本的《尤利西斯》都出版了，赵县买不到的话，可托外地朋友买。

28日，致卫建民信。信末自注：6月28日。载2014年第2期《新文学史料》。

看了一点《民国演义》，每晚听评书《隋唐演义》，并用楷书抄杜甫二首《题壁上韦偃画马歌》《戏题王宰画山水图歌》寄赠卫。

30日，致徐光耀信。信末自注：6月30日。载1995年第4期《长城》。载《孙犁书札：致徐光耀》。

回复徐25日信。徐退休也好，减少事务，安心读书写作。并谈古玩。

7月

4日，致肖复兴信。信末自注：7月4日上午。

看了肖的散文《母亲》《姐姐》，很感动。文章写得好，就能感动人，就是写出了真挚的感情和体验。有些作家感想不多，写的都是空话，虚假的情节，虚假的感情。

12日，致卫建民信。信末自注：7月12日。载2014年第2期《新文学史料》。

感谢寄赠《张大千生平和艺术》一书。

8月

3日，致徐光耀信。信末自注：8月3日。载1995年第4期《长城》。载《孙犁书札：致徐光耀》。

自己的作品，别人一改编，变成了别人的东西。

7日，致韩映山信。信末自注：8月7日。载《孙犁书札：致韩映山》。

12日，致邢海潮信。信末自注：8月12日。署名弟孙犁。

今年天热，把一把蒲扇子摇坏了。请复制一份《河北日报》访问邢的文章来。

14日，致严建平信。信末自注：8月14日。载2019年7月8日《天津日报》。

寄上一稿。

> 按：稿为《当代文事小记》，1994年8月23日《新民晚报》夜光杯刊出。

14日，致傅瑛信。信末自注：8月14日。载1999年5月22日《天津日报》满庭芳。

收到傅瑛10月30日信，谈到去年（1993年）病情。

> 按：8月14日不可能收到10月30日信，疑10（十）月系7（七）月之误，或排印时误植。

15日，写作杂文《"病句"的纠缠》。文末自注：1994年8月15日改讫。载1994年9月2日《羊城晚报》。

15日，致万振环信。信末自注：8月15日。载《我与孙犁的深情厚谊》。

寄上《"病句"的纠缠》（9月2日《羊城晚报》刊发）。

15日，写作杂文《当代文事小记》。文末自注：1994年8月15日。载1994年8月23日《新民晚报》夜光杯。

15日，收到金紫光寄来的有关延安鲁艺的画册。

17日，致姜德明信。信末自注：8月17日。载《孙犁书札：致姜德明》。

回复姜14日信。看到金紫光寄来的鲁艺画册，有不胜今昔之感，

"现在一想到抗日战争,就百感交集"。没装空调,今年把一把保存多年的黑色纸扇子摇得粉碎。

18日,致万振环信。信末自注:8月18日。载《我与孙犁的深情厚谊》。

寄上《"病句"的纠缠》补充一段,作为倒数第2段。

20日,致邢海潮信。信末自注:8月20日。署名弟犁。

收到《河北日报》访问文章。

23日,致卫建民信。信末自注:8月23日。载2014年第2期《新文学史料》。

一直受攻击,就整理一些文稿,投寄《新民晚报》《羊城晚报》等。两个月前让段华抄一些信给《文汇读书周报》,尚未看到刊出,请向该报询问。认为李锐在《中国烹饪》杂志上刊登的《谈苦瓜》写得很好。

25日,致常跃强信,信末自注:8月25日。

《天津日报》要信,请给他们。

28日,致董大中信。信末自注:8月28日。

回复董6月28日信。请董复制台湾报纸刊登的有关孙犁的文章。

28日,致彭荆风信。信末自注:8月28日。

回复彭7月19日信。

30日,致卫建民信。信末自注:8月30日。载2014年第2期《新文学史料》。

仍继续写文章,信笔直书,自觉:如果发表,则不只四面树敌,而是八面树敌。

30日,致罗雪村信。信末自注:8月30日。载2005年7月19日《天津日报》满庭芳。

按:1984年罗雪村尚未与孙犁建立联系,此信应写于1994年,

《天津日报》刊发时植年份为1984年，误。《孙犁文集》补订版置此信于1995年，彼时孙犁已经病得严重，不能写信了，误。

30日，致韩映山信。信末自注：8月30日。载《孙犁书札：致韩映山》。

9月

1日，写作杂文《文场亲历记摘抄》。文末自注：1994年9月1日抄。载1994年9月14日《新民晚报》夜光杯。

> 按：内文含三则短文：《又一次文过》《罪名种种》《"老说告退，又死盯着文坛"》。

2日，写作杂文《我和青年作家——文场亲历记摘抄》。文末自注：1994年9月2日抄。载1994年9月27日《羊城晚报》。

2日，致严建平信。信末自注：8（9）月2日。载2019年7月8日《天津日报》。

寄上一稿。

> 按：严建平9月8日收到此信，9月误写为8月。稿为《文场亲历记摘抄》，1994年9月14日《新民晚报》刊出。

3日，写作杂文《我与文艺团体——文场亲历记摘抄》。文末自注：1994年9月3日抄。载1994年9月25日《新民晚报》夜光杯。

4日，写作杂文《我观文学奖》。文末自注：1994年9月4日下午抄。载1994年10月25日《新民晚报》夜光杯。

4日，致严建平信。信末自注：8（9）月4日。载2019年7月8日《天津日报》。

寄上一稿。

> 按：9月误写为8月。稿为《我与文艺团体——文场亲历记摘抄》，1994年9月25日《新民晚报》夜光杯刊出。

5日,致卫建民信。信末自注:9月5日。载2014年第2期《新文学史料》。

又写了《文场亲历记摘抄》四篇,实在是忍无可忍,进行反击。

6日,致李屏锦信。信末自注:9月6日。载2001年9月28日《天津日报》。

感谢寄来共和国长篇小说经典丛书。

9日,致韩映山信。信末自注:9月9日。载《孙犁书札:致韩映山》。

李国文一直写攻击文章,忍无可忍,就写了反击李国文的文章。

19日,写作杂文《反嘲笑》。文末自注:1994年9月19日改讫。载1994年10月10日《羊城晚报》。

19日,致徐光耀信。信末自注:9月19日。载1995年第4期《长城》。载《孙犁书札:致徐光耀》。

寄给徐《"病句"的纠缠》《当代文事小记》。

20日,写作杂文《作家的文化》。文末自注:1994年9月20日。

21日,致万振环信。信末自注:9月21日。载《我与孙犁的深情厚谊》。

寄上《我和青年作家》(9月27日《羊城晚报》刊发)。

24日,致姜德明信。信末自注:9月24日。载《孙犁书札:致姜德明》。

买旧书的人多,既说明人们喜欢,也说明旧书物以稀为贵了。

28日,写作杂文《来函照登》。文末自注:9月28日。

对《"病句"的纠缠》里"我写给贾平凹的那封短信"改为"我举出病句的那封短信",以免没有读过那封信的读者发生误会。

按:尊重孙犁意见,此函《羊城晚报》后来未刊登。

28日,致万振环信。信末自注:9月28日。载《我与孙犁的深情厚谊》。

寄上《"病句"的纠缠》"来函照登"。如果风头已过,可不刊登。

30日,致邢海潮信。信末自注:9月30日。署名弟孙犁。

今年夏天奇热,传说冬天会奇冷,希望邢早日做准备。

30日,致罗维扬信。信末自注:9月30日。

10月

1日,致严建平信。信末自注:10月1日。载2019年7月8日《天津日报》。

《当代文事小记》被《文艺报》等多家报刊转载。再寄上一稿。

> 按:稿为《我观文学奖》,1994年10月25日《新民晚报》夜光杯刊出。

3日,致刘梦岚信。信末自注:10月3日。

寄上一稿。

5日,致卫建民信。信末自注:10月5日。载2014年第2期《新文学史料》。

新写的稿件,寄给《新民晚报》等。卫所记逛琉璃厂买书文章,很有趣。

10日,致段华信。信末自注:10月10日。

回复段7日信。《文汇读书周报》已经刊出信件,版式好,写的短文也好。上次在《中国林业报》的"森林"副刊化名写的散文也好。地方志书,日本人当年持手杖丈量购买,因当时国内不重视。但地方志修志水平不一定高,也难有重大事迹可写。

10日,致邢海潮信。信末自注:10月10日。署名弟犁。

知邢冬季取暖已准备就绪,甚慰。自己也是一个人生活,很多事情难应付。

11日，致姚恩河信。信末自注：10月11日。

11日，写作书衣文《沉吟楼诗选·附广阳诗集》。文末自注：1994年10月11日，山东姚恩河寄赠。久未得书，即整治之，兼听评书。载《书衣文录》（手迹）。

11日，写作书衣文《冷庐医话》。文末自注：近日以此为事，已近一月矣。1994年10月11日。载《书衣文录》（手迹）。

15日，致徐光耀信。信末自注：10月15日。载1995年第4期《长城》。载《孙犁书札：致徐光耀》。

17日，致万振环信。信末自注：10月17日。载《我与孙犁的深情厚谊》。

写几篇文稿，反击人家的攻击，非好斗之人，实在忍无可忍，才略微反击一下。至此，告一段落，再写则近无聊。

19日，写作书衣文《世说新语》。文末自注：1994年10月19日。今日晴暖，制此书套，并晒衣被。载1995年2月15日《天津日报》文艺评论。

> 按：在《甲戌理书记》。

21日，写作书衣文《法书要录》。文末自注：1994年10月21日。载2004年1月6日《天津日报》满庭芳。载《书衣文录》（增订版）。

> 按：1994年6月3日致段华信："《法书要录》不是要紧用的书，不必急着找。什么时候遇见，记着买一册就是了"。此信在《文汇读书周报》发表后，天津市总工会秦建中寄赠此书。

23日，致邱允盛信。信末自注：1994年10月23日。

11月

1日，致万振环信。信末自注：11月1日。载《我与孙犁的深情厚谊》。

某人写一篇访问孙犁的文章,寄给万。万先寄给孙犁看,回复:"此稿所记多不实,可不用"。

2日,致徐光耀信。信末自注:11月2日。载1995年第4期《长城》。载《孙犁书札:致徐光耀》。

寄上《我和青年作家》。

2日,致刘梦岚信。信末自注:11月2日。载2004年7月11日《天津日报》。

10日,致严建平信。信末自注:11月10日。载2019年7月8日《天津日报》。

询问《我观文学奖》是否刊登。

11日,致董大中信。信末自注:11月11日。

感谢复制台报文章。

12日,致鲁承宗信。信末自注:11月12日。

18日,致周翼南信。信末自注:11月18日。

19日,致邢海潮信。信末自注:11月19日。

知邢关心自己遭他人攻击之事,就寄去写的反击文章。住处暖气时常出故障。

26日,写作书衣文《两般秋雨庵随笔》。文末自注:1994年11月26日午后记,边听评书。载1995年5月22日《天津日报》文艺评论。载《书衣文录》(手迹)。

此纨绔子弟之作,流于肤浅,随园也陷于浅薄。商务排印本《宋元小说大观》,皆为有政治经验之名家所作,有益于人生,明清之作能与之比者寥寥。随笔也是一代不如一代。

最近听了《水浒传》《杨家将》《隋唐演义》三部评书,又读隋唐正史,欲知后者之结构也。

按:在《理书续记》。

27日,致韩映山信。信末自注:11月27日。载《孙犁书札:致韩映山》。

写了反击文章之后,就没再写什么。

12月

1日,写作书衣文《鲁岩所学集》。文末自注:1994年12月1日下午。载1995年5月22日《天津日报》文艺评论。

> 按:在《理书续记》。

3日,写作书衣文《铁桥漫稿》。文末自注:1994年12月3日。载1995年2月15日《天津日报》文艺评论。

> 按:在《甲戌理书记》。

4日,写作书衣文《增广入幕须知十种》。文末自注:1994年12月4日。载《书衣文录》(手迹)。

本想处理的书,现在又包上书皮了。

5日,写作书衣文《古泉丛书》(上、下)。文末自注:1994年12月5日。载1995年2月15日《天津日报》文艺评论。载《书衣文录》(手迹)。

幼年时用铜钱,现在身边却一个都没有,而有关于古钱的书6种。

> 按:在《甲戌理书记》。

5日,写作书衣文《十国春秋》。文末自注:1994年12月5日。载1995年2月15日《天津日报》文艺评论。

> 按:在《甲戌理书记》。

7日,致彭荆风信。信末自注:12月7日。

回复彭11月26日信。彭要来看望,告诉其地址。

12日,致徐光耀信。信末自注:12月12日。载1995年第4期《长

城》。载《孙犁书札：致徐光耀》。

最近在糊书套，听评书。如有余力，想编一本《书套文存》。也听评书。

12日，致邢海潮信。信末自注：12月12日。署名弟孙犁。

问邢是否认识张舜徽。

12日，致董大中信。信末自注：12月12日。

13日，写作书衣文《牧斋初学集》。文末自注：1994年12月13日晨，修理《牧斋初学集》，砚有余墨，袋有碎纸，乃题数语，贴于卷首。载1995年2月15日《天津日报》文艺评论。

晚上听广播，知姚依林逝世，1945年在北方局组织部见过面，今晋察冀故人，凋谢殆尽，山川草木，已非旧颜，回首当年，不禁老泪之纵横矣。

按：在《甲戌理书记》。

13日，致卫建民信。信末自注：12月13日。载2014年第2期《新文学史料》。

14日，写作书衣文《如来应化事迹》。文末自注：1994年12月14日。载《书衣文录》（手迹）。

光绪二十三年石印本。上海古籍印行此书，姜德明来信劝买，彼不知已有一本。

15日，写作书衣文《定香亭笔谈》（第1册—第4册）。文末自注：1994年12月15日记。载1995年2月15日《天津日报》文艺评论。

按：在《甲戌理书记》。

16日，致杨栋信。信末自注：12月16日。

16日，致卫建民信。信末自注：12月16日。载2014年第2期《新文学史料》。

九月份以来，写文章少，但在整理旧书。

20日，写作书衣文《扬州画舫录》。文末自注：1994年12月20日下午。此本虽非初印本，然亦不易得矣。载1995年2月15日《天津日报》文艺评论。

  按：在《甲戌理书记》。

21日，写作书衣文《茶香室丛钞》。文末自注：1994年12月21日，重装《茶香室丛钞》后记。载《书衣文录》（手迹）。

  读序言"老怀索寞，宿疴时作……"句，有同悲。

23日，致卫建民信。信末自注：12月23。载2014年第2期《新文学史料》。

  林纾此人能文能画，收入颇丰，译法国小说，文思敏捷。

28日，致罗雪村信。信末自注：12月28日。载2005年7月19日《天津日报》满庭芳。

  按：1984年罗雪村尚未与孙犁建立联系，此信应写于1994年，《天津日报》刊发时植年份为1984年，误。《孙犁文集》补订版置此信于1995年，彼时孙犁已不能写字，不可能写信，误。

31日，致卫建民信。信末自注：12月31日。载2014年第2期《新文学史料》。

  又谈到林纾文章，读书计划问题，谈纪晓岚，认为纪氏在砚铭写作上，较之皇皇大文，尤为明显，是可贵的古代小品。

1994年（甲戌），写作书衣文《粤东笔记》。文末自注：甲戌。载1995年2月15日《天津日报》文艺评论。

  按：在《甲戌理书记》。

1994年（甲戌），写作书衣文《妙香室丛话·屑玉丛谈》。文末自注：甲戌。载1995年2月15日《天津日报》文艺评论。

  按：在《甲戌理书记》。

1994年（甲戌），写作书衣文《明夷待访录》。文末自注：甲戌冬为作一简易书套,并题书签。载1995年2月15日《天津日报》文艺评论。

　　按:在《甲戌理书记》。

1994年(甲戌),写作书衣文《湘军记》。文末自注:甲戌冬月。载1995年2月15日《天津日报》文艺评论。

　　按:在《甲戌理书记》。

1994年(甲戌),写作书衣文《秦淮广记》。文末自注:甲戌。载1995年2月15日《天津日报》文艺评论。

　　按:在《甲戌理书记》。

1994年(甲戌),写作书衣文《庸闲斋笔记·柳南随笔》。文末自注:甲戌冬。载1995年2月15日《天津日报》文艺评论。

　　按:在《甲戌理书记》。

1994年(甲戌),写作书衣文《知不足斋丛书》(第3集)。文末自注:甲戌。载1995年2月15日《天津日报》文艺评论。

　　按:在《甲戌理书记》。

1994年(甲戌),写作书衣文《清人考订笔记》。文末自注:甲戌。载1995年2月15日《天津日报》文艺评论。

　　按:在《甲戌理书记》。

1994年(甲戌),写作书衣文《涵芬楼秘笈》(一、二、三、七集)。文末自注:甲戌。载1995年2月15日《天津日报》文艺评论。

　　按:在《甲戌理书记》。

1994年(甲戌),写作书衣文《蜀碧》。文末自注:甲戌。载1995年2月15日《天津日报》文艺评论。

　　按:在《甲戌理书记》。

1994年,致张金池信。失去写作月日。署名犁。

要把发表的一些信稿酬给邢海潮一半。

12月，上海文艺出版社出版《孙犁诗意小说》，郭志刚选编。共收入15篇短篇小说。

12月，北岳文艺出版社出版《孙犁传——走出荷花淀》，"作家艺术家文学传记丛书"之一种，管蠡（郑法清）著，1994年第12月第2版。

1995年　82岁

1月

2日，致韩映山信。信末自注：1月2日。载《孙犁书札：致韩映山》。

徐光耀身体也不好，希望韩注意保养，劳逸结合。段华最近买书很大方，藏书丰富，学识也日有长进。北京书源多，逛书市也是长知识的好办法，保定就不行。

2日，致卫建民信。信末自注：1月2日。载2014年第2期《新文学史料》。

劝慰卫建民工作换换方式也好，多旅行。

2日，致段华信。信末自注：1月2日。

嘱咐段华安心养病。编了一个简单书目，实在不行，复制几份，分赠爱书的朋友。

15日，致徐光耀信。信末自注：1月15日。载1995年第4期《长城》。载《孙犁书札：致徐光耀》。

称赞徐在《当代人》杂志发表的书法作品。并寄剪报《我和青年作家》《作家的文化》。

24日，致彭荆风信。信末自注：1月24日。

25日,致李安哥信。信末自注:1月25日。

26日,致刘梦岚信。信末自注:1月26日。载2004年7月11日《天津日报》满庭芳。

写访问记,要多读人家的著作,别人写的不一定可靠,因为别人写的时候就有他的主观在里面了。要多读点书。

29日,整理完《甲戌理书记》。共有《佩文斋书画谱》等31条。文末自注:1995年1月29日上午抄讫。载1995年2月15日《天津日报》文艺评论。

> 按:这是孙犁病后,第一次大规模整理、写作文章。根据各条具体写作时间,已经按日期分散罗列。

30日,写作杂文《〈曲终集〉后记》。文末自注:1995年1月30日上午。载1995年3月6日《人民日报》。

31日,致卫建民信。信末自注:大年初一上午(1月31日上午)。载2014年第2期《新文学史料》。

信中提到把去年整理书的文字抄了一下,定题为《甲戌理书记》。编好的集子定名为《曲终集》,昨天写好了后记。

> 按:卫建民整理信件,和《新文学史料》发表时此信置于1991年,误。

31日,致刘梦岚信。信末自注:1月31日。

寄上一稿。

2月

4日,写作散文《记秀容》。文末自注:1995年2月4日上午。载1995年2月19日《羊城晚报》。

5日,致万振环信。信末自注:2月5日。载《我与孙犁的深情厚谊》。

寄上《记秀容》(2月19日《羊城晚报》刊发)。

> 按:这是孙犁寄给《羊城晚报》的最后一篇稿件。

11日,致徐光耀信。信末自注:2月11日。署名犁。载1995年第4期《长城》。载《孙犁书札:致徐光耀》。

《曲终集》已经交给百花文艺出版社,后记给了《人民日报》。

12日,致邢海潮信。信末自注:2月12日。署名弟犁。

前信只是问问张舜徽,无关紧要。

15日,发表《甲戌理书记》。文末自注:1995年1月29日上午抄讫。载1995年2月15日《天津日报》文艺评论。

> 按:共收《定香亭笔谈》等27条,另附录《宋司马光通鉴稿》《宋贤遗翰》二种。各条亦以写作时间分列。

18日,写作书衣文《吾学录初编》。1995年4月6日晨抄写。载1995年7月17日《天津日报》文艺评论。

> 按:在《理书三记》。

21日,写作杂文《读〈清代文字狱档〉记》,共有《前言》《谢济世著书案》《王肇基献诗案》三条。《前言》文末自注:1995年2月21日记。载2004年1月6日《天津日报》满庭芳。

22日,写作书衣文《海上花列传》。文末自注:乙亥正月十四日(1995年2月22日)。载《书衣文录》(增订版)。

此下流小说。

22日,写作书衣文《品花宝鉴》(上、下)。文末自注:1995年2月22日。载2004年1月6日《天津日报》满庭芳。载《书衣文录》(增订版)。

新潮作品不足以征服群众,故而请出这些作品作为文化食粮,可叹。

23日,写作书衣文《清代文字狱档》(共9册)。文末自注:

乙亥正月十四日。载 2004 年 1 月 6 日《天津日报》满庭芳。

当天在书衣上写旧体诗一首，全诗为：

血泪斑斑文字狱，自投罗网尤可悲。
刑部文书今得见，欲加之罪总有词。
消息多因小人报，文人处世应细思。

文人自古多冤孽，展卷犹闻拷掠声。
诗词不过一纸轻，祸发即能倾万家。
鲁翁曾经称此书，九卷原印尤难得。

25 日，致徐光耀信。信末自注：2 月 25 日。载 1995 年第 4 期《长城》。载《孙犁书札：致徐光耀》。

回复徐 27 日信。贾大山小说让人爱读，如同没有污染的棒子面，让人爱吃。

> 按：此信写于 25 日，却是回复 27 日信，不可能也。似是回复 17 日信。贾大山小说指 1995 年第 1 期《长城》所载《梦庄记事》等 7 个短篇。

3 月

4 日，写作书衣文《曹丕集校注》。文末自注：1995 年 3 月 4 日上午，吴云代赠。载 2004 年 1 月 6 日《天津日报》满庭芳。载《书衣文录》（增订版）。

包书纸系《人民日报》刘梦岚携来大样纸，且有自己作品剪下后的缺口。

6 日，致徐光耀信。信末自注：3 月 6 日。载 1995 年第 4 期《长城》。载《孙犁书札：致徐光耀》。

不再改《曲终集》书名。正整理信件，拟出书信集。

6日，致刘梦岚信。信末自注：3月6日。载2004年7月11日《天津日报》满庭芳。

回复刘3日信。

14日，写作书衣文《李文忠公外部函稿》。文末自注：1995年3月14日记。载1995年5月22日《天津日报》文艺评论。

> 按：在《理书续记》。1976年2月1日曾修整。

14日，致徐光耀信。信末自注：3月14日下午。载1995年第4期《长城》。载《孙犁书札：致徐光耀》。

回复徐11日信。编书信集，还是一个想法。先慢慢自己编。

21日，致邢海潮信。信末自注：3月21日。署名弟犁。

寄来文章已经转交《天津日报》。近来牙齿及睡眠皆不佳，颇影响精神及身体。

22日，写作书衣文《章氏丛书续编》。文末自注：1995年3月22日。载1995年5月22日《天津日报》文艺评论。

> 按：在《理书续记》。

22日，写作书衣文《〈品花宝鉴〉等新印本》。文末自注：1995年3月22日。载1995年5月22日《天津日报》文艺评论。

> 按：在《理书续记》。

23日，写作书衣文《金石学录》。文末自注：1995年3月23日上午。载1995年5月22日《天津日报》文艺评论。

> 按：在《理书续记》。

23日，写作书衣文《金石文钞》。文末自注：1995年3月23日上午记，24日又记。载1995年5月22日《天津日报》文艺评论。

> 按：在《理书续记》。

24日，再写作书衣文《金石文钞》。文末自注：1995年3月24日记。载1995年5月22日《天津日报》文艺评论。

按：在《理书续记》。

25日，写作书衣文《古刻丛钞》。文末自注：1995年3月25日下午记。载1995年5月22日《天津日报》文艺评论。

按：在《理书续记》。

25日，致韩映山信。信末自注：3月25日。载《孙犁书札：致韩映山》。

收到韩寄来的《孙犁的人品和作品》，感到高兴。

按：这是目前所知，孙犁致韩映山最后一封信。在韩生前，段华打电话给韩，说好久没收到孙犁的信了，韩回答说也好久没收到信了。《孙犁的人品和作品》，韩映山著，大众文艺出版社1995年1月出版。

6日，致韩映山信。载《孙犁书札：致韩映山》。

按：此信失去写信年份。在《孙犁书札：致韩映山》中列在最后一页。暂置于此，写作年份待考。

3月，中国广播电视出版社出版《孙犁散文》（上、中、下三册），连云飞、潘陆阳编。

4月

2日，致徐光耀信。信末自注：4月2日上午。载1998年11月22日《天津日报》满庭芳。载《孙犁书札：致徐光耀》。

回复徐3月30日信。入春以来，睡眠不好。有时看看金石方面的书。

4日，写作书衣文《爱晚庐随笔》。文末自注：1995年4月4日上午。载1995年5月22日《天津日报》文艺评论。

按：在《理书续记》。

4日，写作书衣文《吴组缃材料》。文末自注：1995年4月4日上午。载1995年5月22日《天津日报》文艺评论。

按：在《理书续记》。

5日，写作书衣文《丁戊稿》。文末自注：1995年4月5日上午。载1995年7月17日《天津日报》文艺评论。

已经在《书衣文录》写过一次。这次记述该书开卷有倬庵藏书票一枚，毛边朱色印制，栏目是部、类、书名等，曾经想学着做藏书票，因"文化大革命"风暴未能如愿。内有关于王国维材料四篇，已经写文评论过。此书印制错讹甚多，罗氏已有校记，附于书后。但原书拥有者，已在书上细心逐个改正。

按：在《理书三记》。《丁戊稿》，《天津日报》初刊时误植《丁戌稿》，以后各版本收录时皆误植。《丁戊稿》，罗振玉著，罗氏对金石考证与跋语，民国十六年（1927年）东方学会活字印刷。

5日，写作书衣文《碧声吟馆谈麈》。文末自注：1995年4月5日上午。载1995年7月17日《天津日报》文艺评论。

按：在《理书三记》。

6日，写作书衣文《吾学录初编》。文末自注：1995年4月6日晨抄。载1995年7月17日《天津日报》文艺评论。

按：在《理书三记》。1995年2月18日曾题该书。

8日，致姜德明信。信末自注：4月8日。载《孙犁书札：致姜德明》。

姜异域探亲归国，甚慰。中老年人在异域，一为语言不通，二为无书可读。寄一个剪报，《天津日报》宋安娜所写《孙犁青少年时期三篇作品被发现》。近读碑帖及金石之书。

9日，致段华信。信末自注：4月9日。

祝贺段华新婚之喜,并赠一字幅。电话中说的《师门五年记》《素月楼联话》不必急着买。寄来的韩映山的书收到了,他也寄来一本。

  按:上述二书段华后来都在京买到,给孙犁寄去了。韩映山书指《孙犁的人品和作品》。此信系1995年5月2日,段华携新婚妻子到天津专门看望孙犁,孙犁当面交给段华。

10日,写作书衣文《北隅掌录》。文末自注:1995年4月10日上午。载1995年7月17日《天津日报》文艺评论。

  按:在《理书三记》。

10日,写作书衣文《续汇刻书目》。文末自注:1995年4月10日下午,雨。载1995年7月17日《天津日报》文艺评论。

  按:在《理书三记》。

11日,写作书衣文《直斋书录解题》。文末自注:1995年4月11日上午。载1995年7月17日《天津日报》文艺评论。

  按:在《理书三记》。

11日,写作书衣文《言旧录》。文末自注:1995年4月11日下午,风。载1995年7月17日《天津日报》文艺评论。

  按:在《理书三记》。

12日,写作书衣文《阮庵笔记》。文末自注:1995年4月12日上午。载1995年7月17日《天津日报》文艺评论。

光绪丁未,锲于白门,南方邮购。过去的书籍,没有广告;目前的书刊却是花花绿绿都是广告,形象丑恶,语言污秽。这些往日的线装书,则是一片净土,一方绿地。

  按:在《理书三记》。

12日,写作书衣文《野记》。文末自注:1995年4月12日上午。载1995年7月17日《天津日报》文艺评论。

向不喜明人文章,明人文章多才子气,才子气即浅薄气,亦即流氓气，与时代社会有关。近日中国文坛，又有此气氲发生，流氓浅薄之作甚多，社会风气堕落，必有此结果也。

  按：在《理书三记》。1975年已经题写过一次。

13日，写作书衣文《辽居稿》。文末自注：1995年4月13日上午。载1995年7月17日《天津日报》文艺评论。

  按：在《理书三记》。

14日，写作书衣文《使西日记》。文末自注：1995年4月14日下午。载1995年7月17日《天津日报》文艺评论。

  按：在《理书三记》。

14日，写作书衣文《忠王李秀成自述校补本》。文末自注：1995年4月14日。载1995年7月17日《天津日报》文艺评论。

  按：在《理书三记》。

18日，写作书衣文《秦輶日记》。文末自注：乙亥三月（1995年4月18日）。载1995年9月11日《天津日报》文艺评论。载《书衣文录》（手迹）。

近日理书，检及书上文字，方知已经读过。

  按：在《理书四记》。

20日，写作书衣文《郭天锡手书日记》。文末自注：1995年4月20日中午。载1995年9月11日《天津日报》文艺评论。

  按：在《理书四记》。

22日，致邢海潮信。信末自注：4月22日。署名弟犁。

今年春寒，仍坚持清晨下楼散步半小时。近读《参考消息》写张学良幽禁岁月一文，内有"曾是寂寥金烬暗，断无消息石榴红"引句，不知邢是否知道出处。

  按：孙犁所询诗句出自唐代诗人李商隐《无题·凤尾香罗薄几重》。全诗为：

凤尾香罗薄几重，碧文圆顶夜深缝。
扇裁月魄羞难掩，车走雷声语未通。
曾是寂寥金烬暗，断无消息石榴红。
斑骓只系垂杨岸，何处西南任好风。

24日，写作书衣文《汪悔翁乙丙日记》。文末自注：1995年4月24日上午。载1995年9月11日《天津日报》文艺评论。

对汪士铎这个名士不以为然。

按：在《理书四记》。

26日，写作书衣文《翁文恭公军机处日记》。文末自注：1995年4月26日上午。载1995年9月11日《天津日报》文艺评论。

按：在《理书四记》。

27日，写作书衣文《三愿堂日记》。文末自注：1995年4月27日上午。载1995年9月11日《天津日报》文艺评论。

按：在《理书四记》。

27日，写作书衣文《西征日记》。文末自注：1995年4月27日下午。载1995年9月11日《天津日报》文艺评论。

按：在《理书四记》。

29日，致周翼南信。信末自注：4月29日。

4月，汪曾祺发表电影文学剧本《炮火中的荷花》。剧本系根据孙犁小说改编。载1995年第4期《电影创作》。

5月

2日，段华、陈政政夫妇专门从北京来看望。送段、陈一幅字祝贺。谈陈工作单位北京友谊医院。友谊医院，原名红十字医院，孙犁在20世纪50年代在此养过病。1984年5月7日,孙犁写作《红十字医院》记述此间经历。

3日,致徐光耀信。信末自注:5月3日。载1998年11月22日《天津日报》满庭芳。载《孙犁书札:致徐光耀》。

仍然说睡眠不好。询问徐近来如何。

3日,致鲁承宗信。信末自注:5月3日。载1998年6月29日《天津日报》。

觉身体比去年此时略差,主要是睡眠不好,咀嚼不好。

5日,致段华信。信末自注:5月5日。

收到段华寄来的影印书二种(上海古籍出版社版《溉堂集》等)。习字,买一些字帖看看,练就好。

7日,写作书衣文《越缦堂日记补》。文末自注:1995年5月7日。载1995年9月11日《天津日报》文艺评论。

按:在《理书四记》。

9日,写作书衣文《郭嵩焘日记》。文末自注:1995年5月9日上午。载1995年9月11日《天津日报》文艺评论。

按:在《理书四记》。

9日,写作论文《日记总论》。文末自注:1995年5月9日耕堂记。载1995年9月11日《天津日报》文艺评论。

15日,早上下楼,又感风寒。其后,身体健康状况急剧下降。从此停止文学创作。

18日,致徐光耀信。信末自注:5月18日。载1998年11月22日《天津日报》满庭芳。载《孙犁书札:致徐光耀》。

谈古玩及养生,并谈及理书记。

按:这是目前所知孙犁致徐光耀最后一封信,写得比较长。谈《宣德鼎彝谱》,宣德炉等。并告知徐《天津日报》发表理书记。

18日，致姜德明信。信末自注：5月18日。

写了《甲戌理书记》及续记、三记、四记，共三万字，皆在《天津日报》发表。近出版界争相出版通俗读物及白话翻译古典书，是文化逐渐下降的反映。《如来应化事迹》，有一新中国成立前石印本，艺术价值不高。

18日，致邢海潮信。文末自注：5月18日。

花山文艺出版社李屏锦来，要走邢的地址，可请邢审阅古典书稿（获得报酬）。

22日，发表《理书续记》。载1995年5月22日《天津日报》。

> 按：共有《两般秋雨庵随笔》等10条。已按各条写作日期分散罗列。

24日，致万振环信。信末自注：5月24日。载《我与孙犁的深情厚谊》。

收到万著《老屋的荒凉》。

"'谈话'无内容，可不发表"。

> 按："谈话"，指山西一同志所写孙犁访问记，投寄给万，万先寄给孙犁征求意见。这是致万振环最后一封信。

25日，致邢海潮信。信末自注：5月25日。

回复邢18日信。感谢常君指出"曾是寂寥金烬暗"出处和写出全诗。另有梁启超文章引"日落狐狸眠冢上，夜归儿女笑灯前"是否知道出处。

> 按："日落狐狸眠冢上，夜归儿女笑灯前"出自宋代高翥《清明日对酒》。全诗为：

南北山头多墓田，清明祭扫各纷然。
纸灰飞作白蝴蝶，泪血染成红杜鹃。

日落狐狸眠冢上，夜归儿女笑灯前。

人生有酒须当醉，一滴何曾到九泉。

25 日，致刘运峰信。信末自注：1995 年 5 月 25 日。载 2003 年第 7 期《天津财税》。

回复刘 22 日信。信存刘运峰《乡贤和偶像——忆孙犁先生》一文中。

28 日，致孙桂升信。信末自注：5 月 28 日。

身体不好，近日准备到医院检查前列腺。

29 日，致曾镇南信。信末自注：5 月 29 日。载 1996 年 11 月 27 日《天津日报》满庭芳。

30 日，为孙晓玲写一字幅。文末自注：余衰病之年，曾君镇南屡作关怀慰勉之辞，近又作五古一首，嵌拙作十书于内，诗有魏晋风神，声音清越，余喜而录之。1995 年 5 月 30 日上午，孙犁。

6 月

1 日，致柳溪信。信末自注：6 月 1 日下午。载 1998 年 11 月 22 日《天津日报》满庭芳。

赞成吴云所说：柳溪的经历独特、文字功底好，文字可传世。写完理书三记、四记后，因最近身体不好，没法再写了。

5 日，致邢海潮信。信末自注：6 月 5 日。署名弟犁。

寄一字幅，请邢转给人家。字幅内容出自《曹操集》。上月 15 日清晨身体又有小不适，但正在医治。

按：这是致邢海潮最后一封信。

7 日，致吕剑信。信末自注：6 月 7 日。载 1997 年 11 月 22 日《天津日报》满庭芳。

上午收到吕信，故人情怀，欣慰莫似。

19日，《天津日报》刊出《征集老作家孙犁信札》征稿启事。

7月

9日，致姜德明信。信末自注：7月9日。载《孙犁书札：致姜德明》。

5月中旬早间晨起散步，偶感风寒，排尿不畅。6月中旬去医院6天。睡眠、饮食都大有影响。

> 按：这是目前所知，孙犁所写最后一封信。

17日，发表《理书三记》。载1995年7月17日《天津日报》文艺评论。

> 按：共有《丁戌稿》等12条。《丁戌稿》误刊为《丁戌稿》。根据各条具体写作时间，已经按日期分散罗列。

8月

8月，重庆出版社出版《孙犁评传》，"中国现代作家评传"丛书第2辑之一种，郭志刚著。

9月

11日，发表《理书四记》。载1995年9月11日《天津日报》文艺评论。

> 按：共含《郭天锡手书日记》等9条。根据各条具体写作时间，已经按日期分散罗列。

11月

11月，花山文艺出版社重印长篇小说《风云初记》。

11月,百花文艺出版社出版散文小说集《曲终集》。后记1篇。

按:后记中说《晚华集》出版于1982年,实际是1979年8月出版,孙犁误记。由此,他说13年写了10本书,实际是16年写了10本书。

此系孙犁亲手所编最后一本原创作品结集。"曲终"似乎不太吉祥,徐光耀在信中、段华在电话中劝他给集子改个名字,他都婉拒。他在《后记》中说,书名来自钱起诗句"曲终人不见,江上数峰青",友人劝告,也曾想改名,但还是以实事求是为好,故未改名。自1979年8月《晚华集》出版,朋友们以"每年一本"期许,也曾奋力,预定生前"再写10本书"。但终因身体日渐衰老,用了16年才写完。集内文章,不再评论,好在读者都是故人,自去理会好了。"人生舞台,曲不终,而人已不见;或曲已终,而仍见人。此非人事所能,乃天命也。孔子曰:天厌之。天如不厌,虽千人所指,万人诅咒,其曲终能再奏,其人则仍能舞文弄墨,指点江山。细菌之传染,虮虱之痒痛,固无碍于战士之生存也。"

天道无亲,常与慧人——至此,孙犁完美地结束了自己创作的一生。

1996年　83岁

5月

5月,湖南文艺出版社出版杂文集《孙犁之卷》,系当代杂文选粹第四辑,严秀、牧惠主编。

6月

6月,人民日报出版社出版散文集《芸斋梦余》,刘梦岚编。

此书按记事、怀人、杂感、读书、序跋五个部分编辑,其中记事散文比重较大,总计152篇。书前"关于散文"代序1篇,书末刘梦岚"编后记"1篇。

7月

7月,陕西人民出版社出版《孙犁的现实主义艺术论》,金梅著。

10月

10月,北京出版社出版《孙犁书话》,姜德明主编,金梅选编。全书分7辑:第一辑"幻华室藏书记",第二辑"耕堂读书记",第三辑"耕堂读书随笔",第四辑"耕堂序跋",第五辑"书衣文录",第六辑"芸斋琐谈",第七辑"耕堂书集"。姜德明"序言"1篇,金梅"选编后记"1篇。

1997年 84岁

4月

4月,中国华侨出版社出版《孙犁》,"名家简传书系"之一种,郭志刚、章无忌著,1997年11月第2次印刷。

8月

8月,姜德明写《孙犁印象》。

1998年　85岁

5月

5月，山东画报出版社出版《书衣文录》，刘宗武编。书末有刘宗武《孙犁的书法与〈书衣文录〉》《编后琐记》2篇文章。

6月

6月，山东画报出版社出版书信集《芸斋书简》（上、下），刘宗武编。收入70年来信件近六百封。书末附张艳蕊编《孙犁书信年表（索引）》1篇、刘宗武《编后赘语》1篇。

11月

18日，中国文联授予孙犁荣誉委员和金质奖章，褒扬孙犁为文艺事业所作出的杰出贡献。他连续两届被推举为中国作家协会名誉副主席，人民给予这位从冀中平原走来的布衣作家以崇高的荣誉。

1999年　86岁

1月

18日，滕云、侯军来看望。

4月

9日，从维熙、房树民专程从北京来看望。从维熙后来写有《近读孙犁》。

6月

6月，中国文联出版社出版《孙犁的创作景观与风格因素》，金梅著。

2000年　87岁

4月

4月，百花文艺出版社出版《孙犁与白洋淀》，"红雨文丛"青年文学读物之一种，刘宗武编。

12月

21日，孙晓玲告诉他《天津日报》近日用两个版介绍他，徐光耀、曾镇南等都写了稿子。

2001年　88岁

1月

24日（正月初一），上午10点多钟，病房内外挤满了来慰问的人。人走净后，孙犁问孙晓玲："《金光大道》是谁写的？"孙晓玲和爱人张大纲赶紧回答："浩然。"孙晓玲又补充一句："现在北京呢！"像这样的问题，孙犁还向孙晓玲问过《暴风骤雨》《山乡巨变》的作者周立波，《野火春风斗古城》的作者李英儒，《创业史》的作者柳青;还有《文心雕龙》的作者刘勰,《船山全书》的作者王夫之。

1月,新华出版社出版《我读孙犁》,傅瑛著。

6月

24日,护工告诉孙晓达,老人最近说话不太清楚。

30日,护工告诉孙晓玲,孙犁吞咽不好,打吊瓶输液。

7月

1日,说话听不太懂,他说话别人得猜。

7日,孙晓玲与爱人去看望时,孙犁嘱咐张大纲给他买双鞋,还说了一个尺码号,号说得不对,孙晓玲赶紧答应下来,觉得老人有些神志模糊,心里隐隐有种不安的感觉。

21日,天津市市长派人送来了鲜花,两个护士长陪着来。孙犁对来人说:"谢谢!"

8月

10日,上午,护工告诉孙晓玲:医院告诉孙老"按副市级待遇了"。孙犁对这事儿没有丝毫反应。那些天他已经昏昏沉沉,睡眠不好,有时两宿不睡,有时连睡两天。

10月

16日,铁凝到天津总医院看望。

12月

12日,进食开始不好,医生想使用鼻饲,征求他的意见。"不下!不下!"他坚决不同意。当日,锁骨埋了输液针。护工告诉孙晓玲:

"孙老说：我宁肯死，也不下鼻管儿。"

家人每天送鸡汤、排骨汤和胡萝卜、木耳等做的糜类食物。

29日，天津作协党组负责人受中国作协委托，到病房送中国作协名誉副主席证书、金质纪念奖章。

2002年　89岁

2月

2月，《孙犁研究论文集》出版，百花文艺出版社版，刘宗武编。共收文章31篇。

4月

28日，神志清醒，关心、询问孙晓玲住房情况。

5月

17日，最后一个生日。家人拜寿，说自己情况不好。

6月

20日—21日，天津日报社、孙犁研究会联合在河北省安新县白洋淀边召开孙犁作品研讨会。会后，去孙犁家乡安平县孙遥成村看孙犁家乡。

7月

7日，深夜，段华驱车千里，到总医院看望。孙晓达陪同。

11日，早晨6点多，去世。

李瑞环、吕正操等党和国家领导人致电悼念,中共中央政治局委员、天津市委书记张立昌等亲自参加追悼会。

天津本地报刊等新闻媒体编辑了悼念专辑。

新华社播发通稿。

附 录

2002 年

8 月

8月,解放军文艺(昆仑)出版社出版《赵树理孙犁比较研究》,赵建国著。

10 月

24日,铁凝在《人民日报》发表《四见孙犁先生》。
10月,百花文艺出版社出版《孙犁文集》(八册)。

2003 年

4 月

4月,陕西师范大学出版社出版《孙犁选集》,刘明琪策划,刘宗武、阎庆生、段华主编。季羡林、钱谷融、王元化任顾问,刘心武、从维熙、铁凝、贾平凹、阎纲、王富仁、滕云、侯雁北等任编委。

选集共分小说、散文、理论、杂著书信四册。钱谷融序言。

5 月

5月,长征出版社出版《幸存的信件》(给淮舟的信),冉淮舟著,刘宗武编。收录孙犁1959年—1982年致冉淮舟信127封。前有孙犁1979年9月10日所写《幸存的信件序》，后附刘宗武《编后记》。

8月

8月，华龄出版社出版《津门书简》，冉淮舟著。收录冉淮舟1961年—1982年致孙犁信120封，前有孙犁1980年12月15日所写《题记》，后附冉淮舟《后记》。

2004年

4月

4月，大象出版社出版书信集《芸斋书简续编》，刘宗武编。共收书信310封，书后附张小慧信件编年索引。

7月

7月，人民文学出版社出版《孙犁全集》。该社编，刘宗武、段华核校。全集共11册，第1至9卷以单行本出版时间为序；第10卷为未收入集子的文章及发现的佚文，按体裁分类；第11卷书信，以致收信人的第一封信的时间先后为序。

12月

2日，中国人民解放军八一电影制片厂文学部完成电影文学剧本《风云初记》。根据孙犁抗日战争系列小说改编。编剧：李宝林；责任编辑：刘英学。

2006年

8月

8月,中国文史出版社出版《回忆孙犁先生》,刘宗武、段华、自牧编。

2008年

12月

12月,文汇出版社出版《孙犁文集》(天津日报珍藏版)。全书分上、下两册,汇集了孙犁从1949年1月至2005年7月,五十多年来在《天津日报》发表的小说、散文、文学评论、读书记、致友人书信等大部分文稿,约百万多字,是一部保留作家作品原汁原味的史料性藏本。书末附录"报人眼里的孙犁",刊发了报社二十多位同事、职工的回忆录。书前张建星《远望孙犁》一文代序,书后宋安娜《永远的回眸》一文代后记。

2010年

10月,江西科学技术出版社出版连环画《荷花淀》,李莹绘图。

2011年

6月

6月，生活·读书·新知三联书店出版《布衣：我的父亲孙犁》，孙晓玲著。共收孙晓玲回忆孙犁及其家人、家事等文章18篇。题签：贾平凹；序言：卫建民、金梅；责任编辑：罗少强。

2014年

5月

5月，黑龙江朝鲜民族出版社出版朝鲜文《风云初记》，张莲春、崔冬梅译。

2018年

1月

1月，北方文艺出版社出版《荷花的光影：孙犁之旅》，段华著。责任编辑：王爽。全书共分四部分：第1辑主要是回忆与孙犁交往旧事，第2辑写对孙犁作品印象，第3辑系孙犁致段华信，第4辑写所了解的与孙犁有关的往事。

2018年5月—2018年10月1日晚11时34分，初稿于北京安华桥。

2018年12月17日23∶35改第1稿，在安华桥。

2019年7月5日上午改讫，在北京和平里。大雨。今日是与孙犁先生相识34周年纪念日。

后　记

　　世界上干什么最孤独和困难？——写年谱。谁想体会孤独与困难，就写年谱吧。

　　为什么这样说？我就是写年谱的人之一，亲身经历写年谱的孤独。说老实话，我低估了写年谱的困难，原以为只是材料堆积，后来才发现远远不是那么回事。

　　30多年前的一个晚上，我在南开大学图书馆翻看一册孙犁先生的《村歌》，歇息间踱到书架边随便浏览上面的书，看到《章太炎年谱长编》，当时并没有翻看，却忽然想给孙犁先生写一本年谱。我没有想在学术上有什么建树，只是因为喜欢读孙犁先生的作品，所以才产生这个想法。

　　初生之犊不怕虎。那时候年轻，想干什么就立即行动，并不考虑后果。从此，我开始留意收集有关孙犁先生的点滴资料。见到发表孙犁先生作品的报刊，随手记录下来；见到评论孙犁先生作品的文章、专著，也尽量记录、收集、保存。在南开大学期间，依靠学校图书馆的丰富藏书，初步积累了一些资料。

　　后来到北京工作，获取资料的渠道就更多。我在北京的各个旧书店里流连，寻找与孙犁先生有关的旧书、报刊。在单位开好证明（那时候办借书证还要单位开证明），去北京图书馆（即现在的国家图书馆）、首都图书馆办妥借书证，此后在这两个地方成了常客，借阅有关报刊，查找孙犁先生的文章。图书馆里人来人往，众人的脸在我面前不断变换，但几乎没有人和我说过一句话，我体会到什么叫熙熙攘攘人群中的孤独，什么叫板凳须坐十年冷。

任何机会我都不放过。在当时的北京军区战友报社资料室，保存着全世界唯一一份《抗敌三日刊》合订本，我查到了孙犁先生的《连队写作课本》等好几篇文章（不久前，我又托人找此报纸，准备再仔细梳理一遍，希冀能有新发现，不料因为军队改革，报社撤销，找不到了，实在可惜）。

新中国成立后出版的报刊、书籍，相对比较好查找。但孙犁先生是从晋察冀边区、冀中解放区走出来的作家，战争年代物资匮乏，纸张质量低劣，很难久存；炮火纷飞，他发表作品的报刊或油印，或石印，印量小，保存下来也不易。我真是低估了给孙犁先生写年谱的困难，仅寻找他发表作品的报刊，就是难上加难。但我不懈努力，一个线索都不放过。能借阅的就借阅，能买下来的就买下来。日积月累，我搜罗了不少与孙犁先生有关的资料，甚至收藏了他1956年去南方旅行时带的介绍信。我也收存了不少晋察冀边区、冀中区的出版物，这是没想到的一个额外收获——如今，这些出版物都是文物了。

同时，借助其他学者编的解放区报刊文艺作品目录，我把晋察冀边区、冀中区等所办现存报刊上的文艺作品几乎全部梳理了一遍——其中的甘苦，难以用语言描述出来！在这个过程中，既有一上手就有收获的雀跃，也有几个月没有一点收成的失望；既有无意中发现新资料的激动，也有半年没有任何新发现的沮丧……总之，欢乐与痛苦交织，欣喜与悲观同在。

写年谱当然要对谱主的作品熟悉，唯一的办法就是反复阅读。能让人阅读两遍的作品，我认为就是好作品，但我阅读孙犁先生的作品有多少遍？10遍？20遍？……记不清了。几十年来，我一遍遍反复阅读，甚至去新疆生产建设兵团戍边时，带着的3套成套的书，除《汉书》外，就是《孙犁全集》《孙犁文集》。

人生真有奇缘。在八师石河子市，我工作、居住的地方就是孙犁先生写到的他小同窗李之琏下放的单位。李之琏住过的房子已经破旧得没人居住，每天经过它旁边，我心灵深处都产生异样的感情。在塔克拉玛干深处，在罗布泊腹地，我都手不释卷，除了静心翻看《汉书》，就是循环阅读孙犁先生作品。昆仑山的雄伟，塔里木的沙尘，天山的明月，阿勒泰的风雪，伴着我的阅读，陪我度过一个个孤寂的夜晚。反复阅读，使我能做到提到他作品的某一段话，大概知道在哪一篇文章中，收在哪一个集子里！熟读作品是写年谱的基本功，必须具备。对谱主作品越熟悉，年谱越靠谱。

为了写好这个年谱，我又买了《鲁迅年谱》《周作人年谱》《沈从文年谱》等十几种年谱作参考。同时，也把冉淮舟先生、张金池先生、傅瑛教授所作孙犁先生作品年表当作重要的参考，按照他们的研究成果，我找到有关报刊一一核对篇目。

弄到手的资料，我都按年月日顺序排列下来，一开始是手写，后来输入电脑。日常处处留心，发现一点新资料，随时录进来，不知不觉间，竟积累了200多万字……30多个春夏秋冬，就这样悄悄过去了，我也从青年进入了中年，双鬓已然花白。

最终成书时，我把200多万字的资料排好后，重新进行甄别、考证、删削，写成50多万字的初稿。在修改时，又把辨证文字大部分删除，就成了目前这个样子。所录所有篇目，我与人民文学出版社版《孙犁全集》、百花文艺出版社版《孙犁文集》一一对照，书信全部捋了一遍。年谱录入的篇目、书信，有不少不见于全集、文集。

但是，凭一己之力难以备全，且限于自己的能力，年谱中错误还不会少。最初，还把弄好的8万多字莫明其妙弄丢了，在电脑上怎么也找不到，只好从头再来。在删削、复制、剪切的过程中，竟数次犯低劣的粘贴错误。现在，我之所以敢不掩鄙陋先行出版，是因为书中有很多我搜集到的第一手资料，有的是唯一一份，一方面可暂应读者急需，另一方面也是公开请读者指正。

孙犁先生去世前4天，我驾车深夜到天津总医院，在他儿子孙晓达先生陪同下看望他，因为第二天下午我要到新疆伊犁出差，看他后就得连夜往回赶。下楼的时候，《天津日报》的周凡恺先生说：段华你要为孙犁先生做点事啊。我说：一定，一定。为了给他写年谱，我最近几年基本停止了文学创作。孙犁先生在世时，我没有告诉他我要给他写年谱。如今，他老人家辞世已经19年，这本书的出版，是我为他做的实事之一，也是对他最好的告慰吧。

没有爬过崇山峻岭的人，不知道在山巅瞭望四周之壮阔景色是多么激动人心；没有跋涉过大沙漠大戈壁的人，不知道对绿洲里的生机是多么渴望向往……而我，体会到了。想到前后30多年经受了那么多孤独与困难，最终磨成这本书，我霎时觉得幸福满满，值！

在我自己收罗资料的同时，相识或不相识的犁苑师友，或给我寄资料，或替我查资料，或给予勉励，或给予具体的指导。我都记在心里，不再一一罗列姓名。

感谢孙犁先生家属，特别是其哲嗣孙晓达先生的支持。晓达先生无私地提供了很多第一手资料，使本书具有了丰富的资料基础。孙犁先生的孙子孙瑜先生、外孙女张璇女士都不辞辛苦替我查资料，在此一并致谢。

感谢年迈的沈鹏先生题签，为本书增色很多，令我倍感荣幸。

感谢人民出版社，把此书作为重点书出版；感谢责任编辑罗少强先生，为此书出版付出很多艰苦劳动。是人民出版社慧眼青睐与大力支持，罗先生辛勤劳动和默默付出，我才能把这本书献给亲爱的读者们。

后记不是用来抒情的，我不再赘言，但还想再一次衷心地说：谢谢孙晓达先生，谢谢沈鹏先生，谢谢人民出版社，谢谢罗少强先生。

2021年2月28日22:23，在北京安华桥

谱主简介

孙犁（1913—2002），河北省安平县人，著名作家，"荷花淀派"创始人。1937年在冀中区参加抗日工作，1944年赴延安工作，1949年进入《天津日报》工作。曾任中国作协天津分会主席，中国作协第五届、第六届名誉副主席。

在保定育德中学读书时开始发表作品，《白洋淀纪事》《铁木前传》《风云初记》等都产生了深远的影响，晚年出版的《晚华集》《曲终集》等十本集子，深受读书人喜爱。有《孙犁文集》（百花文艺出版社出版）和《孙犁全集》（人民文学出版社出版）行世。

编著者简介

段华，1969年3月生于河南淮阳。毕业于南开大学中文系。现在国家林业和草原局中国绿色时报社工作。

出版有《响亮的名字》《荷花的光影》等，与人合校《孙犁全集》（人民文学出版社出版）及《孙犁选集》（陕西师范大学出版社出版）等。